近代日本の形成と西洋経験

近代日本の形成と西洋経験

松 沢 弘 陽 著

岩 波 書 店

丸山眞男先生に

目　次

近代日本の形成と西洋経験

第Ⅰ章　さまざまな西洋見聞

――「夷情探索」から「洋行」へ――

一　万延元年遣米使節団――「俗吏」と「有志者」と

徳川幕府は、一八六〇(万延元)年、日米通商航海条約批准のために新見正興以下の使節を初めて外国に派遣したのを始めとして、幕府統治最後の八年の間に、七回にわたって欧米諸国に使節を派遣した。

一八六二(文久二)年、開港・開市延期交渉と西洋事情探索のため、竹内保徳らをヨーロッパ六国へ。

一八六四(元治元)年、池田長発らを横浜鎖港交渉のためフランスへ。

一八六五(慶応元)年、横浜製鉄所建設等の準備のため、柴田剛中らをフランスへ。

一八六六(同二)年、国境画定商議のため、小出秀実らをロシアへ。

一八六七(同三)年、軍艦購入交渉のため小野友五郎らをアメリカへ。

同年、徳川昭武のパリ万国博訪問とヨーロッパ巡遊のため、首席随員・駐仏公使向山隼人正以下をフランスへ。

幕府は、これと併行して、欧米諸国に留学生団を送った。一八六二年オランダへ、一八六五年ロシアへ、一八六六年英国へ、一八六七年フランスへ、がその主なものである。

これら諸グループの中、一八六〇年・一八六二年再度の使節を始め比較的規模の大きい使節団には、幕府以外の諸藩士さらに全国各地の医師・町人・豪農までが、幕府使節団員の従者に身をおとしてまで志願して加わっていた。これらの使節団はその意味で挙国的事業の色あいをおびていたのである。

他方幕府に対抗する薩長両藩も、長州藩が一八六三年いち早く英国に留学生を密航させたのを皮切りに、薩摩藩は一八六五年・六六年の二次にわたり大規模な使節・留学生団をヨーロッパとアメリカに密航させ、一八六七年のパリ万国博には岩下左次衛門ら藩独自の使節団を送って公然と幕府の権威に挑戦した。一八六六年幕府が留学・渡航の禁を解くや、福岡、佐賀、金沢、熊本、徳山、仙台等大小の諸藩が競って留学生を送り出したし[1]、諸藩の武士や儒者で、ひとりで西洋諸国を周遊したり、柳河藩士曾我祐準のように西洋船に便乗して東アジア各地を乗りまわすものも現われた。町人の世界からも、パリ万国博にオリエント的な「見世物」のかたちで芸者が参加したのを始め、この頃から軽業師などの芸人や興行師に西洋諸国を股にかける人々が登場した。またこれ以前に難船のため西洋に漂流した水夫や漁民の中で、幸運にも故国に帰ることが出来た中浜万次郎(一八四一年漂流、一八五二年帰着)や浜田彦蔵(一八五〇年漂流、一八六三年帰着)は、この時期の対外交渉や文化受容に活躍したし、「成功せる吉田松陰」(山路愛山)と評された安中藩士新島七五三太は一八六四(元治元)年に密航に成功して一八七四(明治七)年に帰国した。

こうした多彩な人々の多くが、使節としての公式の報告書・意見書のほか個人としての見聞記・覚書をまとめ、上司・同僚への半ば公的な書簡から家族への私信まで多くの書簡を記した。それらの中にはいち早く出版されたものがあり、また見聞記から私的書簡にいたるまで、筆写と回覧とを重ねて広く読まれたものも少くなかった。その中で、見聞の量からいえば必ずしも多いとはいえない、万延遣米使節正使新見正興の従者、仙台藩士玉虫左太夫の「航米日録」全八巻にくっきりした個性を与え他からきわだたせているのは、筆者玉虫の「有志者」としての強烈な自己意識である。「航米日録」(以下「日録」と略)の随所に明らかなように、彼には信ずべきはっきりした価値があり、行動の目標——ここでは夷国の「探索」——も明確だった。志に燃える彼は、そのために、大学頭林復斎に認められ、その家塾の塾長までつとめたのに、使節団に志願して「賤官」としてでも加わるのである。こうして異なる文化のただ中に入ってゆく彼は、始めて接する事物を、仔細に見聞し克明に記録するとともに、その一つ一つに価値判断を加える。しかもその価値判断は自分――自分の属する使節団・自国――にもはねかえって来ざるをえない。あるいはアメリカ人を「感心ト云ベシ」と賞讃し、あるいは彼らの前に「心ニ恥ルコト多シ」と自己のあり方を批判する。このように彼の鋭い観察ときびしい批判の眼は、同行の人々にも注がれ、彼だけではなく、一行の異国と異人に対する態度が描き出される。こうして、「日録」のある部分は、彼自身の米国見聞の記録であるとともに、一行、とくに使節のアメリカの人と事物への態度に対する内部告発のおもむきを示すにいたるのである(2)。

このように、多くの手記の中で、「日録」が同行者に対する激越な内部批判を含むことになったのには、大きな歴史的背景があった。一八六〇年の通商条約批准書交換のためのアメリカ行は、本来日本側からもアメリカ側からも、積極的な視察行の意味を含めて計画された。アメリカ側の使者ハリスには、一八五七(安政四)年一〇月の老中堀田正睦に対する彼の二時間余の長広舌が示すように、単にアメリカの当面の要求を実現するのみでなく、世界の現状を説いて日本に自発的開国＝貿易を促すという啓蒙家的態度が強かった。岩瀬忠震を中心とする幕閣開明派が、「彼文事武備を実験して、我国に一大改革を施さん大志」(田辺太一『幕末外交談』)を含んで、ワシントンにおける批准書交換を提案し実現した時、ハリスがこの米行について、

「条約御取替セ第一ニ候へとも、猶外事件有之候、右御使自国着之上は、都府之盛昌、住民之繁花、其外海陸軍之整粛、合衆国之強大ニ相成候根元等、何故ニ可有之と之義、御使見聞之趣を以、帰国之節復命被致候ハヽ、御国之御為可然」(一八五九年一一月老中脇坂安宅とハリスとの「対話書」『幕末外国関係文書之三十』)

として大きな期待をよせたのは自然だろう。こうして日米両当事者の間に「両心相契する所ありしや知るへし」(『幕末外交談』)といわれる関係が生れたのであった。

しかし初めての米国行に積極的な視察の活動をもりこもうとしたのは、米国公使と幕府外国奉行に限らなかった。日本国内の有識者の間には、ペリー来航の頃から、実情調査と軍事技術修得のため、あえて「夷国」に渡ろうとする気運がひろがり始めており、その背景には十八世紀末以来の対外的危機意識の高まり、国内社会の流動化、蘭学の発展に現わされる国際的視圏の拡大という大きな動きがあった。この大きな動きの中のある者は西洋文明に関心を抱く開明的大名の奨励をうけていたが、他方ではすでに、脱藩という形で幕藩制の秩序から離れる者が現われていた。例えば、一八五三(嘉永六)年、佐倉藩士西村茂樹の洋行願出、同年、佐久間象山、老中阿部正弘に西洋の「形勢事情をまのあたり探索」するため「人才」派遣を上申。一八五六(安政三)年、幕府海軍伝習監察永井尚志の阿部宛留学生派遣上申、同年、阿部正弘家来杉亨二の阿部宛同様上申、幕閣におけるオランダ領東インド植民地ジャカルタへの留学生派遣内定。そして五七(安政四)年、海防掛大目付・目付は、老中へ「西洋之事情探索之者」を送り「和親之国」へ「官吏」とともに「留学生」を派遣することを上申。松平慶永の日米通商条約についての幕閣への上申では、これを機会として、アメリカその他諸国に留学生・視察員を送るよう提案。おそらくこの年、横井小楠も「和親之国々へ伝習生を遣はすこと[3]」を提言。慶永のブレーンだった橋本左内もこの頃洋行の志を詠んでいたし、島津斉彬が英米仏三国への留学生派遣を構想し始めたのもこの年である。佐久間象山は、一八六二(文久二)年にも「形勢事情委しく御探索」のため西洋に人を派遣するよう幕府に上申した。師佐久間象山の示唆に従い、「夷情を審にせずば何ぞ夷を馭せん」(『幽囚録』)として、一八五三(嘉永六)年にはプチャーチン、翌五四年にはペルリの艦隊に搭じて、密航をはかった吉田松陰や、一八六四(元治元)年密航に成功した安中藩士新島七五三太の企ては、このような大きな流れの一つの波頭であり、玉虫左太夫のような「有志者」の「夷情探索」の原型だったといえよう。これらの人には、幕府・諸藩間の対立もようやくあらわになった日本の全国にわたって「天下周遊」を行なった経験を、さらに国外にまでひろげてゆこうとする進取の気象、夷狄に対抗するために夷狄の実情を「探索」し、その科学技術とくに兵学・軍事技術をわが物にしようという関心がかなり共通している。こうした人々の眼は幕府が遣米使節を計画した時、当然そこに注がれることになった。玉虫「日録」の冒頭の一句「本邦剖判以来ノ快事、有志者誰レカ陪扈ヲ欲セザランヤ」はこうした事情を現わすものといえよう。

しかし幕閣上層のこの「快事」に対するはじめの積極的な態度は、大きく後退せざるをえなかった。西洋世界への接近を意図した阿部正弘が没した後を襲って、保守派の巨頭井伊直弼が大老となり、積極的な「探索」をも含めて自ら使節の任に当るつもりだったと思われる幕府開明派の岩瀬忠震、正使に内定していた永井尚志は次々にその地位を追われ、副使予定の水野忠徳も予期せぬ外交上の紛争の責を負って外国奉行の職を去らねばならなかった。彼らの失脚後「紈袴子弟か俗吏庸才の集り所」(福地源一郎『懐往事談』)になりはてた外国方から選ばれた新見正興・村垣範正は、それぞれ「決して良吏の才に非ず」また「素より其器に非ず」(同上)と評されるような人たちであった。

使節団メンバーの中から、幕府高官の中で最適任と目される人々が姿を消したのとは逆に、幕府の軽格あるいは傍流や、諸藩士さらに医師や豪農の子弟で、西洋「探索」のためにこの一行に加わろうとする志ある人々は数多く、その中には、蕃書調所教授手伝の西周助や津田真一郎のようについに選に洩れる人も現われた(「西家譜略(自叙伝)」、大久保利謙編『西周全集』第三巻)。こうして、曲折のすえポーハタン号に乗込んだ使節団一行の、一方には、高い地位を与えられてこそいるが、もともと未知の世界を探ろうとする志や知性があるわけではなく、ただ命令を奉じてアメリカを訪れる「純乎たる俗吏」(福地の村垣評。『懐往事談』)、他方には、「夷情の探索」のためにはこのような使節や随員の「賤役」としてでも一行に加わることを志願した、強い志とそれを裏づける知性をそなえた「従者」あるいは「小者」や「賄方」――家職としてのそれとは異なる、いわば志願「従者」、志願「小者」――がおり、後者の背景には多くの場合諸藩改革派の支持と期待がよせられていた。このような意味で、使節団は、上下の秩序でも、幕府・諸藩・庶民の関係でも、この頃の旧体制の縮図の性格を帯びていたといえよう。

咸臨丸乗組員とあわせて諸藩中第一の、肥前佐賀藩からの五人の中二人は大隈重信と同じ同藩改革派の、大隈にとっては「同志中の先輩」であり、徒目付刑部政好の従者となった小出千之助は、大隈と親しく、佐賀藩における蘭学から英学への転換に大きな役割を果した（円城寺清『大隈伯昔日譚』）。それに次ぐ熊本藩からの二人の一人木村敬直は、帰国後間もなく西洋再訪の志を抱いたまま病没しているが、同藩実学党とつながりのある人物だったように思われる。普請役益頭尚俊の従者佐野鼎は金沢藩士蘭式砲術教官、外国方御用商人から差出された「賄方」の一人佐藤秀長は杵築藩士、いずれもこの米行の後一八六二（文久二）年の欧行には「賄方」として志願参加している。軍艦奉行木村喜毅・艦長勝麟太郎をはじめ開明派の海軍士官が乗組んだ咸臨丸一行の場合には、使節団一行の場合のような上下の対照は見られないが、木村の五人の従者は全て費用自弁の志願者であり、一人を除くほか蘭学を修めていたといわれる。この五人の中にはいうまでもなく福沢諭吉がおり、さらに、尾道の医師の子長尾幸作がいた。長尾はすでに在留外国人から「英亜ノ学」を学ぼうと志したが、「国禁有テ妄ニ応接ヲ容サ」（長尾「亜行記録」『万延元年遣米使節史料集成』四）ぬために果さず、この行に志願したのだった。彼は帰国後広島藩に召し抱えられ、一八六四（元治元）年には薩摩・広島両藩士三人とともに米国への密航を企て、途中上海で、横浜鎖港交渉のため欧州に赴く池田長発の一行に同行を願い出たが容れられず、帰国を余儀なくされたのだった。佐野鼎が同藩の友人への手紙の中で「船中至而俗人多擦（ママ）外なり」（三月八日付帰山仙之助宛、金沢市立図書館蔵。『万延元年遣米使節史料集成』七所引）と評したり、監察小栗忠順とその従者の中の木村敬直に好意を示しながら「乍レ去他の従者皆俗人故、学事取持不レ仕気毒」（同上）とのべたように、一行中の「賤官」をつとめる「有志者」と使節・随員中の志と見識ある者との間には、他の「俗人」との間にはない交わりがあったようである。彼らの日記の類からは、玉虫、佐野、佐藤、木村、小出といった人々がアメリカで外出のおりに同行したり、外国語資料の翻訳で協力したりしている様子がうかがわれる。また玉虫が、「日録」巻八の三月一九日の項に記す憤懣をうちあけた外国奉行定役は、永井尚志・水野忠徳の人選による人であり、おそらく、彼らの目がねにかなう人だったから、このようなきびしい批判に共感しそれを理解することが出来たのだろう。咸臨丸の志願従者の一行では福沢と長尾はとりわけ親しかったし、幕府海軍の開明派木村喜毅と福沢が生涯にわたる交わりを結ぶにいたったのはこの米国行を通じてだった。玉虫の、西洋世界の現実への開眼は、日本の旧体制への反省と併行して進み、後者はまた旧体制の縮図のおもむきがある使節団という小社会への内部批判と重なりあっていたが、その背景には、以上のような、同時代のさまざまな動きと、それがもたらした使節団の内部構成があったのである。

その「日録」巻八の二月一八日の項の筆記談からもうかがわれるように、志願して参加した一群の中でも、玉虫は少数の「専ら聖道を学ぶ者」の一人としてはっきりと己を意識していた。そして「聖道」を真剣に信じたからこそ、玉虫はアメリカの人と社会の経験から強い衝撃を受け、彼の抱いて来た西洋観さらにあるべき秩序の像は一きわくっきりした跡を残して変っていったのだった。この大きな知的変化の出発点である、米国行初期の玉虫のアメリカ観は、当時一般的だった夷狄観そのままだった。先ず「予元ヨリ夷語ヲ厭フ」（「日録」一月二〇日）。艦上の軍楽を「胡楽」と呼んで批判した時も、単なる感覚的反撥からではなく、「古昔楽ヲ以テ人心ヲ和ゲシ」（「日録」一月二七日）という儒教の礼楽重視の立場に立ち、「（唐楽ハ八音トテ八人十六人是ヲ以テ増加ス。胡楽ノ音何ヲ法トナスナラン……）尤楽音声和少ナク、極メテ野鄙ナリ」（「日録」二月三日。ただし、（ ）内は底本で抹消された部分）と、儒教の楽法を基準にして批判したのだった。西洋風のハワイ王宮を訪れて、「車上男女同乗ニテ門内ヲ縦横ニ出入」し、「高家貴人ト雖ドモ礼拝スルコトナク、……路人ヲ見ル如」くなのに接した際の、「然ラバ礼法ニ於テハ禽獣同様ニテ、取ルニ足ラズ、唯器械ノ精密ハ彼ニ譲ル万々ナルノミ」（「日録」二月一八日。傍点引用者、以下断わらない限り同じ）という判断もこの時期に有力だった西洋観の典型的な表現だったといえよう。同じ見方がポーハタン号水兵の教練を見た感想にも現われる。

「其手業緩優ニシテ別ニ妙術ナシ。蓋シ彼等ハ大抵機巧ヲ頼メルノミニテ、業ヲ以テスルコトハ拙ナラン、我国ノ剣槍法ヲ見セシメバ必胆ヲ消スベシ。今其調煉ヲ見テ一笑ニ堪ザルナリ。唯火砲ヲ以テ遠ク外敵ヲ防グハ彼ノ長ズル所ニシテ、若シ短兵接戦ニ至リテハ敢テ彼ニ譲ランヤ」(「日録」三月三日)

西洋の機械・火砲に対する日本の手練と白兵というものも、当時の夷狄観にかたまった兵学者の間に広く見られる見方だった。

だが聖道を奉じることあつい玉虫は武士であり、とくに「有志ノ士」を以て自ら任じており、彼の場合にも儒教の華夷観念は武士のエートスないし兵学的思考と同じ人格の中に共存し、あるいは結びついていたようである。教養人・文官官僚にになわれた中国本来の華夷観念には、文明の高みから周辺の野蛮を見下すという態度が著しく強く、夷狄と戦ってこれを斥けるというネガティヴな形での交渉までも避けようとする傾向が強かった。それに対して、本来戦闘者である武士にになわれた華夷観の場合には、夷狄を単に軽蔑するだけでなくこれを敵として意識し、敵を知ることによって、あるいはさらに、敵の武器・兵学をわが物にすることによって敵を制するために、あえて夷狄に接しその実情を探ろうとする積極的な志向が生れた。たとえば一八六三(文久三)年、その前年の幕府からオランダへの留学生団につぐ、西洋への第二の留学生団として英国に密航した長州藩士五人は攘夷派の志士であり――そのうち三人は前年には英国公使館焼打を決行している――、英国行の目的は「一旦兵端を開、絶交」するに先立って「外国の長技」=「海軍」を習得して攘夷の準備をするにあった(末松謙澄『防長回天史』第三編)。その一人伊藤俊輔の残した「大丈夫《ますらを》の恥をしのんで行く旅も皇御国《すめらみくに》の為とこそ知れ」は、こうした夷狄観と武士的国防意識との相剋を象徴しているといえよう。玉虫もすでにアメリカ事情を調べた「先牒記」(一八四九年訳)を読み(仙台叢書版「航米日録」解題)、一八五七(安政四)年には箱館奉行堀利熙に従って蝦夷地を踏査し、「入北記」を著わしていた。今度の米国行に際しても、「夷情」を「探索」しようとする志はかたく、また彼の場合にも、本来軍事的諜報活動《インテリジエンス》を意味した「探索」という言葉は、敵情調査という兵学的なニュアンスは残しながら軍事力や兵要地誌にとどまらず、「政度」や「風俗」

にまでわたるものに発展していた。彼が「予元ヨリ夷語ヲ厭フ」といいながら、やがて米艦乗組員と進んで話すようにまでなったのは、やはり「探索」の熱心からだったろうし、ホノルルでのように話しことばが通じなくても、熱心のあるところ、筆談で意志を通じることも出来た。こうしたアメリカ人あるいは中国人との積極的な交渉と学習という態度は、航海中早くから英語を習っていた佐野鼎や福島義言のほか、職業上の必要が大きい通訳や、同業の米国人を相手にして交際がしやすかった医師、名村五八郎、村山伯元のような人にも共通していた。いずれにせよそれは、「波の上になすことなくて糸ゆふのなかき日かけをおくりかねつる」（新見正興「亜行詠」『遣米使節史料集成』二）と詠んで無為退屈をまぎらわす正使や、米艦乗組員と交渉をもつにしても「日も永くなりければ、暮しかねけるまゝそこら尋ね」、木の実に彫物をする水兵を見出して、「人真似して根付を彫」（吉田常吉編、村垣範正「航海日記」閏三月一七日）る副使の長閑とは対照的だった。

玉虫をはじめ、西洋世界へのはっきりした関心を抱き、機会をとらえて直接に西洋の人と事物を知ろうとつとめる人々は、ワシントンに着くまでの二カ月の航海の間にさまざまな経験を重ね、それまでの西洋と自国についての観念の反省と修正をせまられてゆくことになった。玉虫「日録」の事実上の別巻というべき「秘書」巻八に記されるいくつかの重要な出来事を中心にそのあとをたどると、先ず、出航後ほどない暴風雨は、かつて知らない自然の猛威の経験であると同時に、大きな社会的経験あるいは衝撃だった。ポーハタン号の使節一行も咸臨丸乗組員も、身分の上下・役職のちがいにかかわりなく、航海に長じ荒天に動じないアメリカ乗組員に対して、船の動揺や破損に恐怖し狼狽する日本の一行について、「赧顔ニ堪ヘズ」（「日録」一月二三日）といった反省を記している。大洋を航海する船はしばしば政治社会のたとえとして引かれるし、咸臨丸のアドバイザー格として乗組んだブルック大尉も、同艦乗組員に、「軍艦は……一国の政府と国民とを象徴する」（J. M. Brooke, *Regulations for Operating a Naval Vessel.*『遣米使節史料集成』五）とのべたが、事実、荒天に翻弄される日本人の一行は、危機にのぞんだ日本の旧体制を象徴していた。正使副使監察各九人という格式本位の従者をつれ諸国名産の嗜好品まで持ち込んだ莫大な食料品類で、割当てられた区域は混雑していた。居室は、三使の「広クシテ且美」な個室から、玉虫の場合のように四畳半ほどの砲郭の砲門をふさいで七人を容れる、従者の部屋まで区別されていた。それは、身分的に差別・隔絶されて動きがとれない社会の縮図だった。こうした小世界が暴風圏に突入した時、最もよい向いあいの部屋におさまった正副使節は「床にふしながらいかになりしやなど、折ふし互に声を掛しのみ」(村垣「航海日記」正月二四日)で「神仏に祈外なし」(新見「亜行詠」)だった。舷側を破って打ちこむ波に手荷物をさらわれ、ずぶぬれになった玉虫を励まし助けてくれたのは、こうした上司ではなく、夷国の水兵だった。こうして、アメリカ人乗組員の練達や親切を認めざるをえなかった日本人一行の間には、そのようなことがら、特に親切の意味をどこまで深く受けとめるか、どのように解釈するかではっきりしたちがいが現われた。アメリカ水兵の率直な好意や親切は、一行の多くの日本人に、「人情は同じ」という形で、国がや人種を越えた人間の善意の普遍性を意識させ、その意味で、日本の旧体制のイデオロギーとしての夷狄観に雪どけをもたらす突破口になった。けれども、同じ事実に対する反応は、使節団という小世界内部での位置に従って一様ではなかった。概していえば、使節団内部で疎外された人ほどそれに敏感に反応した。彼らは使節団という小世界における旧体制のイデオロギーの最も弱い部分であり、玉虫はこのような人々の一人だった。彼は、アメリカ水兵について一方では、

「何事ニテモ鄭重ニ世話シ、自分ノ業ヲ捨ルニ至ル。其親切感心ナリ。然ラバ夷人トテ漫ニ卑下スルモノニ非ズ。此等ノ人ニテモ、聖教ヲ施サバ必ズ礼義ノ人トナラン」(「日録」二月朔日)

と感動を記していた。ここには、「聖教」を信ずるにもかかわらぬ、というよりは、いかにも真摯に「聖教」を奉じ人倫のあり方に思いをひそめる者らしい「感心」と、同時にそれまでの夷狄観への反省とが現われているといえよう。

他方、アメリカ水兵の荒天にめげぬ活躍については、

「若シ長官独リ傍観シテ、徒ニ属官ヲ呵責シテ労苦セシメ、又功労アリトモ、我意ニ合ザルモノハ賞セズ、又賞スルモ、数次ノ吟味ヲ経、日月ノ久キヲ待ツコトナドアラバ、必ズ人ノ死力ヲ得ル能ハズ。カヽル緩急ニアイシモノハ其慮無ルベカラズ。彼ハ固ヨリ礼譲ニ薄ケレド、辛苦艱難・吉凶禍福衆ト同クシ、更ニ彼此上下ノ別ナク、況ヤ褒賞ノ速ナル此ノ如シ。是以テ、緩急ノ節ハ各力ヲ尽シテ身ヲ忘ル。其国盛ナルモ亦故アル哉。長官タル者宜シク心ヲ用ユベシ」(「日録」巻八、正月二七日ノ事)

という分析がある。この文章の底には自己批判――「上下ノ別」を中心にする「礼譲」のゆえに、夷狄にまさると誇って来た自己の社会が、「緩急」に直面した時、露呈せざるをえなかった弱点への痛切な反省――と、この「上下ノ別」の上にあぐらをかくだけの、わが「長官」に対する辛辣な批判がひそんでいるようである。この最初の衝撃にはじまった、「上下ノ差別」の「礼」による社会と、厚い「情」によって「上下」一致する社会との、「緩急」における対比、また華夷内別の観念によってアメリカ人に対する我と、厚い「情」をその我に向っても差別なく注ぐ彼の「親切」との対照が、これ以後、玉虫の経験を貫いてゆくモチーフとなった。

前者のケースとして記録されたのが、「日録」巻八の第三(三月十七日ノ事)と第八(閏三月九日ノ事)のエピソードだろう。三月一七日、サンフランシスコ出帆の前日、玉虫は、軍艦の乗組員にとってはおよそ日常的な、玉虫たちも三カ月近く見なれて来たことがら――点呼に心をとらえられる。彼の思いはここでも、日常生活の一こまへの注目から、彼我二つの文化の全体としての差異へとひろがり深まってゆく。巻八では「礼法ヲバ厳ニシテ、夷俗ノ相蔑視スルニ至ラズ、交情ノ厚キハ彼等ノ如ク、両ツナガラ宜ウスルノ道ナカランヤ」と「嘆息ヲ発」し、同じ出来事について、巻二の中の日録では、「礼法厳ニシテ情交薄カランヨリハ、寧ロ礼法薄クトモ情交厚キヲ取ラン歟」という。このエピソードの中では、「緩急ノ節」における、「礼法厳」な社会と「礼法薄クトモ情交厚」い「夷俗」との対照がはっきりととらえられ、「緩急」の事態を乗り切るために前者を変革する方向が模索されている。既に見たように、「器械ノ精密」で我にまさろうとも、「礼法ニ於テハ禽獣同様」といった、華夷の差別の中核をなした「礼法」の観念――社会を支える価値体系の中心――を固く信じて疑わなかった儒者がこのように考えるにいたったのは、驚くべき変化だった。

第八のエピソード。閏三月九日、病没した二人の水兵の水葬。一行の中、日記を残した人のほとんどすべてが、この初めて見る出来事についての感想を記している。しかし、この葬礼に「尊卑之無差別」、「日本ノ国法と異る」ことに注目した場合も、せいぜい「船将始メ士官一同水夫迄不残見送之体ニ相見、いつれも衆人落涙相催、愁傷之体ニ在之」（益頭尚俊「亜行航海日記」『遣米使節史料集成』二）とのべるにとどまったのに対し、玉虫はやはりこのまのあたりにした事実の意味をより深く受けとめる。彼は、米艦の士官―水兵の関係を、「尊卑ノ別」という「礼法」を欠いた「無差別」と見るのではなく、それを積極的に、父のわが子に対する「親切」になぞらえ、「是ニ於テ彼国ノ益盛ンナルヲ知ル。何トナレバ上下相親ム如此ナレバ、人々化セザルヲ得ンヤ」とした。ここでは、父子の関係といい「上下相親」といい「化」すといい、儒教における人倫の基本的観念や主徳を引いて、アメリカ軍艦乗組員の、さらにアメリカ人一般の人間関係が、肯定的に解釈がえされていることは注目に値しよう。玉虫はここからさらに、一方では、アメリカの国としての隆盛や、アメリカにかつて反逆の事無しという見方を説明し、他方では、「我国賤官ノ死スルナドハ犬馬ヲ以テ待チ、何ゾ其席ニ列シテ弔フモノアランヤ」と冷淡を批判し、「故ニ上下ノ情日ニ薄ク、却テ彼ニ恥ルコト多シ。今彼ヲ見テ、誰レカ心ニ恥ヂザランヤ」と反省する。こうしたことばは、同船のわが「長官」のこの出来事に対する反応を考えあわせれば、一そうその重さを増すだろう。副使村垣は、「水夫如きものにも、コモトールまで出て送りしを見て、我国人はあやしみけるは、彼は礼儀もなく、上下の別もなく、唯真実を表して治むる国なれば、かくせしことゝみゆる」と、「上下の別」の礼からする批判的感情と夷狄観の再確認とを書きつけるだけだった。

このようなモチーフとならんで玉虫の見聞集を貫いているのは、「長官」から随員や従者までを含めた使節団一行の、とくにアメリカ人に対する態度、訪米行に対する態度をとりあげての批判だった。「日録」巻八の第二(二月十八日ノ事)・第四(三月十九日ノ事)・第七(閏三月七日之事)・第十(華盛頓滞留中ノ事)のエピソードはこのモチーフに関係する。中でも第二と第七の二つのトラブルはタイプとして実によく似ている。――まず玉虫の筆をもってする寄港地ハワイの華僑や米艦乗組員との積極的なコミュニケーション。それが「官吏」あるいは従者から使節に通報され、筆談の「禁止」を申し渡される。理由は筆談中の語句――彼を「夷」とし我を「一王千古」とする類の――が、彼の機嫌を損じるというのであり、玉虫は、その都度、使節のアメリカ側に対するおびえや卑屈なことなかれ主義や神経過敏な「自主規制」やについて、その原因と予想される好ましくない結果を指摘して憤る。下僚従者に対する使節の高圧的な態度の背後に、アメリカ側に対する「危懼」や「諂諛」を見てとった玉虫の認識が、彼だけのものでなかったことは、彼の友人で同じ志願「小者」佐野鼎のことばからもうかがわれた。佐野が、第二のエピソードと同じホノルルで目のあたりにした正使新見正興・副使村垣範正の態度について、故国の友人への私信の中でもらした「アンフサードル所置甚拙ク相見へ、既ニサントイス嶋国王ニ面会之節応接少シ臆シたる様子、定而豊後公(同行の目付小栗忠順)ハ歯かゆく思召事と相考申候、此分ニ而ハワシントン到着之節思ひやられ申候」(前出、帰山仙之助宛書簡)ということばの中には、玉虫の認識に通じるものがあった。

しかも、こうしたアメリカ側のおもわくに対するおびえが、玉虫の記した語句についての無理解(「〔アメリカを〕夷ト称スルハ支那ニ対スル語ナリ、何ゾ之ヲ咎ムルニ至ラン」は、日本における華夷観念の重要な問題にふれる。このことばは、「支那ニ対スル」限りではアメリカも日本も同様に「夷」である、ということを示唆しているようであり、その限りでアメリカと日本は対等という主張も出て来うる)や当のアメリカ人の考え方(「彼等ノ心ハ濶大ニシテ……」)についての無知の上に立っているから、玉虫には一そう耐え難かっただろう(引用文中の〔　〕は引用者注。以下同じ)。さらに後でもふれるように、使節たちは、腹の中では夷狄観に固執し、アメリカ当局を相手にして虚勢――アメリカ側についての誤解にもとづき、かえって軽蔑をまねくような虚勢――を張ってもいたのである。

第四のエピソードについては、ほとんどコメントの余地はないだろう。この類のトラブルについては、三月一一日の項(巻二)で、玉虫はすでに「有志ノ士」の立場から、外国の食物に苦しむものを批判していたが、一〇日ほど後、彼は食事をめぐるトラブルの中にもっと深刻な問題を発見したのだった。しかしこの問題については、ワシントンにおける最後のエピソードとあわせて、後にいくらかふれることにして、玉虫たちのアメリカ東部到着後の見聞にうつることにしよう。

玉虫の「航米日録」を日を追ってたどってゆくと、巻三まで三カ月の航海中の見聞記事と、巻三から巻五まで一カ月半ほどのアメリカ東部滞在中のそれとの間には微妙なちがいがあるように思われる。もちろん目的地に到着してそこに滞在しているのだから、産業や政治をはじめ文明の重要な事物を次々に訪れるようになり、この点でも玉虫の「日録」は、村垣や佐野鼎らの日記とともに記載が最も豊かなグループに入る。だが同時に、使節団のメンバーとアメリカの人や社会との接触のしかたには一つの変化が起っている。つまり、ここに来るまで三カ月の間、彼らは、アメリカ軍艦というアメリカの小社会の中ででではあったが、アメリカの同じ顔ぶれと、日々生活の中で接し、交渉を持って来た。しかし、目的地に到着した時、使節団とアメリカ人との接触・交渉は、多少の公式行事のほかは旅行者と見物人とのそれに変った。一行は、アメリカの社会の事物に、アメリカが自己の文明の成果として誇りまた示そうとする公共の施設の視察や見物というしかたで近づいたし、アメリカ人の彼らに対する好意や好奇心は熱狂的な歓迎や物見高い見物という形で現わされた。その反面、軍艦という特殊な小社会の人々とであれ持ったような、同じ顔ぶれの人々と、日常生活の中で交わるという機会を持つことは出来なくなった。さらに皮肉なことに、使節団のメンバーにとって、アメリカの事物や人との接触が容易になった時、その接触がかえって人為的に制限される傾向が現われた。

玉虫が「日録」巻八の最後の項で「此地〔ワシントン〕ニ至リ、我官ヨリ禁厳アリテ、戸外一歩モ行クヲ得ズ。縦ヒ已ムヲ得ズ行ヲ得ルトモ、官吏付キ副フ……」(なお、巻三閏三月二六日の項参照)と憤懣をぶちまけているような「自主規制」がそれであり、このような規制は、第二・第七の出来事の記載の中で描かれたような使節のアメリカ人との接触についての態度のゆきつく所だったと考えることも出来よう。おそらくこうした背景のもとでであろう、目的地についてからの玉虫たちの記述には一つの変化が現われるのである。

対象からいえば、アメリカ人にとってはあまりにも自明な日常茶飯のことではなく、文化のはっきり目に見える形をとった露頭でありアメリカの先進性の象徴でもある事物に注目する。そして、それについて、見聞をさらに重ねて具体的知識を深めてゆくよりは、その由来や意味について、それに現われている(と彼らが考える)アメリカの文化や政治・社会体制一般の特質について、すでに出来上った思考の枠に従って大胆な解釈を試みるのである。

玉虫の場合、このような文化の象徴的部分についての解釈というアプローチは、アメリカ東部に着いて最初に訪れたモンロー要塞についての記述の中に現われた。内陸の首都ワシントンに通じる海岸の要地に築かれた、要塞の「結構ノ精密」に圧倒されるという経験について、そのような外敵の脅威のみを念頭においた国土防衛の方針は「花盛頓ノ遠謀」によるのだと解釈される。ワシントンに着いてホワイトハウスを訪れると、その建築からうけた印象が、このような解釈に結びつく。つまり、日本の将軍や大名のそれとちがって「貌列志天徳ノ居宅」は「城郭ヲ経営セズ」という事実と、もっぱら外からの侵略への防衛を考慮して海岸にのみ砲台を置いていると解釈された事実とが結びつけられる。そのような防衛の配置は、「蓋シ花旗国ハ共和政事ニシテ一私ヲ行フヲ得ズ、善悪吉凶皆衆ト之ヲ同シ、内乱ハ決シテナキコトナリ。故ニ内ヲ守ルハ粗ニシテ、専ラ外寇ヲ防グノミ」(巻三、閏三月二八日)だとされたり、「華盛頓都府には砦塁城郭なく唯海口と海岸に炮台を備ふ而已」(佐藤秀長「米行日記」『遣外使節日記纂輯』一)であることが「四海を以家とするの意を民人に示す」(同前)ゆえんだとされるのである(本文からもうかがわれるように、この頃アメリカと結びつけて語られた「共和政治」は、今日のように王制に対する概念ではなく、「上下一致」あるいは「無私」の政治といった観念だったし、「華盛頓」も、この「共和政治」と結びつけて、いにしえの聖人にも似た制度の創始者として理解されることが多かった)。このような解釈のしかたは、すでに見た巻八、閏三月九日のポーハタン号の艦長たちが「親切我子ノ如」く水兵を葬った、第八のエピソードについての「嘗テ聞ク、合衆国開闢以来叛逆ヲ行フモノナシト。実ニ然ルベシ」というコメントの中に姿を現わしていた。玉虫の場合、航海三カ月間、アメリカ人と日常的な接触を重ねる中で、アメリカについての新しい解釈の枠が形づくられ、初めて相次いで接するアメリカの事物の強烈な印象は、この枠に従って体系化されたように思われる。

その解釈について、ここでの問題は、それが事実にどこまで合っているかいないかよりは、こうした解釈のパタンが、その人のアメリカ社会についての態度や評価を反映している点にある。たとえば村垣も同じモンロー要塞を訪れ、玉虫と同様にこの要塞での見聞の解釈からアメリカの軍制についての一般論を展開して、

「目当もなき海面へ向ひ、川口は遥はなれたれば、実用にはいかゞあらん。〔このほかにも〕所々の炮台を見しが、多くは飾物にして実用薄し。……惣じて彼の軍法は虚にして実なし。……〔さらに、便乗した米艦乗組員が封建武士とちがい、「日雇稼も同じ」であることにふれて〕我国の義をもて一度彼をみぢんにするは安き事也とひそかに思けり」(「航海日記」閏三月二四日)

と心中をもらしている。これは訪米行の初めの頃の玉虫(二月三日の項参照)に似たほとんど古典的な夷狄観にもとづく軍事論だといえよう。「ひそかに思けり」というあたり、アメリカの客として、アメリカ側の気に入らぬことを口に出さぬようにつとめている村垣の、腹の中での強がりのようにさえ感じられる。また加藤素毛(飛騨の大庄屋の二男、料理人として一行に参加)の土産話の記録「二夜語」(『遣米使節史料集成』三)では、ワシントンの市街についておそらく江戸と比較したのであろう、「木戸なと更ニなく、外郭もなく」とのべた後、国会議事堂についてだろうか「府館

ハ円形兜の形なり、是ハ大砲正中する事なからしめ、横カスリに受るか為也とそ」という解釈を記している。このように、建国以来反乱なき「共和政事」の国というのが、アメリカの現実に接した衝撃の中で生れた新らしいアメリカ像だったが、事実は十九世紀最大の戦争の一つであるアメリカの内戦、南北戦争が勃発したのは、この翌年一八六一年、そしてモンロー要塞から遠くない水域で北軍軍艦と世界最初の甲鉄艦の海戦を戦ったのは、咸臨丸に便乗して米行を助けたブルック大尉の設計した南軍の軍艦だった。

このような文化の象徴ないしショウウインドウ的な事物の意味を解釈し、そこからただちに一般論を展開するという傾向は、未知の文化に初めて接してうける印象の強さと、この文化への接触がまだきわめて限られ表面的であることとのずれを、背景の一つにしているといえよう。「探索」への強い関心を抱きながら、使節による外出制限にそれを抑えられて憤る玉虫の場合、こうした矛盾はとくに激しく、巻八の十のエピソードの最後、アメリカ東部での見聞を扱う唯一つの記述では、玉虫の眼は使節団の上司・同輩に向けられ、内部告発の色彩が最も濃い。アメリカの「探索」よりは、時計・ラシャといった当時の日本人にとっての珍奇な奢侈品の買いあさりに熱中する「官吏」たち、アメリカ人の日本についての無知と好奇心につけこんで詐欺同様の取引をする人、それは巻八の第四項が描いた、官費旅行の船中で「終日唯飲食ヲ務」とし、食事に苦情の多い「官吏」「陪従ノ徒」が、目的地について自由行動を許されたおりの姿だったのではなかろうか。また、日本使節団にアメリカを理解させようとして、各地各所の視察・訪問を求めるアメリカ側に追随していて、しかも、アメリカ人の物の考え方が日本人のそれとちがうのを知らない上――ふだんはアメリカ人の申し出に消極的で、さらには、容易に応じないことで「尊大ヲ示」したつもりの「御奉行等」での「尊大」のポーズだから逆効果になるという皮肉。その兆しは巻八中の第二・第七の出来事の中にすでに現われていたといえよう。玉虫は使節団の上下を通ずるこうした行動を、儒者らしく「玩物喪志」として憤り、「有志者」らしく「探索」の志を欠くとして嘆いているようである。玉虫の筆は、激越な感情に動かされて時おりバランスを失う。彼の「日録」と他の人々の記録をつきあわせて見ると、玉虫の記すところが一面的なこともある。しかし、彼の批判を裏づけるような使節一行の行動は、他の記録にも現われて来る。たとえば加藤素毛からの聞書「二夜語」には、ホテルのテーブルに盛られた玉子・オレンジ類から砂糖まで袂にとりこんでアメリカ人のひんしゅくをかった「中以下」の日本人や、ペットとして買いこんだ猿を携えて旅する正使の姿が描かれているし、ワシントンでの金に糸目をつけない買物には、アメリカ側接伴委員から、損をするから差控えるようにと、再三の申入れがなされるまでにいたったのであった(「米士官ヨリ随行ノ組頭ニ随従者本府(ワシントン)ニ於テ物品ノ購求ハ損失アル旨忠告ノ来翰」『幕末維新外交史料集成』四)。

「有志者」玉虫の批判をうけた人々、とくに「御奉行」は何を見聞し、またどう受けとめていただろうか。副使村垣範正がまとめた、一行の日録類のうち文学的興趣が最も豊かな紀行記「航海日記」について見よう。彼の場合も往復七カ月にわたる軍艦という小社会での生活は、「姿見ればことなる人とおもへどもその真心はかはらざりけり」と詠み、「さすが数月辛苦をともに航海せし人情はおなじ事也」と述懐するように、華夷の差別をこえて共通する人間性に眼を開かすに十分だった。アメリカでは、文化の先進性を象徴する造兵技術や自然科学の水準の高さに驚嘆して、それを採用した場合の「御国益」を思い、こうした「彼の長ずる所」を導入するための留学生派遣について考えたりもする。また自分は視察することを断わったけれども、病院や孤児院についての報告を聞いては、「我国も恥べき事なり」という反省をもらしてもいる。

しかし、さまざまの事物を見聞し、こうしたことには率直に感心しながら、社会を考える枠組や価値体系の面では、きわだって対蹠的な反応を示していた。国務長官を公式訪問して、礼式のあまりの簡略に不快をおぼえ、「外国の使節に初て対面せしに、いさゝかの礼もなく、平常懇志の人の来りし如く、茶さへ出さず済ぬるは、実に胡国の名はのがれがたき者と思」うような経験が引続いた。不快は、国務長官主催の歓迎舞踏会にいたって絶頂に達し、「さすが宰相の招なれば、いかなる礼かと」期待したのに、男女数百人ただただ雑踏をきわめて、挨拶も聞きとりかね、あとは男女相擁してこま鼠のように廻るのみ、「凡《およそ》礼なき国とはいへど、外国の使節を宰相の招請せしには、不礼とがむれば限なし。礼もなく義もなく、唯親の一字を表すると見て免《ゆ》るし置ぬ」というまでにいたった。儀礼の簡略に接しては、アメリカは「上下の別もなく、礼儀は絶えてなき事」を確かめ、国立博物館を訪れて、歴代大統領の頭髪やミイラを陳列するのを目のあたりにすれば、「礼なき事此一事もて知るべし」とし、「天地間の万物を究理する故、斯の如きに至るといへど、鳥獣虫魚とひとしく人骸を并て置は言語に絶たり。額に汗するといふ古語に反復せり、則夷狄の名はのがれぬ成べし」とする。「上下の別」の「礼」や君臣の「義」によって立つ国対、「親」の情や「究理」の心のみあって「礼」なき「胡国」「夷狄」という、伝来の華夷観念がほとんどそのまま示されているといえよう。村垣が同じ観念によって彼我の軍事技術や兵制を比較し、日本の優越を再確認したことについてはすでにのべた。そればかりでなく、彼の日記には気候の「中和」や「百物に富」むといった自然条件においてまで、日本が西洋にまさる「上国」であることの発見が、誇らかに記されているのである。

村垣は副使として、見聞の機会には最も恵まれた立場にあった。文雅のたしなみ深く、異国の文物や風物に対する感受性は豊かだったし、ウイットに富んだ生き生きした表現は、今日でも彼の日記が読まれる一つの理由である。しかし多くの見聞やそれを受けとめた新鮮な感情も、彼の場合、自国とアメリカについて考える枠組や価値の基準に衝撃を与え、それの修正を迫るまでにはいたらなかったようである。そのアメリカ像は、直接の見聞によって細部にわたって具体性を増したけれども、アメリカをとらえる思考のパタンとしては、西洋の文物を全面的に拒否する夷狄観から、技術的なことがらについて、採長補短の余地を認める夷狄観へといくらか変った程度にとどまっているといえよう。

こうしたアメリカ見聞・アメリカ理解の型は、やはり、村垣のアメリカ行の動機と関係しているのだろう。彼は自らアメリカ行を志したのではなく、父祖以来幕府に仕えるものとして、ただ「君命」によってアメリカを訪れることになった。そして彼の日記はアメリカ派遣の「君命」を受けた「御恵のかしこさ」や、老中・若年寄に送別される「忝な」さの記入で始まり、復命・歓迎・拝領・加増についての「異国の灘のりこへて五百重波かゝる恵を代々にあふがん」という感謝で終っている。ひたすら「君命」をかしこんでアメリカを訪れた村垣は、異なる文化に接した衝撃の中で、かえって伝来の価値や世界像の正しさを確かめようとつとめ、九カ月余りの旅を終って伝来の忠誠観念をさらに強くしたのだった。

二　文久二年遣欧使節団――「鎖国を其まま担いで……」

初めての西洋への使節派遣に当って、幕閣首脳が当初意図した実情視察の企ては結局後退し、「探索」の活動は、主として、「小者」に身をおとしても志願して参加した、志と知性ある個人と彼らの間の共通の志にもとづく協力を中心に、いわば非公式に行われるにとどまった。けれどもわずか二年後の一八六二(文久二)年、ヨーロッパに派遣された幕府の最初の使節は、各国の実情視察を使節団の任務としてとりあげ、公式の報告が作られるまでにいたった。ヨーロッパに使節を送り、この使節に外交交渉と併行してヨーロッパ事情の調査を行わせることが計画され実現されるまでの経過には、それに先立つ遣米使節の場合によく似た事情があった。とりわけ英国公使オールコックが使節派遣のイニシアティヴをとった時、彼の念頭にあったのは、遣米使節の派遣にあらわされるアメリカの対日外交と、この使節の実績だった。

幕府の両都両港開市開港の延期の要求は、いうまでもなく、英国の対日外交の基本路線にまっこうからぶつかるものだった。そして、それにもかかわらずオールコックが、この申入れを本国政府に取次ぐことを考慮し、また幕府自身が本国政府への使節を派遣するように示唆した背景には、日本の政治情勢に対する深い読みと、外交戦略の思い切った展開とがあった。オールコックは幕府高官の中の開明分子を選んで彼らに英国の実力やヨーロッパの外交慣行の実態を見聞させ、このように支配層を啓蒙することによって、自由な通商貿易への改革を、上から平和的に行わせようと考えていた。外交の相手に対して、外交交渉や軍事力の圧力によって当面の要求を通すだけでなく、啓蒙あるいは教育によって考え方を変化させ、長い見通しのもとで自国の外交路線を実現させてゆくという点、また、こうしたアプローチが単なる外交戦術にとどまらず、多分に、先進文明をおくれた国民に伝えて彼らを教化し向上させるという使命感をもって遂行されていた点で、オールコックはハリスに似ていた。しかもオールコックにとってハリスは最大のライバルだった。アメリカより一歩おくれて対日外交の競争場裡に上ったオールコックにとっては、ハリスが幕府に対する後見者的・教師的なアプローチによって作り上げた、対日外交におけるアメリカの優位をきりくずすことが、当面の大きな目標だった。外相ラッセルへの公信の中でオールコックは、彼が示唆して決定を見るにいたった幕府の使節派遣について説明して、遣米使節がアメリカからえて来た多くの誤った印象を除くことについて語り(4)、また、これに先立つ老中安藤信正との会談でも、かつての遣米使節について彼が聞いているところ——アメリカでの行動に制限を受け、また使節自身も位の高い大名としてふるまい、その結果ほとんど何ものをも見ることなく終った——に論及し、使節はヨーロッパ諸国について積極的に見聞すべきこと、また英国側としては見るべきところを進んで公開する用意があること、このような視察が日本の「御変革之一助」(後に引くオールコック・安藤「対話書」中の表現)となるだろうことをのべたのも(5)、こうした背景のもとでだったといえよう。フランス公使ベルクールも大すじにおいてオールコックに同調したのだった。

一方、これをうけた幕府側にも、かつてハリスとの間で米国への使節派遣と実情視察を企てた岩瀬忠震らの態度に通じるものが見られた。いまふれたオールコックとの会談で、安藤はオールコックの提議をうけて、このようにヨーロッパ諸国の「実地之模様経験」をすれば「変通之一助ニも相成可申追而は只今申入候通り改革致し候心得ニ候得共……風習之違有之何分一時ニ改革致し候訳ニハ難参事に候」(文久元年二月二六日オールコック・安藤の「対話書」、市立函館図書館蔵「応接下物留」)とのべた。安藤の口調からは、オールコックの熱心に圧倒され気味の当惑と、日本と西洋の「風習之違」をわきまえた慎重さとが感じられるが、このような西洋世界の直接見聞とそれを手がかりにした改革への志向は、交渉のやりとりの中で相手にことばをあわせるといったその場限りのものでもなく、また、外国御用掛老中という交渉の当事者、幕府政治組織内の一高官の胸中にとどまるものでもなかった。安藤自身幕末の老中の中では内政・外交にわたってしっかりした識見と政策をもつ点で他にぬきんでていたし、彼の下でそれを支えるグループにもことかかなかった。

本書第Ⅲ章付論「英国探索始末」でふれるように、使節随員らの銓衡など準備の過程には西洋視察への熱意のほどが反映していたし、そこには、岩瀬忠震たちが追われた後幕府内改革・開国派の中心になった外国奉行水野忠徳の動きがうかがわれる。水野自身は一たん副使に予定されていながら、思いがけない外交上のトラブルの責を負ってその任を去らなければならなかったが、出発を二カ月後にひかえた文久元年一〇月、彼にかわって松平康直が入った三使から老中安藤信正への、使節の任務についての伺いは、「今般英仏其外之為御使罷越候節、一ト通御使之廉のミニ無之、外国之事情、且御国御為めニ相成候儀等探索者勿論」と書き出されており、「探索」と「談判」の対象として、西洋諸国との外交および貿易関係で当面する事項のほかに、各国の「建国之法」や「政俗」や「城郭幷台場之模様」「諸物産方、諸器械製造方」といった、その背景をなすことがらがあげられていた。一行の出発直前の一二月二〇日の安藤から三使への訓令は、この上申をうけて当面緊急の交渉案件とならんで、「取調」たり「研究」すべき一二の事項があげられ、上申の場合と同じように、西洋諸国との当面の外交交渉の参考としての項目の間に「各国政事学政軍制者、別而心懸取調可申事」という項目があげられていた。また蕃書調所からの上申にこたえて「窮理分離等之書」から「兵書数書政事書」「経済刑法文武学校規則書」「物産書」そして「画学並音楽書類」にいたるまでの買入れを命じる訓令も与えられていた。

このような積極的な態度が使節団の構成にも反映していた。「英国探索始末」でのべるように医師兼翻訳官の中の二人と通訳官の中の一人は「探索」要員として選ばれたようであり、事実「探索」や書籍・器具類の買入れの中心になったのは彼らだった。さらに、日本の国内に高まって来る西洋事情調査への関心は、今回もまた、はっきりした志とそれを支える知性をもって同行を志願した六人の諸藩士を「小使兼賄方」として加わらせたし、そのほかに、正使に随行を乞うて果せなかった蕃書調所教授手伝の西周助(「西家譜略(自叙伝)」)や同行を志願して認められなかった佐倉藩士津田仙や佐賀藩士中牟田倉之助(『中牟田倉之助伝』)のような人がいたことも、遣米使節団の場合と同じだった。こうして、前の使節団に「従者」や「賄方」として加わった金沢藩の佐野鼎や杵築藩の佐藤秀長が、今回もいわば志願「賄方」として加わったのに対し、前回は咸臨丸司令官従者の福沢が、今回は、傭通詞としてであれ正式に随員に加えられ、西洋事情の実地調査を公けの任務として行うことが出来るにいたったのは、使節団がそれだけ「探索」に積極的になったことを示していたといえよう。

しかし、程度のちがいこそあれ、今回もまた、「探索」に対する初めの積極的な方針が後退し、西洋諸国の本国を歴訪する時に、使節団の中に西洋の人や文物との接触をはばむさまざまな障害が現われた。水野忠徳が副使からはずされたことは、この頃幕府上層部で「探索」には最も積極的だったメンバーをうばわれたことを意味した。他方、目付京極高朗からは、遣米使節の先例にならって使節・随員の交渉における「立合」のほか、使節団メンバーの外出についても「立合」や鑑札の発行、時間制限などによって規制するという方針が、伺いとして上申され、ほとんどその通りが実施された。こうして『福翁自伝』の中で「見物自由の中又不自由」というまことに皮肉な見出しの下に描き出したような困難が生じた。

「到る処に歓迎せられて、海陸軍の場所を始めとして、官私の諸工場、銀行会社、寺院、学校、倶楽部等は勿論……或は名ある人の家に晩餐の饗応、舞踏の見物など、誠に親切に案内せられて、却て招待の多いのに草臥《くたび》れると云ふ程の次第であつたが、唯こゝに一つ可笑しいと云ふのは、日本は其時丸で鎖国の世の中で、外国に居ながら兎角外国人に遇ふことを止めやうとするのが可笑しい。使節は竹内、松平、京極の三使節、その中の京極は御目附と云ふ役目で、ソレには又相応の属官が幾人も附て居る。ソレが一切の同行人を目《め》ツ張子《ばりこ》で見て居るので、なか〳〵外国人に遇ふことが六かしい。同行者は何れも幕府の役人連で、其中に先づ同志同感、互に目的を共にすると云ふのは箕作秋坪と松木弘安と私と、此三人は年来の学友で互に往来して居たので、彼方に居ても此三人だけは自然別なものにならぬ。何でも有らん限りの物を見やうと斗《ばか》りして居ると、ソレガ役人連の目に面白くないと見え、殊に三人とも陪臣で、然かも洋書を読むと云ふから中々油断をしない。何か見物に出掛けやうとすると、必ず御目《おめ》附方《つけがた》の下役が附いて行かなければならぬと云ふ御定《おさだ》まりで始終附て廻る。此方は固より密売しやうではなし、国の秘密を洩らす気遣ひもないが、妙な役人が附て来れば只蒼蠅《うるさ》い。蒼蠅いのはマダ宜いが、其下役が何か外に差支があると、私共も出ることが出来ない。ソレは甚だ不自由でした。私は其時に＝是れはマア何の事はない、日本の鎖国を其まゝ担いで来て、欧羅巴各国を巡回するやうなものだと云て、三人で笑たことがあります」（『福沢諭吉全集』第七巻、一〇五―一〇六頁）

福沢たち随員の「探索」さえこのような規制に束縛されながら行われたのだった。

これら正規の「探索」担当メンバー以外の、有志者としての「探索」のために「賄方」としてでも加わった人々の場合には、条件はさらに悪かった。「今度は迚も航海術等の心掛不㆓相成㆒只日々順番に炊食ばかり被㆑苦メ、甚困難に罷在候」（佐野鼎書簡、長田富作・日置謙「佐野鼎小伝」金沢文化協会『佐野鼎遺稿　万延元年訪米日記』付録所引）、また「先行に異り人数少き故使役甚敷耳目に触れ候事も中々筆記に暇も無之困入在候」（佐野鼎書簡、日本史籍協会叢書『夷匪入港録』二)。オールコックが使節団の人数を制限するように強く申入れたのにおされた結果、三使の従者は前回の各九人から三人に減らされ、西洋の社会ではこっけいでさえあった、大げさな古い格式主義はおさえられた。しかしそのしわよせは下級随員や「賄方」の上に押しつけられ、志ある志願「賄方」たちの主体的な「探索」活動を難かしくした。その上「彼地留滞中ハ出則必車ヲ供フ故ニ十ニシテ六七ハ陪従スルヲ得ス尤私散歩ヲ許サレス」(市川渡「尾蠅欧行漫録」序、『遣外使節日記纂輯』二)ということになる。(6) 往復を含めまる一年を費して六カ国を訪れたこの使節団の場合、公けの任務として組織的な各国探索を行うことが出来た反面、遣米使節団の場合とくらべて個々のメンバーとくに志願して加わった人々による個性豊かな見聞録に乏しいのは、逆説的だが、このような使節団の「合理化」によるところが大きかったのではないだろうか。

こうして行われたヨーロッパ諸国「探索」の報告書には、西洋世界への接近のしかたの点で遣米使節団メンバーの日記類の中にうかがわれたいくつかのタイプとはまた異なる、独自のタイプが現われていた。それはアメリカの社会との接触をできるだけ避けようとする万延元年の正使村垣範正の消極性とは全く逆だった。また同じ「探索」ということばを語っても「有志者」玉虫左太夫のそれとも異なっていた。一方では、アメリカに着くまでの玉虫の「探索」には、日常生活の中での接触を通じて異なる文化を基層から知る、滞在者あるいは生活者型のアプローチがすでにうかがわれたのに対して、遣欧使節団の「探索」は、西洋文化の露頭あるいはショウウインドウ的な事物制度を次々に訪れてゆく視察者型のアプローチの原型だったといえよう。それは他方、アメリカ滞在中の玉虫が、かなり偶然に接した、アメリカ文化の表面に現われたごく限られた部分の見聞に大胆な解釈を加えることによって、アメリカ文化の構造を想像したのとも異なっていた。この専任の担当者による「探索」は、西洋の文化について、玉虫の場合と同じように、表面に現われた部分しか見ることは出来なかったけれども、玉虫がいわば表面のわずかな点に偶然に接するにとどまったのに対して、重要な点を大量にまた組織的に見聞することが出来た。また玉虫の場合、限られたしかし強い知的衝撃をもたらす経験は大胆な解釈と想像を伴っていたのに対し、この一行の場合には彼ら自身の見聞は、それぞれの国で選ばれた解説者の説明で補われていた。

こうして、そのような各国調査の成果として残された徒目付福田作太郎の「筆記」全二七冊の中、最も分量の多い「英国探索」についていえば、そこに描かれた英国像は輪郭の確かさの点でも細部の詳しさの点でも、幕末の日本で、それまで多く読まれ、この頃西洋を訪れた人に予備知識を提供した『坤輿図識』や『海国図志』をはるかにしのいでいた。この一行の英国事情調査と同じ時期に、英国人によって英国の読者のための英国政治への手引きとして書かれ、間もなく邦訳された『英政如何』(7) とくらべても、情報の正確さで劣りこそすれ、その量ではひけをとらなかった。事実「英国探索」の中で一見荒唐無稽のように見える箇所も、当時の英国の事情とつきあわせて注意深く読んでゆくと、英国の諸制度の問題点についての英国の解説者のかなり詳しい説明が背景にあることがわかって来ることが多い。国情のちがい、予備知識の貧しさ、ことばの障害を考えれば、英国滞在わずか六週間の間に行われた「探索」の成果は驚くべきものだったといえよう(「英国探索」について、くわしくは第Ⅲ章付論「英国探索始末」を参照)。

このような視察にもとづいた公けの報告書である「英国探索」は、全体として、客観的記述的で、玉虫の「日録」にあふれていたような、西洋世界の現実にはじめて直接に接した衝撃にゆすぶられた真剣な自省や、アメリカ側に対する使節の態度への激しい告発や、事実に合っているにせよいないにせよある思考様式の現われとして興味深いアメリカの社会・文化についての解釈や想像を、期待することは出来ない。けれども「英国探索」の客観的な記述の中にはやはり、さまざまな主体的な関心や立場がからみあって影を投じていた。

先ず実地に調査すべきことや英国の解説者に質問すべき問題は、はっきりした実践的な関心から、主体的に選ばれていた。三使と老中安藤信正との間の文書の往復の中で「取調」の対象として浮び上って来たことがらと、「英国探索」中の諸項目との緊密な関連は、これらの文書と「英国探索」の内容とを比較すれば明らかだろう。そしてこれらの文書の中でとりわけ重視されていた西洋各国の「建国之法」や「政俗」、さらに「政事学政軍制」については、「英国探索」の第三項の記述をはじめとして、「シンモン・ベリヘンテ」氏が説明に当っていた。

「英国探索」の記述からうかがわれる「ベリヘンテ」氏の姿勢は、聞かれたら聞かれただけのことを答えるといった受け身の消極性とは逆だった。彼の説明は、レクチュア風にかなりよくまとめられていたが、英国事情の単なる紹介でも、平板な事実の羅列でもなかった。「ベリヘンテ」氏が極東の封建国からの訪問者やその質問の背景に、どれだけ積極的な関心を抱いていたか、また説明の背景に教師的な姿勢があったかどうかは定かでないが、彼らの問いを受けた「べ」氏は、英国に対する強い関心とはっきりした立場からして、彼自身の英国像を描きまた示しているようである。別な面からいえば、当時の英国政治の状況を念頭において「べ」氏の説明を読んでゆくと、その中で同氏がとっていた立場が浮び上って来るし、このように想像された同氏の立場に身をおいて見ると、同氏の説明の組立てやニュアンスがはっきりして来るのである。

この英国事情についての質問と説明の背景をなしたヴィクトリア中期――一八五〇年代末から六〇年代初めにかけて――は、英国の内政に関する限り、巨大な改革と進歩の世紀の半ばでの中だるみの時期だった。世紀前半とくに三、四〇年代のさまざまな改革運動の多くは、当面の目標を実現した後退潮し、それに抵抗して生きのびた伝統的諸制度は依然として英国を支配していた。無関心と現状追随の空気が国内政治を支配し、姿勢をくずさず改革を訴え続ける人々は、荒野に叫ぶように孤立した少数者になっていた。「英国探索」第三項を中心にした「ベリヘンテ」氏の説明は、これに先立つ時期の改革諸運動の成果――とくに警察・司法制度の改革による、市民生活の自由と安全――を誇るとともに、保守勢力の抵抗のために改革が不徹底に終っている姿を描き出す。中途半端なカトリック解放・国教会廃止《ディスエスタブリシュメント》と選挙権拡大のサボタージュ、貴族による陸軍将校職の売買の「弊」、海軍将校人事における情実の

「悪弊」、陸海軍兵士の強制徴募（第五・六項）について語る彼のことばのはしばしには、現状に対するきびしい批判がうかがわれる。少し強い表現をあえてすれば、英国の現実に対する自分の憤懣――玉虫左太夫風に言えば「慷慨」――を、極東からの訪問者に洩らしているようにさえ思われる。こうした批判も、また、これは「ベリヘンテ」氏のものではないかもしれないが、救貧制度の一そうの改革と救済の充実拡大という訴え（第一〇項）も、英国社会にさまざまな悪が存在するのに、ずるずるべったりの改革の引き延しが支配する中で、少数の急進主義者だけが声を高くして叫んでいたところだった。

　このような背景から推せば、「ベリヘンテ」氏の英国政治に対するはっきりした立場は、急進主義者のそれだったと考えて大過はないだろう。こう考えて来ると、フランスから英国に来て在留一二年という「ベ」氏の経歴についても一つの推測が可能になる。（補注二）一八六二年に在留一二年といえば一八五〇年か五一年にフランスを去ったことになる。一八五〇・五一年といえば第二帝政への急転回の時期であり、五一年には大統領ルイ・ナポレオンのクーデタが行われている。「ベ」氏がフランスの社会にどの程度入りこんでいたか、フランス政治に対する立場がどのようなものだったか、想像の限りではないが、もし英国政治に対すると同じような態度をとっていたとしたら、彼がクーデタに続く追放と亡命の大旋風の中で英国に逃れたということも十分ありうるのではないか。この頃の英国は全ヨーロッパの民主主義・社会主義とナショナリズムの亡命者を一手に引き受けていた感があり、ルイ・ナポレオンによって追われた人の多くも英国に安住の地を求めた。福沢の「西航手帳」のうち「ベ」氏からの聞書と思われる「まとめ」の部分に、一八五一年から五四年にかけてのフランスの政変についてまとまった記述があるところにも、同氏の英国政治の説明が「初仏国より英国へ参り候節は、英国の法律に心服いたし、誠に善政とのみ心得居候」に始まって、フランスのそれとの比較を軸にして行われているところにも、この人の、フランス生活、さらに亡命を経た上での仏英両国の対比が反映しているのではないか、と思われる。

二年前の使節団の場合には、迎えの米艦での航海の中で日々アメリカ人と接し、アメリカでは朝野を挙げた大歓迎に包まれ、彼らの「親切」や「真情」に強い感銘を受けて多くの人々が夷狄観を捨てるにいたった。その中には、このような特別の「親切」は、アメリカが西洋諸国の「新国」だからなのだという解釈を記す者もいた。それに対して、「三百年来特別の関係」のゆえに「待遇の最も濃《こまや》かなる」オランダに迎えられるまで、この遣欧使節が仏英両国で見出したのは、西洋の外交儀礼こそふんではいるが、はるかに素ッ気ない応接だった。英国でも、福沢が、精力的に病院・学校などを訪ねるとともに、訪れる先々で英国の文物についての親切な説明者を見つけていたのを別とすれば、英国の人々との接触はごく少なかった。しかしその反面、わずかな人々の中には「ベリヘンテ」氏や、あるいは名の伝わらぬ他の人のように、英国政治に対してはっきりした独自の立場に立つ人がいて、英国政治についてよくまとまった説明をしていること、またその説明が聞く者に深い影響を及ぼしていることは注目に値しよう。フランスでは、幕末の日仏関係史に名をとどめた日本マニア、レオン・ド・ロニがいて、福沢たちのためにフランス「探索」だけではなく、西洋事情一般のガイドの役割を買って出た。ロニは曲りなりにも日本語の会話や読み書きが出来たし、日本の文物への憧れからこの一行についてまわったから、彼が一行に与えることの出来た情報の量は大きかった。けれども「英国探索」の一葉にその名をとどめられただけで忘れられてしまった「ベ」氏の「レクチュア」は、説明をオランダ語によらざるをえないという制約を、はっきりと定まった視点から英国事情についても文明の条件一般についてもよくまとまった見取り図を示すことができたという、説明内容の質で補っていた。この急進主義的な医者が、西洋「探索」を助ける説明者あるいはガイドとして、ロニに劣らず、ほとんど決定的な役割を示していることは、「英国探索」の中で「ベ」氏に由来する部分が占める大きな比重、福沢の『西洋事情』が、写本の段階でも刊本になった時も、開巻第一頁を同氏が語った文明の条件についての考察で書き出していることからうかがわれよう。

このような形での幕府使節団メンバーと英国の急進主義との交渉は、この数年後、一八六七(慶応三)年から六八年にかけてロンドンで学んだ幕府留学生団に、志願して監督となった御儒者中村敬輔と英国自由主義者との間に生れた貴重な交わりを思い出させる。この一行一四人は、慶応に入ってからの西洋への積極的接近という幕府の政策転換を背景として送られ、諸藩からのそれを含めた幕末の西洋留学生団の中で、最も実りの豊かなグループに属した。この一行も英国人との交際は乏しく、年長の「監督」であって英国の教師について学ぶこともない中村は、とりわけそうだった。しかし、その中村も少数の英国知識人とは実りのある交わりに恵まれたようであり、その一人が、自由党から議会に出たこともあるフリーランドH. W. Freelandという人物だった。この人は、「英国探索」の中で「ベリヘンテ」氏が問題にしている六ポンド家屋保有者《ハウスホルダー》選挙権を支持していたから、おそらく自由党でも改革派に属していただろう。彼が徳川氏の政権奉還の報に接して帰国を余儀なくされた中村に餞別として送ったのが、ヴィクトリア期自由主義の民衆版サミュエル・スマイルズの *Self Help*, 1859 だった。この本に感動した中村の翻訳『西国立志編』の明治期を通じる大きな影響についてはあらためて言うまでもないだろう(くわしくは第Ⅳ章を参照。附言すれば、中村がこれに次いで翻訳し、明治啓蒙思想から自由民権論への展開に大きな寄与をしたJ・S・ミルの *On Liberty*, 1859 も、帰国後同じフリーランドから送られたのではないか、というのが私の想像である)。どちらの場合にも、当時幕府が擁した当代最高の知識人は、英国で、上下あげての歓迎や好奇心に取り囲まれるかわりに、ごく限られたおそらくかなり偶然の機会を通じて、英国の急進主義者や自由主義者に接し、深い影響を受けたのだった。

「探索」に当る使節団メンバーの、英国がわの説明や自分自身の見聞の受けとめ方にも彼らの個性が反映していた。この二年後、一八六四(元治元)年、横浜鎖港談判のためフランスに派遣された池田長発らの復命の上申では、ヨーロッパ諸国の権力政治の現実から説き起して、日本が「世界万国に併立」するための、国内政治体制の大改革およびそれと表裏をなす対外政策の思い切った転換——

「第一、弁理公使、欧洲各国へ被差置度、第二、欧洲而已に無之宇内独立之邦々に者、何れも条約御取結相成、万一之節、伐謀伐交の御方略有之度儀、第三に者海陸二軍之方法西洋之所長を被為取候為、留学生御差遣し相成、修行為仕度儀、第四に者西洋諸洲新聞紙社中に御加入相成彼我之事情相通し候様仕度儀、第五に者御国民自在に外国へ相越し商売者勿論、彼方事情為心得候様仕度儀」(「仏国巴里府より一ト先帰府仕候趣意柄申上候書付」『幕末維新外交史料集成』六。なお、この五項目のそれぞれについて、提議を詳論した都合五つの上申が提出され、いずれも、『外交史料集成』の同じ巻に収録)――

までが一体として展開されていた。それに較べれば、竹内使節団の諸国「探索」の報告は、とるべき政策にまで論及することなく、西洋諸国の現実に対して評価をのべることもなく、その限りで客観的な事実の説明に終始していた。けれども、それにもかかわらず、この報告の克明な事実の記述には、「探索」に当った人々の西洋見聞における関心や認識の枠組が影をおとしているのがうかがわれるのである。

すでに使節団への訓令の中で「諸産物諸器械製造方、大砲小銃之製作、金銀貨鋳立之仕法等」が調査事項としてあげられていたし、「英国探索」も、英国の隆盛を支える新しい産業・軍事技術について多くの紙数を割いて詳細に記している。使節団の誰もが、鉄道・電信やアームストロング砲の革命的な力に圧倒されただろうが、一と足おくれて一行に合流した勘定格調役淵辺徳蔵が英国を離れる日に記した詩はこのような経験を語って興味深い。「遥かに一隅を去つて一隅に来り、為に万苦を侵すも又娯多し。車は鉄路を奔りて鷹隼に優り、信送の電機は僕奴を省く。……何ぞ量らん僻境斯くの如くに富み、中華も胡の為に及ばざるを」(「欧行日記」『遣外使節日記纂輯』三)。あるべき人倫の関係に深い関心を抱いた玉虫左太夫の場合、アメリカの「交情厚」い開かれた社会の経験が夷狄観念への反省を促していたが、淵辺の場合、西洋の新しい科学技術から受けた衝撃が華夷観念の転換を迫っているといえよう。

しかし、訓令は「各国政事学政軍制」の調査を特に重視していたし、使節団内部でも西洋理解において最も進んでいた福沢たちの場合には、西洋の科学技術の高さだけでなく、それを可能にする社会組織に、「文学技芸」よりも「政治風俗」に関心を注ぎはじめていた(『西洋事情』巻之一、小引)。事実「英国探索」の中で彼らの西洋への関心や認識のしかたがよりよく現われているのは、英国の政治・社会制度を扱う部分だった。

この点でまず気づくのは、「英国探索」全体を通じて、日本の封建的身分秩序の観念が、英国社会を理解する上での基本的な枠組になっていることである。「英国探索」に現われるさまざまな表現やとらえ方が、それぞれどこまで英国の説明者に、またどこまでそれを受けとめる日本の調査員に由来するか、見きわめることは必ずしも容易でない。しかし、「士官」(「士官」が身分と官職と両方を意味するからややこしくなるが、この問題についてはふれない)対「平人」「百姓町人」、あるいは「士農商」という、この報告全編を貫く最も基本的な枠組は、英国社会の身分的秩序がこのようなとらえ方をさせやすくしたという事情があるかもしれないが、「探索」に当った人々自身のものであることはまず確かだろう。「英国探索」のとくに「政事学政軍制」関係の諸項に現われる英国の諸制度は、とくに「士」に関するものと、とくに「農商」に関するものと、それぞれに固有の関心からとらえられているように見える。

「士官」についての関心は第九項前半や第一項にまとまって現われる。広義の「政府」要員の調達・昇進の問題がそれであり、「技芸・学術」における「所能」本位の抜擢・任用の原則、逆にいえば、「其身一代限り」の、官職・俸禄の世襲の否定が強調されている。それとの関連で、「政府」の官職に向う社会的上昇の門戸がかなり広げられていることが注目されている。英国では、「農商」ばかりか「兵卒」や「貧民」も、本人の能力によっては「士官」にも登用されると解されているのである。さらに学校もこのような文脈でとらえられる。第一六項では、各種の学校が慈恵施設の一つとしてあつかわれていたし、それは、英国の伝統をよく示していた。しかし、第九項では、学校、とくに「農商」や「貧民」にとってのそれは、「政府」の官職へと上る社会的なはしごの一部としてとらえられているのである。

このようなとらえ方には、幕末の改革者たち——とくに能力と野心に満ちながら身分の低い——の、「所能」本位の大胆な「人才の登庸」を、「養才」のための学校を、という叫びを想起させる。その中には、たとえば渡辺崋山のように、未見の西洋社会では、「養才の政」と、才能に応じた自由な登用とがすでに現実になっていることを、同胞への警告として、あるいはいくらか憧憬の心をも秘めて、記す者もいた(「鴃舌或問」「西洋事情書」)。また、この二年前咸臨丸艦長として訪米した勝麟太郎は、帰国後、老中から、アメリカで注目したことを言上するよう命じられて、「亜米利加では、政府でも民間でも、凡そ人の上に立つものは、皆其の地位相応に怜悧で御座います。此の点ばかりは、全く我国と反対のやうに思ひまする」と答えて、不興をかったという(『氷川清話』)。「英国探索」に現われたこのような傾向もやはり、「探索」の任に当った、豊かな知性に恵まれながら、低い地位に甘んじなければならない人々、先に引いた『福翁自伝』の中の福沢の表現をもじれば「門閥制度」をそのままかついでヨーロッパを巡回しなければならない下級随員たちが、自分たちの願望が英国の社会ではすでに現実となっているのを発見して感動した、その結果ではないだろうか。「士官」の任用は「所能」本位で行われているという「英国探索」の記述には明らかに誤解あるいは行きすぎがある。「兵卒」や「貧民」から「士官」への道は、十九世紀末の改革でもまだ実現には遠かった。また、「英国探索」第一項・第三項の議会制についての混乱した叙述は、福地源一郎の「英国々会議事の事などは目撃したる我さへ解せざる位なれば……」(『懐往事談』)という記述を裏書きして、それを理解することがどんなに難しかったかをうかがわせる。ところがその混乱の中に、議会は政府が「貧富」「宗門」にかかわらず「人才」を選んで任用する官職だ、という見方だけはかなりはっきりと通っている。こうした行きすぎ、ないし誤解は、「探索」に当った人々が、英国社会の中に自己の願望の実現を見出して感動し、無意識のうちにその感動に押されて、英国社会の一部に実現している傾向をその外にまで読みこんだためではなかろうか。

「農商」——言いかえれば、「政府」の官職についた「士官」の統治に服する「下民」——についての「英国探索」

の叙述でまず気づくのは、第三項の冒頭、「シンモン・ベリヘンテ」氏の文明国の条件五カ条、とくに「自由」の説明の受けとめ方である。福沢の「西航手帳」によれば「べ」氏はおそらくオランダ語で vrijheid について語った。それは「自由」と訳され「政事の寛優なる儀」と説明されているのだが、もっぱら「下民」を統治する手段に収斂してゆく傾向を示しているように思われる。「英国探索」全篇の序説に当る第三項が、文明国の条件としての「自由」で始められ、それを受けて「第一条下民の自由と申儀は、国家を治候の良策に有之候趣に御座候」と結ばれているのは、「探索」に当った人々の自由の問題の受けとめ方を示すようで意味深長である。彼らにとって、一方での「所能」本位で身分・門地を問わぬ「士官」への道の解放と、他方では、「士官」にならない「下民」にとっての、「制度寛優」としての「自由」は、「文明国」の国制としてあい補うものだったのではなかろうか。

「農商」の活動について、「探索」に当った人々自身が調査見聞した記録の中にも、全体を貫いて一つの関心がうかがわれた。彼らは何よりも先ず英国の富を支える産業・経済の諸制度を訪れた。しかし、彼らは、そこで生産のプロセスや技術を詳細に観察しただけではなく、さらにそれを支える資本の調達や経営が誰によってどのような組織で行われているか――「仕方」や「取建方」――の問題に注目した。鉄道も、電信も、ガスも、港湾諸施設も、銀行も、例外なく「コンペニー」すなわち「社中」「会社」ないし「商人組合」や「商人仲間」によって組織され運営されていた。彼らはさらに、「富豪の商人」の社交も、彼らの慈善活動によって支えられる学校・病院や孤児院・養老院その他の救貧施設も、「申合」せた「組合」や「仲間」という同じシステムで運営されているのに気づいた。国防さえ、「官兵」から独立した「商農」の「随意の兵」があってその一翼を担っている。こうした「組合」「社中」「仲間」といったことばはしばしば「政府の世話等は一切相受け不申」、あるいはまた「有志の者」「銘々の志」「銘々の随意」といったことばを伴っており、こうした一連の表現が、産業・教育・社会福祉・救貧・社交・軍事等における「農商」の活動の特徴を紹介するために使われていた。このように、同一の表現が、社会のさまざまな領域における活動を表現するのに共通に用いられるということばの用法は、意識していたにせよ無意識だったにせよ、おそらくヴィクトリア期の英国社会の特質――社会のさまざまな領域を貫いてそれを特徴づける社会組織の根本原理、政府の命令と介入によらず市民の自発的結社によって公共の課題を遂行する、ミドル・クラスを中心にした voluntarism の原理――をさしていたといえよう。

ちょうど十九世紀半ばは英国の voluntarism の最盛期であり、それは同じヨーロッパの隣国人にとっても驚きの的だった。たとえば極東の使節団と同じ年、フランスから英国を訪れたテーヌが、極東の一行と同じく、義勇兵に深い関心を示した時、それは、彼にとっても英国社会の voluntarism を象徴していたのだった。[8] この原理をめぐる英仏両国のコントラストには、一八六七(慶応三)年、特使としてフランスに派遣された栗本瀬兵衛も注目した。

「法国の商估豪富にして勢力あるもの英米に比すれば甚だ少きに似たり、然る所以は竜動新約基〔ロンドン・ニューヨーク〕の商估は社を結び事を創むるに唯政府の允を得るのみにして嘗て其力を仮らず、法国に至りては然らず、独り汽船汽車の大挙盛業のみならず小事に至りても猶ほ且つ政府力を併せて是を賛せざれば事を醸す能はず」(『暁窓追録補』)

「ベリヘンテ」氏の英国政治の説明、とくに文明国の条件についてのレクチュアが、自由主義の哲学の宣言だったとすれば、「探索」要員が目のあたりにしたこのような事実は、自由主義が生活の信条として生きて働き、社会制度の中に具体化した姿だったといえよう。

この「政府の世話」から全く独立して「銘々の志」による「組合」が公事を進んで担うという原理についても、やはり解釈のゆきすぎや誤解が見られる。義勇兵の政府や正規軍からの自立が実際以上に強調され、義勇兵が外征に加わるように受けとられているのはその著しい例であり、イングランド銀行について「政府にては更々関係無之」(第一項)という表現の背後にも同様の誤解があるように思われる。これはやはり、極東の封建武士が彼らの想像を絶する事実に強い印象を受け、それにひきずられた結果ではないだろうか。「英国探索」における「農商」の「組合」についての記述は、このような誤解を免れなかったし、救貧や病院経営のための慈善団体についての記述を別とすれば、「組合」の「仕方」についての具体的知識に乏しい。けれどもさまざまな「組合」の活動の現実に初めて接した人々は、こうした「組合」の、いわば制度の精神ともいうべきものをしっかりととらえることができたのではなかろうか。(9)後にふれるように、この三年後、五代才助を中心とする薩摩藩グループが渡欧し、英国を根拠として大陸にも活動をひろげた。彼らの帰国後薩摩藩は、西洋の「コンペニー」をモデルにした「商社」の構想を打ち出したのだったが、そこでは、「コンペニー」についての具体的知識が豊かになったのと逆に、「銘々の随意」による、「政府の世話」から独立の「組合」という制度の精神は失われていた。彼らの「商社」は藩庁と結んだ特権商人と藩庁との合作による、取引独占のための組織だった。こうした傾向は、同じ頃、幕府親仏派によってフランスの「コンペニー」をモデルとして打ち出された「商社」構想にも著しかった。このような、後の「コンペニー」=「商社」構想にくらべれば、「英国探索」における、素朴な「組合」論は、この制度の精神——ヴィクトリア期自由主義の一つの柱としての voluntarism を、はるかに生き生きととらえていたといえよう。そして、「英国探索」においては「農商」のこととして印象づけられたこのような事実が、やがて福沢たちが「士官」の身分を去った時、彼らの生き方の選択に何らかの影響を与えたのではないだろうか。

しかし、「探索」の任に当った人々自身の主体的な関心は、最後のところやはり、使節団の仕事としての枠におさまりきらず、彼らの感動や思索の結果は、公式の報告書以外にさまざまな形で現わされていた。そこに提示された問題は数多いが、ここでは、さまざまな問題を深くそして相互に関連づけてとらえる点で抜群の福沢を中心に、二つの問題に限って考えたい。

その一つは、西洋の国際関係の理解である。すでに見たように、遣米使節団メンバーの日記には、彼らの心をとらえていた夷狄観が、アメリカ社会との接触の中で次第に反省され克服されてゆくあとがうかがわれた。彼らの多くが抱くにいたった聖王「華盛頓」の建国になる「共和政事」の国アメリカというイメージは、意外なほど好意的な、時には羨望の念すら感じられるものだった。中には「共和政事」の現実に接した知的衝撃の中で、古い身分的秩序ではとうてい日本の危機を乗りきれぬことに気づき、そのような差別と隔絶をとり払った一致と共同の新しい秩序を模索し始めた玉虫のような者もいた。しかし、夷狄観が崩れはじめたということから、直ちに、西洋の国際関係の実態の理解や華夷内外の差別にかわる新しい世界秩序像の把握にいたりえたわけではない。何よりも、この使節団は条約当事国間の、当時日本に最も友好的だったアメリカ合衆国へのそれであり、わずかの寄港地を別とすれば、アメリカ以外の国を訪れなかった。アメリカの「共和政体」や、「新国」らしい外国人へのあけっぴろげな好意に賞讃のことばを惜しまなかった玉虫や福島義言も、日本に対するアメリカの「覬覦《きゆ》ノ志」を否定したわけではなく、「日本ノ志無ク愚昧ノ輩」が「彼ニ志ヲ傾ルニ至」(福島「花旗航海日誌」『遣米使節史料集成』三)ることを恐れていた。彼らは、英米関係の緊張についての風聞を記録するのも忘れなかったし、西洋列強の中国への圧力についてはひとごとならぬ深い関心で情報を集めていた。しかし、そのような西洋列強の相互の関係を支配する原理についてはほとんど知ることがなかった。

文久の遣欧使節団の場合には事情が大きく変っていた。彼らにとってヨーロッパへの往復の航海は「西力東漸」のあとを辿ることにほかならず、西洋列強の植民地主義の「東漸」の実態を系統的に見ることが出来た。そして複数国への外交交渉と視察を任務としていたから、ヨーロッパ諸国相互の関係について、外交慣行の調査や学習によるだけでなく、列強の権力政治とくに英仏の角逐を、その渦の中で翻弄されるという経験を通じて、身を以て知るにいたった。だから、「英国探索」で「大小強弱の異同有之」国家の間の、共通の法に従う対等の友好関係(第二項その他)や自由貿易の勝利が報告されている反面、使節団メンバーの私信にはほとんど例外なく、権力政治への警戒と日本の独立についての危機感が語られていた。そしてその中で、西洋の国際関係の構造と、日本が一つの国家としてそれに対応すべき道とを、最も明確にとらえることが出来たのは福沢だった。

福沢が一八六四(元治元)年頃に記し、写本で読まれた「西洋事情」が、彼の西洋「探索」の直接の成果だったことはあまりにもよく知られている。しかし、今日では思い出されることが少ないが、この本のほとんど姉妹篇ともいうべきもう一つの小冊「唐人往来」が、その翌年に書かれた。「写本西洋事情」と同様この短文にも、西洋見聞に拠って書いたとは記されていないが、少なくとも一つそのことを想像させる箇所がある。ヨーロッパの弱小国ポルトガルがなぜ大国の権力政治の渦中にあって独立を全うしえているのかという問いがそれである。竹内使節団は「欧洲巡行」の最後にポルトガルを訪れており、そのメンバーが短い滞在の間に行なった「探索」の結末は、「福田筆記」中の「仏葡孛探索」の中にまとめられている。しかし福沢はその他にロニから、この国のおかれた国際環境について聞き出していた。そうしたわけで、ヨーロッパの国際政治の檜舞台から完全に取り残されて、昔の栄華の夢を追いつつまどろむにすぎぬように思われるこの老小国を、現代の苛烈な権力政治との関連でとらえたのにはやはり、福沢がヨーロッパ歴訪の最後にこの国を訪れた経験があったと考えることが出来よう。福沢は、この国がきびしい国際環境の中で独立国として生存できるのは、力によって対抗する諸国家の関係を、それにもかかわらず、「世界普通の道理」が支配し、諸国家の間に封建日本の諸藩関係に似た「各国附合」が成立しているからだとした。この場合福沢は、「世界普通の道理」を、現実を超越した規範としてではなく、現実の中に妥当しているものと考えており、「道理」を現実に裏づける事実としてこの小冊の中であげたのは、当時の西欧では権力の均衡としてとらえられ、あるいは英国においてヨーロッパ政策の目標として語られた「ヨーロッパの協調」をさしていたように思われる。またこの小冊には出て来ないが、福沢の「世界普通の道理」への信頼には、彼が英国で見聞した、世論の批判が政府の対外政策の誤りに対する修正の役割を営むという現実があった(10)(補注二)(『福翁自伝』)。福沢はこうして、自らの西洋「巡行」の経験を通じて、弱肉強食の権力政治と「ヨーロッパの公法」に従う平等・友好という両面の対立をはらんだ西洋の国際社会の構造の実態に迫ることが出来たといえよう。この上に彼は、国民的統一と富国強兵という実力の裏づけを築きつつ、「世界普通の道理」に信頼して、開国にふみ切ることを主張したのだった。

福沢のこの小冊にこめられた認識と主張は、あまり世に伝わらないままに終ったが、それは、幕末から明治初頭にかけての、成熟した国際関係理解の原型ともいえる意味をもっていた。たとえば、池田長発らの一連の復命上申に現われた認識と構想も、「方今欧洲各国之形勢強弱大小互に併呑之意を醸居候得共瑞西白耳義等之如き微弱之小邦に而も大国強邦之間に塊然特立」(「西洋各国幷東洋国々と条約御取結之儀に付申上候書付」『幕末維新外交史料集成』六)している事実への問いを手がかりとして、西洋の国際関係における、「強弱大小互に併呑」をはかる権力政治と、「条約取結信義を以て相交」り「待対之礼を以て好誼交接を全」(同上)うする、国家の平等と国際法の支配、という両面構造を理解し、幕府の政策として軍備強化と併行した国交の拡大発展を主張した。また、これと自由主義・急進主義の立場からする英国艦隊の鹿児島砲撃に対する批判をめぐる議会での論戦を報じる新聞記事から、対外政策形成過程における世論の役割をとらえていた(11)。こうした点は、すでに見た福沢の認識や主張と同じパタンを示しているのである。そして福沢や、池田長発たちの国際関係理解は、ライデン大学教授フィッセリング Simon Vissering に就いて国際法を学んだ幕府留学生西周助の「欧羅巴諸国其政治互ニ相関渉シ猶春秋列国ノ如シ是ヲ泰西大局又斉盟大局ト訳ス」(『万国公法』中の、フィッセリングの講義に附された西の敷衍。『西周全集』第二巻)といった学術的表現をとるまでにいたらなかったけれども、表現を裏づける経験内容の充実という面では、まさりこそすれ劣るものではなかった。

このような国際社会の構造の理解と開国の主張と併行して現われるのが、封建的割拠を克服した統一への志向である。この欧行の船中で松木・箕作と時勢を論じていた福沢が「ドウダ迚も幕府の一手持は六かしい、先づ諸大名を集めて独逸聯邦のやうにしては如何」と言ったところ、二人とも「マアそんな事が穏かだらう」と言ったというエピソードが紹介されている(『福翁自伝』)が、連邦国家としてのドイツ統一をモデルにした、大名連合的統一というアイデアだったのだろう。やがて幕府権力の全国統一の主体としての可能性に対する期待が高くなった一八六五(慶応元)年の「唐人往来」では、開国の前提として、「公方様」が全国を巡察して「一国内に御威光行届」く福沢のいわゆる「大君のモナルキ」体制を説くにいたったのだった。

三　元治・慶応から明治へ——さまざまな西洋行の交錯

元治・慶応の交、一八六四・六五年頃から、日本から西洋に向う外交・貿易交渉や視察・学習その他のグループは、はっきりした変化を見せるようになった。それまでの遣米使節団・遣欧使節団は、幕府の使節・随員の下に、彼らの使役に服する「従者」「賄方」として諸藩有志を含むという点で、幕藩体制の縮図的な構成を示していた。しかし一八六三(文久三)年の長州藩から英国への留学生の派遣を先駆として、六五(慶応元)年には薩摩藩の交渉・視察・留学の一団が英国に密航し、さらに翌六六年の幕府による留学・渡航自由化の決定の後には、金沢・福岡・佐賀・仙台など諸藩の有志が三々五々欧米諸国に渡り、これにまじって薩摩・肥前佐賀両藩使節もフランスに渡ったし、パリ万国博に「出品」のような立場で出場する芸者や、世界を股にかけて旅興行をする芸人も現われた。諸藩からのグループの中のいくつかは、日本の国内政治に深く入りこもうとする諸外国とそれぞれに結びつこうとしていた。こうした変化は、ある面で、幕藩社会の秩序が解体し流動化し始めた結果であり、西洋諸国に赴いたいくつかのグループの中には、旧体制の落ちつくさきを象徴するさまざまな新しい知的な動きが現われていた。そうして、さまざまなグループの間には、故国では成り立ちにくい交友から虚々実々の対抗にいたるまでの交渉もあったから、われわれにとっては、さまざまな西洋見聞のタイプを比較するのにかっこうの場を提供してくれるのである。

一八六五(慶応元)年の特命理事官柴田剛中の一行は、このように変ってゆく局面のもとで、幕府の新しい路線を固めるためにヨーロッパに送られた最初のグループだった。柴田の主な任務は横須賀製鉄所建設のための技術者と資材の調達であり、その背景には、幕府の中枢に擡頭した小栗上野介・栗本瀬兵衛を中心とする有能な親仏派官僚と北アフリカ植民地勤務の経験をもって日本に赴任した冒険的な外交官、フランス公使ロッシュとの提携があった。

柴田剛中の「日載」は、「英国探索」とはちがって、一個人の日記である。また、一「賤官」に過ぎない玉虫左太夫の「日録」とは異なって、遣外使節団の責任者の日記であり、しかも、玉虫のそれのように公表を意図していない。その意味で、出帆から帰着まで一日もかかさぬ、表紙に「仏英行」と付記された「日載」七・八の日記は、幕末の日仏関係の一こまに重要な証言をつけ加えるだけでなく、西洋社会で働く一人の徳川官僚の姿を公私の両面にわたり、公の言行から心に秘めた感懐にまでわたって描き出してくれる。

この克明な「日載」から浮び上って来るのは、まず、与えられた任務に忠実で、勤勉、綿密、慎重この上もない幕府官吏の姿である。理事官柴田のほかはごく少数の実質的な随員と従者だけというこの小グループは、それまでの使節団よりはるかに機動的だったし、少人数で多くの仕事をこなした点では、諸藩のそれを含めて、幕末の遣外グループの中でも筆頭だろう。本務である大量で多様な資材の買いつけと技術者や軍事顧問の雇傭については、調査・交渉を重ねた上で現地でとりきめなければならなかった上に、翌々一八六七年のパリ万国博への参加という問題が降って湧いた。一行の買つけ・雇入れの話が伝わると、連日のように、柴田のいう「自衒」――自己宣伝と売りこみ――連中が現われるようになり、その中にはシュネデールのようなフランス産業界・政界の大立物やロニ、モンブラン、シーボルトら幕末の日欧交渉史に日本マニア、山師、あるいは日本の学芸の恩人などとして著名な人物もおり、彼らはしばしばライバル薩摩藩視察団に通じる厄介な動きを示していた。こういう動きにとりまかれながら、薩摩の新納刑部、五代才助、寺島陶蔵の一行、つづいて岩下方平らがモンブランとの危い関係に深入りしたような、失敗をしなかったのは、やはり柴田の慎重のたまものだろう。しかも前回ヨーロッパ六カ国へ首席随員として赴いた経験があるから、フランス人顧問の助けをえて頻繁な「対食」や寄附など社交にもつとめている。こうした対外折衝に心身を労しながらこまごました会計や庶務にまで目をくばり、故国への報告をまとめて送り、若い随員が夜遊びで評判をおとすのをさけるために腕押しやすわり相撲までして随員を楽しませ、彼らをホテルに「抑留」すべくつとめるのである（一行の通弁福地源一郎の回顧『懐往事談』）。それは昌平黌を優等で出、勘定奉行支配の役職を累進するという徳川官僚制の出世の表街道をへて、新設の外国方に抜擢された精励有能な官吏ならではのことだった。

柴田のこの活動は、自己の責任において訓令に反する協定を結んだ前年の遣仏使節池田長発の一行、あるいは柴田のライバル、薩摩の五代・寺島のグループとは対照的に、出発前にすでに定められた指令に忠実に従い、それを具体化してゆくのだった。横須賀製鉄所建設にはロッシュが大きな力を注いでおり、彼が柴田に与えた助言は、事実上幕閣の訓令以上の意味をもっていた。訪問し交渉すべき相手が指示され、ロッシュがあらかじめ選んだ顧問ヴェルニーとフルーリ＝エラールに「百事を委任」すべきことが強調されていた[12]。柴田は、このように定められた任務を遂行するために、仏英両国の各地を訪れ、フランスでは実に多くの施設を視察し、多彩な顔ぶれと交渉をもった。そしてこのようなフランスの社会・文化との接触の範囲や見聞の受けとめ方には、彼に与えられた職責とも関連してある傾向がうかがわれるのである。

先ず、彼が訪れたのは、ほとんど軍事・産業施設に限られていた。その中で、驚きや讃嘆を示しているのも、艦船・工場・港湾・上下水道などの技術の高さであり、フランスの社会や人間の特質に心をとらえられた跡は、ごくわずかしか見ることができない。そのわずかな例に属するのは、先ず彼の任務についてのフランス側の最高責任者外相ドリュアン・ドゥ・ルイである。七月晦日の公式訪問の感想「論議之件々頓決、其迅速出二于意外一」は、柴田の「日載」のひかえ目な表現の中では、最高の讃辞といえよう。そして、外相ドゥ・ルイの中にあって柴田の心をとらえた人間の特質は、おそらく彼が、横須賀製鉄所建設の最高顧問、エコール・ポリテクニク出の青年海軍技師ヴェルニーに感じたものにも通じていた。一行の通弁福地源一郎によれば、ヴェルニーが初めて彼らの前に現われた時、柴田はその「言語挙動更に辺幅を修めず質樸なる」に不安を感じ、小栗や栗本がロッシュの甘言に乗せられて青二才をおしつけられたのではないかと疑い、「技倆才幹」を試した上で解雇することまで考えたという。それが、技術者の人選・資材の発注いずれも「頗る精確を旨とし毫も其間に私を挿む所なく、加ふるに事を処理するに果断ありて同時に緻密」だったので「柴田は大に其人を悦び、一行も亦皆讃嘆して孰も欧洲の人は斯も敏捷なるものかなと驚き入」(『懐往事談』)るにいたったのである。閣僚と技術者という二人のフランス人が共通に体現する、福地のことばを借りれば「処務」の質が、虚飾と非能率の病に深く侵された徳川官僚制の中の能吏に衝撃を与えたのだといえよう。

ただ、柴田の場合、フランスの技術や「処務」の精神にうけた驚きは、日本と西洋についての彼の理解や価値判断の枠組そのものをゆすぶり、それへの反省を呼び起した跡も、また、そうした技術や「処務」を生み出す背景への問いをうながした様子もうかがわれない。公人としての柴田の仏英両国の社会や文化との接触の範囲はやはり、彼に与えられた任務や指示によって枠づけられ、その産業・軍事技術や人の資質への積極的関心も、老練の事務官僚としての、与えられた実務処理の必要からするそれにとどまって、豊かな想像力やつっこんだ分析を欠いていたのではないだろうか。

こうした公人としての精力的な活動から、職務を離れた私人としての柴田のフランス生活に眼を転じると、そこにはまた別な姿が現われる。職務上の頻繁な視察・訪問のほかはほとんど客舎に閉じこもっている。食事や風俗にもいつまでもなじめず、客舎の召使について「洋婢蛮奴鴃舌の声」といい、外相ドゥ・ルイの印象を「碧眼于鬛猛く床に踞す、風姿暴悪豺狼に類す」と詠じるような異和感をぬぐい切れない。詩作にもらされるのも異国出張の疲労、倦怠感、孤独、そして家族団欒への思慕であって、異国への興味や異国を知ることへの喜びは全く現われない。七月二二日の項に記された漢詩「数隊の軽兵禁闈に屯す」に現われた柴田の自画像は、こうした彼のフランスの社会に対する姿勢を象徴するかのようである。旅宿の窓ごしに――あるいはカーテンの陰から？――テュイルリー宮の近衛兵を疲れ倦んだ心で眺めやる柴田。それと同じように、私人としての柴田は一行九人の小日本人社会に引籠って、フランス人に接するのを避けている。フランスのさまざまな文物が目に入る。しかしそれは、異国生活に疲れて故国を思うさまざまな感傷をそそるきっかけ以上のものになることも、フランスの人や事物そのものへ興味を呼び起すこともなく、彼の視界をよぎってゆくだけのようである。

このような柴田の態度は、貿易関係のアメリカ高官との会談で日本の経済事情について質問されて、「商売の事はしらねは程よく答置きぬ」(村垣範正「航海日記」)という対応で恬然としていた万延元年の使節などに比べれば、老練の実務官僚として、はるかに積極的だった。しかし、彼の西洋への関心は、与えられた実務処理の必要に促されてのものに限られていた点で、彼に続いてフランスに渡り、フランス社会の視察やフランス語の学習に熱意を示していた渋沢篤太夫や栗本瀬兵衛たちのそれとはちがうタイプに属することを示していた。そればかりか、彼の一行の中にも、西洋への態度や経験の質の点で、彼とははっきりした対照を示す人物――柴田の「日載」には顔を出すこともまれで、名前さえ「鉄」とか「拙蔵」とかその都度まちがえられている「小遣」岡田摂蔵――がいた。柴田の「日載」ではおよそ影の薄いこの小使が、ただの小使ではなかったことは、彼の見聞記録を一読すれば明らかだろう。この欧行の翌年の日付で記され、幕府に提出された「航西小記」および、幕府当局(おそらく「航西小記」を読んだ)の内意に応えて提出されたその追録「航西小記附録」がそれである(『遣外使節日記纂輯』三)。岡田は、「航西小記」の序で、「福沢子囲先生」は「余が師」であるとし、自己の記録は「西洋事情」(写本として伝わったそれだろう)を前提として、それを補うためのものであるとしている。そして「航西小記」に附された「附録」の立場は、後述するように、「西洋事情」の実質的姉妹編「唐人往来」のそれと、構造として酷似している。また彼は、長崎で薩摩の五代才助を知ったとのべており、その交友は通り一ぺんのものではなかったようである。さらに二つの記録の文体といい、そこにもられた西洋見聞と判断の質といい、その土台となった西洋の人々とかなりたちいったコミュニケーションをすることができたことといい、彼の知性や主体的な関心が尋常一様でないことを示している。この志願小使は肥後熊本藩士、福沢と同じ緒方洪庵の適塾に学んだ後福沢塾に入り、この仏英行の前年には塾長をつとめた人物であった。(13)

日録の体裁をとった「航西小記」は、幕末の西洋見聞日録として、長いものではない。小使として雑用に忙殺され、外出の自由も少なかったようで、記述も詳しくはない。ただ外出の機会をえて西洋の事物を直接に見聞できた時には、記述は生き生きとして精彩を放ち、知的関心の旺盛さ視察の周到さで、福沢の「西航手帳」を思わせる。「航西小記」では、このような形でわずかにうかがわれたこの知性抜群の小使の真面目は、「附録」にいたって、まぎれもない形で全容を現わす。そもそもこの「附録」はすでに提出した「航西小記」の中では、西洋見聞の中には、「公辺へ奉対恐多き事件も不少」だったため記すのを控えていたのを、幕府当路からの求めによって率直に記したものだった。ちょうど玉虫左太夫の「航米日録」の中、日誌スタイルの巻一―巻七と、使節団に対する内部告発的な問題点を編集した「秘書」巻八との関係に似ているのである。短いけれどもよく整理・構成されたこの報告の前半は、彼の西洋見聞の結論をのべた概説的部分であり、後半は、彼が直接に接した西洋人とパリで出会った旧知五代才助との意見の個別的記述である。

前半の主題は、ヨーロッパの国際関係の理解である。それは、ヨーロッパ一の弱小国ポルトガルが列強角逐の中間に伍してなぜ生存できるのかという問いを通して、ヨーロッパの国際関係の理解に近づく点で、ヨーロッパの国際関係を「国の大小富強に拘らす」「相互に条約を押立信義を以相交」る「文明の政事」と「相互に異心を挟み若し交際の間条約に背き信義を失ひ候国あらは猶予なく討伐して其国を取ん事を望」む権力政治との拮抗としてとらえる点で、「唐人往来」に示された福沢の国際関係理解と同じ構造を示していた。このような認識に立てば、日本がこのような西洋列強の中に立って安全と独立を確保するためには、富国強兵の実力を養いつつ国際信義と条約をかたく遵守してあやまたぬことが不可欠だろう。しかし、岡田が英仏で交わった人々の眼に映る日本は、これに逆行しており、「西洋滞留中彼方諸生の噺或は閭巷の風説等日本の事に係り候義は心を留承り候処兎角に日本を悪しき様に申もの十に七八にて間には公辺へ奉対恐多き事件も不少候」と断わらねばならなかった。後半は、こうした岡田が直接に接した西洋人——①パリで交わった同地の学生たち、②パリで会った米人「ションソン」、③米人「ヒール」、④仏人シャル(柴田が滞仏中の庶務世話係として雇ったフランス人だろう。英語もできたようである)、⑤英人ニュートン、⑥帰国の船の乗組員たち——の日本批判の紹介である。

彼らの眼に映じた日本の現実、あるいは、日本の将来についての意見は、相互に関連しているが、要約すれば——①英仏はじめ西洋諸国が日本の隙を窺っている。②そのような国際環境の中で日本が生存するには富国強兵をはかるとともに国際間の信義と条約を守らねばならない。③にもかかわらずその実をあげることが出来ないのは、日本の国政における専政と「門閥」支配のため「下に人材多く上には愚蒙の人多く」、治者である「士官」は産業貿易を軽蔑し、商人は無学無知のままに放置されているからにほかならない。こうした日本についての意見が、どこまでこれら西洋人の口から出たのか、どこまで岡田の解釈が入っているのか、あるいは、そもそも岡田自身の西洋から故国をかえりみた意見を、いわばこういう人の口に押しこんだ(幕末から明治初頭にかけて、開明的知識人の間では、中国人や泰西人に仮託した現実批判や意見書が珍しくなかった)のか、定かではない。けれどもいずれにしても、岡田がこうした意見を、西洋諸国とその国際関係の現実に接することを通じて、わがものにしたことはまず確かだろう。こうした西洋経験は、そこから帰結する日本の現実への批判の論理の点でも、高い志と豊かな知性を抱いた者が、西洋の世界を直接に知るために一介の「召使」や「傭」に、いわば身をやつして渡航している点でも、「航米日録」を残した玉虫や、「英国探索」に参加し、『西洋事情』や「唐人往来」を記した福沢の系譜に属すると云えよう。

このような志願小使や、随行の命を「望外の喜」とした通弁福地源一郎のような若い随員とちがって、一人の私人としては心進まぬ異国行に柴田を再度赴かせ、折衝に視察に力の限りを尽させた原動力は何だったか。「日載」八月二一日の項に記された詩はその機微を告白している。「五歳重ねて蒙る欧土の塵を、忠心甘んじて受く幾酸辛、雄奔朝暮休日無し、太だ似たり走名趨利の人に」。幕府軍事組織の西洋的改革のためにヨーロッパに赴いた柴田の場合にもやはり、あい前後して、あるいは共に、海を渡った多くの人と同じように、彼を動かしたのは武士的忠誠だった。しかし、三河以来の旗本柴田の「忠心」は将軍にささげられており、そのような忠誠の特質は、新納刑部、五代才助、寺島陶蔵ら薩摩藩使節団に対する彼の態度の中に、はっきりと浮び上って来る。

一八六五(慶応元)年、秘かにヨーロッパに送られた薩摩藩の交渉・視察・留学生団は、五代の壮大な西欧技術導入のプランが、「傭翻訳方兼医師松木弘安」として、柴田のもとでヨーロッパ諸国「探索」に当った経験をもつ、寺島の助けをえて具体化したものだった。視察・交渉員から留学生・通訳まで含めて総勢二〇人という規模はそれまでの幕府使節団に比べて決して大きくはない。しかし、大きな展望と明確な目的をもって組織されたこの一団は、その性格の点で、明治新政権が送った岩倉使節団を、一藩の力で先取りしたものだったといえよう。そして、幕府が主体となった、岩倉使節団の予型ともいうべき竹内使節団の西洋視察の成果が、直接にはほとんど顧みられることなく終ったのに対し、このグループの経験は藩論の中に活かされ、やがて明治新政権の主流の中に注ぎこんでゆくのである。こうした西欧からの受容における、幕・薩の態度の対照は、この薩藩グループの行動の時間的・空間的拡がりにも象徴されていた。彼らは同じ慶応元年、柴田のグループより三カ月早くヨーロッパに向った。彼らの足跡は西ヨーロッパからさらにロシアやアメリカにおよんだ。高い志を抱き、広い視野に開眼した若い留学生たちは、藩の指示や援助をまっことなく欧米の諸国に視察に赴き、彼らのグループが事実上藩の留学生団として解体しさらに旧体制が崩壊した後も、中心メンバーはなお踏みとどまって自己の労働によって勉学を続けた。帰国した最後の留学生松村淳蔵が横浜に上陸したのは一八七三(明治六)年だったし、最年少のメンバー磯永彦輔は葡萄王長沢鼎としてカリフォルニアで生涯を終えた。こうした行動の跡は、対西欧政策展開のタイミングにおいても、構想のスケールにおいても、薩摩藩が幕府に対して、先を越していることを象徴しているといえよう。この薩藩グループにわずかに先手をうたれてそれに対抗するために心労を重ね、しかも、対抗の努力の中で、西洋に対する態度における薩摩と幕府と二つのグループの差異を、一そうきわだたせることになったのが柴田だった。

新納・五代・寺島らより一と足おくれて、ほとんど同じコースをたどった柴田は、シンガポールやゴール(セイロン)に現われたという正体不明の同国人の風聞に神経を尖らせながら西に向うことになった。そして、ほとんどフランス到着とともに、薩摩藩の触手が彼の周辺に出没しはじめた時、柴田はそれにいらだちながらも、また、福地の証言によれば、こちらから彼らを呼び出すべきだという随員の進言にもかかわらず、「憖《なまじい》に此人々を召喚しては藪を突て蛇を出すの恐れあるべしとて是を不問に置き知らぬ顔して打過」(『懐往事談』)ぎ、その結果随員まで、彼らを訪れるわけにはゆかなかったという。柴田にとっては、薩摩藩がパリ万国博に単独出品するという情報は、おそらく宣戦布告のようにひびいたのだろう、「切歯扼腕、心思焦が如し。御国の為め、心力を尽さゞるべからず」(一〇月四日)と、「日載」の中では最高級の感情表現で記している。英国に渡った柴田が、外務大臣に異議を申し入れて、薩摩藩士たちの英国海軍学校入学の計画をつぶしたりした(「海軍中将松村淳蔵洋行談」『薩藩海軍史』中巻)のは、柴田が「報国ノ忠」に動かされて「御国の為、心力を尽」す時、当然の行動だったといえよう。柴田にとっての「御国」は幕府支配以上のものではなく、封建的な幕藩抗争を西洋にまで持ち出したばかりか、薩摩藩に対抗するために外国政府の力をかりることも辞さなかったのである。

このような忠誠観念や「国」意識は、幕藩社会の伝統の中で育まれた三河以来の旗本としては、自然なものだったといえよう。けれども、柴田と前後してヨーロッパに渡った人々の中には、幕府の留学生までを含めて、西洋経験の結果、世界の中での日本について、幕藩関係について、柴田とはかなり隔った所に立つにいたり、柴田の薩藩グループに対する行動にはっきり異なる見解を示すものが現われていた。

先ず、柴田と対立した薩藩グループ。英国を根拠地にヨーロッパ諸国を巡る彼らの足どりは、柴田に応戦された彼らが、柴田と同じ次元で行動してはいなかったことを示している。

英国到着早々、彼らは意外な客――二年前の一八六三(文久三)年秋からロンドン大学に学んでいた長州藩英国留学生第一次グループの残留組山尾庸三・野村弥吉・遠藤謹助(井上聞多・伊藤俊輔は、前年一八六四年くり上げ帰国)――の訪問を受けた。政局の展開の基本路線をめぐって、薩長両藩の憎悪と確執を知る薩摩藩の一行は、しかし、この意外な客を驚きと喜びで迎えた。その後両者の間には、故国における両藩の対立抗争をよそに、ふしぎな親近感が育ち、見学に視察にしばしば行を共にし、おそらくは、ロンドンから遥かに故国をかえりみて、その前途について論じあったのだった。

この年一八六五年夏、いくつかのグループに分れて大陸に渡り、途中パリに滞在した薩摩藩留学生の一行は、柴田グループとは公には接触しなかった。しかし、彼らはここで帰国途中の幕府のオランダ留学生西周助・津田真一郎と親しい交わりを結んだ。柴田からは通り一ぺんのあしらいしか受けなかった西たちは、薩藩グループとはパリ滞在中ほとんど連日のように会って、長時間談論し、五代らに見送られてマルセーユに向ったのだった(14)。そればかりでなく当の柴田の一行の中でもあの志と知性抜群の「小使」岡田摂蔵は、旧知の五代をホテルに訪れて快談している(「航西小記」附録)。新納・五代と寺島が次々に帰国した後も引続いてロンドン大学(ユニバーシティ・カレッジ)で学んでいた薩藩留学生たちは翌一八六六年初夏には、佐賀藩の密航者石丸安世・馬渡俊邁らを迎え、その夏の休暇は三つのグループに分れて、西洋諸国を視察することにした。露都ペテルスブルグを訪れた森金之丞・松村淳蔵組は、そこで、前年彼らより少しおくれて故国を発ち、この年の春ロシアに着いていた幕府の遣露留学生六人と交わりを結んだのである(森「航魯紀行」、大久保利謙編『森有礼全集』第二巻。なお、内藤遂『遣露伝習生始末』、参照)。その森は、翌一八六七(慶応三)年、川路太郎・中村敬輔を監督とする幕府最初の遣英留学生団がロンドンに着くとさっそく彼らをたずね、川路はその日の日記に、沢井鉄馬、実は森について「漢英之読書有之一箇の人物なり。万里外に於て邦人に会遇する其の歓び格別のものにて其の情妙なり」(「英航日録」、川路柳虹『黒船記』一九五三年、所収)と記している。このように、彼らの行動の半径は広く、幕府の禁制をおかして変名で西洋に来ている身でありながら、彼らの幕府や他藩の使節・留学生に対する態度は、幕藩割拠へのとらわれをこえた自由闊達さを感じさせる。少なくともそれは幕府の循吏柴田剛中とは対照的である。

事実、柴田にむけられた薩藩士の批判は、柴田のそれよりも一段高い地点に立ってより広い視野の中で行われており、彼らが西洋経験の衝撃がもたらした開眼によってこの新しい理解をえるにいたったことがうかがわれた。たとえば、パリからロンドンに帰った五代は、柴田の五代らに対する態度を評してこうのべる。

「柴田等、此御方〔薩州〕より多人数の学生来英、且私共詰所周旋諸製作機関所等を見聞、専整財に着眼せしを伝承して頻に不快を懐き居候由御座候得共、所置するに道なく帰朝の上如何申開可致哉の苦心而已にて、薩人へ面会を乞ひ来候半かと余程恐れ居候由。……幕府も箇様の人物を欧羅巴に遣すは皇国の悪命にして歎息に堪へ不申候」(一八六五年一一月八日付桂右衛門宛書簡、『薩藩海軍史』中巻)

柴田の薩藩グループに対する態度について五代が紹介する伝聞は、さきに引いた福地の、上司としての柴田に対する婉曲な批判の内容を裏づけている。五代はこのような幕府官吏を「皇国」の利害という立場から批判するのである。しかもこのような立場は五代に限られず、他の薩藩メンバーのそれでもあった。たとえば森が、柴田の任務が「内実は仏を頼みて未来の計策を為す」にあることを報じる手紙の中で、「同く皇国にありて右様の形勢且外吏より善悪を被指候段慷慨至極の恥辱なり」(一八六五年九月一日付兄横山安武宛、『森有礼全集』第二巻)と憤ったのはそれを示していたといえよう。

「皇国」の立場からする幕府官吏の「井蛙管見」的セクショナリズムへの批判の反面は、諸藩協力による「皇国」一体をという積極的な構想だった。五代がパリから国許へ書き送った、

「憂国の士不少と云へとも、我朝内部の形勢而已を注目して、井中の蛙論多く、主張する処の議論異にして皇国の全力を尽す能はず、故に開鎖を不論、公家方、諸大名を始、列藩の政務と関係する全権を撰ひ、或は攘夷の巨魁を共に欧羅巴の形勢を見せしめ……天下列藩志を一にして国政の大変革を起し……」(パリにて一八六五年一〇月一二日付桂右衛門宛、『薩藩海軍史』中巻)

という書簡が示すように、薩摩藩の改革に満足することなく、「普く皇国に及す」ようにという提言は、その一つだった。彼よりも一と足おくれて帰国の途についた寺島が船中で作った建議――

「諸藩戮力以て政事を議し相合して外国に対せさる可らす、仮令は一片の材は折り易きも多く之を合すれは折り易からさるか如し、故に諸藩の人物を集めて国会を開き、其同論の多数に従ひ之を以て我国行政の方向となすを興国第一の美事となす」(「寺島宗則自記履歴抄」『薩藩海軍史』中巻)

は五代のパリでの着想を肉づけしたものだったろう。それはようやく薩摩の藩論になろうとしていた「共和政治」論に合流してその勢を加えていったのである。こうした「皇国」の一致、またそのような新しい視点を獲得するためのヨーロッパ情勢の視察をという着想が、「遠航以来段々愚存も相変し、……格別の講学を仕り、日々諸件を見聞して只々憤発慷慨而已に御座候」(前掲、桂右衛門宛書簡)という、彼自身の、人格を根底からゆすぶられるような西洋経験にもとづいていたことについては、あらためてのべるまでもないだろう。

同じような視点は、今や幕府留学生のものにもなっていた。おそらくパリに柴田剛中を訪れるに先立って、在ライデンの西周助は開成所の同僚加藤弘蔵に手紙を送って、彼らにとって池田長発らに次ぐ二度目の、幕府遣欧使節について手きびしい批判をのべ、続けて、

「日本一統貿易之利を受け、同様に力を戮せ、国を開くハ宜しきに政府〔幕府〕独り利を擅にし、諸侯ハこれを悪ミて京都を欺き、攘夷を説く故に遂に一和せす、双方同様之利あらハ平和なるへきに惜むへき事なり」(一八六五年――ただし一二月一二日とあるのは何かの誤り――、『西周全集』第三巻)

と慨いていた。また、この翌年夏、森・松村がペテルスブルグで交わった六人の幕府留学生は、幕末留学生の中でも最も不出来なグループだったが、その彼らも、「幸ニ関東魂を不持抱」、森を喜ばせた。中でも、ただ一人、自己の実力のゆえに選ばれて特に一行に加えられ、森も、六人の中で身分は低いが知性は抜群と見た山内信恭は、森によれば、「当時日本之如く銘々割拠してハ終に世界縦横の業成かたし、只君ハ一人にして、政法一致に出されは、国家終に不開、恐多くも他人の有と成へし」と語り、「源忠平が臨終之節、弓矢を折たる例譬抔を引」(「航魯紀行」『森有礼全集』第二巻)いた。それを記す森の日記からは、異国で思いがけない邂逅をした人が、西洋世界の経験をふまえて故国をかえりみた時えられる新しい視野を共にし、共感する喜びが伝わって来るのである。

同じような視点と柴田の態度への批判は、柴田を送り出した小栗・栗本らの背後で画策していた水野忠徳のものでもあった。柴田たちの帰国後、水野は、首席である柴田の内命があったため、随員までが在英仏の薩長諸藩士に会うのを避けたことを聞き知って、

「薩人にせよ長人にせよ西洋に在る時は同じ日本人なり、其日本人が如何なる困阨に遭際せるやも知れざるに苟も日本政府の官人たるものが他日の難儀を恐れて其事情を訪問せざる事やある、同国人が其所に在りと知りながら知らぬ顔する不信切《ママ》を外国に示すは日本の恥辱なりとは思ひ知られずや」(福地『懐往事談』)

と福地を叱責し、さらに柴田に会って面詰したという(同『幕末政治家』)。こうした意見や批判を見て来れば、パリ・ロンドン二都にわたる柴田と薩藩グループとの角逐の中で、幕府と薩摩のそれぞれの利害の対立や、いわゆる幕府絶対主義路線と諸藩会議の「共和政治」路線との対抗という問題とならんで、幕藩分立という旧体制をこえて新しいナショナルな視点に立ちえたか否かという問題が重要な意味をもっていることが明らかだろう。この点はまた、西洋世界の見聞から何をどれだけ深く学びえたかに関係していたのである。柴田の一行が帰国した一八六六(慶応二)年の夏から秋にかけての福沢のいくつかの文書と手紙は、このような問題を浮き彫りにしていた。

この頃の福沢は、四年前ヨーロッパ行の船中で抱いた大名同盟論を斥けて、それとは全く逆の「全日本国封建の御制度を御一変」した「大君のモナルキ」の立場に移っていた(「長州再征に関する建白書」、および福沢英之助宛一八六六年一一月七日付書簡、参照)。「写本西洋事情」にそえて、木村喜毅を通じて幕府要路に提出された福沢の長州再征に関する意見書からうかがわれるのは、明らかに、小栗や栗本や水野忠徳たちと同様の、今日徳川絶対主義とよばれる路線であり、福沢は、かつて共に西洋「探索」に当った寺島らもその西洋経験にもとづいて主唱するにいたっていた「共和政事」路線の根絶を意図していた。しかし、彼は小栗や水野とはちがい、小藩の下士からようやく幕府外国方の末席に登用されたばかりだった。そのことにおそらく関係するだろうが、福沢は、「大君のモナルキ」を主張する中で小栗たち幕政の中心にあった人々よりもはっきりと、「御家」――徳川家――の利害と「全日本国」のそれとを区別していた。彼が大名同盟論を斥けたのも、それが「御家の御浮沈」を左右するだけでなく、「全日本国内争乱」という「全日本国」にとっての禍をもたらすことを恐れたからだった。「御家」をこえた「全日本国」への注目はまた、「国君一臣」のみに忠を尽すを知るだけの「封建世禄の臣」の忠誠から、国際関係の中に諸国と併立する「日本」に「報国」する忠誠への転換と併行していた。そして福沢は、このような「日本国」の発見と「愚忠」から「報国」への飛躍を、西洋経験と結びつけて語っていた。

「唐人が男子を生めば梓の弓を以て天地四方を射り、日本の破魔弓も其例に倣ひたることにて、天にも登る程志を遠大にする積りなりと。然るに今の人は鎖国の攘夷のと云ふて生れた所に居すくまり、高の知れた欧羅巴まで行くことも大造に思ひ恐るゝは、跡先きのツ、マラヌ話なり。人は旅行して初て自分の生国を他国と比較し、随て人の欲にて本国の事を自慢する心も生ずるものなり。今の日本人も欧羅巴辺に旅をさしてヨク〳〵諸外国と我本国とを見較べなば、日本国の威を落さず世界中に対して外聞を張るの本趣意を解す可乎」(「或云随筆」)

福沢の主張が彼の西洋経験に裏づけられていることは、彼の反「大名同盟」論の戦略にさらに直截な形で反映していた。彼は幕府の全国支配を確立するために長州藩を徹底的に制圧すべきこと、そのためには外国の軍事力をも借りるべきことを説いた上、さらに同藩から「遊説の書生」が西洋に送られ「自国の為筋のみを謀」って策謀していること、このグループが大名同盟論を唱える薩摩等諸藩からの留学生と共謀して外国の新聞や世論に働きかけ、ついには政府の意見にまで影響を及ぼすおそれがあるとした。従って福沢は、幕府がこれに対抗するには、諸国に弁理公使を派遣してその国の新聞・世論工作に当らせ、さらに、オランダ・ロシアへの幕府留学生にも同じ活動を行わせることが不可欠であるとしたのだった。薩藩外交・通商工作グループの活動に「切歯扼腕」し、「御国の為め、心力を尽」すことを心に期した柴田が、せいぜい英仏両国政府の関係者に不満を表明し、薩藩グループの妨害をはかるにとどまったのに比べれば、これが内政の戦略としてはるかに広い視野に立ち、外交戦略としてはるかに「深い」ことが明らかだろう。さきにふれた池田長発らの復命上申の中でもすでに西洋諸国が「交際上之儀彼是の議論等表向者弁理公使に為引合内に者右パブリックオヒニオンにて国民之心を傾け候様の方略相施」(「新聞紙社中へ御加入之儀申上候書付」『幕末維新外交史料集成』六)しているのにならって、新聞と世論への工作までを含む外交戦略を予定していた。福沢の構想は、池田たちのそれと同じタイプの戦略を、日本内部の幕府・諸藩抗争が西洋諸国の本国政府への働きかけにまで拡がった、より複雑な状況の中で、一歩具体化しようとするものだったといえよう。

福沢は、おそらく誰かを通じて、英国に本拠をおく薩藩グループが柴田グループの行く先々に行動をひろげていたことを知っており、この動きと、日本国内諸藩の政策や在日英国人の新聞に現われた大名同盟論[15]とを同じ文脈でとらえていた。こうした大名同盟論の国の内外にわたる広がりについて、福沢の判断は確かに当っていた。しかし、福沢が薩摩ほか諸藩の留学生が自ら大名同盟論を奉じるにとどまらず、この政治戦略をもって、英国の世論に、またそれを通じて政府に、働きかけることまでを予想したのはなぜか。そこには、「西洋各国何事によらず議論の宜敷風習にて、殊に新聞紙の説抔は虚実難指定、其説を以確証とも難致とは申ながら、世間皆文を重んじ、其大論に由ては一時政府の評議をも変じ候程のものに付、前段諸家より遊説の者共、新聞紙に力を用ひしは必然の義」(「長州再征に関する建白書」)という判断があった。西洋「議論の宜敷風習」について、ここにのべられるところは、「英国探索」中の、ヴィクトリア期の新聞や世論が、英国政治の中で発揮した巨大な力についての記述、『西洋事情』に現われた同じ様な叙述、あるいはさらに、池田長発らの「一体西洋各国之風儀者御国抔と者違ひ君民同権之政治に御座候……間政府へ引合候外又国民之心を取り候事大切に御座候」(前出「新聞紙社中へ御加入之儀申上候書付」)という西洋諸国の「パブリックオヒニオン〈公論之儀〉」への働きかけの提案を思い出させる。福沢は勤勉と豊かな理解力によって、言論が対外政策・対アジア政策までを含めた英国の政治において営む役割をかいま見ることが出来たのだった。その彼は政敵側諸藩の英国留学生も、当然、英国の政治過程について自分が注目したのと同じ側面に気づき、そのような認識にもとづいて新聞や世論に働きかけるはずだと考えたのではなかろうか。「全日本国」の視点といい、それを実現する戦略といい、第Ⅲ章付論「英国探索始末」で用いたひゆを引けば、われわれはここでも、福沢が一八六二(文久二)年のヨーロッパ経験の中でえたパン種が、彼の構想を大きくふくらませつづけているさまをかいま見るのである。四年前、随員首席柴田剛中と一介の「御傭」福沢諭吉とのそれぞれが、同じ日に記した西洋「探索」所感の間にすでにうかがわれたずれ(「英国探索始末」を参照)は、日本と西洋にわたって幕藩抗争が展開する状況の中で、政治的には同じ幕府の側に立つ二人を、思想的には大きく隔てるにいたっている。かつて欧州巡廻の行を共にした二人の、西洋行の動機や西洋経験の質のちがいが、二人をこのように隔てるにいたったといえよう。

かつての、新見使節団や竹内使節団の場合には、西洋渡航の動機を異にするさまざまなメンバーが同じ使節団に属して行を共にしており、旅の日数を重ねるにつれて、西洋社会への接近や見聞の受けとめ方の点で、彼らの間に差異や対立が現われて来るのがうかがわれた。慶応期に入ると、柴田と彼をめぐる人々について見て来たように、さまざまな西洋経験の分化・対立は、むしろ異なる在外グループの間に著しくなって来る。

柴田の帰国後間もなく、幕府は海外留学・渡航を自由化し、柴田の英国政府との接触も一つの素地となって、一八六六(慶応二)年には、監督川路太郎・中村敬輔以下一四名の幕府留学生団が初めて英国に送られた。これと前後して、福岡藩をはじめ、諸藩からのごく小人数の留学生グループが前後して西洋とくにアメリカに渡った。その中には横井小楠が熊本藩実学党の援助をうけて送った二人の甥がいたし、勝海舟の子小鹿がアメリカに渡った時には、玉虫左太夫の教えを受けた仙台藩士富田鉄之助や高橋和喜次(是清)らが同行していた。幕府はまた、薩摩藩の英仏工作にたちおくれた劣勢をとり返すため、一八六七年、将軍名代民部大輔徳川昭武をいただく視察・留学生団をフランスに送った。この中には調役杉浦愛蔵や御勘定格渋沢篤太夫がいて、やがて明治新政府官僚としての彼らの活動のもとになる経験を記録していたし、応援として一と足おくれて加わった外国奉行栗本瀬兵衛は、激務の余暇をさいて、すでに函館奉行所在勤中にフランス事情予備調査とも言うべき『鉛筆紀聞』をまとめた基礎の上に、やがて『暁窓追録』として公けにされることになる、フランス事情実地調査にうちこんでいた。「成功せる吉田松陰」新島七五三太もこの頃にはアメリカの社会にうけ入れられて、学校生活を始めていた。こうして旧体制の崩壊までに西洋に渡った人数は、おそらく留学生や視察旅行者や芸人が一五〇人前後、幕府・諸藩からの使節は延べ三〇〇人余りにのぼったと推定されるが、西洋経験の型としては、これまでに概観した一八六六・六七(慶応二・三)年ころまでにかなりのものが現われており、そこには、今日まで続く西洋経験の原型ないし萌芽とおぼしきものも見出される。

以上、三つの記録とその関係者を中心にして西洋経験のいくつかのタイプをたどって見た。当面の関心は彼らが何を見聞しまたはしなかったかよりも、いかに見聞し、見聞をいかに受けとめたか、にあった。彼らの足跡や情報源、彼らのしばしば混乱した記述がさす対象を、当時の西洋諸国の文脈に即し、その国の史料にもとづいて検討することはほとんど出来なかった。また東アジアの中国文化圏の周縁に位置する日本にとって西洋世界への視圏の拡大は、日本における中国の影響という場の中で進んでいったのだが、その面についてもふれなかった。周知のように、旧体制下の先覚者たちを西洋の脅威に目ざめさせる警鐘となったのは、アヘン戦争における清帝国の敗北であり、西洋へ「探索」に渡った多くの人々に予備知識を与え、西洋理解の枠組を提供したのはアヘン戦争の衝撃が生み出した『瀛環志略』や『海国図志』だった。さらに、西洋に赴いた人々の中でも洋学者以外の教養ある武士や儒者たちは、往復の途次上海や香港に寄港すれば必ずと言ってよいほど、中国の士人やレッグ James Legge（中国名、理雅各）のような中国在住の西欧の中国学者を訪ねて表敬・交歓していた反面、西洋世界の見聞を経た後に中華帝国とその臣民の現実を目のあたりにする人々の心には、すでに、来るべき権力政治の角逐と西洋化における、競争や優越の意識も芽生え始めていた。このように、中国の影響圏内にある日本に打ち込んで来た西洋の衝撃は、一方では夷狄観の変容、他方では中華像の解体を、併行して進ませることになった。こうした問題は玉虫左太夫の「航米日録」をはじめ、本章に登場した人々の筆録・書簡の多くに現われているのだが、別個に第Ⅴ章であつかうことにした。

本章でたどろうとしたのは、西洋世界との直接の接触という初めての経験の中で、夷狄観という伝統的世界像がゆすぶられ、西洋諸国の国際関係の現実に眼が開かれ、またそれに伴って、自国の伝統的秩序に対する深刻な懐疑と反省そして新しい体制の模索が始まる過程だった。いうまでもなく、このような世界像の転換と新しい体制の構想は、すでに十八世紀末、蘭学の影響を受けた先駆的な知識人の経世論に始まって数十年の間徐々に進んで来ていたのであり、初めて西洋世界の現実に直面した人々の思想転換は、この長い思想の運動の一こまだったといえよう。遣米使節の派遣から、旧体制の崩壊による留学生の召還まではわずか八年だった。西洋に渡った人の数もそれほど多いわけではなく、彼らが帰国した後の直接の影響も必ずしも大きくはなかった。西洋見聞からえた新しい知見によって直ちに藩論を動かすことが出来たのは、薩長両藩から派遣された、五代・寺島や井上聞多・伊藤俊輔たちだけだった。幕府の使節・留学生グループに志願して加わった人々から聞かれるのは、福地や西周のように、新知識を献策して幕政に働きかけようと期したのに、顧みられないことへの失望と不満だった。幕府や諸藩から送られた人々の西洋見聞の成果が開花するには、明治新政府の成立後、彼らが大蔵省・外務省・陸海軍などに有能な実務官僚として結集し、立法による上からの改革を推進する中で、また、明六社を組織し出版・言論によって立つ人々が、民衆の啓蒙に力を尽すまで待たねばならなかった。また、彼らの思想的転換の内容でも、神州対夷狄という「井蛙管見」的世界像の否定にしても新しい体制の構想にしても、それを組立てる一つ一つの観念は、大抵、書物や伝聞を通してしか西洋を知ることが出来なかった幕末思想史の先覚や、彼らの先達たちがすでに唱えていた。

彼らの西洋見聞は、このような意味で、統一国家の形成と開国に向って転換してゆく思潮の大きな動きの中の限られた一こまだった。しかし、この一こまは、他と決定的に異なる重要な意味をもっていた。初めて西洋世界の現実に直面し、それとじかに接触するという経験は、圧倒的な力をもっていた。だから玉虫左太夫のような敵情偵察の志はあっても、中華夷狄観念にこりかたまり、洋学に疑いの眼を向けるような「有志者」や、玉虫とともに遣米使節団に加わった福島義言のように格別知的な準備があったとも思えぬ一九歳の若者までをまきこんで、彼らの先達たちが長い間に徐々に育むにいたったさまざまの観念を、しばしば素朴な形でだったが、一挙にわがものとさせるにいたった。

こうして、森有礼が「渡海以来魂魄大に変化して自分ながら驚く位に御座候」(兄横山安武宛、一八六五年九月一日付書簡)とロンドンから書き送ったように、宗教的回心にも似たラディカルな思想の転換が告白されることにもなったのである。この意味で、一〇年足らずの幕末海外見聞の思想史は、数十年にわたる視圏の拡大と世界像の転換の動きの一こまであるとともに、ある意味で全体をその中に含む縮図だったともいえよう。

五代が立案した薩摩藩留学視察団の計画では、「攘夷説を唱候壮士」を加えることが初めから予定され、事実択ばれて英国に送られたその「巨魁」たちは、ねらい通り、到着後間もなく「議論一変」するにいたった(参照、「五代友厚伝」『薩藩海軍史』中巻)というのも、志を抱きそれを支える知性にめぐまれたものにとって、西洋の世界の直接経験がこれだけ密度が高く、「井蛙管見」をくつがえす大きな教育的意味をもったからだったろう。「探索」のために西洋に赴いて自ら予想せぬ思想的境位にまで導かれた人々が、やがて、自分自身が経験した思想的転換にひきこむことを目的に、旧体制の空気を吸って育った人々を西洋に送るようになるのである。西郷隆盛が非命の死を遂げたのを悼んで、彼も洋行していたらあの最期はなかったろう、といい、また、やや後の事に属するし、思想転換の方向はいくらか異なるが、内務卿伊藤博文と英国公使森有礼とが共謀して、民権論の敗軍の将板垣退助をスペンサーのもとに導いて彼の保守的意見にぶつからせ、転向させようとしたのも、同じ型に属するといえよう。

古い体制の最後の局面で、西洋経験の衝撃を通じて、思想の急激で深い転換を経験した人々の多くは、新しい政府の成立とともに、いち早く西洋文明導入の水路を築く事業に着手し、彼らの方針・彼らの態度はその後の西洋文明との接触・西洋文明摂取のあり方を規定するにいたった。彼らが手がけた西洋文明導入の道は、熱心貪欲な留学生・視察団の派遣から、活潑な翻訳・著述による紹介まで多様だが、西洋の現地に赴いて西洋の現実に直接に接する道に限っていえば、一八七一(明治四)年から七三年にかけての米欧廻覧使節団の存在が、幕末西洋見聞と明治のそれとの結び目として大きな意味をもって浮び上って来る。よく知られるように、外交交渉と米欧諸国視察のために派遣された使節団四六人には、三副使のうちに長州藩から英国に密行した伊藤博文を加えたのをはじめ、その下には七人の理事官の一人に肥田為良(浜五郎、咸臨丸蒸気方士官として訪米、軍艦頭取として渡欧、柴田剛中と協力している)、書記官に田辺太一(池田長発と徳川昭武に随行して渡欧二回)、塩田篤信(三郎、通弁として池田長発・柴田剛中に随行)、福地源一郎、川路簡堂(太郎)、林董三郎(董、川路・中村に率いられた英国留学生団の一人)、平賀義質、畠山義成たち、かつての福岡藩脱走アメリカ留学生平賀と薩摩藩英国留学生畠山のほかは旧幕外国方と留学生団の西洋経験者を起用しており、アメリカ滞在中は、かつて英国に学んだ後畠山義成ら同志とともにアメリカに渡った経歴をもつ駐割公使森有礼と一体になって行動した。伊藤、時には伊藤=森のチームをいただくこの幕末西洋経験者たちは、外交交渉や視察の間に、旧体制のもとで西洋諸国に渡った留学生の残留組や新島七五三太(在米)やヤマトフこと橘耕斎(在サンクト・ペテルスブルグ)のような密航者とも連絡をつけるとともに、維新後無秩序に送り出された多くの日本人留学生の実態を点検し、彼らを一たん総引揚げさせた上で、全く新たに官費・官の監督による留学生制度を確立した。彼ら自身の閲歴と彼らの組織化と、それは二重の意味で旧体制の下での夷情探索行から、新体制のもとでの西洋文明視察への移行を象徴していたといえよう。

周知のようにこの大交渉学習旅行団は、出発の時から内部対立という重荷をしょいこんでいた。その一つが旅程が進むにつれて文明開化への先達でもあるかのように尊大な態度を示し始めた西洋既経験者と、維新の動乱に深くコミットしていて今回初めて西洋世界に接する人々との対立である。おくれてやって来てうまうまと最初の長州藩英国留学生団に割り込み、故国の激動のさ中に帰国して、怪しげな英語をフルに活かして出世して来た伊藤と、いち早く西洋探索の志を抱き、また伊藤たちのグループを送り出すまで尽力しながら、自分自身はついにその機を逸した木戸孝允との対立は、その代表例だろう。そしてこうした対立は、万延・文久の旧幕使節団内の上下の対立が旧体制の縮図であったように、単にパーソナルな感情のもつれに止らず、新しい体制が孕む深刻な問題を象徴してもいた。そのような対立についてまとまった証言の第一号は、サンフランシスコ到着後一〇日目の、木戸の書簡である。

「大に可歎は今日開化先進之人は漫に米欧文明之境を賞し我の百端備らざるを説候へども、其心多くは罵るに在て歎ずるにあらす。其証は米人等の挙て懇待厚遇其心専ら我を誘導するに在り。然るに一船中にても僅々の人にて書記官は理事官を愚弄すると歟何と歟、多少其風波紛紜なきにあらず。是を全国に推し試に相論し候ときは、亜細亜洲中にても未我に及ばさる之国、我今日開化に進歩するを慕ひ使節を馳せ聘問之礼を修むるに当り、開化人之論米国之我を待つと同じからざる必せり、況や人民一般におひてをや」（一八七一年一二月一七日付杉山孝敏宛、日本史籍協会叢書『木戸孝允文書』四）

すでにふれた使節団の構成やその後の木戸の書簡に反映する使節団メンバーの動きから推して、書記官クラスの「開化先進之人」は、幕末の西洋経験者、あるいは彼らを含む急進的欧化主義者と考えても間違いはない。また、ここには伊藤や森の名は出て来ないが、彼らがいわば代表的「開化先進之人」として、名ざしで、且つこの書簡のそれと同じ論理で、批難されるようになるのはこの間もなく後である。

木戸らしいこの緻密な文章は、問題を立体的に描き出してゆく。「一船中」という小社会内部での書記官の理事官に対する「愚弄」と、国のレベルでの「開化先進之人」の「人民一般」に対する「罵」と、彼らを含む日本のアジア諸国に対する態度という問題の三つの層が類比的にとらえられている。これに対置されるのが、アメリカの日本に対する態度であり、この後木戸の欧米からの手紙の中には、後者を真実の文明開化における「先進」とし、それに照して前者が自負する「開化先進」を虚偽と断じる論調が現われて来る。木戸の批判が向けられたのは、いち早く西洋文明に接した人々が、その先進性に圧倒されそれを讃美する反面、著しく後れた同胞や、近隣諸国民への同情や共感を忘れて「罵る」におわる態度だったといえよう。

木戸の指摘は確かに当っていた。こうした問題は決してこの新進の書記官連だけに限らなかった。自己の西洋経験から出発して、いたずらに同胞を「罵」るのではなく、彼らの開化と向上に当ろうとした人々も、西洋文明の光輝に眩惑された眼で日本の民衆を眺める時、彼我の懸隔にたじろぎ、日本の中で先んじて西洋文明の洗礼を受けた自分と民衆の距離を嘆くのだった。

「吾輩日常二三朋友ノ盍簪《こうしん》ニ於テ、偶当時治乱盛衰ノ故、政治得失ノ跡ナト凡テ世故ニ就テ談論爰ニ及フ時ハ、動モスレハカノ欧洲諸国ト比較スルコトノ多カル中ニ、終ニハ彼ノ文明ヲ羨ミ我カ不開化ヲ歎シ、果テ々ハ人民ノ愚如何トモスルナシト云フコトニ帰シテ亦欷歔長大息ニ堪サル者アリ」(西周「洋字ヲ以テ国語ヲ書スルノ論」『明六雑誌』第一号、『西周全集』第二巻)

アジアの近隣諸国民に対しても同様である。多くの幕末西洋見聞の記録には、西洋文明の現実にゆすぶられた夷狄観の変容が、中華の権威の解体をともなっている様子がうかがわれた。それでも、中華の「聖道」や文化への尊敬があり、清国に大国としての力を認める間は、中国に対する競争や対抗の意識、距離の意識はまだ表に現われなかった。けれどもやがて、日本の文明開化への自信が生じるにつれ、「脱亜入欧」的な意識がひろがり始めるのである。

ともあれ、伊藤・森ら「開化先進之人」は欧米諸国における留学生の実情調査にもとづいて、新しい留学制度の組織化を構想提案しはじめ、これが有力な原動力となって、一行の帰国後一八七四(明治七)年から七五年にかけて新しい留学制度が定められた。この官費による官の監督のもとでの留学制度は、国立の高等教育機関から官庁や軍事・産業諸組織の中枢にいたる社会的上昇のコースに組みこまれていた。そこには幕末に西洋に渡った、たとえば、五代才助が、藩の留学政策確立を論じて「上よりして下を開くの御所置こそ奉専念候」(前掲、一八六五年一〇月一二日付桂右衛門宛書簡)とのべたのと同じ方針が現実となっていたといえよう。「夷狄」が「文明開化」となり、「洋行」はもはや「恥をしのびてゆく旅」ではなく帰国後の出世を約束していた。こうして、国家の政策として、社会制度として、西洋見聞の意味づけは一変し、国家の留学制度や視察旅行を中心に国の在外公館や企業の在外事務所勤務にいたるまで、西洋に赴く人の数は急増し、さまざまな新しいタイプの西洋見聞が登場した。しかし、国家や社会のレベルで新しい意味づけを与えられた西洋に向う、個人の動機・態度や西洋経験の質に眼を転じると、そこには、幕末の西洋見聞から連続する面も見出されるようである。在外公館の奥深く短軀矮身をせい一ぱいそり返らせる明治の村垣範正、在外事務所につめて早朝から深更まで精励恪勤する明治の柴田剛中は、数多いのではないか。「航米日録」巻八で筆誅を加えられた、官費旅行の食事に口やかましく、土産物漁りに目の色を変えるような随員の後身は、その数を増したようである。それにしても、彼らの陰に、明治の「有志者」玉虫左太夫や明治の「傭通詞」福沢諭吉(まだ「三田の文部卿」として君臨する以前の、「井蛙管見」と「門閥」の支配に怒りをふくんで背をむけた万延・文久の福沢の明治版である)の姿は見えないだろうか。彼らを見つけるためには、外交官や官庁・企業の海外駐在員や国家の留学生だけではなく、民権の戦に敗れた亡命者や、自己の労働によって生活を立て学ぼうと志を立てて渡米する人々に眼を向けねばならないのではなかろうか。玉虫や柴田また村垣や福沢の西洋見聞録は、私たちをそのような想像にいざなうのである。

〔追記〕　本章は、初め日本思想大系『西洋見聞集』(岩波書店、一九七四年)の解題として書かれた。本章中でとり上げられる、玉虫左太夫「航米日録」「柴田剛中日載」「福田作太郎筆記五　英国探索」および、文久二年遣欧使節派遣に際しての三使からの上申と使節への訓令の本文と解題は、全て同書に収められている。なお、本章とあい補う幕府遣外使節についての通史的概観として、同書所収の沼田次郎「幕末の遣外使節について——万延元年の遣米使節より慶応元年の遣仏使節まで——」を、また「航米日録」と「柴田剛中日載」とについてそれぞれ沼田次郎氏と君塚進氏との解題を参照されたい。

(1)　幕末留学生についての概観としては、石附実『近代日本の海外留学史』(ミネルヴァ書房、一九七二年、改訂増補中公文庫、一九九二年)を参照。中公文庫版に付された文献紹介は、この分野について最も新らしくまた包括的である。また犬塚孝明『明治維新対外関係史研究』(吉川弘文館、一九八七年)は薩摩・長州両藩留学生を中心にくわしく、同『薩摩藩留学生』(中公新書、一九七四年)は薩摩藩留学生にしぼっている。

(2)「航米日録」は、幕末の西洋見聞記録類の中でも、内容の豊かさだけでなく写本が数多く残っている点でも群を抜いている。それら諸写本は全て、出発から帰国まで日を追って記した巻一―七からなるが、それ以外に玉虫家に、「秘書」と注記された巻八が伝わっている。巻八は巻一―七と異なり、「大ニ心ニ感ズル所ニシテ譚忌ヲ避クベキ者」を「別ニ之ヲ抄出」した、使節団内部特に上層部に対する「内部告発」を中心としている。さらに『西洋見聞集』刊行後、宮地正人氏は「秘書」巻八の部分を別に「抄出」する以前の「航米日録」と思われるものを発見し、その流布状況にもふれられた。参照、宮地「玉虫左太夫の原「航米日録」について」(『日本歴史』一九八三年三月)。

(3)『小楠遺稿』所収、安政二―四年頃とされる文書「海外の形勢を説き併せて国防を論ず」。平石直昭「主体・天理・天帝――横井小楠の政治思想(一)」(『社会科学研究』二五巻五号)六三頁が、安政四年頃と推定するのに従った。

(4)18 Mar. 1861. 石井孝『増訂明治維新の国際的環境』(吉川弘文館、一九六六年)六七頁。

(5)石井、前掲書六七―六八頁。

(6)市川は副使松平康直の従者だが、この日録や手紙の内容から見て、おそらくもともとは彼の「家来」ではなく、市川のことばを借りれば「諮詢採討」のために志願して、欧行中の従者になった一人と思われる。参照、後藤純郎「市川清流の生涯―「尾蠅欧行漫録」と書籍館の創立―」(日本大学人文科学研究所『紀要研究』一八号、一九七六年)。

(7)旧幕臣鈴木唯一による A. W. Fonblanque, *How We Are Governed*, 1858. の訳、明治元年刊。なお著者フォンブランクは、J・S・ミルとも親しい急進主義者で、「英国探索」作製のための基本的な情報を提供した、後述の「シンモン・ベリヘンテ」氏と、この時期の英国において同じ立場に属していたことが想像される。

(8)K. Clark, *The Making of Victorian England*, 1962, p. 194.

(9)英国探索の中心となった福沢諭吉において、ヴィクトリア期の voluntarism から受けた強烈な印象が、その後の読書と思索を通して『西洋事情』から『文明論之概略』にいたる著作の中に新らしい思想として形をとってゆく事情について、第Ⅲ章第二節および拙稿「社会契約から文明史へ」(『福沢諭吉年鑑』18、一九九一年一二月)二〇八―〇九頁、「公議輿論と討論の間」(『福沢諭吉年鑑』19、一九九二年一二月)一九〇―〇二、二一一―一二、二一八―一九頁を参照。

(10)なお、福沢が『自伝』の中で紹介する、英国の対日政策の横暴を批判した議会への「建言書」は、ニューカスル市民からのもので、邦訳が「福田筆記」中の「欧羅巴行御用留」と木村芥舟『三十年史』にある。

(11)　一八六四年二月一〇日の『タイムス』の議会記事と思われるものの翻訳が、アレキサンドリアから外国奉行に送られた。『幕末維新外交史料集成』第六巻所収。
(12)　その訳文は前掲『西洋見聞集』所収、君塚進氏の解題「柴田剛中とその日載」五七六―七七頁参照。
(13)　富田正文監修、丸山信編著『福沢諭吉とその門下書誌』(慶応通信、一九七〇年)。なお、野村兼太郎「岡田摂蔵の書簡」(同『維新前後』日本評論社、一九四一年)。
(14)　参照、大久保利謙「五代友厚の欧行と彼の滞欧手記『廻国日記』について」(『史苑』二二巻二号。のち『大久保利謙歴史著作集』第五巻、吉川弘文館、一九八六年に収録)。西周「和蘭より帰路紀行」(『西周全集』第三巻、宗高書房、一九六六年)。
(15)　リッカビーの新聞『ジャパン・タイムズ』に現れた無題無署名論文(実は英国公使館書記官サトウの執筆)。「英国策論」として邦訳され、初め写本でさらに刊本として広くよまれた。この邦訳の全文と解説が近代日本思想大系『開国』(岩波書店、一九九一年)に収められている。なおこれに対し、親幕的で幕府の財政援助をも受けた、ブラックの英字紙『ジャパン・ヘラルド』は、大名同盟論批判を書きたてており、福沢は、このような動きにも通じていた。参照、長尾政憲『福沢屋諭吉の研究』(思文閣出版、一九八八年)一七九―一八一頁。

〔補注一〕「シンモン・ベリヘンテ」の経歴については、Albert Craig, “Fukuzawa Yukichi and Shin mon Berihente”『近代日本研究』19(慶應義塾福沢研究センター、二〇〇〇年)が明らかにした。Simon Belifante は、一八三一年アムステルダムに生まれ、英国に渡ってロンドン大学に学んで医師となり、一八六三年オーストラリアに移住、一八七四年に没した。本書第三刷りまでの「ベリヘンテ」の経歴についての記述は、この論文にしたがって改める。ただ、彼が英国に来る前にフランスに住んだことがあるかについては、この論文でも不明として残されている。

〔補注二〕この点については、松沢「福沢諭吉とヴィクトリア中期 Radicalism」(『福沢諭吉年鑑』33、二〇〇六年)、および「福沢諭吉ロンドンで英国「社中」の「建白」を読む」(『福沢手帳』一三二、二〇〇七年)で検討した。

第Ⅱ章　西洋「探索」と中国

――西洋・中国複合経験――

第Ⅰ章でたどったように、幕府による開国、西洋諸国との通商航海条約の締結と海外渡航の解禁は幕府倒壊までの短い期間に、幕臣・諸藩の藩士から商人・芸人にいたるまで多様な人々の活潑な西洋行をもたらした。それらの人々の多くが、西洋世界とその本国において初めて直接に対面し、深い衝撃をうけた。この経験の中で彼らの西洋像・世界像が大きく転換を始め、また彼らはこの新しい世界に日本が生きのびるための国内体制の大胆な「変革」を構想するにいたった。だがその反面において幕藩体制のもとで二世紀半にわたりそれぞれの「通商」「通信」の関係をとり結んできた中国および朝鮮との間の交渉[1]は西洋諸国とのそれと対照的であった。中国に限ってみても、西洋諸国と同じ「万国公法」にもとづく外交関係を結ぶには、一八七一（明治四）年を、また公使の交換には一八七八年をまたねばならなかった。また西洋諸国との交渉が徳川政権の、あるいは国の命運にかかわるものとして意識され、政治的にも思想的にもドラマティックなものだったのに比べれば、中国との交渉ははるかに地味なものだった。

幕藩体制の危機は、中国に対して従来の「祖法」の枠をこえる新しい関心を呼びおこした。一八六二（文久二）年、幕府はヨーロッパ六国へ最初の使節を送ったと同じ年、千歳丸を上海に送ったのを初めとして、幕府倒壊までに計四回にわたる調査団を送った。これはもう一つの「通商之国」オランダとの場合と同様の長崎に来航した中国人との「通商」の枠をこえて、中国本土における「出交易」という新しいタイプの貿易のための市場調査を公式目的とし、さらに中国の軍事・政治情勢についての情報収集にも関心を抱いていた。それにとどまらず幕府・諸藩さらには私人の間にも、中国とりわけ上海に侵入した西洋勢力との軍事的・政治的さらには文化的接触への関心も強まっていた。欧米商人との兵器・艦船の密貿易、欧米列強の対日活動についての情報収集をめぐって幕府・諸藩が対抗して活動を展開し、日本の国内政治の熾烈な角逐が上海まで延長された様相を示すに至った。このような政治的活動が渦巻くなかにまじって、岸田吟香のように、在華西洋人宣教師の活動に加わって新しい文化の創造を志す庶民も登場していた。

このような中国自体との接触が目的であれ、在中国の西洋勢力とのそれが目的であれ、中国を直接に訪れる動きと並行して、それよりもさらに目立たない形の、いわば媒介された形の、おおくの場合副産物としての中国訪問、および中国の人と事物や中国についての情報との接触が現れた。第Ⅰ章で見た、初めて西洋世界を見聞した日本人たちは、本来の目的である西洋「探索」の旅行の中で、かなりの程度意図せず予想もせずに、中国をも初めて知ることになったのである。このような構造の経験を小論では、西洋・中国複合経験とよぶことにしたい。彼らは西洋への往復の旅行の途上で、まず上海や香港など中国本土で、さらにハワイおよび太平洋の両岸と東南アジアから中東にかけての各地で、中国人の社会と人とに出会った。さらに西洋諸国においても、中国の事物、多様な形の中国についての情報に接し、時にここにおいても中国人に出会った。

西洋「探索」のための旅と西洋との最初の出会いが、同時に中国を訪れ、本土と海外の中国人社会を訪れ、初めて中国に出会う旅でもあったという事実は、それをもたらした十九世紀中葉から後半にかけての世界史の巨大な構造変動に裏うちされていた。

第一に、この時期を通じて西洋諸国の中国進出と中国本土から南北両アメリカおよび西洋諸国の植民地への大規模な人口移動、という逆方向の性格を異にする運動が裏腹の関係で同時に進行した。東南アジア各地には、西洋勢力進出のはるか以前から、主として華南からの中国人が、商業に従事して根を張っており、西洋諸国は彼ら中国人と対抗しながら、これらの地域に植民地支配を進めていった。中国人はそのような西洋諸国の植民地の中に強固な華僑社会を築きあげた。十九世紀中葉に入って、中国本土における人口圧力と十数年にわたる太平天国とを初めとする戦乱はこのような海外への人口移動にさらに新たな圧力を加えた。商業にたずさわる者の他に窮乏した農民や科挙に挫折した知識人や政治的亡命者も加わった大きな流れが、これまでの東南アジア各地の華僑社会に加わって膨張させ、さらに新たにハワイや南北両アメリカにも向かった。

この時期に開発が進んだハワイや南北アメリカの西海岸には、砂糖きび栽培や鉱山開発・鉄道建設のために多くの中国人が渡航し、ホノルルやサンフランシスコをはじめ各地に中国人社会を形成し始めた。こうして米国を訪れる日本人は、ホノルルとサンフランシスコで初めて中国人とその社会に接した。また西まわりでヨーロッパ本国を目指す者にとって、その長い航海は、英・仏さらにオランダの本国から東アジアにのびる「西力東漸」のあと、植民地経営の拠点の連鎖をたどる旅であった。彼らは、その行く先々でアジア各地を侵食する西洋勢力の植民地に食い入った中国人とその社会に出会うことになったのである(2)。

西洋特にヨーロッパ諸国のアジアそして中国との交渉の歴史は、それら諸国の本国に中国の事物や中国についての情報が蓄積される歴史でもあった。中国との交渉の形態は、カトリック宣教師の文化活動・布教から中国への朝貢の形をとった貿易を経て自由貿易とそれを強制するための政治的圧力と軍事力の行使まで変化した。中国からヨーロッパにものをもたらす手段も、贈与・貿易から掠奪まで拡大した。もたらされるものも、奢侈品から日用品まで、また体制の権威を象徴する孔子の聖像や皇帝の正装にまでおよんだ。中国についての西洋のメディアも書物から新聞・雑誌まで発展し、さらに最新の直接見聞を伝える中国帰りの宣教師・商人・外交官の数もました。十九世紀を通じるヨーロッパ社会の構造変化、大衆化とあいともなって、中国のものも中国の情報も、ヨーロッパ各国の社会の中に拡散し、それに接する機会は次第にました。各国を訪れた日本人はおのずからこのような形でヨーロッパ本国の中にとりこまれた中国に接することになった。このような背景のもとで、初めての西洋経験は、それに密接に組み込まれた形で初めての中国経験をもたらしたのである。

日本の西洋世界との最初の出会いは、このように中国との最初の出会いをもたらした。けれども他面では、日本にとっての西洋世界との出会いには、実はさまざまな意味において中国によって準備されたのだった。何よりも日本において支配的な世界認識の枠組みを用意したのは、儒教だった。幕藩体制を通じて、中国との間に「通商」の関係が維持され、中国の書物の輸入はとだえることがなかった。こうした関係は、中国と儒教の文化を共有するという意識にある程度まで実体的な裏づけを与えた。その儒教における華夷的世界像は、日本に受容される過程で、さまざまな修正を受けたが、それによって日本社会に広まり、日本人の多くに、西洋諸国を理解し意味づける枠組みを提供した。十九世紀後半に入って、西洋諸国を夷狄としてとらえる対抗意識が強まり、それはしばしば、中国との文化的連帯の意識をともなっていた(3)。

中国は、日本に世界認識の枠組みとしての華夷観念を用意しただけではなく、十九世紀中葉にいたって、日本に一歩先んじて西洋列強の東アジアへの進出と対決し、そして敗北するという巨大な出来事を通して、西洋列強の実態とそのアジア進出の動向について最新の情報を伝えた。アヘン戦争・第二次アヘン戦争における清朝の決定的な敗北は、中国が長く華夷的世界秩序の中心として信じられてきただけに、日本の朝野に深刻な衝撃を与えた。中国は、長きにわたる日本の政治体制のモデルの地位からずり落ち、逆モデル――「殷鑑」――に転じ始めた。そのような中国は、日本の士人に西洋列強に対する態度の逆モデル――「自尊」と、対決すべき西洋列強に対するゆえなき軽蔑と無知無関心――ともなり、西洋にたいしてとるべき態度――敵に対抗するために敵を知り、敵の術をも学ぶ――を、裏側からさし示したのだった。

しかも中国が、日本に、西洋の進出とそれに対抗する方策とについて準備を促したのは、中国が、いわば身をもって示す――対決と敗北の事実そのものによって教える――にとどまらなかった。西洋の挑戦は、中国の伝統的体制を危機に陥れ、その中から敗北の経験を反省し、中国の新しい進路を模索する改革派知識人を育てた。彼らは、これまで安住してきた華夷的世界像をこえる新しい世界像を構想することにつとめた。いうまでもなく、魏源の『聖武記』(一八四二年)、『海国図志』(五〇巻、一八四四年。六〇巻、一八四七年。一〇〇巻、一八五二年)や徐継余の『瀛環志略』一〇巻(一八四三―四八年)がそれである。これらの書物は、中国の西洋への屈伏という事実を報じる風説書や来日中国商人からの伝聞とともに日本にもたらされて、日本の士人の間に大きな反響をよび、和刻本の版を重ねた。佐久間象山が『聖武記』に接した感動を「ああ、予と魏とは、おのおの異域に生れ、姓名を相識らざるに、時に感じて言を著はすは、同じくこの歳にありて、その見るところも、また闇合するものあるは、一に何ぞ奇なるや、真に海外の同志といふべし」(『省侃録』)とのべた、よく知られた事実はその一例である。こうした書物は、日本の読者に、西洋世界の輪郭を示し、その諸国との交渉のしかたについて有力な指針を与えたのだった。

なお、これらの著作とともに注目に値するのは在華西洋人宣教師の中国語著作である。(4) 一八三〇年代から、とくにアヘン戦争以後、香港や上海、寧波等の条約港を中心とする宣教師たちは、中国人への伝道の手段として、キリスト教教義のほか、西洋文明を紹介する書物や新聞・雑誌を中国人の協力をうけて、中国式の名を称する出版社から次々に刊行した。その多くが幕末の日本に輸入され、また沢山の和刻を生んだ。こうした著作は、著述や刊行の場所が、中国の中の西洋の植民地や条約港であったばかりでなく、その内容においても、中国固有の文化・思考様式・価値体系を念頭におき、それに即しつつ、西洋世界とその文化を紹介するというアプローチをとっていた。それは、中国の中の西洋植民地や条約港を基盤とする文化接触を通して生まれた、西洋・中国複合文化というべきものの実だった。それは一方からいえば、中国に食い入った西洋の産物であり、他方からいえば、中国が西洋文化を受け容れる姿を示していた。その中でも、西洋およびそれを中心とした中国にとって新しい世界像を示す『地理全志』(英国宣教師、慕維廉、William Muirhead 著、一八五三―五四年、上海刊)、『地球説略』(米人宣教師、禕理哲、Richard R. Way 著、一八五六年、寧波刊)のような著書や、『遐邇貫珍』(一八五三年創刊、香港)、『六合叢談』(一八五七年創刊、上海)といった雑誌は、『海国図志』や『瀛環志略』と同じように、日本に舶載されると間もなく和刻されて、広く読まれ、西洋とそれを中心とする世界について教えるとともに、西洋の「探索」に赴く「有志者」たちにとって、後に「洋行」する人々にとっての「ベデカ」とおなじようなガイド・ブックとして大きな役割を果した。彼らは、こうした出版の背景である香港の英華書院(Anglo-Chinese College)や上海の諸出版所についても夙に知っており、上海や香港に寄港すれば何はさておき、ここを訪れた。こうした中国在住の西洋宣教師の著作は、本来中国人読者を目当てにしたものだった。しかし、中国におけるその影響は、社会的には西洋人宣教師をとりまく少数の外国人に限られて、読書人層に食い込むことはほとんどできず、地理的には沿海地帯の西洋植民地や条約港にとどまって、内陸部まで浸透することができなかった。それらの書物は、むしろ日本に輸出されて、社会の中心に豊かな読者層を見出し、そこに受けいれられて大きな影響をもたらした。こうした宣教師の著書ばかりでなく、『海国図志』や『瀛環志略』も、西洋人の世界地理・世界事情についての著作を翻訳編集してなったものであり、さらに、本来中国士人の啓蒙を意図した労作でありながら、むしろ日本に輸出されて、ある意味で中国における以上に大きな反響をよんだ。これらの書物の運命は、こうした二重の意味で宣教師の中国人向け中国語著作と似ていた。中国は、このように、華夷秩序の中心であるがゆえに、自己にあてられた西洋世界についてのメッセージを拒絶し、それを中国文化圏の周縁である日本に送りだすという逆説的な意味において、日本の西洋世界への開眼と接近とを助けたのだった。

同時に、特に西洋宣教師の中国語著作についていえば、それは西洋世界についての最新の情報を伝えるとともに、中国を西洋の側から見るという視座を恐らくきわめて自然の裡に用意してゆくことになったのであり、こうした意味においても重要な役割を果した。

これまでに見たような、幕末―明治初年の日本にとっての西洋とおよび中国との接触には、相互に結びついた二つの側面を見いだすことができよう。一方では最初の西洋行が中国との最初の接触をもたらした。西洋が中国との出会いを媒介したのである。他方では、中国が西洋行を準備した。中国が西洋との接触を媒介したのである。日本と中国の接触は、日本と中国とだけの二者関係に限られず、そこに西洋が割り込んでいた。他方日本と西洋との接触には中国の影響が影を落していた。しかも、その中国の影響のなかに西洋の影響がいりこむという複雑な関係についてはすでに見たとおりである。こうした意味で、この時期にあらわれた日本と西洋とおよび中国の文化接触を三角関係になぞらえることが出来よう。こうした三角関係の背景となったのは、日本が中国を中心とした文化・通商圏の周縁に位置し、西洋の衝撃が先ず中国に、そしてやがて日本に及んだという歴史的事情だった。いち早く西洋の圧力にさらされた中国が日本に西洋との接触の準備をさせた。そして西洋と初めて交渉に入った日本は、西洋と中国との間に確保された交渉の通路を通って西洋と往復し、西洋のなかに蓄積された中国のものや中国についての情報に接したのだった。

こうした三角関係の交渉のなかで、日本の西洋像が大きく転換し、それと連動して中国像も転換していった。両者は伝統的な華夷的世界像から、本章第四節および第Ⅴ章でのべる、西洋を頂点とする単系発展段階的世界像への転換の、関連する二つの面だった。そして中国像と西洋像との転換をそれぞれ西洋と中国とが媒介していたことは、一面で新しく出あう他者の理解を助けるとともに、他面では、他者についての像を歪め、誤解をひき起こす原因ともなった。

幕末から明治初年にかけての、西洋諸国との開国にともなうダイナミックな政治経済的・文化的交渉の開幕の時期は中国との間では、伝統的な「通商」関係をひきずりながら新しい関係が模索される時期であった。そこには西洋諸国との関係をいろどったけわしい対立をはらんだ角逐も、外交儀礼や見物のはなやかさもなかった。しかし、この対西洋関係にくらべればはるかに地味で波瀾に乏しい一〇年余りの間に、日本の中国観は大きな転換を始めていた。またこの間に中国経験の有力な型——小論で西洋・中国複合経験、また洋行型中国経験とよぶもの——の原型が形成されていった。その意味でこの時期を日本の中国との交渉における巨大な暗転の時期ということが出来よう。日本の中国経験は政府間に交渉はなく、目立つ事件にも乏しいこの時期を経過した後には、それ以前から大きく変った新しい姿で現われたのである。

おそらくこの時期の日本＝西洋、日本＝中国という両面の関係がこのような構造を示していたことから、それに対する従来の研究にもいくつかの傾向が現われた。一方では、この時期の対外関係の研究は日本・西洋関係に大きく偏った。またその場合西洋経験が中国経験をともなう関係については、ほとんど触れられることがなかった。他方では、日本＝中国関係についての研究は、大勢として、さかのぼっても、日清修好条規締結交渉からで、この時期についてはとぼしい。そしてこの時期の日中関係を主題とする研究の場合にも、それを日本＝西洋関係との関連でとらえる視点はまったくといえるほど欠けている。一と言でいえば、日本＝西洋＝中国の三角関係の交渉を日本＝西洋か、日本＝中国関係かの二項関係でのみとらえるのが、これまでの研究の大勢だったのである。第Ⅱ章は、第Ⅰ章における日本＝西洋関係の問題史的な概観を前提として、この時期を通じる日本の最初の西洋経験が、最初の中国経験ともなった構造をとらえ、その視角から、暗転の局面にあった、そしてそれについての研究においても未だ薄明の状況にとどまっている、日本の初めての中国経験に光をあてる試みである。

一　華僑社会と香港——万延元年遣米使節団の場合

一八六〇(万延元)年、日米通商航海条約の批准書交換のためにワシントンに派遣された新見正興以下の使節団は、幕末の西洋行の第一陣だったばかりでなく中国および中国人に接した最初のグループでもあり、その中国経験の量と質も一八七〇年に入って明治新政権の下で中国との間に外交関係が結ばれるまでの時期において、最も豊かなものだったといえよう。それはすでに述べたように、この時期にいたって幕府が初めて公式に中国に送った千歳丸の上海派遣に二年先立っていたし、西洋世界及び中国との接触のしかたにおいて、千歳丸の一行のそれや、それ以後の西洋への使節団や留学生団のそれの間できわだった特徴を示していた。

この使節団の目的地はアメリカ合衆国であり、往復の旅は、ハワイ・カリフォルニアを経てパナマ地峡からワシントンに赴き、大西洋を東に廻って、アフリカ・蘭領東インド・香港に寄港して日本に至るというコースを通った。彼らは期せずして、カリフォルニア・ハワイにおける十九世紀に入ってからの中国移民、蘭領東インドにおける東南アジア最大の華僑社会、アヘン戦争で割譲された英国植民地香港と、太平洋をめぐって、西洋勢力が中国を蚕食し、逆にこれと裏腹の関係で中国人が西洋世界の中に食い込んでゆく、様々な局面を通観することになった。あたかも、華北ではアロウ戦争第二次英仏連合戦役たけなわで、連合軍が北京に迫ろうとし、華中では太平天国軍が長江下流一帯を制圧して条約港上海を脅かしており、西洋の衝撃に迫られた中国の危機的な様相があらわな形で示されていた。そして、こうした西洋と中国の関係を理解する基準を提供したのは、一行の多くに、ひとりひとりの人間としての経験を通じて、古い世界像の転換を迫ったアメリカ合衆国だった。

このアメリカは一行の人々によって、はっきりと、西洋諸国の世界における「新国」として位置づけられていた。アメリカのカルチュアと社会構造における開放性——open society——や平等主義は、アメリカが「新国」であることから来るものであり、それは同じ西洋世界の中でもとりわけアメリカにいちじるしく、アメリカを他の西洋諸国から区別するものだと考えられた。それは、しばしば日本や中国の対外的・国内的なカルチュアや社会構造といちじるしい対照をなしていた。異邦人でありながら、この西洋世界中の「新国」において、予想に反して真率で親切な交わりに包まれた人々は、このようなカルチュアを単純に「夷狄」のそれとして貶下することは出来なくなった。同時にそのような価値観の逆転は、中国や日本のカルチュアに対する彼らの見方にはね返ってゆくことになった。さらに、アメリカは、本国内に巨大な黒人人口をかかえこんでいる点においても西洋世界の中で特異な存在であり、南北戦争前夜のアメリカにおける黒人の状態は武士たちの心に強烈な印象を与えた。「共和」の「新国」アメリカが古き「中華」にかわって、世界理解の基準の位置に上ってゆくのにあいともなって、アメリカ社会およびアフリカにおける黒人の存在が、中国人を理解し評価するさいの基準になる傾向が生れて来るのである。

最後に、西洋派遣グループの主体の側の問題としては、本書第I章でも述べたように、この遣米使節団が、幕末の使節団・留学生団の中で身分制社会の格式を最も重んじ、実務的には冗員同様の従者や召使を最も多く擁していたという事情があった。逆説的にも、そのような〈冗員〉の存在が、使節団の西洋経験・中国経験を豊かにする一因となった。つまり、このような従者や召使のポストが、積極的に西洋世界を「探索」する志と能力とをもった「有志者」たちに参加の機会を与え、召使や従者の数が多かったからして、彼らは雑用に使われる立場でありながら、少くともその後のグループに比べると割合に「探索」の時間に恵まれていたのである。

以下、一行の行程を辿りつつ、彼らの中国経験の記録を抄録し、その上でいくつかの問題点をとり上げて見よう(記録は全て邦暦で示されているので、検索の便宜上日付はこれによる)。

安政七年一月一九日　別艦咸臨丸浦賀出帆。

　二二日　ポーハタン号横浜出帆。

二月七日　咸臨丸香港からサンフランシスコに向う中国人移民船フロラ号に遭う。

二月二六日　咸臨丸サンフランシスコ到着。

二月一四―二七日　ポーハタン号ホノルル碇泊。

ハワイ諸島には、一八五〇年代に入って砂糖きび農園の労働者として中国人が迎えられるようになり、それら中国人移民の中にはかなりの成功者が現われた。彼らと孫文を中心とする中国の革命運動との関係については、ここにのべるまでもないだろう。

　この地の人口についてふれたいくつかの手記は、ハワイ諸島全土の人口七万数千ないし八万の中千から二千、ホノルルの人口八千の中二五〇〇、あるいは五千の中五〇〇の中国人が存在すると記している。器物は全て欧米および中国から、米は中国から輸入されている。ハワイの商業全体の中での中国人移民の比重について、人によって評価は異なるが、一致して中国人が商業に携わっているとのべている。事実、初めて踏む異国の地を「探索」の志と好奇心のかたまりの如く徘徊する武士たちは、しばしば中国人商店にぶつかり、さっそく飛びこんで筆談で靴を買う者も現われた（玉虫誼茂「航米日録」）。なかでも彼らの数人が一様に強い関心を示したのは、一人の中国人薬商だった。ホノルル上陸の初日に既にこの人に出会った、監察小栗忠順従者・熊本藩士木村鉄太は、その始終を次のように記している。

　「市井ヲ徘徊シ、遂ニ清人晋済堂ヲ訪フ。是レ南京ノ一儒生ニシテ、乱ヲ避ケ、家人弟子ヲ率ヒ、来住スル者ナリ。医術ヲ業トシ、売薬ヲ生トス。博学恵ヲ好ム。土蕃其恩ニ服ス。茶烟菓子ヲ勧ム、次序本邦ニ同シ。筆談流ガ如ク、大率世ノ降ヲ感シ、俗ヲ移《ママ》ヲ嘆ク而シテ本邦（日本）ノ隆盛ヲ羨モ、亦宜ナル哉。詩作巻ヲ為シ、述書頗ル多シ。皆其慷慨ヲ見ス」（「航米記」『肥後国史料叢書』二）

　一行の日記に残されたところでは、木村の後、一八日には正使新見正興従者・仙台藩士玉虫誼茂がこの人潘麗邦を訪れて、筆談を詳しく記しているし、それによれば潘は前日一七日には幕府寄合医師宮崎立元に会って筆談しており、その日は潘の方から宮崎を訪問するつもりでいた（玉虫「航米日録」）。翌一九日にも逸名の「従者」が潘麗邦を訪れている（「亜墨利加渡海日記」日本史籍協会編『野史台　維新史料叢書八』）。一九日午後一行はホテルを引き払って乗船し、以後特別の事情がない限り上陸を許されなくなり、おそらくそのせいであろう、中国人との交渉の記録は一九日のそれ以後見られない。しかし「落涙シ喜ヒ煙草酒杯等ヲ与ヘ頻リニ我徒ヲ愛」（「亜墨利加渡海日記」）し、「慷慨ノ気多ク、共ニ談ズルニ足ル……互ニ筆語相接シ時ヲ移スニ至ル」(玉虫「航米日録」)といった華商との交歓の経験は日本武士たちに忘れられぬものとなったようである。何が彼らの心をこのように結びつける絆となったのか、については後にふれたい。

安政七年三月九日―万延元年(改元)三月一八日　ポーハタン号サンフランシスコ碇泊。先着の別艦咸臨丸は引続き閏三月一九日まで同地在泊。

アメリカ本土への中国人移民は一八五〇年代初頭に始まり、一八六〇年までのその人口は約三万五千人で、主としてカリフォルニアの金鉱、農園、鉄道建設、家事労働、洗濯業などに従事していた。日本武士たちもゴールドラッシュを背景としたカリフォルニアの発展と中国人労働力の流入の実態をかなり正確にとらえていた。彼らの眼に映じたサンフランシスコの中国人社会は、「当時(サンフランシスコの)人口十万ニ下ラザルベシ屋敷一万八千軒ニ及ヘリ其中清国ヨリ転移スル者千人女五百人男子ハ開店傭夫努《ママ》僕トナル者不少女子ハ遊女或ハ雇女トナル」(「亜墨利加渡海日記」)、あるいは「仏蘭西・英吉利・和蘭等ノ人ノ此ニ転居スルモノ最多ク、支那人モ亦一万五千人許アリテ、別ニ一巷ヲナシ唐人街ト名ヅク、或ハ傭作シ、或ハ奴僕トナリ、或ハ礦夫トナリ、或ハ小商店ヲ開ク。能豆腐ヲ製ス、味甚ダ美ナリ。扨支那店ニ至レバ夫妻出テ茶菓ヲ勧ム、我邦俗ニ同ジ」(玉虫「航米日録」)といったプロフィルで大体一致していた。サンフランシスコの中国人人口の見つもりでは千余人(益頭尚俊「亜行航海日記」『万延元年遣米使節史料集成』二。益頭は普請役)といったところから数万人(名村元度「亜行日記」同前。名村は定役格通詞)まで分れているが、移住中国人の職業構成については同じように見ていたといえよう。

こうした中国人の間に武士たちは積極的に入っていったようで、芝居を見物して「言葉ハ通せされとも其所為大ひに本国に類する故に誠におもしろく見物いたせし由」(柳川当清「航海日記」『遣外使節日記纂輯』一。柳川は新見正興の家従、なお、金沢文化協会『佐野鼎遺稿　万延元年訪米日記』一九四六年。佐野は益頭尚俊従者)という者も現われたし、咸臨丸座乗の軍艦奉行木村喜毅従者・中津藩士福沢諭吉が、中国人子卿の著した中・英辞典『華英通語』を購ったのもサンフランシスコの中国人商店においてだった(『増訂華英通語』凡例)。しかし、この地に渡って来た中国人は、単に仕事と生計の資を求めて来たというだけではなかった。副使村垣範正は「支那町」形成の背景に「近来、清朝争乱絶へず、此国人避て多く移り……」(「航海日記」吉田常吉編)と、太平天国の動乱の存在を指摘していた。他方、日本武士の方も中国街の豆腐や芝居を楽しんだり、中国人のもてなしに故国を偲んだりするだけだった訳ではない。おそらく中国人の中でも、太平天国の動乱を避けて来た読書人との間でのことと思われるが、ホノルルでの潘麗邦とのエピソードに類する交渉があったようである。

御目付日高為義の手記によれば「此地支那人多く、御国之人を慕ひ呼入候間、筆談を好ミ書を以て通し候を、土人江対し自慢なる様子也」(「米行日誌」『万延元年遣米使節史料集成』二)という交渉が見られた。福沢とともに木村喜毅の従者となった尾道の蘭医長尾幸作は、咸臨丸の出帆前日何昌球という中国人が尋ねて来て数々の餞別を贈られたことをのべている(「鴻目魁耳」土居良三『咸臨丸海を渡る—曾祖父・長尾幸作の日記より』未来社、一九九二年)が、こうした関係も日高の記すような交渉の中から生れたのではなかろうか。その中で何が語られたか。ここでは、玉虫誼茂の友人が「サンフランシスコ滞船ノ節支那人ト筆談シ、彼殊ノ外鄭重ニ待遇シ、遂ニ花旗国ノ事情ヲ吐露」(玉虫「航米日記」)して、アメリカの「術中ニ陥」ることを避けるように忠告されたという記述だけをあげておこう。中国人がなぜこのような忠告をするにいたったのか、日本武士のそれに対する反応は、といった問題については後にふれたい。

三月一八日、使節一行を乗せたポーハタン号は咸臨丸を後に残してサンフランシスコを出帆、咸臨丸はハワイに寄港して日本へ直航した。一方使節一行はパナマを経て大西洋岸に出、米艦ロアノーク号に移って閏三月二五日ワシントン着、任務を果した後五月一三日米艦ナイヤガラ号に乗ってニューヨークを出帆した。彼らはサンフランシスコを去った後八月一七日バタビヤに入るまで、おそらく中国人に接する機会が全くなかったからだろう、中国や中国人についての記述は、次に引く福島義言のもの以外どの日記にも見出せない。この間使節団一行は米国各地で朝野を挙げた歓迎に接し、その中で彼らの多くは自己の夷狄観を、大きく変えることになった。こうした日々の中で中国についての記述が現われないのはきわめて自然といえようが、その中でただ一つ、小栗忠順の従者福島義言の「花旗航海日誌」では、ワシントン市民の歓迎に包まれた感動とそれまでの彼らの西洋観についての深刻な反省との記述に続いて、ほとんど唐突に、西洋人の中国観と中国人に対する態度が紹介されている。多くの米行日記類の中には、後から手を入れたものもめずらしくないから、この一節も、ひょっとするとワシントン滞在中に書かれたものではなく、後からの省察を書きこんだものかもしれない。しかし、そうだとしてもアメリカ経験を通じる夷狄観の変化と、それの中国観への影響との関連をよく示しているので、長文だがその分析は後にゆずって、紹介だけしておく。

「○此度両国和親ヲナスニ於テハ、其民ニ至迄、残スタカヘニ親族ノ如クセンコトヲ欲ス、故ニ我輩ニ実〔入〕魂セサレハ、亜人ニ非スト云ル意ナリ、既ニ。ローノーク。舶〔米艦 the Roanoke〕ノ士官等、我輩ニ魂〔懇〕意ナセシ者ニ逢フトキハ、彼方ヨリ礼ヲナス、市人皆是ヲウラヤムコト甚シ○又旅亭ノ窓下ニ毎日男女群集ス、……市中ヘ免カレテ歩行ナス時ハ、各争ヒ我分ノ家宅ヘ伴ハントス、況ヤ此方ヨリ行ニ於テヲヤ、其喜大方ナラス、近隣人ヲ集、茶菓ヲ点シテ饗応ナス、余ハ是ニテ日本人ヲ宗敬スルヲ知ヘシ。

抑西洋人ノ支那人ヲ軽蔑スルコト、亜仏利加ノ黒鬼ヨリモ甚シ、其故如何トナレハ、十ケ年前鴉片煙ノ事件ヨリシテ英国支那ヲ攻、清兵是ヲ防クコト能ス、遂ニ和睦ヲ乞フ、償金ヲ出サンコトヲ約ス、此ニ於テ右ノ条約ヲ結ントシテ英使北京府ニ至ル、支那人伏勢ヲ半途ニ設、是ヲ討、其首ヲ斬、梟木ニ掛ルニ至リ、夫ヨリ後、英人其猜疑ヲ恚ミ、再兵ヲ調シテ是ヲ討、夫ノミナラス、英人奴僕ニ傭スル所ノ清人、金銀ヲ盗取、或ハ市中ニ徘徊スル西洋人ヲ殺害スルコト度々ニ及、其故欧羅巴人彼国ヲシテ無礼無仁ノ夷狄ト云、其悪コト仇敵ノ如シ、依テ支那人ハ各国ニ渡商売ナス者迄、此侮辱ヲ受トナリ。

○愚案スルニ、日本ニ於モ欧羅巴人ヲ犬馬ノ如ナス者、十ニ七八、或ハ彼ヲ切害ナス者アリ、未タ甚キニ至スト云ト雖モ、終ニハ支那国ノ如キニ至ンコト眼前ナリ、前車ノ覆ルヲ後者ノ戒トナスヘキノ第一ナリ、扨西洋人ハ然ラス、外国人ヲ恵シ、親コト一族ノ如シ、就中米利堅ハ新国ニテ、人質殊ニ温和ニシテ、其深意ハ分チ難ト雖モ、一面シテ体正直ト見エ、若日本人ニ是ヲ見ルトキハ、何ソ害心ノ起ル者有ンヤ、且此国ハ高官ノ者ト雖、猥ニ下人ヲ侮リ、或ハ己カ権威ヲ振フコトナシ、夫故平人常ニ高官ニ諂フコトナクシテ、国富、民泰ニ、枕ヲ泰山ノ安ニ置ク、若クハ日本ノ志無ク愚昧ノ輩此風俗ヲ見ルトキハ、恐ク必ス彼ニ志ヲ傾ルニ至ンカ、是皆誠実ノ至ス所ナレハ、大丈夫モ其志ヲ動ンカ、此度日本ノ使節□〔従?〕者総計七十七人、大抵ハ彼ヲ憤リ悪ノ士ナリ、然ト雖モ、其実ヲ知ニ及ンテハ、各先非ヲ悔タリ、必シモ異人ヲシテ犬馬ノ如ク賤シ、溺《ママ》ノ如ク恥シムルトキハ、彼ニ不仁不義ノ名ヲ得ン、豈愚ノ甚シキニ非ヤ」(「花旗航海日誌」『万延元年遣米使節史料集成』三)

この文章の第一段、アメリカ人が日本人に「実魂」し「宗敬」しようとしているという見方の背後には、アメリカの人と社会との接触がきわめて限られて表面的断片的でしかなく、しかもそのような限られた経験に深く動かされているということがあろう。この両面のギャップから、アメリカの人と社会についてのきわめて好意的なしかしきわめて主観的な解釈——思いこみ——が生れているようである(本書第I章参照)。アメリカ人の日本人に対する態度にとまどいともいえるほどの喜びと感激をおぼえた時、おそらくそれと全く対蹠的な、西洋人の在外中国人に対する態度と、その差異をもたらした原因への問いとが念頭に上ったのだろう。第二段でふれられる紛争の記述には、南京条約から同条約改正交渉・天津条約を経て条約批准交換を理由とする英仏両国軍艦の行動(一八五九年)にいたるまでの英国の一連の行動と、それに対する清朝軍隊の反撃と華南を中心とする激烈な排英運動などが同一視され混同されているように思われる。しかしここで重要なのは、こうした英中紛争についての情報がどれだけ正確でありまたなかったかということよりは、福島が情報源や紛争を見る立場の点で西洋のそれに依存し西洋のそれにほとんど一体化してしまっていることだろう。

それをふまえて第三段では日本人のヨーロッパ人に対する態度と西洋人の外国人に対する態度との対比がこころみられているが、福島の世界像の中で西洋世界の冠ともいうべき位置を占めている「新国」アメリカの対外態度は、第一段でのべられた日本人の経験をもとにしていると見ることができよう。「外国人ヲ恵シ、親コト一族ノ如シ」とか「高官」と「下人」や「平人」の間に隔絶がないといったことは、上下内外の別を欠くという点で、これまで西洋がまさに夷狄たることの証拠として考えられて来た。同じ使節団一行の中でも村垣のような高級官吏は、アメリカ社会の見聞を重ねるなかで、「真実」や「懇親」のみあっておよそ「礼」のないカルチュアに不快といらだちをつのらせ「夷狄」観、「胡国」観を再確認するにいたっていた(同前、および村垣「航海日記」参照)。これに反し福島ら一行の多くは、第一段にのべられたような嬉しい経験を通じて、西洋に対する評価を逆転し、かえって西洋人が中国を見るその立場から中国さらに日本をとらえなおすようになっていた。中国は「攘夷」の態度をとっているのだから西洋世界から「無礼無仁ノ夷狄」と見られるのもやむをえぬとし、遣米使節団中の攘夷論者についてはその反省が告白されるのである。

八月一七日　ナイヤガラ号バタビヤ入港、同二七日まで同港及び近くのオンルスト島に碇泊。

ジャワにおける中国人移民の商業活動は十六世紀に遡ることができ、十七世紀以来華僑とオランダ東印度会社とはあるいは拮抗しあるいは相互に利用しながら発展して、オランダが東インド会社を廃止して直接統治にふみ切った頃には、華僑勢力も商業活動を中心として確固たる地位を築いていた。

バタビヤにおける中国人街と中国人人口については、同一の西洋人の中国語著作によっているらしく、多くの記録にほとんど同じ表現がある。その一つを引けば、一八五八年のバタビヤの人口一一万八千三百の中「土人」八万に次いで中国人二万五千ヨーロッパ人二千八百の順、「方今バタービヤヲ分ケテ、七州二十四郡トス、其第六州ニ支那街アリ、支那人ノ居ル所ナリ、街ノ西南ニ当レリ、街郭極メテ広大、道衢至テ整正ナリ」(益頭「亜行航海日記」)。実際には、バタビヤ市街の景況もその中に散在する中国人街の数やそれらが市街全体の中で占める位置も、こうした書物の記述とはかなり食違うところがあったようである。「抑バターヒヤ港ハ、前文ノ訳書ニ出ス所ハ最大ナル都会ノ地ト思ヒシニ、今ハ眼前ニ是ヲ見レハ、其半ハニ過ス、人家更ニ比櫛ナスコト能ハス……、唯支那人住居ナス所ノミ、マサシク人家比櫛ナシ、又其商家ハ日本ノ風俗ニ近ク、赤キ瓦ヲ以屋トナシ、売物ヲ飾ル様モ殆ト大同小異ナリ」（福島「花旗航海日誌」）。

　中国人街のたたずまいには故国を想わせるものが多かったのだろう、「家作大抵我国ニ同ジ」（玉虫「航米日記」）、「其売物ヲ貯フルコト、殆ト日本ノ商家ニ彷彿タリ」（福島「花旗航海日誌」）等と記されている。店頭に漢字で商品の名を貼り出し、入口の柱に双聯や額をかかげ、店内に像を祀る商店、文王廟、寺院等。こうした中国街の建築についてあるものは東洋的感覚からであろう「結構如何ニモ風雅」（玉虫「航米日録」）、あるものは西洋建築の壮麗に心をうばわれたのか「其作小ニシテ麗ナラス」（福島「花旗航海日誌」）と感じ方はさまざまである。街頭で見かける中国人の生活様式についても「支那人もあまた有。笠をかむり、売物を荷ひて歩行《(ママ)》むさま、我国風に近し」（村垣「航海日記」）と感懐がのべられている。バタビヤ在住の中国人は、このように古くから商業に進出していたが、なかにはオランダ人支配者に労働者として使われる者もいた。オンルスト島のオランダ海軍基地を訪れた一行中のある者は造船所の「大工其外の諸職人三百人計有て各其業をなす何れも史那《(ママ)》人なり」（柳川「航海日記」。なお、勘定組頭森田清行の「亜行日記」『遺外使節日記纂輯』一をも参照）ということを見逃さなかった。

　ハワイやサンフランシスコの場合に比して、バタビヤにおける中国人勢力が大きくその社会的地位もはるかに高かったためだろうか、華僑の日本人に対する態度も一だんと積極的だった。入港の三日後八月二〇日、「旧来の通商の国」（村垣）オランダの総督に表敬訪問をするため上陸した一行が市内のホテルで休憩していると、間も無く当地中国人社会の指導者格らしい一行が使節を訪問し筆談による応接があった。正副使節の残した記録はこれについてふれていないが、使節自身かさもなければ会見に同席した上級官吏から聞いたのであろう、使節の従者の日記には会談の模様について、あい補う興味深い記述がある。

「暫時過テ支那□□（原文不明）将官来、使君ヲ尋ヌ、筆談ニテ応接アリ、其口演ニ曰、此度使君万里外ニ使シテ、其無事ナルコトヲ祝シ、又日本人ハ其衣服前朝明ノ風俗有故ニ、本土人ヨリモ慕シクトテ、泪ヲ流セシト云フ」（福島「花旗航海日誌」）

「史《ママ》那人多ク来リ各筆談をなす中に日本人の風俗を見て落涙をなすもの有因て筆を取是を聞に日本の衣類を見て明の代を思ひて遂に落涙に及しと云史那人は何れも我国をしたふよふ子にて又史那人の書に日本の武勇甚各世界に高しと云」（柳川「航海日記」）

翌二一日、ナイヤガラ号は石炭積込のため、バタビヤの泊地からかなり離れたオンルスト島の海軍基地に移動したが、あくる日には、中国人の客が船に乗ってここまでやって来た。

「支那人碇泊所ヱ二拾程尋問、文字アルモノ鄭国端ト云者一人姓名ヲ通シ余ト筆談ス」（森田「亜行日記」）。

その次の二三日には、オランダ人の一行に加わって中国人女性もナイヤガラ号を訪れている。使節団の側でも進んで中国人と交わったものがあったらしい。二五日オンルスト島からバタビヤの泊地に帰り、その午後上陸した一行の中には、ついにグループの待合せ時間を過ぎても姿を現さず、「五ッ半時（午後九時）船に帰来しに大に叱を受某生の遅滞せしは支那人と筆問なせしを以ての故也とそ」（佐藤秀長「米行日記」『万延元年遣米使節史料集成』七）という「某君の従者」のあったことが記されている。[5] これを記した佐藤は外国方御用達伊勢屋平作の推薦で御賄方として使節団に同行することをゆるされた豊後杵築藩士、いわば志願「賄方」であり、「某君の従者」もおそらく同じような志願「従者」の一人で、「探索」の志を抱いて卑賤の役に身をおとしても加わった同志として、同志の人々と行動を共にしていたのではないか。

さらに、地球を東に廻って東南アジアの通商貿易圏の一角にたどりついた一行は、バタビヤに寄港する艦船のもたらす伝聞や現地のオランダ語新聞によって、中国本土のかなり新しいニュースを知ることが出来た。八月一五日の「子牌後」ナイヤガラ号がジャワ島西端アンエルに投錨仮泊し、居あわせた舟山列島定海港からニューヨークに向うアメリカ商船と交信すると、おそらく深夜のことだったにもかかわらず、玉虫誼茂は、英仏両国が再び大軍を動かして北河から華北に侵入し戦まさにたけなわという四〇日余り前のニュースを聞き出して記録、これを後で入手した新聞報道によって確かめている。八月一九日、あるいはこの日ナイヤガラ号を訪問したアメリカ領事やオランダ海軍士官がもたらしたものか(福島「花旗航海日誌」)、一行は洋暦九月二七日(邦暦八月一九日は洋暦一〇月二日)付のバタビヤ刊行オランダ語新聞に掲載された、アロウ戦争第二次英仏連合戦役についての詳細な記事を入手して抄訳、何人かがこれを筆写している(福島、玉虫、佐野、益頭、木村)。

記事は洋暦九月一二日付香港ニュースによるもので、八月一二日北塘発進から同二一日大沽砲台攻略、二五日天津入城(と推定される)にいたるまでの英仏連合軍の行動についての、生き生きした戦闘概報ないし従軍報道ともいうべきもの。英仏側からの観戦であることは言うまでもないが、清朝内部における和平論擡頭の風説まで紹介している。またごく短いがこの年上海を脅かした太平天国軍の圧力が緩和したという記事も附記されている。また同じ日の日記に柳川当清はこの報道を補うような英仏の中国に対する戦争のアウトラインについて伝聞を記しているが、これもあるいは、同じアメリカ・オランダの訪問者からのものではなかろうか。二五日、前述の志願「賄方」や志願「従者」の一団に加わって上陸した志願「従者」の一人木村鉄太もその日の日記にバタビヤ刊新聞のアロウ戦争についての記事を引いているが、これも当日の探索の成果だったのだろうか。一行の日記に現われた中国および中国人との交渉はこれが最後で翌々日ナイヤガラ号は香港に向って出港する。

アロウ戦争や太平天国軍の推移について、一行が探りえた情報は、おそらく当時の日本において最新・最詳かつ最も正確だったろう。しかし、ここでそのこと以上に注目したいのは、これらの情報が、中国人の側からではなく、おそらく直接間接に、さまざまな西洋人の眼と耳と心を通して伝えられたものだったこと、武士たちがそれを聞き記録するに当って、情報の出所と通路が事実の解釈や歪曲をもたらす可能性について筆を止めて考えようとした様子がうかがわれないこと、さらにそのような情報を受けとめる時、日本人自身の解釈らしきものがそれにからみついていったらしいこと、である。こうした問題は、一行が香港にいたるとさらにいちじるしくなるのだが、ここでも、一、二その例を引いておこう。

「当春より史那《（ママ）》国と英仏の両国と戦争有此はじめは史那国におゐて罪なき英の使者を殺害す因て英国の女王大ひに怒り数艘の軍艦を催し仏国また是に加勢し両国の軍艦直に北京に責入《（ママ）》よって史那国におゐても大軍を催し防之といふ其中に韃靼の勢勇猛にして能く敵を防くといへとも英仏の軍に敵しかたく遂に敗軍におよび其所を退陣す因て英人大ひに乱法せりと云仏国は軍令厳にして諸卒にいたるまで法を犯さすと云此節両国の軍勢上陸し北京の辺に屯すと云英国は当時強国第一にして其人気甚た悪しく何国におゐても不法をなす因て各国とも英人を悪むもの多しという又英人常にいう英領は年中昼なりと是諸方に領分有故なり其大言甚た悪むへし」（柳川「航海日記」）

「巴達維亜《バタヒア》新聞ニ云。今年春。英吉利。法蘭西。兵ヲ挙テ清ヲ伐ツ。英米船ヲ天津河ヨリ進メ。法兵陸路ヲ行テ力ヲ合セ。向フ所敵ナシ。……清兵最モ血戦。死者千ヲ以テ計フ。英法ノ死傷少シ。咸豊帝。年二十九。固ヨリ暗弱多病。酒色ニ溺レ。康熙ノ典経ヲ擾乱シ。国家ヲ撫安スルコト能ハ弗」（木村「航米記」）

前の文章では、アロウ戦争の背景に世界最強かつ最も傲慢にして無法な英国の存在が認められている。遣米使節団の中のかなりの者がアメリカ本土において、アメリカは西洋世界中の「新国」でそれゆえ外国に対してとりわけ友好的だというイメージを抱くようになるとともに、それとほとんど裏腹の関係で、英国は最も危険な侵略的国家であり、日米両国の接近をも猜疑と嫉妬の眼で眺めているというイメージを持つようになった。後者はおそらく南北戦争直前のアメリカにひろがった対英警戒意識を吹きこまれたものと推定され、アメリカ経験を通じて夷狄観を捨てるようになった人々の世界理解の枠組が、アメリカのそれの強い影響の下にあることをうかがわせる。問題は、英国についてこのように批判的に見た上でなお、筆者は英中衝突の原因を中国側の一方的な非道とそれに対する英国側の当然の制裁措置に求めているらしいことである。ここに「罪なき英の使者を殺害云々」というのはおそらく、一八五九年六月の大沽事件、あるいはさらにそれにいたるまでの反英運動を念頭においていると思われるが、事態がもっぱら西洋の側から理解されていることはたしかだろう。同様に第二次英仏連合戦役のニュースを紹介した後の文章で、中国の敗北にふれつつ、咸豊帝について「固ヨリ暗弱云々」(傍点松沢)とのべているのも、やはり情報源となった西洋側の見方か、あるいは筆者自身の既成の観念を反映しているのではなかろうか。

九月八日　ナイヤガラ号香港入港、同月一八日まで碇泊。

香港は、アヘン戦争の中で一八四一年英軍に占領され、中国敗北の結果、一八四二年、南京条約によって英国に割譲された。以後大英帝国の直轄植民地となった香港は、自由港としてまた軍事的政治的基地として急速な発展をとげた。香港はそれまでの英国対中貿易の門戸だった広東や、南京条約によって開かれた他の条約港と異なり、元来貧しい漁村しかない人口稀薄の地だった。それが、一八六〇年当時は四、五万人前後に達するという急膨脹をとげた。人口の主力は香港割譲後中国本土から流入した中国人、その多数は貧困と太平天国の戦禍にいためつけられた華南の流亡農民だった。このような成長の途上にあった香港社会は当時まだ不安定で漸く六〇年代を通じる商業・貿易の安定と発展の時期に入ろうとする過渡期だった。

使節団一行は、植民地香港のこうした歴史と性格についてはかなり一致した正確な認識を示していた。その中国人社会については一八五二年の総人口三万七千余の中欧米人五百余のみ、残りは中国人という数字が引かれ(木村「航米記」、佐野「訪米日記」)、「支那人の居家は十分の八」(佐藤「米行日記」)、「清人多ク外方人ハ二十ノ三ニ過ギズ」(筆者不明

「細川藩航行日記」[7] 東京大学法学部明治新聞雑誌文庫蔵吉野作造旧蔵写本)、「広東第一ノ鎖鑰、墺門・香港ノ二島ニ在リ。然ニ墺門ハ蒲(ポルトガル)国ニ奪領セラレ、香港ハ英属トナリ、万一事アルトキハ、広東地方浸々トシテ蚕食セラルベシ。勢些ニ至テ臍ヲ噬ムトモ何ゾ及ブベキ」(玉虫「航米日録」)とされるところから一行の理解のほどはうかがわれよう。その景観は、「市廛風致頗我邦ニ似タリ」(木村「航米記」)、「店の設け略我邦に彷彿たり」(佐藤「米行日記」)、「其売物ヲ飾ルコト、日本ニ彷彿タリ」(福島「花旗航海日誌」)、さらに「酒食茶煙略々本邦ニ近」(木村「航米記」)、「清朝人在ルニヨリ豆腐ヲ製シ出ス正月横浜ヲ離レテ今月初メテ豆腐ヲ味フ……外国ニハ絶テ豆腐ト云モノナシト云フ……爰ニ来リテ衆皆本国ニ還リタル心地シ甚タ怡フ」(筆者不詳「米里堅紀行」明治新聞雑誌文庫蔵吉野作造旧蔵写本)ということにもなった。

しかし、中国本土の一角で中国人人口が圧倒的多数であるにもかかわらず、香港社会における中国人の社会的位置は、バタビヤにおけるそれの場合に比較しても一そう難しいものだった。ヨーロッパ人の商館や住宅の堂々たる経営に対し、蝟集した中国人街については「其家作小ニシテ麗ナラス」(福島「花旗航海日誌」)。「支那人の居家は……多く木材を用ひ板を以て四壁となす瓦を以て屋を掩て甚粗少」(佐藤「米行日記」)、「支那人居宅・酒店ハ鄙陋且矮シ、総テ山下ニ建有リ、鎮台(香港総督)ノ館ハ街市ノ上ニ在リ」(名村「亜行日記」)という印象は多くに共通していた。この場合、木と瓦で出来た家屋は「甚粗少」だという判断は、「煉瓦石製」の「洋人家屋」との比較でなされており、「家作日本家作ニ彷彿タレドモ合衆国貨店ニ比スレハ汚穢ナリ」(森田「亜行日記」)とされたように、住居のような日常の事物についても、西洋を基準とするように、美感覚が転換しているらしいことに注意しておきたい。さらに、中国人の中にはこのような住居にも住まぬ者が多くいた。ナイヤガラ号は入港と同時に小舟を住居とする貧しい人々にとりかこまれた。

「支那の貧人多く有て小舟に乗し滞泊船の側にいたり船より落或は捨なとする品を拾ふ乞食有其中に甚た哀れな

るハ大サ壱間計の小舟に兄弟三人にて乗し来有兄ハ十七歳弟七歳妹四歳計にして両親ともになく夜ハ此小舟を海岸につなきて休息し朝ハ未明ゟ来て食を乞我朝人各是を不便《(ママ)》におもひて種々の品をあたへ遣す船中に菓子を与へし人あり然に此菓子を頂き取て能き菓子を妹に与へ其次を弟に遣し兄ハ菓子の粉になりたるを食す各是を感心す」（柳川「航海日記」）

「船の表に水夫の厠あり此処より船中の雑物を棄つるを土人終日二間計の小舟に乗り来て綱〔網?〕を以て是を受け蒸餅の如きは是を食料となし野菜の如きは鶏豚を養ふに供すと之我国の乞食に均しき者ならん多くは婦人也」（佐藤「米行日記」）

傾斜面に作られた市街で交通にはもっぱら駕籠が用いられているが、「舁夫ハ皆支那人ナリ」（玉虫「航米日録」）ということも見逃されなかった。

けれども、中国人の一部——少くとも文字を解する人々——の日本人に対する態度は、バタビヤやサンフランシスコの中国人のそれと共通していた。「我徒ノ者市中ヲ徘徊ナセハ支那人群ヲ為前後ニ従行シ筆談ヲ以テ言語ヲ通セントシテ我徒ヲ遶リ団ム」（無名氏「亜墨利加渡海日記」）。「清人動モスレバ己ノ家ニ招キ筆問シ文字相通シ言語通サル而已ト云共ニ聖教ヲ説キ両国ノ人種同事ヲ言テ喜ヒ且ツ我等ノ長キ袖ヲ採テ善哉〻ト云テ古風ヲ想ヒ羨ミヌ」（「細川藩航行日記」）。これはいずれも彼ら「従者」クラスが香港上陸を許された初日の記事である。中国人が日本武士の長袖を手にとって感動するという行動を、武士たちはバタビヤで既に経験し記録していた。このような行為についての記述には、それをする中国人の自己意識と、おそらくは更に日本武士の側の中国人理解の既存の枠組が反映していると思われるので、この点を補うもう一つの記事を引いておこう。「香港住居ノ唐人日本人ノ袖ヲ握リ吾等久ク韃妖ニ汚サレ短袖ノ夷服ヲ着セシカ以来ハ日本ノ如キ長袖ヲ着中国ノ衣冠ニ復ト云フテ日本人ヲナツカシク思フ様子ナリ」（筆者不詳「玉虫佐太夫ヨリ聞書」明治新聞雑誌文庫蔵吉野作造旧蔵写本）。

中国人に「己ノ家ニ招」かれた日本武士の方でも直ちにこれに応じたようである。「清人ノ家ニ行ケバ茶ヲ盛リ台ニ載テ出シ巻キ烟草ヲ出ス我邦ニ異ルコトナク食ハ米ヲ食フ」(「細川藩航行日記」)。職務上必要な限りでしか外国人に接しようとせず、それまでバタビヤで華僑の訪問を受けた以外に中国人と交わった様子のない使節団の高級官吏も、香港では勘定組頭森田清行・徒目付刑部政好らが中国の両替店らしい店に赴いて、筆談で香港はじめ各地の貨幣価格について問うている(森田「亜行日記」。同じ筆記が益頭の「亜行航海日記」にも写されている)。ジェームズ・レッグ(James Legge 理雅各)が主宰していた英華書院も、雑誌『遐邇貫珍』の名と結びついて「我国ヘモ聞ヘシ学黌」(玉虫「航米日録」)だったから、高級官吏から「従者」クラスまでが次々に訪れて「英文訳士支那人面会、遐邇貫珍・六合叢談ノ書ヲ買求メ」(名村「亜行日記」)たり、咸臨丸の「従者」福沢がサンフランシスコの中国人書店で入手した『華英通語』を、ここで買う者もいた。

香港に集散する中国の現状についての情報の量は、バタビヤにおけるそれの比ではなかったから、一行は中国の旧体制の危機について、より新しくより詳しい情報をさまざまな接触を通して積極的に集め、集められた情報は、ナイヤガラ号に起居する日本人社会特に「探索」の志を抱く人々の間に、ただちに伝わったようである。バタビヤでは一月半から四〇日余り前の、英仏連合軍天津入城の段階までを知ることができた一行は、二週間の航海の後香港に到着すると入港早々に、一月前後しか経ていない、連合軍の北京接近と咸豊帝の熱河離宮への蒙塵(洋暦一八六〇年九月二二日、一行の日記に記入された邦暦では八月九日になる)、連合軍の北京入城(洋暦一〇月一三日、邦暦八月二九日)というニュースに接した。しかも太平天国軍の勢も盛んである。「先年以来起リ居タル明末ト唱ヘシ流賊処々ヲ攻取リ中国過半其ノ手ニ入タリ、段々賊首モアレトモ迂天洪ト申モノ一番ノ首トミヱ年号ヲ太平天国ト改メ四方ヘ檄文ヲ伝ヘケレハ我先ニト降参イタス由、香港ヘモ檄文伝ハリ一本写シ帰レリ(8)中国人皆々清朝ニ二百年来横領サレタルヲ憤リ迂王ヲ中華皇帝ト呼ヒ清帝ヲ韃妖ト唱ヘ此度仏ノ手ヲ仮リ二百年来中国ヲ汚シタル韃妖ヲ掃去ルトテ喜ヒ居ル由

(「玉虫佐太夫ヨリ聞書」)。清朝支配についてあるいは「危キコト累卵ノ如シ」(「細川藩航行日記」九月一一日付)、あるいは「北京落城」(佐藤「米行日記」九月一二日付)、「コレニヨリテ清国ハ滅亡シタリト云フ」(「亜墨利加渡海日記」九月一七日付)という決定的な危機を見たのもきわめて自然だったと言えよう。

こうしたニュースは「……ノコトヲ聞ク」式に記されているので情報の出所ははっきりしない。中には香港の華字紙を読んだ同僚から聞いたことではないかと思われるものもある。そうした中で、情報源が明示されているものに、戦乱の現地から来た、乃至現地からの情報を聞いて来た、西洋人の伝える話がある。舟山列島から(木村「航米記」一一日付)、定海港からの英船(「細川藩航行日記」一三日付)、舟山から(木村「航米記」)、「ベッキン」からの英船(「亜墨利加渡海日記」一七日付)といった風である。しかし、こうした中で「艦ニ来リ、新見君ト対悟(語?)アリ、其中支那・英吉利両国戦争ノ物語ヲナセリ」(福島「花旗航海日誌」一一日付)という「米ノミンストル」の存在はきわ立っていた。

「此人乃チ北京府ニ在コト五年、当今新ミンストル来リ交代ナシ、此ニ退去ス、故ニ其戦争ノ収ヲ眼前ニ閲セシ者ナリ」(福島「花旗航海日誌」)

というのは、臨時代理公使ピーター・パーカー免職の後をうけてアメリカ本国から全権代表として派遣され、英仏露代表とともに対清条約改正交渉にあたり、ジョン・ウェードに任務を引継いだウイリアム・リード(一八〇六―七六)であろう。(9) この人の北京駐在五年というのは明らかに誤聞だが、このような国際関係の渦中にいた人の口から出ることばは権威をもって信じられ、日本の正使の口から語られた伝聞は、一行に速かに伝わったろう。リードの話は、英仏連合軍の華北侵入・北京接近、ロシア――おそらくロシア代表イグナチェフであろう(10)――の居中調停による和平交渉と停戦、といった経過についてだったようである。

咸豊帝蒙塵をひかえた北京とその周辺の流動する情勢についてのさまざまな情報の中で、リードのそれにだけ出て来る特種《とくだね》的な情報として興味深いのは、英仏側の和平条件であろう。「(英仏側が)難問ノ数ケ条ヲ出ス、其一二ヲ記スニ、支那ノ帝王自ラ両国ノ陣前ニ来、頓首再拝シテ和睦ヲ乞、其位ヲ退キ、一族ノ人ヲシテ位ニ即カシムルトキハ、兵ヲ退ヘシ、其返答速カナラサレハ直ニ都城ヲ焼払シ、又和義整フニ於テハ、国ヲ二ツニ割テ、西方ヲ英仏ノ属国トナスヘシト云々」(福島「花旗航海日誌」)。中段の北京砲撃の威嚇は、あるいはトマス・ウェードが行なったものだろうか。(11) 前段、後段はどこまで、どのような事実を、背景にしているのだろうか。いずれにせよこのような要求をつきつけられた清国皇帝の姿は惨めなまでに屈辱的である。これを聞いた正使新見正興が咸豊帝の人となりについてリードに質しているが、それは、清国皇帝が、彼の理解を絶する屈辱的な状況に追込まれたのは何故か、驚きと不審にたえなかったからではなかろうか。リードの答えはまた特徴的であった。「咸豊帝年齢廿八九、身体短少ニシテ、歩行ナス時ハ、其右ノ足ヲ引カ如ク、性質酒色ヲ好ミ、常ニ婦女ノ麗ナルヲ数百人傍ニ置テ、昼夜舞楽ヲノミ専トシ、国家将ニ亡ントスルニ、猶一身ノ栄躍ヲ極ム、人アリ、之ヲ諫ムレハ直ニ禁錮スト語ラレリトナリ」(福島「花旗航海日誌」)。この咸豊帝の姿も、半ばステロタイプ化された〈暗君〉のそれであり、描きかたにはほとんどサディスティックなものさえ感じられる。

ともかく、監察小栗忠順の従者がこのように記したのと、ほとんど同じことが、リードに応接した正使の従者の日記(柳川「航海日記」)にも、勘定組頭のそれ(森田「亜行日記」)にも記されている。また、おそらくこうした人々の語ったことが口から口へと語り伝えられて初めの出所が忘れられたのだろう、同じタイプの、女色に耽る暗君咸豊帝の姿は他の従者の日記にも現われる(玉虫「航米日録」一五日付)。また咸豊帝蒙塵の記事にはしばしば「官女十三人ヲ携ヘ英人ニ禁錮セラレ」(同前)とか、「侍女十八人ト走リ遂ニ英ニ執ル」(「細川藩航行日記」一三日付)とか、「帝自ラ其妃十三人ヲ連具シテ韃靼ノ別宮ニ遁レ去ト云」(福島「花旗航海日誌」一四日付)とか「当天子咸豊帝ハ婦十三人を連れて立退んとせし所を英仏の軍卒に生捕られ右の婦人とともに一と間に押込有此上ハ英都ロンドンに送くるへしと云」(柳川「航海日記」一四日付)といったくだりがまるで表現の定型でもあるかのように現われる。伝聞がこのように流れ、その中で咸豊帝について一つのステロタイプが出来上ってゆく過程の中には、アメリカの外交官の語った中国理解が、日本武士たちにほとんど疑いをさしはさまずに受け入れられ、流通し、そして、中国についての情報を受け入れる〈引照基準〉めいたものになってゆく様子がうかがわれるのではなかろうか。

最後に、香港における遣米使節団の一行にとって、中国情勢についての有力な情報源となったのは新聞だった。一行はこれまでして来たように、洋字新聞を入手して翻訳し筆写する努力も続けている（たとえば、森田「亜行日記」。香港出港当日の九月一八日の項には前日の新聞の抄訳が出ている）。しかし、香港に碇泊する一行にとって新聞の中でも最も近づき易く、且つ精力的に収集されてもいるのは中国人による中国語の新聞だった。あたかも一八五〇年代の終り、香港や上海の、欧米宣教師団や商社の経営する洋字新聞・雑誌や華字雑誌を母胎として、中国人による華字新聞が生れ、中国の近代ジャーナリズムが出発しつつあった。彼らは香港において、おそらく日本人としては始めて、このような草創期の華字新聞に接したのである。一行の一人が『地理志』（『地理全志』であろう）を引くところによれば「此の街上に新聞紙局あり、支那人も西洋人に擬し、漢文を以て日日新聞を印刷して諸民に示せり」（佐野鼎「万延元年訪米日記」）。そこで「市中にて船中のもの等漢字新聞を買へり、これ当四月頃よりのものにして、北京戦争の伝聞あり。因りて友人相互に借用して謄写せり。始より続きたる毎日の分は無しと雖ども、其の模様概略考ふべし」（同前）。佐野の説明と符節を合せるような咸豊九（一八五九）年八月一九日付、二九〇号から同年一一月二四日付、三三〇号までにわたって四号、咸豊一〇（一八六〇）年四月二五日付、四一〇号から九月一四日付、四六八号までにわたって二三号についての、克明な新聞記事の筆写が玉虫誼茂の「航米日録」巻八に収められている。[12] また佐野も玉虫もともに志願「従者」、「有志者」で、使節団内部で一種同志的な交わりをもっていた（本書第Ⅰ章）ことから察して、玉虫も佐野のいう「友人」に含まれると考えられる。

この一連の新聞記事抄録には何故かもとの新聞の題名が一度も出て来ない。しかし、一方ではその発行日付と号数、刊行間隔(二、三日に一回)が明らかであり、他方では、中国近代ジャーナリズムの最初期で、中国人による華字新聞はきわめて限られていることから、問題の新聞は咸豊八(一八五八)年、香港の孖剌報(China Mail)社から二日刊の夕刊紙として創刊された[13]『中外新報』と考えられる。玉虫の筆録は合計二七号分のしかも「抄録」だが、それだけでも「抄録」された報道の性格がかなり明らかである。

先ず記事の情報源となったのは、地元香港の英字紙の記事、記者自身や英国人を含めた香港人士への来信、香港市内のうわさ、上海、天津、澳門さらにカルカッタ、英本国、アメリカ等からの商船が伝えた新聞、書簡、見聞談など広範囲にわたっており、中でも上海からのニュースが断然多い。従ってニュースの範囲も、中国の国内情勢について英仏軍の華北進攻(咸豊帝蒙塵から英仏軍の円明園破壊掠奪までフォロウされている)、太平天国軍の動向(とくに長江下流)、捻軍その他の「民変」、澳門「猪仔館」に拘禁された「猪仔客」[14]の実力救出、海賊の出没等にわたったのみでなく、ヨーロッパ、アメリカからアフリカにまで及んでいた。ヨーロッパにおける英仏関係の緊張と英国の「義勇兵運動」[15]、ナポレオン三世と第二帝制の対外政策、フランスのアンナン侵略、普墺戦争とビラフランカ条約、アメリカ西部の発展等々。また、後にふれる、日本の中国侵略についてのうわさも記されている。

このように情報源は多様であり、ニュースの範囲もきわめて広かったが、記者はこれをただ集めただけではなかった。もちろんニュースの取捨選択、場合によっては中国語訳という作業がなされていたが、記者はそれにとどまらず情報の信憑性についてしばしばコメントを附して、慎重な評価をしていた。けれども、一連の記事の中で、その背後にいる記者の個性を感じさせるのは、時おり噴出して来るような、さまざまな出来事に対する記者の価値判断と、時には慷慨である。象徴的な一例を見よう。咸豊一〇年五月一二日付四一七号は、同月一〇日付の香港英字紙の記事を引いている。この記事は、前月四月一七日、両江総督何桂清が英公使ブルースに会って講和を交渉するとともに、蘇州を太平天国の占領から奪回するために英軍の力をかりようと「哀求」したことを指している。このすぐ後に次のような激語が続くのである。

「由此可知、何桂清無才之甚。既不能遺芳百世、亦不該将中国之大体取辱於外国。夫長毛之愚、乃中国内患、与英法毫不関渉。……英法豈有徳何桂清之辞、派兵攻蘇州、代大清皇帝恢復之理。乃何桂清念不及此、猶自揺尾乞情、何其不明若是也」

ここにうかがわれるのは、第一に、新しいナショナリズムである。記者は例えば、友人からの手紙を引いてビラフランカ条約についてのべ、戦いを交えたフランス、オーストリア両国皇帝について「二帝入一密房、商議両国和好。章程妥議之後、二帝分別如兄弟。由此可見、泰西諸国戦門〔闘?〕之規条、並無有陰謀詭計之事」(咸豊九年八月一九日、二九〇号)とのべている。また英本国の新聞を引いて、英本国に英国の華北侵略を批判する声が上っていること、英国は清国皇帝を敵とするのでなく、大沽事件における「地方官無礼之罪」を責めるにすぎぬこと、をコメントをつけることもなく紹介している。こうしたところから考えて記者は、西洋諸国の国際関係やその中国に対する態度について、西洋の理念に従った見方を受けいれているようであり、彼の「不該将中国之大体取辱於外国」という憤りは、伝統的な攘夷思想からすでに切れているといえよう。記者は、他方、たとえば中国人を殺害したフランス船員の犯人をかばうフランス領事を糾弾しているが、それは「法律」の名においてなされていた(八月二七日、四六一号)。

第二に、このような新しいナショナリズムの主張が、無能無識のゆえに国辱をまねく、清朝の官僚あるいは清朝統治体制、に対する批判と結びついていることも明らかであろう。八月二〇日付、四五八号は、シリアにおける回教徒のキリスト教徒大迫害のニュースを紹介した上、これに対して、トルコ王は「不肯力弁、皆謂此乃郷民相鬥小事」だとしていること、しかるにフランス皇帝は「震怒し」て回教徒問罪の兵を出さんと欲していることを述べている。記者はこのような中東をめぐる国際政治の記事の間に、華南の土着の住民が「客家」のために大迫害を受けたおり[16]、前の両江総督黄忠〔宗〕漢は「土〔上?〕表亦以此為小事。但不思此等小事、已殺戮数万人民、村庄被焚者不計其数矣」だったというコメントをすべりこませるのである。彼の脳裡では、人民の被害に対して鈍感で無責任なトルコ皇帝のイメージは、ただちに清朝地方高官のそれを呼び出しそれとダブッたのではなかろうか。九月一二日付四六七号は、上海の新聞報道として、山西省太原で、官憲の軍費とり立てが苛酷なため住民の反抗が始まっていることをのべて、「此皆因清朝不信守和約、与英法互動干戈、勢不得不迫籌軍餉所致也」ということばを引いているが、こうした清朝の統治の根本に対する批判は、すでに見たような個々の清朝官僚に対する批判と結びつくものだったのではなかろうか。

第三に、記者は清朝官僚の無能と無責任に批判的だったが、そのことは、反乱した太平天国軍に対する好意とは無縁だったようである。「長毛之愚」という表現はそれを示しているといえよう。同じ九月一二日付の記事は、山西の民乱について記した後、次のような激しい危機感の吐露で結ばれている。

「余因之有感矣。夫江南已被長毛割拠者多年、広東則為英法挟制者数載、江北有捻匪之憂、四川有石撻開之擾、又況目下英法逼近皇都、加以山西太原民変。正所謂災害並至、雖有善者亦無如何之矣。乃国家方凛累卵之危、而庶民猶極耳目之楽、各処開場演戯、時事漠不関心。人心向背従可知矣。有心世道者、当如何扼腕哉」

このような記者のコメントから、この新聞は、事実の報道を基調としていたが、編集の背景には、はっきりとした政治的立場が脈打っていたことがうかがわれよう。それはおそらく、中国沿海の西洋植民地や条約港における外圧や新しい文化の影響をくぐる中で西洋の政治や文化に眼を開かれ、それに刺戟されて中国の旧体制を批判しつつ、西洋の脅威に対して国を守ろうとする、新しいタイプの知識人のそれであった(17)。この新聞を回覧し筆写した日本の「有志者」たちは、このような中国知識人の目を通して中国の生々しい現実を見ることになったのである。

二　西力東漸のあとをたどる

1　条約港上海にて

この時期に、西廻りでアメリカ東部に渡るグループまで含めて、西洋を目ざす人々の多くが最初に寄港したのは上海だった。アヘン戦争での敗北と南京条約によって一八四三(道光二三)年に開港して後、すでに英・仏・米租界が各国人居住の特別地域として設定され、一八六三(同治二)年には、英米両租界が合併して共同租界を形成した。上海は中国とヨーロッパ本国とを結ぶ商業航路の終点として、英仏両国の本国から東アジアに延びる植民地と条約港の連鎖の末端となり、六〇年代には既に広東を抜いて中国における最大の貿易量を記録していた。租界には各国の商社が立ちならびその間に領事館やホテルや教会等が見られた。この租界の南には県城を中心にして古くからの中国人の上海がひろがっていた。道台や知県の官署がおかれた県城に代表される古くからの中国と、租界に象徴される中国に食い入った新来の西洋勢力と、中国側の表現に従えば「城裡」と「夷界」とに代表される二つの世界がきびしく対峙しつつあい交わっていた。しかも太平天国軍が揚子江デルタを制圧するにいたって、一八六二年には、人口二、三万だった県城に五〇万以上にのぼる難民が流れこみ、この膨大な難民が「城裡」から溢れ出して租界に流入するにいたった。租界の官憲はこれら中国人に対して権力を行使するようになり、さらに、太平天国軍に対抗するため県城内や城外にまで各国軍隊を駐屯させるなど、中国に食い込んだ西洋勢力が中国をその中に取り込む状況が現われていた。また中国の内部では、一八六〇年代、いわゆる同治中興の時期を通じて、上海は洋務派の形成の最も有力な基盤となり、曾国藩や李鴻章らの下の道・県レベルの官人の間に新しい動きが始まっていた。幕府や諸藩の士人は、日本を出て始めてこのような上海に寄港し、船待ちをしてヨーロッパ行きの便船に乗り、帰路にも同様に、暫くの上海滞在をすることになった。

彼らがそこで何を、どのような角度から見聞したか。総括的な上海見聞記の一例として、このような旅行者の中で上海滞在を最も多く重ねることになった幕臣杉浦愛蔵の手記の一節を引こう。

「(二月)六日暁、揚子江口に達す、江広くして涯限なく、蒼波渺茫たり、三時呉淞江に抵り(陳化成戦死之故跡)五時上海に抵り下碇す、七日上陸して英の客舎に止宿す、此間……上海遊歩の事有、客舎江に臨み風致尤佳、一目千里にて帆檣の煙に連り、旗旆の風に靡けるを見て通商の盛なるを知り、西人南客一食して歓語相接するを聞く、通信の実なるを覚ゆ、此江水深くして、巨艦を岸際まで容るるに足れり、碇船の船凡五百艘はかりもありと聞り

上海の瀕江の地、皆外国人居留し、青欄白壁相列り、頗る稠密たり、内地の人家も接続して商業盛なりと見ゆ、城中周囲瓦牆にて九門四衢に通し、街路棋局のごとく分れ、内地の人烟欝々として雑踏甚しといへとも、矮屋低檐櫛比狭隘、飲肆肉店臭気鼻を穿ち、不潔尤甚し、闉門は仏の兵にて守り、税館有、英の士官を雇て管す、壬寅の後名は所轄に属すといえとも、其実は英仏版籍に入しも同然なり、尤商法は外国人に托せしより遺漏尽く補ひ客歳税額凡四百万弗にいたれりといへり」[18](池田長発使節団に定役として随行した記録「奉使日記」『杉浦譲全集』一)

なお、同じ筆者がこの上海滞在中、父に宛てた手紙の一節。

「正月六日漸く呉淞江ニ入り上海にいたり、翌《(ママ)》人々一同上陸いたし申候、……此地道光壬寅阿片之乱より陳化成討死し、其後漸く開け此節ニ而は外国人居留之鉅館建連り、船艦凡五百艘計も入津いたし居、繁華之地ニ相見へ候、旅宿ハ英人之旅店ニ而頗る大廈相応奇麗ニ有之、食物等牛豚、雑魚其他色々之美味あるも宜敷、翌八日処々遊歩いたし候、支那市店江も参り候処、西洋人之住宅ニ比すれば仙凡の相違あり、乍然看板其外も至而文雅ニ相見へ、日本人を珍らしかり数百人口々にシャーハンニース即日本人といふ事なり唱へ付歩行、筆屋、本屋等も皆

筆談ニ而相分り申候、群聚いたり候ニ付鞭を揮て払い候へハ、稍退き又々来り始と蠅之如く当惑仕候、支那ハ懶惰愚陋にして英仏人に賤仕僇辱さるる事甚し、英仏之東洋に志を専にする事恐るへし」(『杉浦讓全集』一)

揚子江を遡って黄浦江に入り、上海に滞在する間、人々の眼前には中国の明暗さまざまな側面が姿を現す。彼らの多くが先ず目をこらし、感慨にふけったのは、アヘン戦争に奮戦して斃れた勇将江南提督陳化成の故地、呉淞砲台の廃墟である。会津の儒者佐原盛純(19)は、フランス行の往復いずれの記録にも陳化成をしのんで「覚エス慨然涙セリ」(「航海日録」元治元年一月六日の項、会津若松市立図書館蔵自筆稿本)、また「陳化成戦没ノ処今其墳墓アリト云フ恨ムラクハ弔スル事ヲ得サルナリ」(同前、七月一三日の項)と記している。アヘン戦争において、「聖人の道」が行われているはずの中国が「洋夷」に敗北を喫したことは、同時代の日本に大きな衝撃を与え、さまざまな書物が著された。暗君と悪政のゆえに蛮夷に敗れ国運傾くという中国像が、日本の識者の間にひろまり、逆にその暗黒を背景に林則徐や陳化成の誠忠勇武が一層光を放ち、讃仰されたのである。従って陳化成の忠勇の追憶は清朝官人の頽廃への批判と結びついた。

「さしも広大に築きたる砲台の荒廃して、夕陽啼鳥いと物淋しく、当年巨砲轟天燄煙蔽空、清英両国道光壬寅の戦に陳化成の忠勇なるも、栄尽き計窮り竟に討死せしを追懐すれハ、廟廊の官吏御旗の道を謬り、懐柔の義を忘れ傲慢自ら尊とし、踈暴失挙数年の兵禍を招き、添毒生空に蒙らしめ堂々故国僇辱を水国に受く」(杉浦「奉使日記」一月六日の項)

さて訪欧の日本人旅行者を乗せた船は、大抵英国租界の「バンド」の前に錨を下し、一行は、租界内の欧米人経営のホテルに投宿する。彼らは、欧米の商社の社員か領事館員をエスコートのようにして租界内を見物し、幕府の使節・留学生団の場合には各国領事と表敬訪問の交換をすることもあった。

しかし上海を訪れた日本人で、西洋世界への知的関心に富む人々が、上海の西洋人世界のうちでとりわけ強い興味を示したのは、租界の内外にわたる、西洋人宣教師の経営する出版や教育の施設だった。幕府のパリ万国博派遣使節の随員渋沢栄一の日記は、彼らの目に、在中宣教師の活動がどのように映ったかを示して興味深い。

「此の地仏国の教師支那の風体となり講堂を開き教誘する者あり亦欧人の支那学を研究する為め設し書院もありて都て欧人の東洋学を修行する者皆教法の人にて其国の教法の由来する所を推し究め考証の資とし且其教を弘めんとせるより其宗旨の積金より修行の入費を出せるよし」(「航西日記」日本史籍協会叢書『渋沢栄一滞仏日記』)

渋沢はおそらくそのちがいを知らなかっただろうが、この文の最初のセンテンスはカトリックの、その後はプロテスタントの伝道の特徴をよくとらえているようである。中国への伝道においてはカトリックが先んじており、南京条約締結後いち早く布教を再開していた。渋沢らが訪れた「仏国の教師」の「講堂」は、おそらく上海西郊徐家匯に再建された十七世紀末の天主堂「老堂」と関連の施設だろう。ここは江南におけるイエズス会の根拠地であり、やがて日中関係の舞台にも登場する洋務派のすぐれた知識人馬相伯・馬建忠兄弟もこの地に設けられた徐匯公学に学んだ。そしてカトリックの宣教師は、早くから中国服をまとい中国語を話して、中国人の間へ、中国の内陸へ積極的に入りこんでいった。これに対してメドハースト(W. H. Medhurst 麦都思)、ミュアヘッド(W. Muirhead 慕維廉)、ワィリー(A. Wylie 偉烈亜力)(以上いずれもロンドン宣教会―London Missionary Society)、ブリジマン(E. C. Bridgeman 裨治文―アメリカン・ボード)らを送ったプロテスタントは一歩出遅れて、この時期には、彼らの伝道活動の主力は伝道の基礎づくりとしての文書の出版におかれていた。それは、聖書のみならず西洋世界とその文明全般を、中国語で中国人の思考に即して紹介し、他方中国の社会と文化を英語で母国に知らせるという両面の作業であり、ここに'missionary sinologues'ともいうべき学者とそのおびただしい著作が生れる。[20] とりわけ、ミュアヘッドの『地理全志』『大英国志』、ブリジマンの『聯邦志略』、さらに英米宣教師の中文雑誌『六合叢談』と『中外新報』、上海在住英米人の新聞 *North China Herald* の中文版というべき『上海新報』等々、いずれも日本国内で広く流布し、右記の中、『地理全志』から『中外新報』までは、官版を含めてさまざまな日本版が刊行されるにいたった。これらの中国風に表記された著者たちの名前と書名は、日本の識者の脳裡で、上海という土地や、墨海書館(London Missionary Society Press)・美華書館(American Presbyterian Press)等の出版組織の名と結びついていた。こうしてたとえば、幕府の英国留学生団取締役として渡英した聖堂御儒者中村敬輔は、その遥か前にメドハーストの詩経英訳を読んでいたし、上海を訪れたとくに英学系の知識人は、何をおいても彼の *English and Chinese Dictionary*, 2 vols, Shanghai, 1847 を求めようとした。元治元年の池田遣仏使節団も、最初の寄港地上海のあわただしい滞在の間に、『漢英対訳辞書』(メドハーストのそれだろう)一冊、『漢英対訳四書』(香港の項で見るレッグのそれか)一冊、『数理精蘊』[21]七二冊を、「陸軍所」のために買い入れて送り出している。[22]そして英語を知らぬ人々の中には、『地理全志』のような書物を西洋行の船中にも携えて読み、西洋に着く日に備える者もいたのである。

日本人旅行者はさらに県城を訪れる。彼らにとって先ず、租界内の洋風建築、ガス灯による照明、道路や下水を始めとする公衆衛生の整備と、県城内の商店・住居・街路や人間の不潔不衛生と、そして租界の秩序と県城内の無秩序との対照は大きな衝撃だった。[23]

彼らの多くに共通する「城裡」訪問の動機は、古書や筆墨など、日本で古くから珍重されて来た中国の伝統文化の産物を購うことだった。幸い筆談のおかげで用を足し、上海事情などを尋ねることも出来た。しかし、「彼下賤の民と雖も稀に最も能書あり。文化の国驚入候」(川路太郎「英航日録」慶応二年一一月一日の項、川路柳虹『黒船記』)といった高い評価はまれで、むしろ「尋常の品のみにて奇品なし」(渋沢「航西日記」)という期待はずれの声がふつうである。

使節や留学生団が幕府のそれである場合には、ヨーロッパの行先国の領事に公式訪問をするほかに、上海道台との間に表敬訪問が問題になることがあった。歩兵頭並川路太郎と聖堂御儒者中村敬輔を取締役とする幕府最初の留学生団は、これに積極的だった。両取締役の道台訪問の様子を川路の日記にはこのように記している。

「往く往く彼の上海城門に到り、第一門を入る。これは江戸なれば浅草見附位の処と思へり。門の形弧の如くにして内には隘路あり。両傍貧市あり。凡そ先づ東海道水口城下町位のものなり。その狭く汚きこと嘆息すべし。城門を過ぐる両三四にして……中門を入る。これにて下輿す。此処は支那の官舎なり、一人出迎へたる支那の吏あり。是れ上海の道台なり。道台は鎮台と均しきものにて、其位三品、蘇洲松江の二省を支配するものなり。道台に伴はれて前殿に到る。……吾ら四名道台と爰に話せり。此行は一体中村敬輔支那学者なりとて教師、道台と遇はしめんとして今日出行したるなり。且つ敬輔、安井仲平の著述『管子纂詁』を漢土に広めんと持来りたり。暫有って右『管子纂詁』を出して道台に贈る。道台深く感謝の体にて歓語筆談せり。僕特別に贈物なきも不偏なる故偶々持来れる浅野中書氏〔長祚〕の書画数枚を道台に贈りたり。彼多謝して曰く、他日拙作一篇を以て謝せんと云ふ。道台姓名は応宝時、人物至って温和なり。暫くあって又奥殿に伴ひゆく。酒食を饗応せり。終って新出の詩文集五巻を贈りくれたり。今日同行したる英の書記官は甚だ清音を能くし且つ漢詩文をも成せり。本日筆談のほか教師などの通弁は右書記官之を成せり。承れば北京に五年在留して学びたるよし」〔川路「英航日録」〕

文中の「教師」は一行に付添った英国海軍のL・W・ロイドであり、彼の報告によれば、一行が応宝時に贈った安井息軒の『管子纂詁』は安井を含む聖堂教授方一同から托されたものだった。(24) 日本の儒者の、伝統的学芸の先達としての中国の官人に対する敬意が、彼の好意によって応えられ、和やかな交歓が生れる様子がうかがわれよう。あわせて注目されるのは、英国領事館の「書記官」が中国語に通じ中国の詩文もよくすることへの、教養豊かな幕府高官の家に育ち漢学の素養にも富む筆者の驚きである。やがて見るように、この驚きは他の漢学派知識人にも共通するものであり、旅を重ねるにつれて一層強まってゆき、ついには中国や日本における学問や文化のあり方への反省をも促がすのである。

この訪問の二月後、徳川昭武以下のパリ万国博派遣使節団が上海に到着する。到着早々に米仏両国の領事や提督たちの表敬訪問があり、その後上海道台の下僚が道台の代理として表敬に訪れた。これについて使節団の調役杉浦愛蔵は、ことの経緯とそれについての彼の所見を次のように記している。

「上海道台支配局張秀真、陳福勲来り、道台名札並銘々名札を出して御起居を伺ふ、両人とも身分卑しかれは、上官は謁せるを敢えて乞ハされとも、〔向山〕隼人正、〔山高〕石見守面会して来意を謝す、道台は疾あるにより親しく趨問せることあたはす、何なりとも相応の用事あらは周旋せんといえり〔通詞は仏のコンシュル所士官を雇えり〕

此事よりも答礼等ゆくへきところ、出帆前事故答礼は其暇なく、此方名札を遣り、答辞も申述へり〔細書〕支那自尊因陋の風習は従来より久しく已に他邦の官吏本地に着せるとも、尋問いたさゝるとの命令、北京政府より下せしよし、されと美仏其の他の国々のもの差出し、其礼典を存せるよし、此度も美国コンシュルより日本の貴族到着せるよしを告けしにより、道台は疾に托して来らす、張、陳二人をして来らしめしと思はる、自ら礼義の国と称しながら、却て外国人に教督せられ、無余儀礼典に従事せるは可笑至なり」〔杉浦「航海日記」慶応三年正月一六日の項〕

ここに言う「上海道台」は、二月前川路・中村らと交歓した応宝時と考えてまちがいなかろう。この記述の中から浮び上って来るのは、道台についての、「自尊因陋」ゆえに外国使臣に対して意図的に欠礼して来ながら、西洋の外交官に外交儀礼を教えられて小策を弄し、属吏を使って体裁をとりつくろっているのだという認識と軽蔑である。またそのような認識と評価がアメリカかフランスの出先外交官の説明を通して形づくられているらしいこともうかがわれよう。中村敬輔や川路太郎らと杉浦愛蔵や渋沢栄一らと、清朝の同じ地方官に対するこのような態度と評価の差異はどうして生じたのだろうか。またこの道台の行政官としての政治的判断や行動の能力——特に日本の対中国態度についての——の実態はどうだったのだろうか。本章のむすびで、それを解く一つの手がかりが与えられるだろう。

洋行グループは、いうまでもなくもともと欧米を目ざしており、上海滞在も日数が限られていたが、その中には上海の中国人との間にショッピングや見物あるいは公式訪問以上の深い交流をもつことが出来た者もいた。元治元年の遣仏使節団に池田正使の従者となって参加した、既にその日記を引いた会津の儒者佐原盛純と、調役田中廉太郎の従者として志願した浜松藩の儒者名倉予何人《あなと》の二人である。佐原の日記によって二人の行動を見よう。

「午後ヨリ当地貴官ノモノヲ訪ハントス同行名倉氏ハ三年前此上海迄来リシ人ナレバ此人ノ知己ナリトテ案内セリ……溝辺ニ枕セシ巨宅アリ外門内ニテ喝セシニ小児一人出テ来レリ名倉氏筆シテ授ケシニ暫アリテ男子一人出迎ヘ揖シテ我輩ヲ導ケリ内門ハ石造リニテ美麗ナリ遂ニ我邦ニテ申セハ表書院トモ云フベキ処ニ通レリ……我輩並当家ノ主人又ハ伯父類一両名来リテ腰ヲ掛ケリ筆話シテ一応ノ挨拶等畢リ蓋茶碗ニ茶ヲ汲ミ来ル喫シ尽セハ又来リテ服メリ両三回筆話シ殊ニ名倉氏ハ知己ナレバ尤モ談話モアレリ其内ニ温飩……ヲ茶碗ニ盛リ来リテ出セリ畢リテ例ノ熱湯ニテシホリシ手拭ヘ《ママ》ヲ持チ来ル即面を拭フニ……甚タ清涼ヲ覚ユ遂ニ我輩ヲ導キテ堂中ヲ周覧セシム処々ニ九尺四方或ハ二間余方モアル庭園ヲ造レリ……彼是セシ内日モ漸ク傾キ路程亦遠キ事ナレバ袂ヲ分テ辞セリ」[25](佐原「航海日録」元治元年七月一一日の項)

日本の二人の儒者が訪れた、上海県城小南門外理倉橋の「貴官」——名倉によれば世襲五品[26]——の邸は、彼らの同僚が口を揃えて罵る、悪臭が立ちこめ汚水が街路に流れ、不潔で狡猾な支那人が蠅のように追っても追ってもつきまとうという、県城内とはほとんど別の世界である。そして名倉らの訪問は、同行の日本人の中で彼らが中国の社会と人の中にどれだけ深く入りその内側を見ることが出来たかを象徴しているといえよう。佐原盛純はこの記入のすぐ後で、ここに登場する「貴官」の名を王仁伯と記しているが、それは、名倉予何人がこの二年前、幕府の官船千歳丸の一行に、御徒目付鍋田三郎右衛門の従者として加わり、上海を訪れたおりに深い交わりを結んだ王互甫という紳士らしい中国人の父だった。名倉は二カ月の上海滞在中に知った王互甫と時事を論じてたちまち親しくなり、頻繁に王の家を訪ね、大抵その弟や叔父も同席して、筆談で談論し、また王互甫によって上海の志ある紳士に紹介されたのだった。前回の名倉と王互甫兄弟およびその叔父との、また今回の名倉・佐原と王仁伯およびその「伯父類一両名」との交わりは、時局への慷慨と儒教文化の共有という意識によって固くされていたように思われる。

さらに、西洋への旅を急ぐ日本人武士の中には、伝統文化や旧体制末期の混乱や頽廃とはちがう、中国社会内部の新しい動きの一端にふれた者もいた。川路太郎が、市内見物の路上で数人の中国人に取り囲まれ、「今日上海城中有礼拝請日本人着見」（川路「英航日録」）と書いた紙片を示されて、行くことは出来なかったけれども「甚日本人を慕ふ情可憐なり」と記しているのは、おそらく中国人キリスト者から「天主堂」での礼拝に招かれたのだろう。また一八六六（慶応二）年、薩摩藩の第二次アメリカ留学生として英国経由でアメリカ東部に向う途中上海に立ち寄った、五人のグループのリーダー格の仁礼景範は、その「航米日記」に、「唐製作所江行、機械感心、亜米理幹人唐人ヨリ被頼又ソコニテ酒杯出シ、甚ウレシク《(ママ)》様子相見得、我々共子共ノ様相考見請残念也」（慶応二年四月二日の項、『鹿児島県立大学地域研究所研究年報』一三）としている。その場所やアメリカ人との関係から推して、この「唐製作所」は、前年同治四年、両江総督曾国藩の支持のもとに、江蘇巡撫李鴻章が上海道台応宝時の協力をえて、アメリカ人経営の工場を買収し、アメリカから機械を買入れ、アメリカ人の監督の下で始められた、江南機器製造総局だと思われる。そうだとすれば、アメリカを目ざす薩摩藩士の一行は、おそらく彼らに同行した長崎在住のアメリカ商人の斡旋によって、上海に胎動した洋務の最先端に接していたのである。

このように西洋行に加わった関心や中国についての既得の観念のちがい、また西洋行グループ内での立場のちがいや上海滞在の長短によって、上海の中国人とその社会に、どのような角度からどれだけ深く入ることが出来たかには、個人差が大きい。しかし総じて、限られた期間に様々な衝撃的な経験を重ねた後に得られた、総括的な判断は、次のような記述によって代表されていた。

「欧人の土人を使役する牛馬を駆逐するに異ならす督呵するに梶を以てす我曹市中を遊歩するに土人蟻集して往来を塞ぐ各雑言して喧しきを英仏の取締の兵来りて追払へば潮の如く去り少く休めば忽ち集る其陋体厭ふべし東洋名高き古国にて幅員の広き人民の多き土地の肥饒産物の殷富なる欧亜諸洲も固より及ばざる所といへり然るに喬木の謂のみにて世界開化の期に後れ独其国のみを第一とし尊大自恣の風習あり道光爾来の瑕釁を啓き更に開国の規模も立てず唯兵威の敵し難きと異類の測られざるとを恐るるのみにて尚旧政に因循し日に貧弱に陥るやと思はる豈惜まざらむや」(渋沢「航西日記」)

「尊大自恣」やそれに類する表現は、多くの日本人旅行者によって、清朝の統治の中央から地方末端にいたるまで深く滲透した中華意識の現われとしてとらえられている。他方「世界開化の期に後れ」るか追付くか、という切実な問いは、華夷観念をこえる新らしい世界像と歴史意識の萌芽を示していた。

2　英国直轄植民地香港にて

西洋を目ざす日本人の多くにとって、香港は上海の次の寄港地だった。彼らはここで暫く碇泊したり、船を乗り換えたりする。他の者にとっては香港は横浜や長崎を出て初めての中国である。「香港に着きて目を驚かせしは支那人を見たりしなり」(「海軍中将松村淳蔵洋行談」『薩藩海軍史』中)。すでに日本国内で西洋人と交わって来、関心が西洋世界に集中している者にとっては、初めて中国人に接したことが驚きだったのだろう。一八四二(道光二二)年、南京条約によって英国に割譲されて直轄植民地となり、大英帝国の政治的軍事的基地、東アジアの前哨となった香港は、自由港としても急速に発展しつつあった。香港を訪れる日本人旅行者の記録には、このような香港の姿がかなり的確にとらえられているが、すでに上海を見聞して来た者は、しばしば上海との対比で香港を測る。香港における西洋勢力は、貿易では上海に劣り、軍事では上海に勝るというのが一般的な印象だったようである(杉浦「奉使日記」)。また、日本の港を出て香港に直行した者の中でも、万延元年の遣米使節に加わって香港を訪れたことがある者は、現在の香港をかつての香港と比較したし、それ以外でも、往復ともに香港に寄港した者は、その間の香港の変化に目をみはった。彼らは急速な変化の中に世界の歴史の動向を感じとるのである。例えば、幕臣益頭駿次郎は、万延元年の遣米使節団随員として、帰途に香港を訪れているが、二年後には遣欧の竹内使節団随員として再び香港に立ち寄り、このようにのべている。

「香港昌盛は一昨申年亜米利加国へ航し帰艦により亜弗利加洲喜望峯を越し呱哇島にかかり支那香港え入港す上陸なせしに海辺人家櫛比稠密せしと覚しに、此航海に猶香港え上陸す街中の様子又観覧せしに山手の方麓は悉く切崩し石を以って垣を築作し新家夥敷西洋法に倣ひ年増に値増し繁昌盛大地となり唯此の港に入之船舶租税之なきか故也」(「欧行記」『遣外使節日記纂輯』三)

同じ人物が帰国の途中香港に寄港してその間の変化に驚く。

「香港は当正月六日に入津せしより凡一カ年過ぎ再同港に入港しけるに追々人家相殖へ日々繁盛相増候様子にて新規築作の家夥敷相見へ其内にも未た山を切崩し新道を付け新地を開き候由皆他国より移住成す人民と相見へ候従て開港盛に相成港内には各国の商船或は軍艦とも夥しく碇船し帆檣林木の如くに連り出入の船は帆開き駛違帆陰は白雲かとあやしまる其盛なるは港内諸税を省き自由に商売をなし得る故のよし」(同前)

香港のこのような変化を、ある者は世界の歴史の動向を現わすものとして解釈していた。たとえば杉浦愛蔵は、香港滞在中に父にあてた手紙で「香港は英領ニ相成候より風気大ニ相開け、此節ニ而は人煙稠密、屋宇潔清ニ而支那之陋風相免れ、富康之景象感嘆仕候」(一八六四年一月一八日付、『杉浦譲全集』一)とのべ自分の覚書には……「香港ハ本地より距ること一里計にて最寄諸島環列して湾をなし、頗る良港たり、英領に属せしより、山を截て華屋を構へ海を引き石渠を通し、楼閣層々山の半腹まて連り、人工を極めて便利を計り、樹木蒼翠占涼に可なり、往時寂寥の一孤島たりしも現今如此にいたる、亦宇内形勢の推移而後相固之理を見るに足れり」(杉浦「奉使日記」)と記している。

香港は、英国の支配に入ることによって「支那の陋風」から解放され「風気大ニ相開ケ」たとし、そこに「宇内形勢之推移而後相固之理」を読みとっているのである。ここには、先に引いた上海についての総括的な記述に見られた「世界開化」という観念に通じる歴史感覚をうかがうことが出来よう。

香港の概況について、杉浦がヨーロッパ行二回の経験を「旅案内」風にまとめた文章から引いてみよう。

「上海より凡四日路にて抵る、海路八百里なり、……港口島嶼列りて景色宜し、人家はみな山の麓より山腹にありて多くは欧洲風なり、麓の家は支那人多し、旗棹の立し山あり、島中第一の高巓なり、碇泊の船商船、飛脚船とも多くありて、英仏とも此処にて船を替ることなり、上陸は支那船碇泊せるを待受乗り来るを雇ふへし、定価一シルリンク……なり、上陸場にいたり払ふへし、外人を見れは余分に貪る故心附へし、多勢にて彼是ねたることあれは河岸に居る取締の英卒に頼むへし、忽ち追い払ふなり、荷物ある時ハ船夫に持せ旅宿に運すへし、旅宿はホテルデ・欧羅巴、同仏蘭西抔宜し、歩行難儀なる時ハ肩輿なり、此価も旅宿に聞きて払ふ方よろし

見物場所

　旗棹山　眺望よろし

　花　園

　英華書院

又此地にて一週日毎に刊行する漢字の新聞紙あり、一カ年価四トルラルなり、尤送り越せる都度都度船賃ハ此方にて払ふことなり、所謂香港新聞なり

此地より広東江航する蒸気船あり、八時間にて到るよし西洋諸洲、亜米利加洲より何れもコンシュルを置、英国より駐派せる鎮台ハ余程の威権あるものなり

欧洲諸品上海よりは価安く、支那物は白檀彫箱、蒲紙画、絹団扇、傘、象牙細工、楠箱、藤牀抔多し、何れも西洋向なり、藤牀は此地より暑強くなる故必ず買入るへし、……飛脚船乗替荷物積入の為め一日一夜又は二日位碇泊するなり旅客此地にて熱帯を冠る帽子を買ふ、一トルラル位なり妓楼は支那人多く、欧洲人もあると聞けり」(「帰朝雑誌」『杉浦譲全集』二)

上陸のための小舟の船頭が、外国人とみて舟賃をふっかけ、大勢でねだるようなことがあったら、英国兵に頼めば追い払ってくれるという手引きは、文久遣欧使節の一員福沢諭吉の、よく知られた香港停泊中の事件を想起させる。

「先年記者が英船に乗て香港に碇泊中、支那の小商人が靴を売らんとて本船に来り、頻りに乗組の人に勧るゆゑ、記者も一足買はんものと思ふて直段を押合ひ、船中無聊の余り態《わざ》と手間取りて談判の折柄、傍に居合せたる英人が此様子を見て情を知らず、又例の支那人の狡猾とでも思ひしことにや、手早く其靴を奪取て記者に渡し、二弗ばかりの金を出させて之を支那人に投与し、物をも言はず杖を以て之を船より逐出しければ、支那人は価の当否を論ずることも叶はず、一言もなくして恐縮するのみなりき。記者は固より他国人のことなれば、当時この始末を傍観して、深く支那人を憐むに非ず、亦英人を悪むにも非ず、唯慨然として英国人民の圧制を羨むの外なし」(「圧政も亦愉快なる哉」『時事新報』一八八二年三月二八日、『福沢諭吉全集』第八巻)

福沢の同僚たちも、ここに記されたと同様の出来事を日記や記録に記していた。

香港でも、上海の場合と同じように、同行した英国その他の国の外交官・軍人・商人などに案内されて英国経営の軍事施設・工場や商店・公園などを訪れ、幕府の使節団・留学生団の場合には、場合により英国総督や諸国領事への表敬訪問を行うのが一般的だった。各国の領事と駐屯の軍隊が、それぞれの租界の内部で、中国人に対する支配権を未だ不十分にしか行使しえていなかった上海に比して、直轄植民地に組み入れられてすでに二〇年余の香港では、英国統治のもとで英国だけでなく、他の西洋諸国の中国人に対する支配も確立しており、苛酷だった。使節のフランス領事訪問に随行した従者の一人は、使節と領事との会見の模様を陪席した同僚から聞いて、次のように感想を記している。

「今日御三使ニ唐通事太田某(源一郎)陪セシカ西洋ノ官人ハ総テ支那人ヲ奴隷ニ使フナルカ同人此奴隷(支那人)等ト応対スル互ニ尽ク英語ヲ用ユルニヨリ御使節ヨリ支那通事ノ支那人ト応対スルニ何為ソ支那語ヲ以テセサルヤト言ハレシニ答テ曰支那ハ大国ノ事ユヱ各所ノ語音都テ二十七種有之我輩ノ学フ処ノ語音ハ此所ニテハ通シ難ク依テ英語ヲ用ユル也トソ同シ支那国中ノ人民ニテモ懸隔セシ所ニテハ語音通セサル事ノ由其巨邦タル以テ知ルヘシ」(文久遣欧使節団副使松平康直の従者市川渡の日記「尾蠅欧行漫録」『遣外使節日記纂輯』三)

彼にとっても、在中国の西洋の領事館で中国人が「奴隷」として使用されていること、また中国が「大国」であって、数多くの方言が行われ、同じ国の内部のコミュニケーションも難かしいことは驚きだったようである。

先の香港案内とでもいうべき文章にのべられているように、香港政庁やビクトリア・ピーク、公園、商店は日本人旅行者にとって見どころだったし、駐屯の英国陸海軍の要塞・装備や訓練も一同を圧倒した。彼らはその中に、英軍の北京進攻のおり奪った中国の兵器がならべられているのを見逃さなかった。「炮台岸ニ傍ツテ之ヲ築キ石ヲ以テス。……大炮ヲ備フ中ニ小銅砲二挺アリ。北京ノ戦ヒニ支那ノ営ヲ破リ之ヲ獲ルト云」(文久遣欧使節団の医師川崎道民の日記「西航日誌」、佐賀県立図書館鍋島文庫蔵自筆稿本)。しかし、香港の西洋諸施設の中でも、知的な人々が早くからその存在を知っており、香港到着とともに先ずたずねようとしたのは、上海の場合と同じく、中文で世界事情西洋事情の新知識を伝える書物や新聞・雑誌を刊行する書院だった。内戦で荒廃したとはいえ古くから県城が設けられ、地方文化の一中心だった上海とは異なり、香港は英国領土とされるまで海浜の寒村でしかなく、土着の文化は貧しかった。「支那巷ニ抵ル左右皆清商ノ居店ニテ毎家聯額ヲ以テ其産ヲ表ス……其筆勢墨痕愛スベク」(文久遣欧使節団随行医師高島祐啓の日記「欧西行記」一八六二年正月七日の項、国立国会図書館蔵自筆稿本)といった讃辞は少なく、むしろ「此家(ホテル」に会計をなす支那人少しく文学のあるものあり予是と筆談して大に便なりされとも俗語のみなり書籍を買んとて此ものに談したれと広東に到らされハ格別の物はなし此地には俗語もの計の由也」（文久遣欧使節団随員渕辺徳蔵「欧行日記」一八六二年正月一五日の項、『遺外使節日記纂輯』三）とか、「当所も僻遠の故歟文人輩更に無之」（一八六二年二月一一日付市川渡の大槻磐渓宛書簡、日本史籍協会叢書『夷匪入港録』一）といった不満や失望のことばの方がよく聞かれる。彼らの関心はそれだけ、在留西洋人の著述出版に集ったのである。そして香港での西洋人の学術活動はほとんど一つの書院によって進められていた。先に見た香港案内にも挙げられる「英華書院（The Anglo-Chinese College）」がそれである。日本でもかねて知られた学院だったから、香港に立寄る使節や留学生の間には、あたかも英華書院詣でといった現象が生れた。

文久二年の竹内使節団からいくらかの例を見よう。

医師高島祐啓の日記から。

「英華書院ニ至ル館主ノ名ヲレリン（レッグの誤記か）ト云各国ノ文学ヲ習熟セシム本邦開成局ノ如シ日本和書並ニ漢籍数万巻ヲ蔵ス聖経四書ノ類皆英文ヲ以テ註脚ス其他天主教ノ諸書並ニ香港新聞識《ママ》中外新報遐邇貫珍ノ類皆本館ノ梓行ニ係ル館主道光十九年（一八三九年）ヨリ此ニ住スル二十年ト云フ同人ト筆語長毛ガ顚末ヲ記聞シ黄昏館舎ニ帰ル」（高島「欧西行記」）

刊行物を通じてその存在を知り、願っていた英華書院詣でが実現した時、人々は校長としてこの書院をつかさどって来た英国の碩学の存在を知るにいたる。James Legge 中国名理雅各。一八三九（道光一九）年にロンドン宣教会の宣教師として英国を発ち、翌年マラッカに着いて英華書院の校長に就任、四三年に学院とともに香港に移って精力的に翻訳・著述・出版に従事して来た。日本には彼が編集・執筆した月刊誌『遐邇貫珍』と、英中対訳で西洋文明とキリスト教を紹介する啓蒙的小百科『智環啓蒙』が流入して広く流布した。後者には官版を含めて何種もの日本版が出まわり、前者も写本で広く読まれた。日本人旅行者が英華書院を訪ねてレッグの存在を知る以前から、香港英華書院の名はこれらの書物や雑誌と結びついてかなり広く知られていた。レッグは、他方では中国の思想・文化を本国に知らせるために missionary sinologue としての研究と著作に力を注ぎ、文久の幕府遣欧使節団のメンバーが彼を訪れた頃には、すでに四書の英訳注解を *The Chinese Classics* の第一巻として世に送っていたのである。

高島のようにレッグから太平天国軍の政治・軍事的情報を聞き出すのに熱心な者がいた他方には、英華書院の人々に中国の文化を共有する教養人としての関心から近づく者がいた。副使の従者で能書家の市川渡はその例である。

「又英華書院ニ行院ハ幅八間長十三間許ナルカ当時土木中ナリ正堂ニ入テ英ノ学人理雅各及支那人韓福田ニ会フ此所多ク英華対訳ノ書籍アリテ却テ漢籍ハ少シ、余携ヘ持シ一帖ヲ出シ書ヲ乞ヒシニ再次固辞セシカ後ニ英人理雅各(此理雅各者英国之人也曾テ香港ニ来住シテ漢籍ヲ学フ近年著述智還啓蒙一巻アリ)天下為一家四海皆兄弟之十字ヲ書ス次ニ韓福田恵風和暢ノ四字ヲ書ス次ニ何広廷揚眉吐気四海雲遊ノ八字ヲ書セリ右何レモ筆力軟弱書法拙悪更ニ他日ノ観ニ供スルニ足ラスト雖時ニ展シテ羈情ヲ慰ス」(一八六二年二月一一日付大槻磐渓宛書簡)

市川がレッグと中国人スタッフに書を求めたのは、日本を発つに当って、仙台藩の碩儒大槻磐渓に頼まれて、書帖まで托されていたからだった(市川「尾蠅欧行漫録」)。続稿に見るように、磐渓は、市川とともに遣欧使節団に加わった福沢諭吉にも、自分の著作を托し、中国のしかるべき士人に贈るように、また彼らの書や著作をもらってくれるように依頼していた。

幕府のその次の遣外使節、一八六四(元治元)年の池田長発のグループでは、従者佐原盛純が、同じ従者仲間の名倉予何人や高橋留三郎と共に英華書院を訪れている。

「高橋名倉ト共ニ英華書院ヲ訪ヘリ……門ヲ入リシニ一書生房出テ来リ吾輩ヲ導ク遂ニ其房ニ至リ筆話ナトセシニ此書院創造以来二十年ナリト云且又金陵長髪賊等当六月十五日巨魁李秀成等俘(ママ)ニ就キ悉ク平シキ由ナリ此書院

別ニ生徒ト申スモノハナキ様子彼ノ書生ヲ王韜[27]ト云フ外ニ理君雅ト申モノ両人ニテ此書院ヲ預リ居ル様子ナリ……書籍ハ漢籍甚タ少シ蟹書並洋書訳文即今耶蘇教ヲ翻訳セシ旧約全書新約全書等盛ニ活板シ居リシ吾輩彼王韜ナルモノ、詩ヲ両三首乞フテ報スルニ扇子ヲ以テス遂ニ袂ヲ分テ去レリ」(佐原「航海日録」一八六四年七月五日の項)

日本人訪問者の関心は、書院を預かる人々に会って書院の活動を知り、中国の内戦の情勢をたずね、彼らの詩や書を求めることにあったのだろう。ここに始めて登場する王韜は、いうまでもなく植民地香港を背景にした洋務派知識人のもっともすぐれた一人である。貧しい読書人の家に生まれ、ロンドン宣教会のメドハーストに招かれて上海の墨海書館で長く編集・翻訳を助けたが、時務への関心が強く、太平天国軍と接触したことから内通を疑われ、一八六二(同治元)年香港に難を避けて、今度は英華書院でレッグを助けて、「前世紀に中国人と西洋人の間にきずかれた最高の関係の一つ[28]」と評されるチームワークをつくることになったのである。

最後に、一八六七(慶応三)年の幕府派遣英国留学生団の場合。

「教師〔一行に付添った英国海軍のロイド〕と共に生徒一同彼の有名なる香港の「英華書院」と称する学校に行きたり。学校の先生、歳六十位の老翁、英の大学者なり。漢文清書とも能くし専ら漢学を成し居ると見えたり。何年漢書を学び居るかと問ふに、廿五年来此地に来り漢学せしといふ。この老人の著述、四書並びに書経、五車韻府等の英文と対訳せるものあり。日本の書籍も本艸の書物等数巻を並べあり。それより書籍を摺定する局に行きて見るに、大器械ありて漢字の活字(鉛なり)を備へ、奇器妙械にて一日千枚を摺立てる由」(川路「英航日録」)

一八六二(文久二)年の遣欧使節団のメンバーが英華書院を訪れた時には、レッグの *The Chinese Classics* は、四書の刊行を終ったところだった。その後新たに王韜の協力を得て、書経の英訳・注解をこのシリーズの第三巻として刊行していたのである。そして川路らの場合は、レッグ＝王韜の中国古典研究との交渉は、香港で終らなかった。中村敬輔は、レッグらの論語や書経の英訳・注解をロンドンまで携えて精読したようである。

「香港の英華書院の教頭英人レッグ氏は頗る漢学に通じ四書並に書経の飜訳英文になせるものあり。既にその英文の論語を中村氏今度持越したる故一覧するに首巻には程伊川昭応朱子等の伝を述べ次に論語の序文よりして委さに論ぜり。註解は大凡朱註によりたり。然し処々に古註等を引き朱註を信ぜざる説見えたり。……又訳文の序は英人レッグ氏自ら論説を述べたり、曰く、書経は疑書なりと云ふ説もあれど如此く三代の事を述べたる書は外になし。然しその中信じ難きことは採らず。唯我其善を採る而已。凡そ天下の書徹頭徹尾疑ひなきといふものはなしと云ふ。洋人にかかる漢学者出たるは日本人など困りものなりと中村話しける」（同前）

ミッショナリ・シノローグの先駆レッグの儒教経典の理解は聖堂御儒者を驚かすに足りたのである。

こうしたさまざまな英華書院詣での総括ともいうべき次のような記録は、そこでの見聞が、彼らのこれまでの世界像をゆすぶるまでの衝撃だったことを示唆している。

「香港に英華書院と唱へ学校一宇在り英人と支那人と交接専ら飜訳し其書の緯は四書の内孟子論語等の書を悉く横文に直し聖賢の教を小童に示教し勉強学倣なすこと中華の人及はす唯蛮夷人中華の学を記挍をなすを賞世とし余書には六合礎《（ママ）》談博物新編地利《（ママ）》全志其余の書を挙て数かたし」（益頭「欧行記」）

「敦和街の上ニ英華書院あり。……中国経史子集の典籍より稗官野史の冊子に至る迄千万巻あり。……或る日松木〔弘安〕箕作〔秋坪〕氏と共に此書院に遊びし時に、学頭名は李《（ママ）》雅客の婦人英文に訳したる孟子七篇を出し示せり。訳文の可否は知らざれども其心を聖学に用は厚といふべし。学頭及び婦人共英国より来りて留学せるは既に今茲まで二十四年也古文今文土語共通ぜざるなしといふ。児女二人ありて漢文漢語を学びき。驚嘆すべき也」（上田友助「西槎日記」、尊経閣文庫蔵自筆稿本）

「英華書院其他各書院あり……英華文学上の書籍多く此の地にて刊行す英人華学を修業するもの皆勉強刻苦固より浅近にあらす其教法の由来する所を研究するため其学問の源委を考察し其治体風俗より歴代の沿革政典律令は

勿論日用文章まで精究し其書を訳し其説を著し大事業を遂るもの其人乏しからず文明の素ある人心の精神ある学術の上に従事すること乃国の強盛にして人智の英霊周密なる所以を徴するに足れり」（渋沢「航西日記」）

益頭駿次郎の記した前の文章には、いくらか思い込みがあるようで事実にも多少間違いがある。しかし、三つの文章を通じて、「中華の学」「華学」を学び広めることにおいて、「蛮夷の人」が「中華の人」をしのぎ両者その所を変えるという逆説的な事実が認識され、「中華」の国と「蛮夷の国」のそれぞれについてのこれまでの観念がゆすぶられるさまがうかがわれよう。けれども英国からの「中華の学」の碩学の姿がクローズ・アップされる反面、彼と「交接」して協力する中国人の影が薄くなっていることも否めないだろう。「中華」と「蛮夷」の文化的葛藤が日本におけるよりはるかに厳しかった中国において、西洋宣教師に協力し、その中で二つの文明の摩擦を深くくぐった人々の間から、王韜のように中国の旧体制の改革を唱える新しいタイプの知識人が生れつつあったのだが。

上海とは異なり、香港は中国人の社会としては新開地だったから、日本人訪問者と中国人との、見物やショッピングの域をこえる交渉は乏しい。その中で何といっても目立つのは広東の人羅森だろう。日本人旅行者の一部はかねて羅森に親しみを抱いており、また彼が当時香港に住んでいることも知っていたようである。他方羅森の側でも日本の使節団が香港に立ち寄るのを知ると、彼らの旅宿を訪ねて、熱心にあるいは強引に面会を求めた。文久の竹内遣欧使節団の随員市川渡は、香港に着くと、大槻磐渓に托された書帖をもって羅森に面会し、揮毫をしてもらっているし[29]（一八六二年二月一一日付大槻磐渓宛書簡）、同行の医師高島祐啓は、日記に「午後清人羅森ナル者来リ強テ見ヲ請フ彼レ懐中ヨリ一小冊子ヲ出シ余ニ示ス取テ之ヲ見ルニ東洋行記ト題ス先ニ殿下ニ呈セリ其訳同人ノ手ニ出ヅ皈（ママ）ルノ白行（ママ）ヲ記シテ清帝ニ献ズト云フ余幸ニ清土ノ風俗長毛ガ顛末ヲ問ヒ縷々筆語昏黒ニ去ル」（「欧西行記」一八六二年一月七日の項）と記し、日記の別冊には、薬用の広東人蔘について羅森にたずねた筆談の記録を残しており、帰途にも再会して筆談をしている[30]。羅森はその後慶応元年の遣仏使節柴田剛中が香港に立寄った際も姿を見せている。柴田の日記によれば「旅亭夕餐会席上へ、先年亜国ペルリに随ひ御国へ渡来せる羅存《ラシン》徳……入り来り、昔時ノ義抔申出、漢英対訳書一冊を贈り、私宅入来を乞へり。摸稜の挨拶いたし置」(「柴田剛中日載」『西洋見聞集』)と態よくあしらわれたわけだが、翌日には再び柴田に「著述書類七冊」を贈っている。羅森は広東の人、号何喬、広東に派遣されたアメリカン・ボードの宣教師ですぐれた中国学者のS・W・ウィリアムス(衛廉士)と交わりがあり、一八五四(嘉永七)年、ウィリアムスがペリー艦隊の通訳として日本に赴く時、頼まれて同行した。日本では、ウィリアムスを助けて日米折衝の外交文書作製に当っただけでなく、筆談によって多くの日本士人と交わり、ちょっとした羅森ブームをまき起した。帰国して後、日本への紀行と日本士人との筆談による交歓の記録を、五四(咸豊四)年、レッグの『遐邇貫珍』に連載したものが『日本紀行』あるいは先の文章に『東洋行紀』と記されている記録で、これも日本に伝わり写本で流布した(31)。彼は英文自伝によれば、「アヘン戦争当時義勇軍を率いて抗英に立ち上がったものの、清朝の無為無策を見て忠誠心を失い、寧ろ知識を生かして米船の通訳を志願した(32)」のであり、その後清朝外交官となって日本にも駐在したが、清朝を批判して野に下り、その薫陶を受けた子孫も外交官さらに国民同盟会の革命家として活躍するにいたった。彼もまた中国の条約港や香港で中国の伝統文化と欧米宣教師がもたらした西洋文化の摩擦のはざまで育った新しいタイプの知識人――「買弁型インテリ(33)」――の一人だったのではないかと思われる。このような新しいタイプの知識人羅森と、彼の招きを適当にあしらって追い返す幕府の循吏との交渉は、印象的である。

　羅森のようにすでに日本人との間に交渉があった者は格別としても、中国人から筆談を求められて深い話題にふみ込んでゆくことも、時にはあったようである。一八六六(慶応二)年、土佐藩士結城幸安とともに英国に渡った薩摩藩士中井弘の場合。

　「英岡〔コンスル〕ヲ訪ヒ大石柱ノ高閣ニ至ル。支那人数名アリ。筆談ヲ乞フ。余数事ヲ書シテ之ニ示ス。其輩大ニ喜ビ一ツノ客室ニ伴ヒ茶菓ヲ供ス。余曰ク。西洋人ノ亜細亜洲ニ移住スルハ印度、支那ヲ以テ始メトナス。其交易通商ノ盛大ナルモ支那、印度、米堅《ママ》ヲ又第一トス。今日聖賢ノ大道衰ヘ耶蘇教盛ナリ。此ヲ捨テ彼ヲ取ル、万民ノ為ニ是非得失ノ在ル処ヲ聞ント。支那人曰ク滔々タル天下皆是ナリ。豈独印度支那ノミナランヤ。傷時ノ事姑ク説クナカレト」（「航海新説」明治文化全集『外国文化篇』）

中国人のこのような返答から、中井がどのような中国認識をもつにいたったかは、すぐ後に見ることにしたい。

香港から遠くない広東は、阿片戦争の故地として日本の士人の脳裡に焼き付いていたし、日本で広く読まれた合信（ロンドン宣教会の宣教医 B. Hobson）の『全体新論』『博物新編』の刊行地としても記憶されていたからだろう、香港に寄港した日本人の中には、短い滞在期間の間に広東まで足をのばすことを考えた者もいたようである。例えば、中井弘は香港到着のその日に広東まで珠江を遡り、水上生活民の舟にとり囲まれて、広東の印象を「厭フベシ其船ノ不潔甚ダシ」（同前）と記している。

一八六〇年代においても、日本人にとっては、上海に比べれば交渉が乏しい香港だったが、そこでも中国を蚕食した英国統治とそれに服する中国人との対照は、日本人旅行者に強烈な印象を残した。香港についての、彼らの総括的な記述のいくつかを見て先に進むことにしたい。

香港は「英政ヲ聞ク今ニ二十余年然レドモ士人猶恢復ノ志アリ誠意心服スル者少ト云」（「欧西行記」）と、中国人の間にくすぶる英国支配に対する不満と抵抗の存在も見逃されてはいないが、「士人清人は英夷に附し清朝の政廷を不聞英政を聴くこと凡二十年と云、是に清官吏一両輩是港に留り併し其権英夷に奪れ木偶人の如しと云」（益頭「欧行記」）というのが動かし難い現実である。

このような「英夷」の跋扈をもたらした原因は何か。

それを中国自身の側の内因、とりわけ民情の頽廃と悪政に見出す発想が、しばしば見られる。

「民風都テ野鄙且狡猾也既ニ我邦人ヲ見テハ接近囲繞喧鬩喋々トシテ耳辺ニ囂シク些ノ礼敬ヲ知ル無シ中ニハ貪

婪無慚ノ者アリテ時ニ旅人ノ行李ヲ奪ヒ去ル事ナト儘之有由堂々タル大国ニシテ如今英夷ニ鞭韃駆使ヲウケ奴隷視セラル自ラ由ル所有也」(市川「尾蠅欧行漫録」)

「近来聖人之大道衰ヘ支那後世ノ徒聖賢ニ模擬スル者稍モスレハ固陋ノ見解ヲ持シ、古ノ英雄ヲ以自ラ比角《(ママ)》シ自己ノ伎倆万々及バサルヲ察セズ、妄ニ其志ヲ遂ゲント欲ス。彼ノ世人ノ論ヲ見ルニ彼ト我トノ長短ヲ議シ終ニ帰着スル処ナシ。雖然古今時勢ノ沿革啻天渕ノミナラズ。深ク怪ムベキニアラザルベシ」(中井「航海新説」)

そして高島祐啓は香港見聞の記事を、「思ひきや　聖の国の民草も　えみしの風になびくものとは」(高島「欧西行記」一八六二年一月一〇日の項)という歌でしめくくっている。中井弘の「近来聖人之大道衰ヘ云々」という一節が、先に見た彼の「聖賢ノ大道衰ヘ云々」と問いかけた、中国人との問答に関連することは明らかだろう。そして「後世ノ徒聖賢ニ模擬スル者」への批判は、上海の項で見た中華思想への批判と共通し、「古今時勢ノ沿革啻天渕ノミナラズ」には、これまでに見た「宇内形勢之推移」やさらには「世界の開化」と共通するものを見出すことが出来るだろう。

3　シンガポールその他の寄港地で

上海と香港という中国が西洋に対して開いた二大門戸を離れた後も、ヨーロッパを目ざす船旅の日本人たちは、ヨーロッパ本土まで、なお西力東漸のあとをたどり、英仏両国の植民地の諸港に立ち寄り、各所で中国人とその社会に接した。それは、サイゴン、シンガポールに始まり、ペナン、ボンベイを経てアレキサンドリアまでにわたっている。それぞれの港について一様に、「流寓」の中国人が貧しく、多くはホテルの給仕や小使から港の沖仲仕にいたるまでの肉体労働に酷使されていること、商人である場合も白人に比べれば店も住居もみすぼらしく汚ないことが記されている。

その中では、中国人社会が最も古く規模が大きく、碇泊の期間も比較的長く、上陸して中国人に接する機会も他所より多いのはシンガポールだった。

そしてシンガポールでは、一八六二(文久二)年の竹内遣欧使節団は、もと尾張回船の水夫だった音吉と名のる日本人の訪問を受けている。彼は使節団のシンガポール到着の少し前まで長く上海に住んでおり、使節団の人々は、彼から太平天国の反乱をめぐる中国の政情について、最新の情報を聞き出している。[34] 太平天国軍については、西洋行の人々は、すでに上海でも香港でも事情探索につとめており、音吉が語るところは、そこでえられた情報と大筋で一致している。ただ注目に値するのは、新帝同治帝の統治体制についての見方である。音吉の談話を記すものの中には、益頭駿次郎のように、新しい政権について「当時支那の同治帝……咸豊帝の子にして其年七歳頗る英仏人民の望みを得たるなれは定て英仏も官軍に左袒すへく別て当帝を羽翼せは恭親王……は性廉直にして外国人も深く感賞せし人なりし」(益頭「欧行記」)と積極的な評価を記すものもある。しかし、音吉の話を最も詳しく生き生きと伝える高島祐啓の手記は、それとはかなり異なっていた。

「清ハ先ニ咸豊帝崩ジ太子載淳即位同治ト改元ス然レドモ年終ニ八歳ニシテ自ラ国政ヲ執ルノ智ナク奸臣上ニ在忠臣下ニ埋ル因テ諸士賄賂ヲ以テ高官ニ登リ忠義ヲ忘レ君父ヲ後ニシ唯名利ヲ先ニスルノ徒ノミ故ニ民人志ヲ失ヒ遂ニ逃去英仏ニ救ヒヲ請ヒ然シテ上海ニ入者凡二百余万人英仏八百五十人ノ兵ヲ出シ長毛ガ兵三千人ト戦ヒ暫時ニ長毛五百人ヲ殺シ余ハ逃去者幾数……ト上海戦争ノ図並ニ同所地図一枚ヲ持来リ頗ル委曲ニ弁述シタリキ」[35]

(高島「欧西行記」一八六二年一月二〇日の項)

「清朝猶幼主年号を同治と改む今年元年也満朝の人皆賄賂を以官に進み民を虚し豪傑の士ありといへとも不用可措方今過半紅毛に合し乱を為すと云りよろしく鑑となすへきか」(「役々召連」となって参加した加賀藩士佐野鼎の正月晦日三浦八郎右衛門宛書簡、『夷匪入港録』一)

というのも同じ様な理解だろう。同治中興期の恭親王の政権については、むしろこのような政府の腐敗と民心の離反というイメージがひろまってゆくようである。

4　船中にて

一八六二(文久二)年の幕府遣欧使節団のように、交渉相手国が用意した軍艦で旅したグループや、井上馨・伊藤博文ら長州藩士のように貨物帆船で水夫見習のようにして密航した者を除けば、西洋を目ざす人々は、上海か香港で英仏あるいはアメリカの「飛脚船」をつかまえるのがふつうだった。そして上海や香港を出帆して後、ヨーロッパに着くまで、特にスエズ以東の長い船旅がまた、中国人との出会いの場だった。長い船中の社会は国際社会の縮図であり、彼らはそこで、西洋の中に組みこまれた中国の現実に接して強い印象を受けるのである。

多くの旅行者が便船に乗込むごとにまず気づかされるのは、「船中ノ使役夫ハ総テ支那人ナリ墨〔アメリカ〕夷等ハ見エス」(佐野「航海日録」一八六四年七月六日の項)とか「水夫等大抵広東人ニテ曲ヲ謡ヘ月琴ヲ弾スルヲ見ル」(同前、七月九日の項)という現実だった。そしてある者は、英国船に限ってインド人や中国人が使われていることに注目し、その理由についてこうのべている。

「当船も同マトロス共(是内支那人六人見たり)先船と同様印度人を用ゆ英船に於ては我国へ徳を付候様給金安き者を用ゆ仏船は法〔フランス〕政府にて損を致し飛却《ママ》するとの由し」(池田使節団副使河津祐邦の従者岩松太郎の日記「航海日記」一八六四年六月一九日の項、『遣外使節日記纂輯』三)

「元〔これまで乗って来た〕仏船は丁寧にして且つマトロスに到る迄日本人に対し失礼なく皆丁寧なり当船はマトロス皆印度人を用ゆ其の内に英のマトロス只六七人而已是内に支那人五六人マトロスの内に居たり是は唐人にして亜刺比亜亜弗利加の人に用ひらる我国を安すんずるの基也と存す」(同前、六月四日の項)

低賃金だから経済的——「徳」——であり、かつ「我国を安んずるの基」なのだという認識が明らかだろう。このような低賃金で非熟練労働に使われる中国人水夫の状態は一行の目を惹いた。しかし中国人水夫についての記事の中で、最も激しい感情をこめて記されているのは、次のような出来事である。一八六四(元治元)年の池田遣仏使節団の帰途、一行の乗る英国客船は台湾海峡で、日本の千石積ほどの中国船が沈没に瀕し、二五、六人が助けを求めて叫んでいるのに出会った。船長は蒸気をおとして近寄り、ボートを下して助けようと試みたけれども、中国船の帆柱は折れて一本だけ残りふなべりも砕けて堤が切れたように波が打入る、「何分見ルニ哀レナル有様」を目の前にしながら、救助することが出来ず、結局見捨ててしまった。それも「水夫ハ支那人ニテ其取捌キ方甚タ手緩」いからで、「唯欧羅巴水夫ナレバ何トカ救助出来得ベシ」(佐原「航海日録」一八六四年七月七日の項)と聞いたというこの記事は、「邦人等彼舟の一帆檣残レルヲ顧望シテ其情ヲ想像し殊ニ憫然ノ情ニ堪ヘザリキ」と結ばれている。

船中社会のもう一つの中国人グループは船客であり、日本人船客は、彼らが船客として差別されるのを目のあたりにした。そして当の日本人船客は、船員のハイアラーキーの中で最下層の中国人給仕や水夫からも不当な扱いを受けることがあった。

「満船中英人は甚だ権威あり。而して給仕の者迄も欧羅巴人は甚だ尊び能く使令に供するなれど日本人は一位粗略に扱ふ。実に残念なり。願はくば政府早く海軍を起し、我邦の飛脚船を製し、吾国の旅客を乗せ、四海に横行せば、旭章の御旗盛んなるべく、邦人の権威も生ずべしと日夜祈る処なり。又退き考ふるに方今御国威の海外に輝き居る事未だ〳〵し。

可驚哉彼の支那は如此の大国なれど一艘の軍艦を備へず一隊の兵卒なく迂濶訳詞を以て尊び居り、欧人に鄙まれ、既に英の飛脚船などに支那人はいかやうの大金出すとも第一等の室に入るを許さずといふ。此度上海の支那領を訪れ見るに其の風俗季世の故か、只々乞食様の者のみ多く、人物みな迂愚の容貌を顕はせり。上海城など城壁破壊し、一発の弾丸を以て容易に之を抜くを得べし。

依而考ふるに、亜細亜洲中の各国、海外に横行すべきものは只独り日本のみ。余思ふに二三十年の後、東方の大島一つの欧羅巴を生ずべしと」(川路「英航日録」)

「多人数乗込水夫大形支那人也。日本人ヨリ被使候コト甚嫌フ、故ヲ以考フルニ日本武不振ヲ思ヒシル一日モ早ク不問アラス」(仁礼「航米日記」一八六六年四月二七日の項)

ここに見られるのは、中国人や日本人が船客として差別待遇を受けるのは、中国や日本が国家として軍事的に弱小なためであるという現状理解と、日本はそのような惨状から脱出するために海軍と商船隊を興して「国威」をあげよという提言である。現状認識においても提言においても、個人の屈辱と名誉とが国家のそれと同一化するという思考が両者に共通していることがうかがわれよう。

三　ヨーロッパの中の中国

一路西に向う日本人の一行が港々で働く中国人の労働者や商人の姿を目にするのは、アレキサンドリアが最後である。地中海航路の客船ではもはや中国人船客の姿を見ることもない。マルセーユかサウサンプトンで上陸すれば、そこは中国を侵食して来た西洋列強の本国である。しかしそこでも彼らは、各地で、中国の文物・兵器、中国についての情報、さらに中国人にまで、予期せぬ出あいを重ねることになった。そのあとをたどってみよう。

1　第二帝政下のパリにて

ヨーロッパ本国を訪れた日本人たちが驚いたものの一つは、大きな発達をとげた各国の新聞である。彼らは、上海や香港で在留宣教師らが発行する新聞について早くから知っており、念願の現地で、その発行を見聞する機会にめぐまれた。しかしながら、それらは条約港や植民地に寄留する西洋人の小社会の新聞にすぎなかった。それに比して各本国での新聞は、伝える情報の量でも伝達の早さでも日本人訪問者たちの想像を絶するものだった。そこには、中国や日本を含む世界中の情報が集められ、本国を中心とする立場から編集され解釈されていた。

「東洋の新聞は米国桑方斯哥《サンフランシスコ》印度新嘉埠《シンガポール》の電線にて不日に達するを得せしむれば本邦又は支那印度の瑣末なる珍事までも都て如斯迅速に其詳なるを得る看る人其気息の快通するを察すべし」（渋沢「航西日記」）

そのような新聞に導かれた「パブリックオピニオン」は国内政治のみでなく、アジア諸国への対外政策をも左右するだけの力を揮っていた。したがって日本人使節も留学生も、言語の壁にもかかわらず新聞の東アジア情報に、大きな関心を払った。一八六二（文久二）年の幕府使節団は、ロンドンで、早速むこう一年の新聞の購読を予約したし（文久二年閏八月九日付柴田貞太郎書簡(36)、『夷匪入港録』一）、一八六四（文久四・元治元）年の幕府遣仏使節団は、帰国報告として、「西洋諸洲新聞紙社中に御加入相成彼我之事情相通し候様仕度儀(37)」を上申するにいたった。

このような日本人たちは、西欧各国の新聞に現われた東アジア認識、とくに日本と他のアジア諸国との比較評価にきわめて敏感になった。たとえば、一八六七年のパリ万国博に派遣された幕臣渋沢栄一は、その日記に、各国の展示を比較評価するパリの新聞記事から、次の一節で始まる長文を訳させ記録している。

「博覧会中亜細亜亜弗利加諸国の部を巡行せば、竟に誇詡の私意を生せざる能はず。かかる遠距の国々まで此の会に列すること是この国の声誉なるべし。全亜細亜中にありて最全備し最華盛なる産物は無論これを日本に帰す」（渋沢「航西日記」）

パリの万国博については、後にふれるが、この短い一節からも、ナポレオン三世の万国博を支えた、アジア・アフリカに君臨するフランスの「誇詡」と、そのフランスから高い評価を受けたことに喜ぶ、日本人の反応が読みとれるだろう。

日本人に、こうしたフランスの新聞に接し、そこから中国・日本情勢を知ることを可能にしたのは、実は主として、日本に関心を持つフランス人を通じてだった。フランスの東アジアへの知的関心は、元来、中国へのカトリシズムの宣教、さらに啓蒙思想の中国讃美と結びついて発展し、そのような背景のもとに、十九世紀に入って、ヨーロッパ諸国の先頭を切って中国の学問的研究が始められた。十九世紀半ばになってこのフランス中国学の伝統という母胎の中からようやく日本への学問的関心が生れようとしていた。そのような中国学からの日本学の誕生という学問のささやかな新しい動きを象徴していたのが、コレージュ・ド・フランスで中国学の巨匠スタニラス・ジュリアンに学び、この頃日本語のわかる中国学者として知られるようになった、「一個ノ奇書生」(栗本鋤雲)レオン・ド・ロニだった。彼はまたこの頃指導的な新聞『ル・タン』の編集陣にも加わっていた。ロニは「日本朋友」を自任して多くの日本人につきまとい、フランス文明への手引を買って出るとともに、当の日本人が知らぬうちに彼らを人類学研究の生ける資料として利用した。日本人たちは、ロニから、フランスの目で見た中国情勢と、それに対するフランスの政策についても教えられたのである。[38] たとえば、一八六二(文久二)年幕府遣欧使節団の首席随員がパリから送った書簡は、ロニが翻訳したフランスの新聞記事数篇を集めた上、「仏人羅尼の話」をいくつか報じており、その一つには次のようにある。

「支那にて長毛の賊如何なる故にや仏のアトミラールを殺せるを以て仏帝波利稔《ナポレオン》大に怒り交趾等に備し兵船を悉く寧波に送り終に其地に占拠して長毛賊を攻る故に今長毛賊使節を送り其罪を謝し条約を結はゝ則長毛は支那の一王となるへし又寧波には現に仏兵拠ると雖長毛是を不問に置く時は寧波は自ら仏の所有となるへし」(前掲、柴田貞太郎書簡)

ロニの話が正しく理解されなかったのだろうか、この文章の後半は事実からいちじるしく離れており、ロニが語ったもとのことばを想像することも難かしい。しかし、その前半が指していることがらは、明らかである。一八六一年末、太平天国軍は寧波を占領し、西洋諸国に対して開かれた条約港をはじめて支配下におさめた。これを機に現地の英・仏両国軍は、それまでの太平天国軍に対する不介入の建前を捨て、正規軍による軍事干渉にふみ切った。この文章の前半は、英・仏両国軍の太平天国に対する政策の決定的転換を語っているのである。ただ、この話は、決定的な出来事を、フランスに都合のよい角度から描いて事実をまげている。事実は、英・仏両国軍艦の寧波奪還作戦が先であり、フランス艦隊司令官A・プロテの戦死はその結果だった。ロニの話は、それを逆にしており、太平天国軍の条約港占領が中国貿易にもたらす損失をおそれるフランスのおもわくなどにはふれていないのである[39]。

フランスは、中国とこのような長い文化的交渉の歴史を有し、またすでに貿易を始めていたからだろう、パリには日本人訪問者より先に住みついている中国人がいた。これら日本人の中にはこうした中国人に偶然出あって、筆談をかわす者もいた[40](名倉敦・高橋包「航海日録」巻二、一八六四年三月二一日の項、京都大学文学部蔵写本)。

このような個人や新聞からえられる情報とならんで、中国に進出しつつあるフランス帝国の首都パリという場において、日本人に中国の歴史と現況を示したのは、さまざまなコレクションと展示の中の中国文明の産物だった。十八世紀中葉は、近代の博物館や博覧会の形成・発展史における大きな飛躍の時期だった。近代博物館の母胎となったのは王侯貴族や富豪が、権力や財力によって獲得した高価な珍品奇種のコレクションであり、それは長い間、私的なコレクションとして秘蔵されて来た。これが十九世紀に入って民衆教育の目的をもった、公開の公共博物館という新しい形に変容を始めたのである。これは、訪れた日本人に「下民ヲシテ共ニ遊楽ヲ得セシメ又博物ノ識ヲマス等裨益アラシムル為ニ設ル所ナルヘシ」(市川「尾蠅欧行漫録」)という強い印象を与えたのである。またこれとほぼ時期を同じくして、さまざまな民衆娯楽としての見せ物が、産業革命を経た新しい文明の最先端の産物を大規模かつ組織的に誇示する博覧会へと発展した。その頂点が一八五一年に始まる万国博覧会だった。

パリを訪れた日本人一行の中でこのような豪商や商人の、中国を含むアジア諸国の文物の蒐集に接する機会が最も多かったのは一八六四(元治元)年の池田使節団だった。たとえば、彼らがパリ市内を散歩していると、フランス婦人に日本語で呼びとめられた。彼女に伴われてその店にゆくと、横浜滞在二年という商人の夫妻であり、「店中所有ノ貨物皆我朝ト支那トノ器械」(名倉・高橋「航海日録」一八六四年四月一日の項)だった。

しかし、公式使節として西洋に派遣されたグループの場合には、交渉や表敬訪問以外の時間に、まっ先に案内されたのは、王室や政府のコレクションであり列品館だった。フランス訪問の場合には、フランス側接伴員に伴われて、パリ郊外フォンテンブローの離宮を訪れると、「秦始皇帝ト雖カカル奢侈ヲ極ルハ恐クナカルヘシ」(佐原「航海日録」一八六四年四月二二日の項)と驚くほどの壮麗な宮殿の一角には「支那ノ百貨ヲ列ネタル所」(名倉・高橋「航海日録」一八六四年四月二二日の項)が設けられていた。それはおそらくルイ一四世以後、宮廷と貴族の間にひろがった中国趣味《シノワズリ》の粋を集めたものだったろう。(41) だが、フォンテンブロー宮殿で十八世紀フランスの中国文明讃美の結実を見た同じ人々は、日を接して、十九世紀後半のフランスと中国との間の、それとは全く異なるタイプの交渉の結果にも直面した。壮大な「戎器観場」(42)(杉浦「奉使日記」)——兵器陳列館——に案内された人々は、世界各国古来の武器の発展に接して、「実ニ諸器械ノ沿革ヲ見テ宇内ノ形勢歳月ナルヲ知ルヘシ」(佐原「航海日録」一八六四年三月三〇日の項)という印象を刻みつけられた。中でも日本人武士の心をとらえたのは、陳列品の多くがヨーロッパ以外の地への外征でえられた「戦捷分捕之戎器」(杉浦「奉使日記」)であることだった。何よりも衝撃的だったのは、咸豊帝の錦衣や懐剣をはじめとする中国からの多種大量の高貴な品々だった。これらは、一八六〇年のアロウ戦争に際し、天津・北京にわたる悪名高い大掠奪の獲物だった。一行の一人は、咸豊帝の金竜の錦衣につけられた玉の札に「天子不庭《ママ》ヲ征シ懐柔ヲ主ト為ス」(佐原「航海日録」一八六四年三月三〇日の項)という趣旨のことばが刻まれている事実を見逃さず、記録している。

中国の文物との同じような衝撃的な出会いは、造幣局訪問の際にも待っていた。附属の「古器珍宝」の展示を巡観して、「開祖ナポレオン」所持の品物に、「雄威八紘に震ひ、偉略千載に輝く当時の風采」(杉浦「奉使日記」一八六四年四月一九日)をしのんだ後に出あったのは、中国で掠奪した品々だった。

「支那物展観の所にいたる、夫子の金像冉求の神位あり、是道光年中北京の役仏兵聖廟に拠りしと聞り、其際持帰りしものなるへく思はる、豈料ん百代必祀の聖像、万里外他邦の石室に納て、戦勝の景観不朽に伝えんとは、庸臣誤国失挙大敗、竟に此慨嘆を発さしむ」(同前)

宮廷も聖廟もともにフランス軍に蹂躙され、皇帝の錦衣も孔子の聖像もパリで衆人の目にさらされている。この事実は中国政治の現状についての強烈な印象を刻みつけたようである。

一八六〇年代を通じる日本から西欧への使節団は、一八五一年に始まる万国博覧会と深い交渉をもっていた。後に述べるように、一八六二(文久二)年の幕府遣欧使節団は、この年のロンドン万博の開会式に引き出されることになった。一八六七年のパリ万博は初めて日本の公式参加を受け入れ、同時にそれは、幕府・薩摩藩・肥前藩の角逐の場となった。それゆえに、幕府使節の半公式記録には、フランス第二帝政の総力を動員し国家的事業として組織されたこの万博の意図と特質とを刻明に記録している。「万国の産業の成果の大博覧会」(The Great Exibition of the Works of Industries of All Nation)を正式名称に持つ万博は、産業革命がきり開いた新しい世界の姿を、世界中に示そうとした。その世界はしかし、英・仏対抗を軸とした権力政治の世界であり、新しいテクノロジーによる西欧各国の対抗と、非西欧世界を制覇する競争の世界だった(43)。各種産業製品の展示から見世物にいたるまで、国威発揚を意図する強烈なナショナリズムによって裏打ちされていた。この記述は「各国品物の異を観ば自ら其国の風俗其人の智愚も思ひやられ殊に東洋西洋風気俗尚の懸隔せる凡器用服色の上に就ても略々其一端を概見すべし」(渋沢「航西日記」)と記した上、出品した各国に割当てられた展示面積について詳細に報告している。それによればフランス二分の一、英国六分の一、以下等比級数的に米国、オランダ等は三二分の一、日本、中国、シャムあわせて一二八分の一の比だという。ここには、第二帝政のフランスの立場から見た世界諸国民に対するランクづけが、見事なまでに視覚化されているといえよう。この報告は、このような世界像を、疑いをさしはさむことなく受け入れていた。それはさらにそのような枠組を前提とした上で、日・中・シャム三国の枠の中で、「我物産の多く出でしにより遂に其半余を有つに至れり」(同前)と記すのを忘れなかった。

2 ロンドンにて

幕末の日本人にとって、西洋本国における中国との出会いの場として、パリに比肩しおそらくそれにまさっていたのはロンドンだった。それは、十九世紀後半における英国が、中国政策、中国伝道においても、それらと結びついた中国研究においても、フランスを引き離すにいたっていた事を反映していた。

前節でのべたように、幕末の日本人は、香港や上海に発展しつつある英国宣教師の中国研究を含む出版物を熱心に求めた。彼らはさらに、そのような英国の在華租借地や植民地の出版文化の背後にある英本国の出版活動にも、かねて強い関心をいだいていた。一八六二(文久二)年の幕府遣欧使節団の場合を見よう。この一行がロンドンに着いた時、その中の洋学派知識分子がまず探したのは、上海や香港で手に入れることが出来なかった、ロンドン宣教会の宣教師W・H・メドハーストの英中辞典*English and Chinese Dictionary*, 2 vols, Shanghai, 1847. だった。その一人福沢はこの辞典が五ポンドという彼らにとっては大変な価格だったことを、覚悟の上とはいいながら辛かったような口ぶりで上包に記した。彼らは英国製の珍貴な品物を土産に漁る同僚の「玩物」をよそに、互に相談して帰国後の学習のためにビクトリア期に発達した各種の事典類・初等教育・民衆教育の標準的な教科書類——特に世界地理、歴史についてのそれ——を精力的に買い調えた(本書第Ⅲ章参照)。いうまでもなく、それらは、英国を中心とした世界像を示しており、その中には、英国の視座から見た中国・日本やアジアの姿が、日本人たちの知る以上に詳しく記されていた。これらは、後述するように、彼ら洋学系知識人の世界認識と著作活動に大きな影響を及ぼすことになるのである。

ロンドンを訪れた日本人が、このようにメドハーストの辞典を入手することが出来たのには、実は彼らより早くからロンドンに学んでいた一中国知識人の助けが大きかった。故国への手紙を引けば、「厳嘱《マヽ》有之英華字書は香港にて難得候に付英国到着直様点検致し候処幸一個の唐人に会し漸三部見出し……」[44](一八六二年六月七日付、佐野鼎より手塚律蔵宛書簡、『夷匪入港録』一)。一行の別なメンバーの手記によれば「竜動府一漢人唐学塤在焉学塤字伯友浙江金華府人也鄰邦情厚日夜往来于吾館中筆語」(高島祐啓「欧西紀行巻二十」、国会図書館蔵写本)。同じ人物の書簡には、この人は「清国学校教官唐伯水弟……深志有て英国に住む事三十年右の人物は頗る懇意ニ有成日々往来……先ニ出会致候羅森より好人物にて面白御座候」[45](一八六二年四月晦日、高島祐啓書簡)とのべられていた。同じ洋学者グループの福沢諭吉は、これまで中国人と交わることにむしろ消極的だったが、その福沢もこの人に対してはめずらしく積極的だった。親しい大槻磐渓に托された七言絶句の作を記した扇子をこの中国人に渡し、礼状をもらって磐渓に送っていた(一八六三年四月一日付、福沢諭吉の大槻磐渓宛書簡、『福沢諭吉全集』一七)。福沢もこの人とは「極懇意」になったと語っているが、その手記への記入によれば唐学塤は、「三年前より英語を学び且事情を探索する為め竜動に来れり。……欧羅巴遊学中は衣服冠履皆欧羅巴の俗に変じ、学校に入り或は別に師を求めて学べり。竜動在留中一年の学資二百ポンド、故郷の父兄より之を送ると云」(福沢諭吉「西航記」『福沢諭吉全集』一九)とあり、使節団一行がロンドンを去って二月半後、パリに立寄った時には「今又仏蘭西語を学ぶ為め巴理に来り尚一ケ年此に留るべしと云」(同前)という次第だった。日本から西欧への最初の使節よりも早く、「深志有て」政府とはかかわりない一私人として英国に渡り、英国社会にとけこんでいる一中国人の様子が、またこの人の単身西洋遊学を支えている家族がかなり裕福な家であるらしいことが、うかがわれよう。

　日本人たちは、ロンドン・パリ両都にわたる、この中国人との頻繁な交わりの中で、中国の物産や、太平天国の反乱から同治中興にかけての中国政治の現状までにわたって多くのことを聞き出した。これも福沢のノートへの記入に

よれば、

「方今支那帝少幼なれども帝の叔父恭親王叱囉呢〔叱囉呢はレオン・ド・ロニの漢字表記の混入〕政を摂し外国との交際甚だ好し。二、三ケ月前より英仏の助を借て長髪賊を攻、屢と克。又英人ワルドなる者を用ひ将軍の官を与へ兵卒八千人を数えしむ。○漢口の商人銀六万員を米利幹え送り新発明の鉄船モニトルを買ふ者あり」（同前）。ロンドン遊学三年の中国人が、故国の事情によく通じており、福沢が、この人を通じて同治中興・恭親王政権の成立から、米人ウォードによる常勝軍の組織、英・仏両国の清朝政府への加担と太平天国への軍事干渉という政策の転換など、中国政治の重要な局面転回についての最新情報を聞き出したのである。しかし、これとともに、あるいはそれ以上に重要なのは、彼らより早く英国に渡っていた中国知識人と親しく交わってその力をかりながら、西欧理解の可能性の点で、中国への対抗意識が現われていたらしいことだった。福沢諭吉は晩年にいたるまで、この時の唐学塤と交した談話を、彼の重要な立論の根拠として繰返し引照することになるが、その一つを引こう。

「千八百六十二年、福沢先生が英京倫敦に滞在中、支那の遊学生某氏と邂逅、会談数次、談は多く教育論にして、某氏の曰く、東洋の革新を謀るにはお互に西洋文明の教育を輸入するより先きなるはなし、今、日本にて自から洋書を読で其意味を解し又これを他人に教へ得るものは幾人ありやとの言に、先生答て曰く、精密の数を挙ぐるは難けれども、余の勘定にては日本国中にて慥に五百人はある可しと答へて、扨支那にては如何と問返したるに、彼れは指を屈しながら嘆息して、赤面ながら僅に十一人に過ぎずと答へたり。先生その言を聞て窃に謂らく、当時日本は開国匆々尚ほ十年に満たざれども、……江戸の開成所を始めとして其他の私塾も乏しからず、就中大阪緒方の塾の如き、国中の一大洋学塾にして、其筋々に就て計ふれば五百人の数は慥なる其五百人は如何なる種類の人なりやと云ふに、当時日本にて洋書を読むものは大抵医者の輩なりしかども、……封建守旧の世の中に社会の風潮に反対して洋学に志す程のものなれば、何れ一癖ある大胆の人物にして、見識自ら一世を圧して気焔当る可らず、五百人の数、多からずと雖も、自から同士の輩も少なからざる其上に、学問知識は国中の精粋を抜て陰然重きを成したる其反対に、支那の有様を見れば開国以来殆んど百有余年、其間既に二回も外国と戦ひ、和戦共に外人に接して西洋文明の事物を実見しながら、人民の智識は如何と云ふに、外国との取引に従事し又は外国船などに乗組む下等の人民中には洋語を語るものその数を知らず、彼のピジョン・イングリッシュとして一種の洋語さへ流行する程の次第なれども、彼等の洋語は単に商売上の必要より覚え得たる者にして、例へば茶を売るが為めに茶の字を知り、茶を売て代金を請取るが為に金の字を知る等、只目前の用を弁ずるのみにして、其以上に至り西洋の地理歴史を解するが如き、決して望む可らず、現に開国百年の当時に真実洋書を読み其意味に通ずるものとては、全国何億の人口中僅々十一人に過ぎずと云ふ、我国と相対するときは比較の限りに非ず、斯る有様にては到底進歩の見込ある可らずとて、某氏の談話を聞きたる当時より既に望を絶ちたりしと云ふ」[46](「支那分割今更驚くに足らず」)

福沢はここから、中国においては西洋文明は、「上流士太夫」には容易に受け容れられず、「偶ま西洋人を知り西洋語を語る者は社会最下等の小民にして其勢力固より上流に及ぶ可からず」。それに対して、日本では西洋文明は「其端を国中の最上等の人傑に発したるこそ幸なれ」(同前)という、構造的対比を描き出す[47]。このような西洋文明受容における日中両国の対比は、問題の一面を鮮かに浮かび上らせているが、同時に他のある面を見落す。そしてこうした見落しは、西洋行を共にした日本人たちの中で、福沢たち洋学派知識人に特徴的な中国への接近とおそらく関係していたのである。

日本人一行と英国の中国研究との交渉は書物や辞典の購入という形のそれにとどまらなかった。一八六二(文久二)年の遣欧使節団がロンドンでホテルに滞在した時見出したのは、各室の机上に置かれた中国語訳の新約聖書だった。これはおそらく英国のアジア宣教団体からの攻勢だったのだろう。一行の一人は、「是書便西洋宗教の書也……其黠知ナル最可悪厭ヘシ」(市川「尾蠅欧行漫録」)という反撥を記している。さらに、この時期に西欧の中国研究の先頭を切っていた英国のそれには、聖書の中国語訳に代表される宣教団体の中国研究とならんで、広東に拠点を設けた東インド会社で発展した実務的中国研究の流れがあった。ロンドンを訪れた日本人は、このような中国研究・中国政策の中心人物と交わるまでにいたった。前節で述べたように、幕府最初の遣英留学生団の監督として一八六七(慶応三)年から六八年にかけてロンドンに滞在した聖堂御儒者、中村敬宇は、最高のミッショナリ・シノローグ——ジェームス・レッグ(理雅各)——の儒教経典の英訳をロンドンに携えて来ていた(本書第Ⅳ章第一節参照)。その敬宇はロンドン滞在中に英国の外交官的実務的中国研究を大成したジョン・デーヴィスに出会った。デーヴィスは一八一三年から三五年まで、広東の東インド会社根拠地で勤務して中国研究を重ね、一八四四年には第二代の英国公使兼香港総督となったが、強圧的な中国政策を行ったために翌年辞任を余儀なくされた、外交・貿易と研究の双方において、中国との折衝の第一人者だった。中村敬宇はデーヴィスと親しく交わって、彼の中国論や中国の書物の英訳を贈られ、帰国後その一つ *Chinese Moral Maxims*, 1823 を『英訳漢語』として翻訳刊行するまでにいたった(同前)。敬宇のこの仕事から、真摯な儒者として、終生中国文化への尊敬と日中の友好を主張した彼が、中国文化の理解において、デーヴィスから影響を受けるか、あるいは共鳴した様子がうかがわれるのである。

一八六二年のロンドン万国博の開会式には、ちょうどロンドンに着いた幕府の遣欧使節団一行が、生ける展示物よろしくの形で招待された。この万国博にはすでに日本産品とならんで中国からの伝統工芸も出品されており、一行は、英国最新の科学技術を中心とした世界諸国諸民族からの文物の配列の中で、それらが占める位置を明らかに示された[48]。また、ロンドンを訪れた日本人はほとんど例外なく大英博物館をたずねた。この世界最初の公共博物館兼公共図書館でも、彼らは、アジア諸国の文物に出会った。インド・中国の書画を集めた一室にはすでに太平天国庚申(一八六〇年)太平天国四年に于王洪仁玕が著し、翌一八六一年に公布された「誅妖檄文」まで収められていた[49](市川「尾蠅欧行漫録」）。さらに、このような公共の展示だけではなく、民間の見せ物というべきマダム・タッソーの蠟人形館にも当代中国の人物が姿を現わしていた。日本にもその英名が知られて久しい、ピョートル大帝、ワシントン、ナポレオン、ビスマークらの像を眼のあたりにした人は「一室ノ中ニ古今ノ英雄ニ対スル事実ニ平生ノ宿志ヲ解クニ似タリ」（中井桜洲「西洋紀行航海新説」明治文化全集『外国文化篇』）という感動にうたれた。しかも彼はその間にまじった「林則徐先生夫婦ノ像及ヒ支那商人」に出会った。

「前に洋船ノ鴉片煙ヲ携ヘ広東ノ間ニ逼リ交易ヲ促セリ。此時林則徐先生確然一定ノ志ヲ以テ洋夷ノ猖獗親和スベカラザルヲ洞見シ、攘夷ノ議ヲ建テ大ニ兵ヲ起シ、齎《モタラ》シ来ル処ノ鴉片煙数万箱ヲ焼滅シ大ニ英仏ト戦ヒ、屢洋船ヲ砕キ士気大ニ振興セリ。然トモ時運未タ至ラス、英再ヒ大挙シ来リ、満朝一人モ先生ノ志ヲ継ク者ナキヲ以テ百敗竟ニ洋人ノ為ニ呑剝セラル。今日先生ノ像ヲ拝シ其威儀ノ漂然タルヲ見ル。英人ノ此像ヲ茲ニ出セルモ其正義純粋ナルニ服セシナラン可欣」（同前、傍点引用者、以下同様）

この一行は、いわば英国人にとっての「古今ノ英雄」パンテオンの中に林則徐が加えられているという事実に接して、林則徐への敬仰の念を新たにするとともに、その事実を通して、英国人も「正義純粋」という同じ価値を受け容れるのだという見方に変ったのである。

しかし、西洋を訪れる日本人の多くに共通する関心は、何といっても西洋の軍事技術だった。パリにおけると同じく、ロンドンでも彼らは政府管轄のさまざまな武器展示館をたずね、この場合も行く先々で世界の新旧の武器の中にたちまじって中国製武器が展示されているのに接した。その一つはロンドン塔附属の武器庫である。純然たる観光のつもりでロンドン塔を訪れた者も、武器庫に案内され「古昔ノ武器ヲ救（ママ）」め（同前）、「印度、亜比利加、支那、日本ノ武器ニ及」んでいるのに接した。それらは、いずれも「分捕」だった。ロンドンを訪問する日本人の多くの最大関心事だった、ウーリッジの兵器廠でも同様だった。彼らのお目あては、最新鋭のアームストロング砲だった。そして、アームストロング砲製造に驚いた者の中には、付属の武器陳列館で、中国の火器に接して、別な驚きを重ねる者もいた。

「此処印度、支那ノ大砲ヲ各処ニ展観シタリ。前年英船印度、支那ヲ攻撃シ奪ヒ取リシナリ。余之ヲ見テ冷汗背ニ透ル」(同前)

一八六二年の幕府遣欧使節団の一員渕辺徳蔵が、ロンドンを去ってオランダに向う日に詠じた詩「遥かに一隅を去って一隅に来り、為に万苦を侵すも又娯多し、車は鉄路を奔りて鷹隼に優り、信送の電機は僕奴を省く、……何ぞ量らん僻境斯くの如くに富み、中華も胡の為に及ばざるを」(渕辺徳蔵「欧行日記」『遣外使節日記纂輯』三、原漢文)は、以上にのべたようなさまざまな経験の最大公約数といえよう。それは、古い中華的世界像の辺境——実は西欧産業世界の中心——を訪れた日本人たちの世界像が転換し、その中で「胡」と「中華」が所を変え始めていることを象徴していた。

3　オランダで

鎖国の時代を通じて、西欧諸国の中唯一日本と通商関係を維持し日本の開国を手引きしたオランダも、十九世紀後半には、国際社会における位置は低下していた。日本がわでもそのことを知っていた。したがって日本からオランダに送られた留学生も、一八六二(文久二)年から一八六六(慶応二)年にわたる幕府留学生の他には、多くなかったし、外交使節団も、一八六二年の遣欧使節団のほかにはオランダを訪れていない。それでも、オランダの東アジアとの長い通商の歴史を背景として、ライデンの博物館を始め各地に日本・中国の文物が集められていた。一八六二年の遣欧使節団のメンバーの手記には、短いオランダ滞在中にアムステルダムの博物館、アムステルダムの商店やハーグの豪商のコレクションを訪れて、日本のそれとともに中国の伝統工芸品に接したことを記している(市川「尾蠅欧行漫録」)。

4　サンクト・ペテルスブルグにて

一八六〇―七〇年代を通じ、ヨーロッパ諸国の中で、英・仏両国についで中国との関係が深いのはロシア帝国だった。けれども首都サンクト・ペテルスブルグを訪れた日本人グループは、日露両国の国境画定交渉を課題とした一八六二年の幕府遣欧使節団、一八六七(慶応三)年の小出大和守一行のほかには、一八六五(慶応元)年から六八年にかけての不幸な結果に終った幕府留学生団のほか、ほとんどいない。それでも、記録が乏しい後二者は別として一八六二年使節団の記録からは、ヨーロッパ最北の首都でも、中国の姿に接した様子がうかがえる。一八六二年の竹内使節団の交渉相手となったのは、ロシア外務省アジア局長ニコライ・パヴロヴィッチ・イグナチェフだった。随員渕辺徳蔵は日記にこの「亜細亜管領」の中国での働きについて次のように記している。

「此人先年北京に到りて満州経界のことを論すれとも不決して滞留せし中英仏より北京を襲ひて既に都下ニ乱入し支那帝も都を立退き都下放火せし時支那帝ニ書を贈りて此難を解き英仏と和せしむることを己に任する時は速に成るへしされども満州経界のこと曾て談せし如く許すにあらざれバ行ひ難し、和を任するや経界を許すや何れにも答を成すへしといえり其時支那帝窮迫せし事なれハ経界の事ハいふか如くに許すへし英仏え和議々然るへく頼むと云ひしにより英仏公使に自ら説きて遂に両国和解せしめ其代りに黒竜江南八百里の地を魯国の版図に入れたり是に因て英国女皇よりは自筆の謝書を送り仏国よりハ金のメタイム《賞表》を贈りたり支那よりも莫大の謝儀を送りしに却て受けす其代りに魯国の界まで国帝自から送るへしと乞ひしニ遂ニ望の如く界まで咸豊帝は送りしとなり」(渕辺「欧行日記」)

ここに記されているところは、シベリア・満州の国境画定交渉のために派遣されてから、翌六〇年一一月に帰国の途につくまで、アロウ戦争と英仏連合軍の北京進攻・大掠奪という咸豊帝統治末期の政治的危機の渦中での、北京を舞台にしたイグナチェフの辣腕と成功であり、大すじで正確にとらえられている。彼は咸豊帝蒙塵、連合軍の北京進入という危機の中でほとんど交渉能力を失いかけていた清朝政府の弱味につけこんで英仏側との交渉を斡旋し、その見返りに、長年ねらっていて果たせなかったウスリー川右岸の広大な地域を、一兵も動かさずに火事場泥棒的に獲得したのだった。しかし、熱河に蒙塵している咸豊帝を国境まで見送らせたという事実ではないくだりを始めとして、この話もイグナチェフがわの成功を誇大に、清朝がわの不名誉を過大に、色どっていることは明らかである。

一行はさらに、三カ月前に北京を出発して陸路帰国し、ペテルスブルグに着いたばかりという医師に会い、中国の最新情報を聞き出している。福沢諭吉は、その日誌に次のように記した。

「現今支那の景況、同治帝年七歳、恭親王政を摂し、政治甚だ好し。二太后あり。此亦国政を参り聴く。凡百日前長髪賊仏蘭西の水師提督を殺せり。此より仏英の兵共に北京を助け長髪賊を攻め未だ勝敗なしと云」(福沢「西航記」)

咸豊帝没後の幼帝同治帝を中心にした東太后および西太后の垂簾政治、恭親王の政権中枢掌握という新しい体制のすべり出しをよくとらえている。後半は、同治の新政権成立の後、太平天国軍の条約港寧波占領を機に、英仏両軍が清朝に加担する軍事干渉にふみ切る、という決定的な転面を伝えている。このニュースは、すでにパリでも聞いた所だったが、ペテルスブルグにおいても、この干渉政策は、英仏両国の国家利益からではなく太平天国軍の非道に対する報復だという、英仏本位の解釈がされているのが特徴的である。同行の翻訳官松木弘安も故国の同学への手紙に、同じロシア人医師から聞いた英仏軍の太平天国軍攻撃の情報を記した上、「新聞紙の合戦する支那地名多けれ共支那訳字を知らされは不載于此」[50](一八六二年八月二一日付松木弘安の川本幸民宛書簡、『夷匪入港録』一)と記していた。新聞は詳しく報道しているが、中国の地名のヨーロッパ語(ロシア語か?)表記がわからないというのだろう。ペテルスブルグの新聞も中国の最新情報を伝えていたのだった。

日本人一行は、このように中国の動乱の渦中から帰国したばかりのロシア外交官・商人や新聞を通じて、同時代の中国政治についての最新情報に接しただけでなく、帝政ロシアに一世紀余りにわたって蓄積されて来た中国の文物と中国研究の資料とにも接するにいたった。その一つは「チャスコエセル部の春宮」(上田友輔「我羅斯記」神戸大学付属図書館蔵写本)、ツァールスコエセロの離宮である。一行が拝観を許された豪華な宮殿の装飾に「唐美人の華灯を捧たる人形ありて其風彩は真に逼るといふへし」と驚いた人は、さらに「唐制に模たる宮」に出会う。

「皆唐山の物産にて造りたり其内に山水人物の扁額二箇あり上に御製の詩二首あり下に臣干中敏敬書とあり筆法整正書跡精妙なり」(同前)

これはエカチェリナ二世のもとで作られた中国風パヴィリオンだろう。フランスにあこがれ啓蒙思想に心を寄せたエカチェリナ二世は、フランスから啓蒙専制の思想とともに、中国趣味《シノワズリ》を受け入れた。十八世紀ロシアにおけるフランス経由の中国文物の流入を象徴するのが、このパヴィリオンだったのである。

中国の文物は、郊外の帝室離宮よりさらに身近な首都中心の、一般に公開された博物館にも集められていた。その一室について次のように描かれている。

「漢籍数万帙あり四書五経十三経注疏十七史二十一史劄記史記漢書三国史晋書南史北史唐書新唐書宋史金史元明史太〔大〕清一統史〔誌〕及ヒ塩鉄論論衡老子荘子孔子呉子尉繚史司馬法荀子文中子類其他総集別集等は枚挙に暇あらす」(同前)

この博物館はおそらくサンクト・ペテルスブルグ最初の博物館として設けられたクンストカマー(Kunstkammer)だろう。そして経史子集の全てにわたり、古典から清朝政府公刊の地誌にいたるまでの膨大な典籍のコレクションは、正教北京伝道団の中国研究の成果だったのではなかろうか。一七一六年から始まった北京伝道団は、特に清朝のイエズス会宣教師追放以後ヨーロッパと中国との文化接触の重要な窓口となり、その中国研究は、十九世紀に入ってヨーロッパ有数のものに発展した。ロシア外務省に新設されたアジア局による対中国政策もペテルスブルグ大学を始めとする各大学での中国語・中国研究も北京伝道団の資料収集と研究の基礎の上に展開されたのだった。(51)

日本人訪問者たちが、ヨーロッパ諸国の本国において、多くの場合予期せずして出あった中国のモノと情報は、多様であり、ヨーロッパ社会に広くゆきわたっていた。それは、「ヨーロッパ形成の中のアジア」(ラック)(52)を代表するものだった。それは、伝道団、さらに貿易商・外交官・軍隊などを通しておそくとも十七世紀からこの時代まで、二世紀以上にわたってヨーロッパの中心にもたらされ蓄積されたものだった。それは、十八世紀には讃美の対象だった。乾隆帝が円明園に西洋館を作ったのと同じ時期に、ルイ一四世は円明園のフランス版を王宮に築いた。フランスに始まった中国趣味《シノワズリ》の建築や造園は、ヨーロッパ各地に及んだ。それらは十九世紀には、商品として、やがて軍事的遠征の略奪品としてヨーロッパにもたらされ各地に流れた。このような美術工芸品、典籍から武具・鉄砲にいたるまでのさまざまな中国のモノは、はじめは王侯貴族や富豪の私的蒐集として秘蔵された。しかし十九世紀を通じて公共博物館・図書館が発達すると、中国からもたらされたモノは、そのような公開の場に陳列されて広く公衆の目にふれるようになった。また、かつて中国についての情報は、宣教師や啓蒙思想家によって書物にまとめられ、知的エリートの間でもてはやされたが、十九世紀にはようやく中国学や人類学がはじめられ、また中国からの電信による報道も伝えられるようになった。それらによる情報は学術書ばかりでなく、新聞雑誌や量産の民衆啓蒙書や地理・歴史の教科書の形でも広く流布するようになった。

ヨーロッパ諸国を訪問した日本人たちが、公式使節として王室の中国文物蒐集に案内された者ばかりでなく、使節団の下級メンバーや、一人二人の個人的旅行者にいたるまで、ヨーロッパ各地で、中国のモノや情報に接した背景には、ヨーロッパの歴史におけるこのような蓄積と流布とがあった。彼らはヨーロッパへの旅に上るに先立って中国の現況について、特にヨーロッパ列強への軍事的敗北について、予備知識をもっていた。ヨーロッパへの往復途次の上海・香港や西洋の植民地では、中国の軍事的・政治的・経済的屈服の現実を眼のあたりにして、そのような予備知識を確かめた上さらに認識を深めることが出来た。しかも日本人たちは、中国から最も遠いヨーロッパ本国で、少なくとも過去二、三世紀にまでさかのぼって蓄積された中国の各種のモノに接した。中国の現況についても、中国での寄港地において知りえたよりも清朝の宮廷と政府の内部にまでふみこんだ情報に接することが出来た。

そのようにヨーロッパ内部にとりこまれた中国のモノと情報の厚く深い蓄積に接することは、同時にそれを可能にした、ヨーロッパの中国に対する関心と知的・経済的・軍事的な力の強さを知ることだった。なかでも、十九世紀中葉から仏・英・ロシア等各国に新しく始まったさまざまなタイプの中国研究は大きな意味をもっていただろう。ヨーロッパに赴いた日本人達は既に上海や香港においてその一端に接していたが、ヨーロッパ本国において、そのような中国研究の本拠に接した。中国を中華たらしめる聖人の道の典籍が組織的に収集され研究されている成果は、上海や香港における政教衰微という現実を背景にして、日本人たちに強烈な印象を与えた。それは中華を誇る古い帝国の「井蛙管見」と、その国によって夷・蕃とされて来た西洋諸国の知の中国への積極的関心と把握との対照を示したのである。四節でより立ち入って論じられるが、これまでに見たように、この時期を通じて、西洋「探索」の初めての旅は、実は同時に、中国との、多くの場合予期しない最初の出会いでもあった。同じ旅の両面の経験は、互いに規定しあい不可分に結びついていた。その意味でこれを西洋・中国複合経験ということが出来よう。

四　世界像の転換と中国像の転換

こうして、西洋世界の「探索」行の中で中国をも知るにいたった人々は、それまで抱いて来た西洋像とともに中国像をも大きく変えるにいたった。彼らの西洋像と中国像との転換は同時に併行して進み、それはやがて中華的世界像全体の変容にゆきつくことになったのである。一方で久しく「蛮夷」とされて来た西洋は、中華世界を軍事力や科学技術といった形而下の「術」において圧倒しているにとどまらないことが発見された。まだ議会政治、政党政治といった政治制度を理解するまでにはいたらなかったが、それを支える政治文化さらに文化一般の美質は、日本人たちの心をもとらえた。人は能力を自由に発揮して活躍し、その機会は平等に開かれている。しかも倫理風俗は厚い。学問知識もすぐれ、とりわけ中国の聖人の道をも究めている。

これに対して中国は、中華を誇り慢心するがゆえに、そのような西洋世界に盲目で、肝心の政教は萎微している。支配層は頽廃して人民への教化を怠り、それゆえ人民の風俗倫理は乱れている、というのである。こうして西洋への評価は蕃夷の観念から解放されて上昇し、中国へのそれは中華観念をはぎとられて下降する。いうまでもなくこのような世界像変容のプロセスは多様であり、とりわけ、儒教とその世界像そのものを全面的に否定するか否かは大きな問題だろう。ただ、おそらくこの当時には、儒教と儒教的世界像を完全に捨てる者は、一部の洋学者にとどまり、大勢は、儒教を何らかの形で信奉しつつ儒教的世界像を修正する道をとったように思われる。広島藩儒村田文夫の次のような文章は、このプロセスをよく示す一例である。

「孔子の春秋を修むるや、諸侯夷の礼を用うれば則ち之を夷とし、夷にして中国を用うれば則ち之を中国とす。蓋し正大公明此の如し。而して後以て天下之公道を明かにす可し。枢〔村田の号〕西史を読むこと玆《ここ》に年有り。又嘗て其地に遊び其治教民風を熟察するに、各国異同有りと雖も概して之を論ずれば、則ち倫理之正、習俗之厚、往々支那に卓越す。……本邦と支那とは、壌地最も近く伝学最も蚤《はや》し。是に於てか学者或は支那を尊びて以て中国礼儀之国と為し、西洋を卑みて以て蛮夷無礼之国と為す。是れ其非を知らず、豈誤りならざらんや。夫れ己を華と謂いて彼を夷と謂い、各其国体を辱しめざるは、また本を貴ぶの常道なり。然れども夜郎自大、我の短を蔽いて彼の長を棄て、彼の是を罵りて我の非を誇り、善悪転倒、邪正錯置、是れ孔子之意に非ず。且つ何を以てか天下之公道を明らかにせんや」(村田文夫「西洋見聞録」明治文化全集『外国文化篇』、原漢文)

孔子の真意を「天下之公道」と結びつけ、中国の歴史的事実から引きはがして、抽象化普遍化し、そのことによって、中国をも西洋をも実態に即して、公正に評価する道を開くものといえよう。

このような西洋・中国複合経験の衝撃とそれがもたらした世界像の転換は、攘夷を志しそのための敵情偵察――「探索」――を目的として西洋諸国に向った人々にも攘夷の放棄と開国への転換を促した。彼らは幕藩体制崩壊・明治政権成立の前後にいち早く、新しい世界像にもとづいた対外政策や世界史の理論を構想し提唱した。彼らはそのような政策の提案や著述によって、幕府や諸藩の中に活動の場を獲得し、明治新政権成立とともに、その中枢から周辺にわたるさまざまな立場で活躍するにいたった。もとより新しい対外政策と新しい世界史理解には、主流から傍流まで分化が見られた。以下、そのような分化にも留意しつつ、新しい対外政策の中に現れた対中国政策、新しい世界史理解の中の中国像を概観したい。

世界像の転換に裏づけられた、新しい対外政策の基本は、開国と「四海横行」だった。西洋行の中途で経験した、中国人下級船員からも軽蔑されるという屈辱感が、その代償のように、海軍と商船隊を興して「海外に横行」し国威を発揚するという抱負を呼び出している例は第二節の川路太郎の場合について見た。福沢諭吉が、第二節でみた、一八六二(文久二)年香港での、英国人の中国人に対する「圧制」を目のあたりにして、川路と同じ願望を抱いたという告白もよく知られている。

「彼の輩が東洋諸国を横行するは無人の里に在るが如し。在昔我日本国中に幕吏の横行したるものよりも一層の威権にして、心中定めて愉快なることならん。我帝国日本にも幾億万円の貿易を行ふて幾百千艘の軍艦を備へ、日章の旌旗《せいき》を支那印度の海面に飜へして、遠くは西洋の諸港にも出入し、大に国威を燿かすの勢を得たらんには、支那人などを御すること彼の英人の挙動に等しきのみならず、現に其英人をも奴隷の如くに圧制して其手足を束縛せんものをと、血気の獣心自から禁ずること能はざりき」(「圧制も亦愉快なる哉」『時事新報』一八八二年三月二八日、『福沢諭吉全集』第八巻。なお福沢「東洋の攻略果して如何せん」同年一二月一一日をも参照)

自己の西洋・中国複合経験をもとにして、このような対外政策を、国内の体制変革・富国強兵・貿易政策と結びつけて、最も組織的に構想した指導者の一人は五代友厚だった。パリから藩庁要路に送られた彼の書簡には次のように説かれる。

「天下列藩志を一にして国政の大変革を起し、普く緩急の別を立、富国強兵の基本を相守、国政を振起せば拾余年の功を待たず、亜細亜に濶歩すへし」(一八六五年一〇月一二日付桂久武宛書簡、『五代友厚伝記資料』四)

これが五代たち薩摩藩士一行の西洋・中国複合経験を通じる思想転換の結論であり、五代はさらに攘夷政策をとる指導者たちの思想転換を促すため、彼らを西洋に送るよう提案するのである。

「富国強兵」は、西洋のそれにならった外国貿易を柱としていた。そしてその外国貿易の中で市場としての中国は重要な位置づけを与えられていた。幕末における市場としての中国への関心をよく示すのは一八六二(文久二)年、千歳丸によるグループをはじめとして四回にわたる幕府調査団の上海派遣であり、千歳丸グループには、諸藩の活動分子が加わった。その他各藩の多くの有志が上海を訪れたが、最もよく練られた政策を展開したのは、五代友厚だったといえよう。彼自身薩摩藩の命を受けて千歳丸の上海行に参加しており、その時すでに上海貿易についての具体的な構想をたてていた。この構想は、一八六四(元治元)年の意見書ではさらに発展して、上海経由の対西洋貿易とならんで、米・砂糖・海産物などの中国市場への輸出の計画が展開され、上海だけでなく、やがては広東・天津へも商品を送ることが提案された(『薩摩藩海軍史』中)。

五代の場合、中国の魅力は輸出市場としてのそれにとどまらなかった。彼が、一八六五(元治二)年ヨーロッパ視察と交渉の旅の中でロンドンから書き送った総合的政策一八条の提案では、中国は労働力市場としても注目されるにいたっていた。国家連合としてのドイツにならった「大名会盟」、それを背景とし、西洋の会社をモデルとした「商社」の設立、そして貿易による富国強兵構想の一環として、「印度人支那人を雇ひ諸耕作をなさしむ事」(建言ヶ条草稿、『五代友厚伝記資料』四)が提言されていた。前稿で見たように、西洋とくに英国の定期船によって、西洋に往復する人々は、中国人とインド人が船員として使われていること、それは低賃金によって「我国へ徳を付」(岩「航海日記」)けるためであることを見抜き、同じ政策が「我国を安ずるの基」(同前)となるだろうとしていた。五代の中国人労働者輸入という、当時の日本の経済発展と労働力需給の状況を考えればおそろしく早熟な政策は、このような意見と共通の背景から生れたものだろう。このような中国人労働者導入案の背景には、輸出のための商品作物増収の必要も意識されていたのかもしれない。先にふれたこの一八条提案の前年一八六四年の意見書では、すでに西洋産の耕作機械の導入が提唱されていた。中国人労働者導入をという提言は、あるいは西洋産の耕作機械導入よりもさらに安価な方策として中国人、インド人労働者の導入が考えられたのではなかろうか。

この中国人労働者導入の提言はまだ実現の条件が熟していなかったためか、その提言の後実行されたあとが見られない。しかしそれは明治新政権成立後ほどなく、北海道開拓使の農業政策の中に実現した。開拓使は、一八六九(明治二)年の設置直後から、北海道海産物などの輸出市場として中国に注目し、一八七二年には上海に開通洋行を設けた。しかし、官営の内国植民地として北海道の経営を強行した開拓使は、外に向って市場確保に力を注ぐ時、内部でさらに深刻な壁に直面した。本土からの良質の労働力の受け入れと定着が遅々として進まなかったのである。開拓使はそのため外国人への土地貸付・外国人移民導入を考慮するにいたり、「非常ノ地ヲ拓ク宜ク非常ノ挙ナカルベカラズ」(『新撰北海道史』三)として、開拓使自ら中国人労働者を雇傭する政策にふみ切った。一八七五(明治八)年、開拓長官黒田清隆の三条太政大臣あて「清国人民北海道移住之義伺」案文には次のようにのべられていた。

「聞ク、清国人ノ売奴トナッテ苛役セラル、者多シト、今之ヲシテ我北海道ノ地ニ移シ、以テ我良民タルヲ得セシメ、其虐使苦役ニ耐ル力ヲ移シテ開墾種樹等ニ従事セシメバ、彼等ニ於テ実ニ生死肉骨ノ恩ヲ得励精尽力スルニ必セリ」(同前)

中国社会に「売奴」として「虐使苦役」される労働力が多く存在することに注目し、それに「耐」えて来た労働者ならば、北海道の農業労働に、恩を売って使用することが出来るだろうというのである。開拓使はこのような基本方針にもとづいて「招募」と「自力移住」とについての規則を定め、これを太政官から在清国の日本公使・領事のほか、日本内地の開港開市場のある府県にも通達させようとした。この案がどこまで進められたかは明らかでないが、開拓使はこの年、内務卿大久保利通の主導のもとに半年にわたって清国に派遣された貿易・経済視察団に中判官西村貞陽以下一〇名を送り、市場調査を行なったほかに一〇人の中国人を雇入れた。そのほとんどが外国人に雇われる労働者や車夫などで、農業経験者は一、二名にとどまった。翌一八七六(明治九)年札幌近郊丘珠の開墾にむけられたこの中国人グループは、三年の契約期間満了前に二人が帰化したほか他は病死・自殺・内輪もめによる殺害、解約放逐・帰国という悲惨な結果に終った。(53) 開拓使はなおこの他中国人の皮鞣職人二人、通弁一人を雇傭しているが、このような中国人労働者導入政策が、幕末の西洋・中国複合経験の背景のもとに生れたことはかなり明らかだといえよう。幕末に西洋に赴いた人々は、太平洋の東西両沿海地帯でも、東南アジアでも、中国人が西洋人によって低賃金で肉体労働に酷使されている現実を知り、富国強兵の新構想のもとで、そのような政策にあやかることを提案していた。とりわけすでに見たように、薩摩藩の富国強兵政策の中心人物だった五代友厚が中国人労働者の導入をいち早く構想しており、創設期開拓使の幹部が薩摩出身者に独占されていたことを考えれば、幕末の西洋・中国複合経験と開拓使の政策とが関連していた可能性が高いのではなかろうか。

このような上海を窓口とした中国とのまた欧米諸国との貿易および情報収集に、幕府と諸藩とは互に対抗してしのぎを削った。そうした状況の中で幕府にとっては反幕府諸藩の密貿易を封じこめるために、中国との間に何らかの形で条約を結ぶことが緊急な課題となった。しかし、幕府側が中国に対する二世紀半にわたる「祖法」を大幅に変えるとしても、中国は日本に対して国を開くだろうか。中国に開国を促すには、どのような政策をとるべきだろうか。一八六五(慶応元)年、幕府はオランダ公使からの密告によって、長州藩が国禁を侵して米国と上海で武器の密貿易を行っていることを知り、外国奉行支配の官吏を調査のため上海に派遣した。

メンバーの一人杉浦愛蔵はすでに一八六四(元治元)年に遣仏池田筑後守使節団の一員として西洋と中国を見聞していた。彼が加わって起草された復命報告書は、中国政府の対日態度を分析した上で、その中国に開国をさせる見通しについて次のようにのべていた(「支那与御条約御取結方手続承り糾候始末覚書」『杉浦譲全集』一)。「一体支那人居儔尊大より御国之義者属国同様ニ見倣し候様ニも被存、其上海外各国与条約取結之者、可相成丈ケ差拒え候習風」であり、「仮令御国より北京江使節差遣候与も容易ニ調ひ可申見据無之」。さりとて長崎奉行と上海の道台との間で条約をまとめてみても、道台は「従来之弊風ニ而専恣貪利之挙動多く」条約に実効があるのは彼の在任中にとどまり、また道台の管轄は限られているから条約の効力は地域的にも制限されるとする。そのような手づまり状況をさらに分析した上で、彼は次のような見通しと提案をのべる。

「篤与《とくと》一体之事情相探勘弁仕候処、厦門之賊勢弥以盛大ニ相成、官軍屢々敗続《(ママ)》および英仏之援兵も追々手を引き、何れにも仔細有之事ニ相聞、北京之都府も軍務多端ニ取紛候哉、遠境之県府迄者自然政令も届き兼候事与相見え、各県之道台自己貪利之処置而已いたし、名者道台与号し候へ共、絶而信用難相成様ニも被存、其上荷蘭コンシュル中聞候ニも三ケ年之中ニ者大変革出来可申趣、右事実者難計候へ共、何れにも不穏之事件可差起哉も難期候間、尚形勢御傍観之上御籌策有之候方可然被存候、尤一種之条約御取結之義者成否得失者差置、何分可然義与も不被存、但一隊之御軍艦を以て直ニ天津ニ廻リ、各国同様条約御取結相成、上海江者御国商船も御差遣相成候間、同所をはしめ其筋之官員被差置、居留地等も各国同様之振合を以て借受置候ハヽ、大変革等有之候節虚隙ニ乗し意外之御得算も可有之候」

厦門を占領した太平天国軍が勢いを増して清朝政府軍が敗北を重ね、同治以来清朝政府にてこ入れして内戦に軍事介入して来た英・仏軍も手を引き、三年のうちに「大変革」――清朝支配の崩壊であろう――が起るかもしれない。その「虚隙ニ乗し」て「意外之御得算」を収めるため、軍艦を天津に送って圧力をかけ、西洋各国なみの通商条約を結び居留地を獲得させようというのである。

この外国奉行支配の調査団の上海派遣はそもそも駐日オランダ公使の通報によって始められ、上海での調査は、道台丁日昌との折衝を含めて、全て上海駐在オランダ領事(T. Kroes)の手引きで行われた。引用にも明らかなように清朝統治崩壊の見通しもオランダ領事からの情報だった。そして天津に軍艦を派遣してその圧力によって開国通商を強要するというのは、この数年前、一八五七年、一八六〇年の二度にわたって英仏両国が行った砲艦政策の踏襲だった。杉浦愛蔵はこの後、一八六七(慶応三)年には、再び徳川昭武の一行に加わって西洋と中国とを見聞し、このような中国観をたしかめた。そして崩壊前夜の幕府にとって、実現の可能性を疑われるような、砲艦政策による中国への開国強要の構想は、明治新政権の日清修好条規締結の際にも存在し、その一部が実現された。しかしやがて見るように、清朝支配層内部には、この報告書にのべられるような、日本を中国の「属国」視する伝統を克服した新しい政治勢力が擡頭していた。明治新政権が、早発的な砲艦政策に全面的に訴えることなく中国との間に修好条約を結びえたのは、中国側の彼らが対日交渉の主導権をとったのによることが大きかったのである。

西欧・中国複合経験を通して開国と富国強兵を構想するにいたった人々は、このように西洋の中国観、中国政策の影響をうけてそれにならおうとした。しかし、彼らと西洋行を共にし中国経験を共有しながら、中国に対する態度、中国政策において彼らといちじるしく異なる人々も存在した。

幕末西洋行の一つの特徴は、中村敬宇のような幕府学問所の教官から諸藩の藩儒にいたる儒者たち、その他儒学を篤く信じる人々が積極的に参加し、同行しない儒者たちも彼らを通じて西洋を知り、中国の士人と交わろうとしたことだった。そのこと自体、西欧の衝撃に対する日本儒学の反応を、中国や朝鮮のそれと別つ特質の現われだったといえよう。こうして聖道を奉じながら西洋に渡った人々は、西洋という異質な世界の探索と理解にきわめて積極的だった。同時に彼らは、中国から西洋本国にいたるまで各地で接する中国人の社会に筆談によって深く入ってゆこうとつとめ、しばしば良質の筆談の記録――テープ録音の一八六〇年代版とも云うべきもの――を残した。彼らは同行の知的メンバーの中でも、その点で洋学派知識人と明らかに異なっていた。以下、彼らの、西洋同調派とは異なる、中国に対する態度、対中国政策を二つの筆談の記録からうかがおう。

第一は、一八六〇(万延元)年遣米使節団に、従者に身をおとして加わった仙台藩士玉虫誼茂の場合。ホノルルで知った広東省広州出身で、科挙受験を中途で断念して国外に出、薬屋を経営する潘麗邦という人物との筆談。

「現今文学之盛、唯貴国与我国耳。而近来洋学流入、大害聖道。貴国亦無係此患否。玉誼

現下文学、惟我国与貴国同。而西洋之学大悖倫常、殊不足取。所慮、近世人心厭常喜新、間有附和。是亦世道人心之変、秉聖教者堪為感慨。麗邦

大然。玉誼

…………

近聞、貴国与英夷有争闘之事。先生審知之否。玉誼

逆夷起衅始末僕已詳聞。真所謂目撃而心傷者。蓋戎狄之人性等虎狼、立心残忍、其与聖道毎々相左。近聞、于本春在天津北河地面変仗。未悉真否、俟有家報、始知真実。麗邦

貴国尚如此。我国自去歳夏六月、開互市於武州横浜港。黠夷之跋扈不可勝言、後来之害不可計、是予所以深歎也。玉誼」(玉虫「航米日録」)

ここには、日中両国の「聖道」と「文学」の共有をもとにした連帯感と、「戎狄」の軍事的侵略・通商と「洋学」の危険に対する同憂を明らかに見てとることが出来よう。

第二は、浜松藩儒名倉予何人《あなと》の場合。彼はすでに一八六二(文久二)年の千歳丸の調査団に加わって上海を訪れ、筆談によって、城内の中国人官吏・士人と親しい交わりを結んでいた。名倉はその二年後一八六四(元治元)年横浜鎖港交渉のためのフランス派遣池田使節団に加わって途中再び上海を訪れ、先年親しい交わりを結んだ読書人の一家を訪ねた。その旧友の父王仁伯との筆談記録には次のようなやりとりが記されている。

「此番到西洋有何事　仁伯

……我　帝王悪洋虜仇讐不啻也蓋所以有此行也

後日能我中国同心滅此悪類乃大幸也　仁伯

兄言大善」(名倉・高橋「航海外日録拾遺筆話」甲子正月初八日の項、京都大学文学部蔵写本)

元来名倉が、上海で中国士人の間に筆談によって深く入っていったのは、「聖道」を奉ずるものとして、西洋諸国の軍事的・文化的脅威に対する憂慮を共にする者を求めてだった。そうして出会った同憂の士との間では、このような日中共同の攘夷が語られていたのだった。名倉はさらに、パリにおいて、フランス政府との交渉と西洋見聞の結果、横浜鎖港の使命を放棄して帰国し「西洋ノ時情ヲ委曲上言」(名倉・高橋「航海日録」)するという、正使池田筑後守の開国論への転換を聞いた日、日録に次のように記した。

「吾輩窃カニ按ズルニ方今吾邦ノ形勢ハ何レニモ洋虜ト一戦セザレハ已ムマジキナリ若シ洋虜ト戦フ事モアル折ハ応援ヲナスノ国ナクンバアルベカラス幸ニモ支那ハ固ヨリ我邦と唇歯兄弟ノ国ナル故ニ之ト交リヲ結ヒ旧盟ヲ

尋《つ》ギテ共ニ犄角ノ勢ヲナスニ此カズト思ヘリ勿論朝鮮トモ深ク交リヲ結ビテ声援ヲナサシムベシ」(同前)

彼は同時にこのような立場からの意見書を正使に奉った。後に見るように、名倉は、明治政権成立直後の外務省に出仕し、このような立場から日中両国の国交樹立をはかろうとした。日清修好条規の締結の交渉も、彼の王仁伯への斡旋依頼からいとぐちがつけられたのである。

一八七〇(明治三)年の予備的接触から七三年の批准書交換にいたるまでの日清修好条規締結交渉は、西欧列強の対アジア政策への同調から日中提携による西欧列強への対抗まで分化していた、中国に対する態度と政策が、次第に前者に収斂してゆく過程だった。同時に、日中両国の士人の間に織りなされる、外交交渉という形の初めての緊密な直接接触の中に、幕末を通して日本の士人の中国の相手方に対する理解がどれだけ実態に見あっていたか、またいなかったか、事実によって明らかにされるにいたった。この過程と幕末の西洋・中国複合経験との関係を細部までたどることは難しいが、出来る限りこの点に焦点をあわせて日清修好条規締結の過程を概観したい(54)。

明治新政権成立直後の外務省には、当然のことながら、旧幕臣を含めて、西洋経験を有する人々が集められていた。寺島宗則、津田真道、花房義質、馬渡俊邁らがそれであり、彼らにまじって名倉予何人の名も見られた。彼らの多くが、日中国交樹立のための中国派遣使節団に加わったし、津田と花房とは、日本側案文起草の任に当ったのである。

一八七〇(明治三)年、外務省が、中国との修好通商条約締結の交渉にのり出すことを決定した時、省内にはこの課題をめぐって二つの立場が対立していた。かりにそれを西洋志向派と中国志向派と呼ぼう。両者の構想と対立点は相次いで提出された二つの意見書に明らかである。先ず、西洋志向派として外務権少丞宮本小一郎の「支那通信議案」。

「支那へ通信スルニ英仏等ノ内彼地ニ在留スル公使へ紹介媒酌ヲ頼ムヘシト又日本ト支那トハ同臭唇歯ノ国柄ナレハ突然通信ノ義ヲ申入ル、方可然ト二議アリ日本ノ国体ヲ立漢学者ノ口ヲ防クニハ第二ノ説ニシカズ彼国ニテモ恐ラク西洋諸州ノ紹介ヲ受ケ来ルヲ快トセザルベシ然レトモ是迄清国トハ漠然交通セス相互ニ一使介ヲ走ラセシ事ナキハ万国共ニ知ル処ニシテ日本ニ来住スル支那人ノ処置モ条約未済国ノ取扱ニナシアルナリ然レハ情味ニ取テハ骨肉ノ思アルトモ交際ノ儀式ヲ表立論スル時ハ西洋各国ハ旧友ニシテ支那ハ他人ナリ今日交際ノ条理ヲ逐テ正明公大ニナリ亜細亜ノ諸州トイヘトモ欧羅巴ノ公規ニヨラサルヲ得ス然レハ仮令支那ノ事情ハ西洋人ヨリ詳悉ニ心得居ルトモ一通リノ媒酌ハ英仏ノ内ヘ依頼セサレハ始終不都合ノ事アルヘシ

…………

条約ノ体裁

既ニ通信シタル上ハ交際ト貿易ノ条約ヲ立サルヲ得ス此条約ヲ立テルハ窮屈ノ事ナレハ兎角曖昧タル事ニナシ置度所存ハ日本支那両国ノ人情同ジク然ル様子ナレドモ傍ニ西洋人アリテ其曖昧タル処置ヲ窺知リ其例ニ習ワン事ヲ乞ヒ是ヲ拒ミ支那日本ハ兄弟ノ国ナレハ特例ナリト云フトモ西洋人決シテ承知スマジケレハ必ス両国トモ大害ヲ引出スニ至ルベシ故ニ条約ハ矢張厳重ニ立置内々別段ノ懇意ヲ尽スハ格別ノ事ナリ扨其体裁ハ矢張西洋各国ト支那ト結ヒタル通リニ随フベシ……右ノ手続ナレハ此条約ヲ結フハ易ニ似テ実ハ難シ漢学者ノ論ト西洋人ノ横合論トヲ防ガネハナラヌナリ此ノ如ク難ケレハ突然勅使ヲ遣サルヨリ小使ヲ差シテ彼ノ書類其外ヲ取集メ暫ク評議ヲ尽クシテ後使節ヲ遣ワサルヘシ」(『日本外交文書』三)

宮本の意見書で「漢学者ノ論」として批判された中国志向派の立場をまとめたのは、もと浜松藩士名倉予何人、今、外務大録名倉信敦の「清国交際拙議」だった。

「清国交際は

皇国にて卓然として特使を被差遣候方可然又英法等の紹介にて清国と交誼を取結ふへきの説あり管見にては断然として然るへからさるなり

一………

皇国にて支那と交を締ふ事は西洋諸国の好まさる処なり其不可一なり
一西洋諸国にて我隣交を不好とき大に通信の妨碍を為すへきなり然らは遂に我をして清国と交誼を締ふ事を得さらしむへし既に旧幕の時其事あり実に殷鑑不遠なり是其不可二なり
………
一皇国と清朝とは従来魯衛の政にして唇歯兄弟の国柄なり然るに特使を遣す事能はすして遠く数万里外の西洋に紹介をなさしむるは愚にして且迂ならすや是其不可四なり……」(同前)

その後、おそらく外務省の方針として、宮本の主張する、「勅使」――名倉の「特使」――ではなく「小使」派遣をという案が採用された上で、名倉の意見が求められたのだろう。それに対する彼の答申書は、「清国交際拙議」を補って具体化している。

「　支那航海手順の事
………
一上海着船の節即刻上陸清国官員の家を東道の主と致すへき事
………
　　先通信次通商の事
一皇国と清国とは従来唇歯兄弟の国柄に候間西洋各国の如く六ケ敷条約を省き彼此同国の交を締候清国の志に候
………
一通信を締候上は彼此の通商随意たるへき事
　　但通商条約の件々も自ら西洋は殊にすへき事
………

一欽差小使愈入唐の事に御確定の節は支那上洋の官員へ預一書差遣し東道主人差支無之様可致候事」(同前)
二つの立場の対立点は明瞭である。第一、日中両国の「魯衛ノ政」「唇歯兄弟ノ国柄」という伝統的親近関係を重視するか、新しい西欧国際法秩序を前提にして「西洋各国ハ旧友ニシテ支那ハ他人」と判断するか、これが対立の基本である。第二、従って中国との国交樹立についても、「西洋人の横合論」を防ぐためにも西洋諸国の仲介を依頼するか、西洋諸国が日中直接の国交樹立を好まず妨害するだろうことを前提にした上で、中国と直接交渉するか。後の立場をとれば日中の修好は、西洋諸国に対する連携した対決という意味をおびるにいたる。第三、条約の内容。西洋各国と中国が既に結んだ条約にならって詳細かつ明文で規定するか、修好だけの簡単な規定にとどめるか。第四、中国に対して直ちに「特使」を派遣して直接交渉に入るか、さし当り「小使」を送って調査をさせ、検討の上で正使を派遣するか。

この年七月東京発、一〇月帰着、上海経由で天津に往復した外務権大丞柳原前光以下の予備交渉の始終は、このような二つの路線の折衷だったといえよう。先ず「特使」ではなく正式交渉の命を受けない「小使」が派遣された。予め英・仏・米・蘭・独五国駐日公使に斡旋が要請され、結局全てがこれに応じたが、実際に仲介した様子はうかがわれず、後に柳原らが李鴻章と論談した際も、日中の「唇歯隣邦至厚友誼」のゆえに西洋公使の仲介という主張を押し切って来た、と申したてた。(55) また、既にこの斡旋の要請に先立って名倉信敦の答申に提案された、「支那上洋(上海の別称)の官員へ預一書差遣し東道主人差支無之様可致候事」が実行にうつされた。名倉信敦から、旧知の、日中提携して「洋虜」を攘うことを論じあった王仁伯に、道台はじめ地方官僚への斡旋を依頼する鄭重な書簡が送られたのである(『日本外交文書』三)。

上海に到着した一行が、道台と接触し、道台の仲介によって天津まで赴いたこと、外務卿からの総理衙門宛の書簡を手交するため入京を望んだ柳原らが、「古所謂大信不約」を理由に条約無用論を唱える在天津の三国通信大臣成林に阻止されたこと、しかし、政局の中枢に擡頭しつつあった洋務派の巨頭曾国藩、李鴻章と接触することによって局面を打開し、外務省からの指示に反して、現地で条約案を急遽起草して手交したこと等、この予備交渉にいたる過程は、これまでの研究で明らかである。この天津での予備交渉の全体にも、西洋志向と中国志向の二つの路線が交錯していた。一方では、柳原らの「和漢条約案」は、西欧国際法の原理に依拠し、中華帝国を中心とする伝統的な通信の関係、冊封秩序を根本から否定していた。しかしながら他方、三国通信大臣によって閉された扉を何としてでも開けようと李鴻章に訴える一行の発言には、日中提携による西洋列強との対抗という立場がはっきりと現われていた。一行はすぐ前に見たように、自分たちの中国へのアプローチの形式自体が西洋諸国の仲介を斥けた直接交渉であることを強調した。李の総理衙門宛公函によれば、

「日本委員柳原前光等……来見、礼貌詞気、均極恭謹。談次以英法美諸国強偪該国通商、伊国君民受其欺負、心懐不服、而力難独抗、雖於可允者応之、其不可允者拒之、惟思該国与中国最為隣近、宜先通好、以冀同心協力、擬俟貴衙門示下、再取進止等語(56)」

これによれば、日本の英・仏・米各国との通商条約は、それら諸国に強制されだまされて不本意であったが、単独では抗しきれなかったために締結したのである。中国と連携して西洋列強に対抗するために、是非中国との条約を結びたいというのが、李鴻章へのアピールの要点だった。この文章の冒頭はすでに、李鴻章が柳原らの真剣な訴えに心を動かされた様子を示しているといえよう。李はこれに続いて日本の開国についての彼の認識を次のようにのべる。

「鴻章前聞、日本与英法通商立約、簡厳特甚、海関不用西人、伝教不許開禁、既此二節、已杜許多後患。又購求泰西機器兵船、仿製精利鎗砲、不惜工本。勿謂小国無人」(同前)

そして、日本を「小国無人」と侮ってはならないということばに続いて、面談した一行五人中の名倉信敦に論及する。

「此来五人中有曰名倉信敦者、具道前数年屢至上海金陵敵営察看軍容、言之歴歴如絵、与之深談西事、似有大不獲已之苦衷」(同前)

李鴻章は、一行の中特に名倉の名を挙げる。彼は名倉の中国の要部上海・南京(金陵)の軍事情勢と西洋問題(「西事」)とについての意見に耳を傾け、それを高く評価したのである。五人の中、西洋に渡ったのは権小丞花房義質と名倉の二人、そして西洋見聞に匹敵するだけの中国経験を重ねている点で、名倉は花房にはるかにまさっていた。上海とその周辺を基盤に地方官僚を掌握し、対外交渉に関心をよせ、西洋技術を導入して擡頭しつつあった新勢力としての李鴻章に、日本人の中でもっとも注目していたのも、おそらく名倉だった。名倉のこのような西洋・中国複合経験が李の心を動かしたといえよう。李はこれに続いて、対日政策の基本認識をのべる。日本の中国文化の深い理解といい、中国は日本と連合してその外援となるべく、日本を西洋の外府たらしめてはならぬといい(同前)、李の主張は、柳原・名倉らのそれに呼応するものだった。前の引用にも明らかなように、彼は早くから日本の変革と開国に注目しており、その上で初めて日本人に出あって、このような政策を固め、条約を結ぶべきことを進言したのだった。

こうして「漢学者」名倉信敦を含む一行の日中連携論が、李鴻章を動かした結果、西洋諸国の仲介を排除した直接の条約締結交渉は、日本側の予想以上に速かに本交渉に進んだ。日中双方、特に中国側が条約締結に積極的になり本格的に取り組むにいたったのである。こうして、本交渉はまる二月もかからずに妥結した。しかし、逆説的にもこの本交渉の過程の中に日本側の対中国路線の大きな変化と、その中国認識が現実に引離されそれを後追いしている事実とがあらわになった。

中国との条約締結のために西洋流の砲艦政策を提唱した杉浦愛蔵の意見書(一四七頁)にもあらわだったように、日本側には、中国人は尊大で日本を属国視しているから、日本の平穏な国交樹立要求にはとうてい応じるまいという見方が広がっていた。また事実、この当時中国側では、朝廷に対して、華夷秩序を前提として、日本は伝統的に中国に対し冊封関係にある「臣服朝貢」の国だから、条約を結ぶべきでないという上奏が相次いだ。これに対して李鴻章は、歴史の事実に照して、日本は中国の属国ではないとし、開国後の日本の富強に注目して、「これを籠絡すればあるいは我が用となり、之を拒絶すれば則ち必ず我が仇とならん」(『夷務始末』同治朝、巻七九)という対日戦略にもとづいて、条約締結の必要を力説した。さらに李はこれと前後して、上海において長く対外交渉に当り、日本人との接触の経験をつんでいた署江蘇布政使応宝時らに、柳原らの「和漢条約案」の検討と対案の準備を命じた。

日本側においても予備交渉から本交渉に進む段階で大きな路線の修正が行なわれた。正式の外務省案を起草するために刑部中判事津田真道が本官のまま外務省出仕を命じられ、彼はさらに柳原前光とともに特派全権大臣伊達宗城の差副に任じられて、天津での交渉の中心となった。津田は西周らとともに幕府留学生としてオランダに学び、当時西と並んで西洋法制の権威として知られていたのである。他方この本交渉代表団からは、予備交渉グループの一員として少なからぬ働きをした名倉信敦の名が消えていた。条約案の内容も柳原らの「和漢条約案」から大きく変っていた。津田の「日本国清国隣交貿易和約章程案」は、一八六一(咸豊一一)年の清独修好通商および航海条約の、ほとんど引き写しであり、中国に対して西洋諸国と同様の不平等条約を押しつけようとするものだった。

中国側は、この新しい日本側草案の不当をきびしく批判した。日中両国は「同文同俗」「互に往来し、隣誼を厚くすべき唇歯の邦」であるにもかかわらず日本側草案は、「西人の約書を照抄し、唯一方向の体裁」である[57]。前年の柳原たちによって提出された「和漢条約案」からの立場の大きな転換といいちがいも追及の的となった。中国側はこの日本側草案を交渉の土台とすることを拒否し、かわって応宝時・陳欽が準備して来た草案を提出し、激しい応酬の後これが交渉の基礎とされるにいたった。これは、アヘン戦争後、一八四〇年代の西洋諸国との諸条約締結以来、中国が外国との条約締結交渉において、自から草案を準備し、それをもとにして交渉を進めた、初めての企てだった。

交渉は難行したが終始中国側がリードし、主要な争点については、ことごとく日本側の抵抗を押し切って中国側の主張が実現した。第一に、条約は、先に見た日中両国が、西洋諸国との関係とは異なる、「同文同俗」「互に往来」する「唇歯の邦」という特別な関係にあるという前提の下で、対等の条約とされた。西洋諸国との不平等条約の網にとりかこまれた東アジアで、二つの国の間にはじめて、このような前提のもとで相務・平等の条約が結ばれたのである。第二に、中国側は一八四〇年代の諸条約において、西欧国際法と条約関係への無知のゆえに最恵国条項を認めたが、それ以後これを否定することに力を注ぐにいたっていた。日清修好条規で初めてそれに成功したのである。第三に、条規第二条には、第三国からの「不公及ビ軽藐之事」があった場合の相互援助の義務が定められた。これは、既に見た、中国は日本の外援となるべく、日本をして西洋諸国の外府たらしめてはならないという、李鴻章の東アジアにおける大戦略を背景とし、応宝時と陳欽によって条文化されたものだった。それは柳原らの日中提携的態度に対する李の積極的応答をうけつぐとともに、日本側の、日中両国関係への西洋諸国の干渉――「西洋人の横合論」――への恐れを優先させる西洋志向的態度に対する、正面からの挑戦だった。

この規定は、日本側にとって大きな衝撃だった。そのため日本側は、一八七二(明治五)年批准交換に先立って柳原前光を三たび天津に送りこの第二条をはじめとする条約の一部修正を求めた。中国側はもちろんこれに応じなかった。一八七三(明治六)年、日本は外務卿副島種臣を送り、天津において日清修好条規の批准交換が行われた。この時日本側は、特に軍艦二隻を連ねて中国に赴いた。杉浦愛蔵が幕末に主張した、砲艦政策による中国開港という政策はこうして曲折の末形をかえて実現したといえよう。逆にいえば、その他の点では、この条約締結交渉は、中国側の圧倒的な勝利に終り、日本側の西洋志向路線は完敗を喫した。

この交渉にのぞんだ中国側を特徴づけるのは、第一に上海道台応宝時をはじめ「条約港の対外交渉専門家の頭脳を集めて」「事前の十分な研究と用意とをもって交渉にのぞんでいる」[58]ことであり、第二に、この「準備作業」と交渉自体との全過程を通じて、総理衙門と連絡をとりながらも、新興洋務派の指導者、曾国藩・李鴻章の強力な主導のもとに行われたことだった。現に、すでに見たように、西洋行の途次上海に立ちよった日本人の多くが、応宝時と接触した。応は西洋列強との交渉に熟達していたばかりでなく、これら日本人たちと交わって日本を理解することにつとめ、そのための基礎的な文献を求めまた贈られるほど熱心だった。それなのに日本側の応宝時についてのイメージは「支那自尊因陋の風習にとらわれ却って外国人に教督せられ……可笑至なり」(杉浦「航海日記」)といった旧態依然たるステロタイプを出ぬことが多かった。応宝時らをひきい、長江下流一帯に新しい対外・国内政策を展開しようとする李鴻章あるいはさらに曾国藩らの存在を認識する日本人は少なかった。曾・李が日清修好条規締結交渉の立役者になったという事実は、洋務派の勢力が対外政策決定の中枢にまで上昇して来たことを示していた。西洋行の途次上海を訪れた日本人たちは、上海を舞台にして擡頭しつつある彼らの動きをとらえきれなかった。中国官人の旧套墨守をわらった日本人たちの中国官人像の方が実は旧套を出ることがなかった。そのような歪んだ理解の蓄積という遺産に拘束されて、明治新政権の官僚たちは、李鴻章や応宝時たちの「籠絡」にとりこまれ手玉にとられるにいたったのである。

こうして幕末に西洋・中国複合経験をした者の間から、転換した世界像にもとづいて体制の変革と新しい対西洋政策・対中国政策の旗印をあげようとする者が現れつつあった時、同じ経験をした他の人々は、新しい世界像に理論的な表現を与え、それをもって人心の動向に働きかけようと企てていた。彼らの多くは幕臣であり、同時代でもっともすぐれた洋学派知識人だった。彼らは、自己の西洋・中国経験を通してえられた新しい世界像を理論化しようとつとめたが、その際、西洋とくに英・米両国で入手した、それらの国で広く読まれる世界歴史・地理についての書物に依拠することが大きかった。そして、これらの書物を通じて、十九世紀の西洋世界に広がっていた世界理解の新しいパラダイムが受容され、華夷的世界像にとってかわることになったのである。その著しい例として福沢諭吉と、西周・

津田真道らをはじめとする幕府派遣オランダ留学生団の団長内田正雄とをとりあげ、福沢については「唐人往来」と『世界国尽』とを、内田については『輿地誌略』を検討したい。

一八六〇(万延元)年の米国行、一八六二(文久二)年のヨーロッパ行と西洋経験を重ねた福沢が、その経験を理論化して、人心に働きかけようとした最初の仕事は、元治・慶応の交にかけて、筆写で廻覧された「西洋事情」と「唐人往来」だった。「世界普通の道理」を信じて開国し国際社会に参入することを説く「唐人往来」は、中華的世界像にかわって、ヨーロッパ・アジア・アメリカ・アフリカ・オーストラリアの「五大洲」という構成と、「上国」としての米国およびヨーロッパ、「下国」アフリカ・オーストラリア、その中間の「アジア」という進歩の段階からなる、新しい西洋産の世界像を枠組としていた。中国はアジアを代表する国として、日本の逆モデルとして描き出される。

「亜細亜洲も随分よき大洲にて人の数も多く産物も沢山あり、小細工物などは世界中に名を売りたる程巧者に作り出し学問も出精し、中々亜非利加、澳太利の比類にはあらざれども、兎角改革の下手《へた》なる国にて、千年も二千年も古の人の云ひたることを一生懸命に守りて少しも臨機応変を知らず、むやみに己惚《うぬぼれ》の強き風なり。其証拠には唐土《モロコシ》宋《そう》の時代より北方にある契丹《きったん》、或は金《きん》、元《げん》など云ふ国を夷狄々々と唱へ、そのくせ夷狄と師をすればいつも負けながら蔭では矢張り畜生同様に見下し、己が方には何の改革も為さず備もせず己惚許《ばか》り増長して、遂には其夷狄へ国も奪取れたり。其後度々代《だい》も替りて明朝《みんてう》に至り、其頃今の清朝は矢張り北国の韃靼《だったん》に居たるものなれば、明朝にては先々代《せん〳〵だい》の如く之を韃夷などヽ散々軽蔑したるに、又其韃夷に国を取られ、即ち今の清朝は昔の韃夷なり。然る処清朝になりては自国の近傍に夷狄と云ふべき国もなく、先年中、己が夷狄と云はれたることを今は早忘却して、今度は掛隔てたる西洋諸国の事を指して夷狄夷匪など唱へ、犬猫を取扱ふ様に心得、我儘ばかり働きし処、道光年中阿片《あへん》始末の節、英吉利より痛き目に逢ひ償金など出して漸く中なをりしたり。其後こそ心付き国内の政事兵備を改革し外国との附合《つきあひ》にも信実を尽くして不都合なき様にすべき筈なるに、又々性《しやう》も懲《こり》もなく四五年前天津《てんしん》と云ふ処にて英吉利の軍艦と取合《とりあひ》を始め不都合の始末にて、遂に英吉利、仏蘭西申合せ、大兵を指《さし》向《む》けて北京《ぺきん》へ攻入り、咸豊《かんぽう》帝は韃靼へ出奔し餓死同様見苦しく落命したり。是れ皆世間知らずにて己が国を上もなく貴き物の様に心得て、更らに他国の風に見習ひ改革することを知らざる己惚の病より起りたる禍なり。言語道断、風上にも置かれぬ悪風俗、苟《かりそ》めにも其真似をすべからず。兎角亜細亜洲には此風俗あるゆゑ能々《よく〳〵》謹むべきことなり。……唐土など此道理〔「世界普通の道理」〕を知らず、何でもかでも外国人は無法なるものと思込み、伊勢参宮の田舎者が宿引を疑ふやうに、深切にさるれば底気味悪く思ひ、理屈を云ふて聞かすれば無理を云ふと思ひ、一から十まで疑心許りに凝り固まり、互の実情は少しも通ぜず、既に唐土阿片始末の節も、いよ〳〵阿片が国の害をなすならば、先づ国中に阿片煙草はふかすことならぬと法度《はっと》を出し、其訳を英吉利へ篤と掛合ふて積《つみ》渡《わたし》を差留むるやう道理づく談判せば、英吉利にても他国の害になることを構ひ付けぬ理屈はなし、必ず穏に談判も行届きたる筈なるに、林則徐《りんそくじょ》と云ふ智慧なしの短気者が出て自分の国中に法度を出すことは先づさて置き、うもすも言はず英吉利より積渡りたる阿片を理不尽に焼捨て、扨夫れより英吉利にても大に立腹して果ては師となり散々痛め付られたり。今日に至るまで世界中に英吉利を咎むる者はなくして唯唐人を笑ふ許りなり。是れ全く唐人が世間見ずにて道理を押立つることを知らざる己が不調法なれば自業自得、誰に向て愚痴の述ぶべきやうもなし」(『福沢諭吉全集』二)

ここに描かれた中国は、中華を誇りながら、その自国中心思想《エスノセントリズム》と伝統主義ゆえに、かつての文明の座からずり落ちてゆく老大国である。アヘン戦争からアロウ戦争にいたる西洋列強との交戦と敗北も、もっぱらこのような中国の悪弊が自ら招いたほとんど当然のむくいとして描かれている。小論でも度々ふれたように、林則徐は、幕末日本の多くの士人に、危機に瀕した祖国を支える忠臣として仰がれていた。ところが「唐人往来」では、彼の清国内における徹底的な阿片追放という事実に目をつぶり、林則徐を「智慧なしの短気者」に矮小化している。咸豊帝の熱河蒙塵と離宮での客死という清朝の危機は、福沢をはじめ、幕府の一八六〇年の遣米グループ、一八六二年の遣欧グループのメンバーが西洋行の各地で、西洋の情報源から最新の中国情報として聞き、強い衝撃を受けた出来事だった。だが「唐人往来」の記述には、福沢自身を含め、彼らがそのような清朝の危機とともに聞き知って注目した、咸豊帝死去をうけて展開した同治の中興の新しい動向は全くふれられず、中国像は暗黒一色に塗りこめられていた。

一八六九(明治二)年、明治新政権が成立し開国和親が宣言された直後、福沢は「日本国中の老若男女」に新しい世界を理解させるために『世界国尽』を刊行した。『世界国尽』は刊行とともに超ベスト・セラーとなり、同時代の日本人の世界理解に大きな影響を及ぼした。そこでは、中国は次のように描かれていた。

「支那《カラ》」は「亜細亜」の一大国、人民おほく土地広く……そもそも「支那」の物語、往古《ムカシ》陶虞の時代より年を経ること四千歳、仁義五常を重じて人情厚き風なりとその名も高かく聞えしが、文明開化後退去《アトズサリ》、風俗次第に衰て徳を修めず知をみがゝず我より外に人なしと世間知らずの高枕、暴君汚吏の意にまかせ下を抑へし悪政の天罰遁るゝところなく頃は天保十二年「英吉利国」と不和を起し唯一戦に打負て和睦願ひし償《つぐない》は洋銀二千一百万、五処の港をうち開きなをも懲ざる無智の民、理もなきことに兵端を妄に開く弱兵は負て戦ひまた負て今の姿に成行しその有様ぞ憐なり[59]」(『福沢諭吉全集』二)

礼儀の国として知られた古い文明国が、進歩とは逆に退歩し、専政と自己満足的なエスノセントリズムのゆえに、西洋諸国に対し理のない争いを起して「天罰」の敗北を重ねる。これは、十九世紀中葉以降英米に広がった中国像のステロタイプを反映していた。『世界国尽』のこの部分は、挿絵にいたるまで、福沢が西洋で入手した「『パーレー』の……万国史」(*Universal History on the Basis of Geography*)や「亜版「ミッチェル」地理書」(*Mitchell's School Geography*, 1866)に拠っていた。さらに、『世界国尽』附録には、ミッチェルの地理学教科書を忠実になぞった世界史像が記されていた。それは、歴史を「渾沌」、「蛮野」、「未開」、「文明開化」の四つの段階を順次通過する単線的な進歩としてとらえ、その上でこの四段階を同時代の世界の五大洲に分布する五つの人種に対応させていた。その意味で文明の進歩の時間と五人種の空間的分布とが一致していた。それはおそらく、あるいは東まわりで世界を一周し、あるいはエジプト経由でヨーロッパに往復した人々の経験に強く訴えるものだった。

最後に内田正雄の『輿地誌略』(一八七〇年より刊行)。『世界国尽』の翌明治三年から刊行され、全一二巻(第一〇巻以降は西村茂樹によって完成)に及ぶ本書は、『世界国尽』に比べてはるかに本格的な学術書だった。そのようなものとしてこの本は、福沢の『西洋事情』、中村敬宇の『西国立志編』とともに、明治の三書と称され、新しい世界像を同時代に広める上で大きな役割を果した。『世界国尽』に比べて本書では世界像ははるかに体系的に展開され、その中の中国像もより詳しくなっていた「支那《チャイナ》《シナ》」は次のように描かれていた。

「国民ノ作業ニ於ケル往時ヨリ文化開ケ器械工織等ハ西洋ニ先チ隆盛ナル所ナリ又書籍ヲ印行シ及び磁石ヲ用フル事業ノ如キ欧羅巴ヨリ遥カニ先ツテ之ヲ発明セリト云フ……国民ハ耕作、蚕業、販売、漁樵ヲ勤メ殊ニ文学ヲ貴重シ勉励シテ之ヲ講習ス故ニ経史詩文ニ通シ文字ヲ知ル者ヲ君子ト称シテ尊敬シ文学有ル者ヲ撰挙シテ之ニ官ヲ授ク且風俗古ヨリ礼譲ヲ重ズト雖モ徒ニ虚飾ノ末ヲ趁《お》フテ細礼ニ区々トシ加之数千年来君主専治ノ政令ニ基キ下民ヲ駕御スルガ故ニ、開化ノ風教世ヲ追テ逡巡シ、国民ノ智覚モ亦随テ消滅ス。且其民情一般ニ詭詐狡黠ニシテ頑固俗ヲ為シ、罪人随テ多ク、残忍ノ風習言フニ忍ビザル者アリ、又古ヲ貴ミ今ヲ賤ミ、自ラ尊大ニシテ中華中国ト称シ、外国ヲ視ル夷狄禽獣ノ如ク、屢信義ヲ外国ニ失ヒ、其汚辱ヲ蒙ルト雖モ、依然トシテ旧習ヲ固守シ、海外ノ形勢ヲ察シテ自ラ一変スルヲ知ラズ。故ニ国勢振ハズ政令行ハレズシテ、数千年前ノ開化ノ域ニ止リ、進歩セザルノミナラズ、次第ニ却歩シテ、其人情陋風俗ノ日日ニ衰頽スルヲ見ル〇支那人ハ風俗賤陋ナリト雖モ其善ク労苦ニ堪フルヲ以テ洋人之ヲ雇テ奴隷トシ東洋諸邦一般ニ之ヲ使役スル者多シ又印度地方ニ於テ支那人ノ遷居シテ市街ヲ為スモノ夥シ」(巻二、亜細亜洲)

中華思想に対するイデオロギー暴露という、『輿地誌略』における中国論の基調は、『世界国尽』のそれと共通している。さらに『世界国尽』には見られなかった、中国人がアジア各地で西洋人に「奴隷」として雇用されているという記述は、西力東漸の跡をたどって西洋に赴いた者の深刻な記憶を喚び起しただろう。また中国の古い文明が「却歩」して西洋文明と先後逆転するにいたったという歴史の総括もまた、中華と夷狄＝西洋とが所をかえる経験をした者の歴史感覚に訴えただろう。『輿地誌略』の中国の部は、主として「ウエルス、ウリヤム氏ノ支那国誌」――Samuel Wells Williams, *The Middle Kingdom; a Survey of the Geography, Government, Education, Social Life, Arts, Religion &. C. of the Chinese Empire and its Inhabitants* 2 vols., New York and London, 1848 に拠っていた。ウィリアムス(一八一二―八四)は、アメリカン・ボードの宣教師として長く中国で活躍した、米国のもっともすぐれたミッショナリ・シノローグで、*The Middle Kingdom* は、このような中国在住の経験をもとにした百科全書的な大著であり、十九世紀を通じて英語による最も権威ある中国研究書として、英国のF・デヴィスの *The Chinese* と双璧をなしていた。

そして、『輿地誌略』もまた、『世界国尽』と同様に、世界歴史を四段階を経過する単線的な進歩としてとらえていた。中国はペルシアやトルコとともに「半開《ハーフシフィライスト》」段階に配当されていた。半開の民においては、

「農工商等ノ業共ニ行ハレ技芸文字ヲ講習シ他国ト貿易ヲ営ミ品物ヲ製シ土産ヲ出シ礦山ヲ開クヲ知リ且礼義ヲ重スル風習有リ未開ノ民ニ比スレハ其開化遥カニ高等ノ域ニ進ミシ民種トス支那、比耳西亜《ペルシア》、土耳其《(ママ)》等ノ如キ是ナリ然レトモ半開ノ人民ノ固有スル習俗ハ皆古ヲ貴ビ更ニ開化ニ進歩スルヲ希ハズ必ズ其自国ヲ以テ第一トシ他国ヲ以テ夷狄ト名ケ己ニ勝ル事アリト雖トモ之ニ倣フ事ヲ知ラス貴族ハ平民ヲ蔑視シ男ハ女ヲ卑ミ人情ニ戻ル少ナカラズ理学ヲ講窮セズ虚誕ニ惑溺シ知識乏シク器械粗ニシテ無益ノ人力ヲ労シ虚飾ヲ貴ビ事情ニ遠ク人情交際其陽ハ温厚ナレドモ其陰ニハ残忍ナルモノ多ク都テ古来伝受ノ儀式体裁ノ外切実ナル事ヲ知ラズ又半開ノ民ニ於

テ一般ナル事ハ君主政府ニ於テ専ラ威権ヲ擁シ国民之ニ参与スルヲ得ズ是文明開化ノ民ト大ニ区別有ル所以ナリ」(巻一、総論)

先に見た、巻二における中国についての記述は、「半開ノ民」についてのこうした総論的な記述(巻一)を敷衍する体裁になっていたのである。

そのような世界歴史＝地理書として、広く全国各地で教科書に採用されて明治啓蒙の基調を作る上で大きな役割を果した『輿地誌略』は、三宅雪嶺の回想によれば、「識らず知らず支那を軽んじ欧米を重んじ、圧制を憎悪し自由を尊重するの風潮を高むるにも与かる(60)」役割を演じた。

『世界国尽』や『輿地誌略』は、幕末に西洋・中国複合経験の衝撃をくぐった人自身の、世界像とその中に位置をしめる中国の像との転換を総括し理論化するとともに、学校の教科書としてベスト・セラーとして広く読まれることによって、そのような世界像の転換を同時代全体にうながすものだった。中華夷狄的世界像は文明の単線的進歩の諸段階という世界史像にとってかわられた。中国は文明世界の頂上から「半開」段階に引きおろされ、逆に西洋世界は夷狄から文明へと上昇した。西洋の文明世界と「半開」の中国世界とはあらゆる面で対照的に描かれていた。開かれた社会と閉じた社会、進歩と停滞、改革と尚古、自由と専制、等々。

五　むすびにかえて

一八五八(安政五)年に米国をはじめ西洋諸国と修好通商条約を結び、一八六〇(万延元)年に批准交換の使節を米国に送ってから、一八七一(明治四)年、日清修好条規によって中国との間に新しい国交を樹立するまで、西欧型国際関係に編入された日本と西洋諸国との交渉が活潑化する一方で、隣邦中国との関係は、古くからの「通商」の関係にとどまり、西洋諸国との交渉の華々しさに比べれば影が薄かった。従って研究史においてもまた、西洋との交渉についての研究が光をあびているのに反し、研究はほとんど一八六二(文久二)年の千歳丸上海派遣にかぎられ、質量ともに貧しい。この一〇年余の日中関係はそうした二重の意味で薄明状態にあるといえよう。しかし、日本の中国像はこの間に大きな変容を始めていた。この時期は日本の中国像、中国に対する態度における大きな暗転の時期だったのである。

この時期を通じる日本と西洋世界および中国との関係は、いわば三角関係をなしていた。日本は、西洋世界との政治的経済的折衝でも文化接触でも、中国の阿片戦争からアロウ戦争にいたる敗北という経験の「殷鑑」と、中国産の西洋世界への手引書――その多くが中国在住の西洋宣教師の活動の産物だった――とによって予め準備することが出来た。逆に日本の西洋「探索」行は、その全行程にわたって、さまざまな形で中国を知る旅でもあった。この時期を通じ、日本にとって中国との直接接触とともに――おそらくそれ以上に――西洋行の中で中国に接する経験、小論でいう西洋・中国複合経験が大きな意味をもっていた。日中交渉には、西洋が深く介入していた、あるいは日中交渉は西洋によって媒介されていたといえよう。そのような歴史的背景のもとでの中国像の変容過程と新しい中国像とは、どのような特徴をもっていたか――どこで何をどのような文脈で見聞したか。そのような経験をどのように解釈したか。二つの面から検討してむすびとしたい。

1　西洋に赴く日本人が見聞したのは、第一に、巨大かつ多様で、急激に変りつつある中国の、ごく限られた、また特殊な一部分だった。彼らが中国で訪れたのは広大な大陸のうちの沿海地帯の開港地と西洋の植民地とにとどまった。第二にそれは、中国社会のもっとも悲惨な部分だった。第三にそれは、西洋世界にとりこまれ、あるいは西洋世界と対照をなしていた。条約港上海は、絶え間ない戦乱のおびただしい難民が吸収能力をこえて流入した旧中国の暗黒面だったこと、しかもそれは、西洋租界の西洋の力と富を威圧的に誇示する植民地文化とむきあい、それにとりこまれようとしていたことは、これまでに見たとおりである。英国直轄植民地香港も、東南アジア各地の華人社会も、西洋行の便船という小社会も、これのバリエーションだったといえよう。幕府や諸藩の公式使節は云うまでもなく、有志として西洋に赴いた者も一方では中国社会の最暗黒面に接し、他方では西洋人によって西洋文明のショウ・ケース的な部分を引きまわされた。彼らが西欧で、初めて目のあたりにした孔子の聖像、皇帝の錦衣、経子史集の典籍等は、中国文明の精髄だった。しかしそれらもまた、西洋が掠奪した戦利品であるか、西洋のすぐれた学問の対象としていわば知的に領略されたものだった。それらは、あるいは軍事力によってあるいは知的力によって支配され、西洋世界の中にとりこまれていたのである。

2　巨大複雑で急激に変化しつつある中国の中で日本人たちが経験したこのような事実について、次の問題は、彼らがそれをどのように解釈しどのように意味づけたかである。異なる社会に初めて接した者は、しばしば、その経験が初めてであり、線や面ではなく点のように限られたものであればあるだけ、強い新鮮な感動を受け、それをその社会全体のことに一般化しようとする。その国との接触が旅行者型から視察者型へ、さらに滞在者型、生活者型へと深まり、その社会の経験がいわば点から線へ、さらに面へと広がるにつれて、そのような感動に動かされた短絡的な一般化は影を薄めて、その社会の多様さ複雑さをより深くとらえるようになる(本書第Ⅰ章参照)。西洋・中国複合経験の場合もそうだった。たとえば一八六七(慶応三)年、上海・香港経由でパリに向った徳川昭武一行の随員渋沢栄一の場合。上海について。

「上海は……西洋諸国商人の出店も多くあれバいと賑はしき土地なれとも支那従来の街衢は狭隘ニ而甚汚穢を究む就中上海城といふ城中の市街は酒肆肉舗の類の多けれバ臭気堪難し土人は陋劣ニ而然も浮薄の体あり非人乞食の類多し本邦の政態も一斑を見て推計るへきを覚ふ」(「御巡国日録」『渋沢栄一滞仏日記』)

上海に次いで香港に寄港するとそこでも対象こそ異なれ、同じような反応が現れる。渋沢は英国の刑務所に案内された印象を次のように記す。

「英国獄舎の宏壮に而行届ける様且其罪人に各其業を営ましむる処置等の遺漏なきに一同感し入りぬ其一端を見ても本国の富強なる推て知るべし」(同前)

経験や情報をどのように解釈し意味づけるかという問題にはさらに、経験や情報の通路・メディアの役割が関連する。西洋行の途中で中国経験をした人々は、中国を経験する場合にも、西洋人に手引きされ、西洋の側から近づいた。上海を訪れた人々は、西洋諸国の船にのり、西洋の租界に宿をとってそこから県城を訪れ、道台を訪問するにも西洋の外交官や商人に案内され、彼らから説明を聞いた。先に見た、オランダ公使の説明によって中国の政治動向を予測し、西洋諸国にあやかった砲艦政策による開国要求を構想した、杉浦譲の意見書は、そのような中国理解の極みと言えよう。また彼らが西洋本国で接した新聞の中国報道、とくに外交官の中国情報は、日本の中国との接触ではえられないような、最新で、清朝支配層の内部までふみこんだ、包括的なものだった。しかし、その場合、たとえば、一八六〇年の英仏連合軍の天津・北京進攻、咸豊帝蒙塵という事変についても、あるいは、一八六二年の太平天国軍の寧波占領に対する反攻を転機とした、英・仏両国の内戦への軍事介入についても、事態はもっぱら西洋側の立場にしたがって解釈されていた。日本人たちはパリやロンドンの各所で、中国からの戦利品に接していながら英・仏軍による円明園の破壊掠奪を頂点とする各地での蛮行について聞いた様子はうかがわれない。日本人たちの中国の事物、中国についてのさまざまな経験や情報は、彼らに強い印象を与えたが、それら自体は、それぞれの現地やそれぞれの時点での、断片的なものだった。それを解釈し意味づける引照基準は、もっぱら西洋のそれに依存していたのである。

こうした、点のような中国経験を一つの中国像に統合する上で大きな意味をもったのが、『世界国尽』や『輿地誌略』に世界像構成のパラダイムを提供した、文明進歩の単線的発展段階という、西洋世界ことに英米両国を風靡した世界歴史＝地理論だった。この理論は西洋は全世界を貫く進歩の頂上であるという自己意識をもとにして、その文明の高みから全世界の諸国民、諸地域を俯瞰し、それらを包括し整序する歴史＝地理論だった(本書第V章参照)。中国と日本を軸とした伝統的な世界像が破れ、西洋中心の新しい世界の中に引きずりこまれて混迷する日本人たちを、この新しい世界像は、彼らの新しいしかし混沌たる経験を整序し統合する巨大理論《グランドセオリー》として、強くとらえた。そしてそのことはとりもなおさず、西洋の視座からの中国像・中国理解を、西洋にとりこまれた中国を見聞した人々の心に深く植えつけるにいたったのである。

西洋行の旅の中で中国を知った人々は、強烈な直接経験と、その経験を理解しまとめるのを助ける西洋産の手引きにうながされて、中国像を急速に変えるにいたった。しかし、新しい中国像は、これまでに見たようなその形成過程の特質からして、さまざまな面で、中国の現実から乖離していた。それは巨大かつ複雑で変化しつつある中国のきわめて限られた一面をとらえるにすぎなかったし、西洋の知的圧力をくぐることによって、ゆがみを帯びていた。従って中国のある面を鮮明にあるいは拡大してとらえるとともに、他の面を見落すにいたった。ごく簡単にいえば、西洋・中国複合経験を通じてえられた中国像には、地理的にも社会構造の面でも中国の内部がほとんどとらえられていなかった。そして、西洋＝進歩対中国＝停滞ないし退歩という世界像に制約されて、中国内部に起りつつある変化と新しい動きを充分に理解しえなかった。

一八六〇年から七一年は、アロウ戦争における英仏連合軍の北京占領、咸豊帝蒙塵の政治的危機、そして同治の中興が始められ終焉するまでの、清朝支配が動揺する激動期だった。この間に上海や香港とその周辺を基盤に洋務運動が展開し、洋務派さらに、最近の中国史学界の概念をかりれば、早期改革派が新しい勢力として擡頭しつつあった。西洋への往復の途上上海や香港に立ち寄った日本人たちは、ごく短い滞在の内にこうした動きの現われにある程度接してはいた。しかし、接した事実の底にこのような大きな新しい動きが始まっていることまではほとんど知ることが出来なかった。自己の他国についての像がその現実から乖離している場合、それを自覚しえずにその国に働きかければ、その国の現実から抵抗をうけるだろう。しかし、それでもなお、自己の他国理解と現実とのずれを自覚しえず、他国に対して働きかけるならばそれは時に、相手に強制を加えてでも、相手国についての自己の像に近い現実を作り出そうとするだろう。日清修好条規締結の交渉過程とそれ以降の日本の対中国政策の展開には、このような問題が現われているように思われる。

これまでに概観したように、日中交渉の薄明の時期、西洋・中国・日本の文化接触の三角関係を背景にして、日本人にとっての西洋・中国複合経験という独特な中国経験が生れ、その中で新しいしかしゆがんだ中国像が生れた。このような中国経験と中国像は、日本が帝国として確立し、清帝国が中華民国に変っても、一九三〇年代の終りまで再生産され続けた。このような特異な中国経験を生み出す交通路が帝国日本の社会制度の中に組みこまれて確立し、その背景のもとで、西洋・中国複合経験とそれに結びついた中国像の形成とは、さまざまに様相を変えながらも持続したのである。いうまでもなく、中国との国交の樹立によって日本から中国への渡航・旅行・居住はふえた。しかしそれをはるかに上まわる勢で日本から西洋世界へのそれも発展した。帝国日本のエリート層にとって西洋に渡る道と中国への道とが分れ、西洋に渡る者は中国を訪ねることなく、中国に赴く者はその逆という傾向が支配的になった。前の道はエリートとしての上昇の表街道に、後者は裏街道になったことはよく知られるとおりである。

その表街道の中心は、一方で北米横断鉄道他方でシベリア鉄道が開通した後もなお、上海・香港経由でヨーロッパに向うコースだった。この航路は、多くの日本人にとって、日本社会各界のエリートとして社会的に上昇するコースを意味するようになった。この航路によってヨーロッパに向うエリートたちに中国研究や対中外交・貿易の専門家は少なかった。彼らは、中国についてはアマチュアだったが、それにもかかわらず彼らが西洋世界を経験して、日本社会の中で出世をしたがゆえに、彼らが西洋行の中でえた中国経験と中国観とは、日本社会の中で大きな影響をもつにいたった。このような中国経験は、本章でいう西洋・中国複合経験の一変種としての、洋行型中国経験ということが出来よう。一九二〇年代から一九四〇年代にかけてのその著しい例を一瞥して、小論のむすびとしたい。

一九二七(昭和二)年二月、京都帝国大学助教授和辻哲郎は、文部省在外研究員として、道徳思想史研究のため、日本郵船白山丸の客となってドイツに向った。約四〇日の航海の船中からの見聞がきっかけになって一九三五(昭和一〇)年の名著『風土』が著されたことは、周知のとおりである。ようやく形をとり始めた『風土』の構想が雑誌『思想』に次々に発表された時、第一回掲載の基礎理論の考察に続いて発表された、第二回各論編の最初は、「支那人の特性」と題されていた。それは『思想』一九二九(昭和四)年七月号、小川琢治をはじめ各分野の中国研究専門家を集めた「特輯支那号」に巻頭論文として掲載されたのである。この部分は単行本『風土』がまとめられるに当って、「モンスーン的風土の特殊形態」の二類型の一つとして日本と並ぶ位置にすえられた上、一九四四(昭和一九)年の第一二刷に当っては、全巻でただ一箇所の大きな改訂を施され、一九四九(昭和二四)年の第一三刷に際してもふたたび改訂された。これらの事実だけからも、和辻の「ヨーロッパ土産」[61]としての『風土』における中国論が紙数の割合は小さいにもかかわらず和辻自身にとっても知識人の世界においても、大きな意味をもち、かつ同時代の現実と深くふれあっていたことがうかがわれよう。ここでは原型「支那人の特性」について、小論の主題との関連について、その特質を見ておきたい。「支那人の特性」の冒頭は次の一節で始められる。[62]

「自分の瞥見した支那は、上海、香港、シンガポーアなどの支那である。それらは最近一世紀足らずの間に欧米の資本主義が作り上げた欧米人の町であつて、支那固有の町ではない。しかもその「支那固有でない」町に於てちやうど「支那固有なもの」が最もあらはに現はれてゐる。一歩を進めて云へば支那固有でないこの種の国際的都市が支那の国土に支那の町として出現したといふちやうどそのことが最も著しく支那的なのである」(傍点原文)

和辻哲郎は、ヨーロッパ航路の定期船でこの年の二月二一日朝上海に到着した。一八六〇年代初めに日本人が寄港した上海が太平天国軍による包囲の重圧下にあえいでいたように、一九二七年、軍閥支配下の上海は国民党北伐軍の接近に脅え、その上内部からは周恩来指導下の共産党に組織された労働者の蜂起が危惧されていた。現に和辻が乗った白山丸はストライキのため出港がおくれて二日間寄港の予定が一日のび、そのため次の寄港地香港での日程は夜入港して翌日正午出帆というあわただしいものに切りつめられたのである。彼の中国本土見聞はこの間の船上からの観察と上海で一日、香港で二回の短い上陸が全てだった。けれどもその反面、和辻の場合にも、大英博物館で顧愷之の画巻(実は唐代の模本だが)の繊細にうたれ[63]、パリでも、ギメ美術館でシャヴァンヌやペリオがもたらした敦煌の仏像・仏画を始めとする仏教美術に対面し、国立図書館で敦煌の写真を見る[64]など、西欧帝国主義諸国の本国に集められた中国美術の精粋に接したのだった。

このような見聞を通して和辻は、「支那固有なもの」――欧米の政治的権力や武力の支配下においても「実に頑固に支那人である」その特質――を彼得意の「直観」によってとらえる。それは無政無法の自然状態に近い「物情騒然」の中でも全く感情を動かすことがない「無感動」であり、「無感動」の反面は、あくことを知らぬしたたかな「金銭追求」である。中国の民衆は「無感動的で利益の前に生命を賭し得る民衆」(「支那人の特性」)である。したがって和辻は、彼が上海で目のあたりにした反帝国主義運動も国民党の革命運動も、その本質は金もうけのための商売だと断じる。

「旗印としてはさまざまの新しい標語が用ゐられるが、然し例へば打倒帝国主義を掲げる日貨排斥は、レーニンの意味での資本主義最後の段階を倒壊せしめようといふ如き運動では決してなく、日貨販売に際して幾割かのコンミッションをせしめようとする一つの職業に他ならない。それは暴力の示威の下に行はれる点で、昔の諸侯が山上に城を構へ下を通る商隊から高い関税を取ったのと変りはない。政治家が民衆をひきゐて三民主義の下に社会主義的革命を行ふというのも、実は一つの資本家的企業である。何故ならばこの革命の主勢力たる民衆は、資本主義打倒のために結合したものでは決してなく、ただその労銀のために雇はれた労働者に他ならぬからである。彼らがその労働のために用ゐる機械は銃砲弾薬である」(同前、傍点原文)

このような中国人の「無感動的な性格」を作ったのは、一つには中国の「無政府的な社会の情勢」であり、さらにはその「国土」だった。中国の「国土」は「茫漠たる大陸」である。泥水を吐く揚子江、「茫々たる泥海」、大平野、それら全てが与える印象は偉大さではなくしてただ単調と空漠とである。このような「特殊な風土的負荷」からして始めて「無感動的な人間生活」は理解されうるのである。

そして「支那人の特性」は、日中双方の国民性の対比と両者抗争の見通しでもって結ばれる。

「かゝる性格の相違を我々は軽視してはならない。支那人は生活の芸術化を全然解せざる実際的国民であり、日本人は生活の芸術化をやり過ぎる非実際的国民である。その点に於て支那人は猶太人よりももつと猶太人的であり、それに反して日本人は、ギリシア人よりももつとギリシア人的である。日本人がその団結を失つて個人の立場に於て支那人と対するならば、日本人は到底支那人の敵でない。さうして支那人が勝つといふことは、人間性にとつては一つの退歩である」(同前)

この「支那人の特性」を表題を変えただけで収めた『風土』は、一九三五(昭和一〇)年から四四年までに一二刷を重ねた。第一二刷において「支那」の節だけに大改訂が施された。「事、風土に関する限り、直観ははなはだ大切なのである」(『風土』『和辻哲郎全集』八)という和辻は、これまでのもっぱら直観にもとづいた中国論を補うために中国研究書も(ただし、おそらく一冊だけ)参照した。そして、直接に見聞した上海・香港・シンガポール・ペナンと揚子江下流以外の地域についても、両漢より唐宋に至る間の繊細にしてきめ細かい芸術(同前)への注目からして、その母胎としての黄河文化圏の「黄河的風土」に初めて、簡単に論及した。日中両国の国民性を対照して中国人が日本人に勝つのは「人間性にとつては一つの退歩である」とした初出の結論も大幅に改められた。

「日本の文化は、先秦より漢唐宋に至るまでのシナ文化の粋をおのれの内に生かしているのである。シナ人はこれを理解することによって反って現代のシナに消失している過去の高貴な文化の偉大な力を再認し得るであろう。さうして現在行き詰まっているシナ的性格の打開の道をそこに見いだすこともできるであろう。

シナは復活しなくてはならぬ。漢や唐におけるごとき文化の偉大さを回復しなくてはならぬ。大東亜共栄圏はシナの文化復興を欲する。徹底的に米英の植民地に化する方針を固執するごとき財閥軍閥たちは、シナ民族自身の敵に過ぎない。シナ民族はまず米英の勢力をはねのけて自らの足場に立たなくてはならない。そこに偉大なるシナの復活が始まる」(昭和四年初稿、昭和一八年改稿)

和辻は、中国は中国自身からは失われて久しいが、日本文化の中に今日まで保存されている中国文化の粋を、日本から学びなおすことによって、中国の「文化復興」「偉大なるシナの復活」を、と訴えたのだろう。それは同時代の東亜協同体論や大東亜共栄圏の文化理論にも共鳴するものだった。

初出「支那人の特性」から改訂を経てその後にいたる和辻の中国の国民性論には「イデエを観る目」と評された彼の直観への強い自信とそれを裏付けるだけの鋭い把握能力があきらかである。反面、そのような直観も、それを制約する条件への自覚を欠く時、人をあざむくことがいかに大きいかもまた著しい。和辻もまた上海、香港、シンガポール、ペナンを通して中国を「瞥見」した。それらの都市の性格についての彼の理解は、一八六〇年代の西洋行の日本人に比べれば格段に深くなっていた。しかしそれでも、西洋優位の西洋・中国・日本の三角関係の文化接触の中で西洋と中国を経験をするという条件は、基本的な構造において一八六〇年代から持続していた。彼の明快な中国像も一八六〇年代のそれに、形成のプロセスにおいても内容においても、通じるものだった。そしてこのような中国論が中国研究の専門家からも批判を受けることなく、版を重ねたという事実の中に[65]、このような中国論に共鳴する読者層の存在と、このような中国論の影響の大きさとを見ることが出来るのである。

（1）　十七―十九世紀を通じる東アジアの国際関係と日中・日朝関係について、中村栄孝「大君外交の国際認識――華夷秩序のなかの日本――」(日本国際政治学会編『日本外交の国際認識その史的展開』、『国際政治五一』一九七四年一〇月)。また最近の新しい研究として、荒野泰典『近世日本と東アジア』(東京大学出版会、一九八八年)、濱下武志「東アジア国際体系」(講座『国際政治』第一巻、東京大学出版会、一九八九年)、同『近代中国の国際的契機』(東京大学出版会、一九九〇年)を参照。

（2）　中国から海外への人の移動については、斯波義信「華僑」(世界史への問い三『移動と交流』岩波書店、一九九〇年)および「在日華僑と文化摩擦」(山田信夫編『日本華僑と文化摩擦』巌南堂書店、一九八二年)によるところが大きい。特に「華僑を含めて出稼ぎがたんなる窮乏による下降移動(難民)と考えるのは早計」(「華僑」一八三頁)で、それはむしろ「社会の競争激化の反映」であり「学者、官僚、僧侶、道士のインテリから、商人、手工業者、運輸労働者、芸能人」までを含み、「華僑にインテリや亡命者が混じっているのは、このためである」(同前一八一頁)という指摘は啓発的である。本章であつかう、幕末西洋行途中の日本知識人と筆談で時事を慷慨し、西洋に対する連帯を論じる在外中国人の存在は、こうした社会史的背景からして始めて理解できるといえよう。またこの当時在外中国人に接した日本人が、かれらのこのような社会的・知的背景について、どれだけ正しく理解することができたかも、問題として浮かび上がってくるといえよう。華僑史について本章で参照した文献も、全て「華僑」論文の包括的な文献リストにふくまれるので、これにゆずる。

（3）　徳川時代を通じる華夷観および中国観については、井野辺茂雄『新訂維新前史の研究』(中文館書店、一九四二年)、植手通有『日本近代思想の形成』(岩波書店、一九七四年)二三五―二四四頁参照。

（4）　こうした中国および在華西洋人宣教師の著作の日本における大きな影響について、中山久四郎「東西歴史上の阿片に就て、附阿片問題」(『史学雑誌』二二編二号、一九一一年)、「近世支那の日本文化に及ぼしたる勢力影響」(一)―(八)(『史学雑誌』二五編一、二、七、八、一二号、二六編二号)、「近世支那より維新前後の日本に及ぼしたる諸種の影響」(同著『読史広記』一九三三年)、小沢三郎『幕末明治耶蘇教史研究』(亜細亜書房、一九四四年)、開国百年記念文化事業会編『鎖国時代日本人の海外知識――世界地理・西洋史に関する文献改題』(乾元社、一九五三年)、増田渉『西学東漸と中国事情』(岩波書店、一九七九年)などを参照。

（5）　「万延元年遣米使節年表」(『万延元年遣米使節史料集成』七)は玉虫誼茂ではないかとする。しかし、佐藤日記の記事と玉虫の「航米日録」の記述とは必ずしも一致せず、後考を待つ。

(6) 筆者が見たこの記事の筆写は全て六月一二日となっており、一連の戦闘が六月中の出来事であるように読めるが、恐らく誰かが八月とすべきところを誤記し、それを次々に転写したものと思われる。これを八月とすれば記事中の日付は全て大沽攻防のそれに一致する。

(7) 内容・文体から推して筆者はおそらく木村鉄太だろうと思われるが署名はない。

(8) 日本思想大系『西洋見聞集』二四九―二五一頁所収の「太平天国　庚申年　月　日」と記されたものが、これではないかと思われる。なお庚申は一八六〇年、太平天国一〇年である。

(9) リードとその条約改正交渉については、坂野正高『近代中国政治外交史』(東京大学出版会、一九七三年)二三八頁以下参照。

(10) イグナチェフについては、本章第三節で、文久二年遣欧使節団との関連においてふれる。

(11) 坂野正高『近代中国外交史研究』(岩波書店、一九七〇年)一九三頁参照。

(12) その他にも、益頭の「亜行航海日記」一〇日付、一七一頁には同じ新聞の九月一四日分が記されている。

(13) 『中外新報』とくにその創刊の年については、戈公振『中国報学史』一九三五(民国二四)年(一九六四年、学生書局再版)一〇二―一〇五頁による。玉虫の新聞記事抄録の内容の検討とそのもととなった新聞の割り出し及び伍廷芳については、もっぱら北海学園大学法学部藤岡喜久男教授の綿密な調査と御教示に負う。『中外新報』の創刊年については、なお一八六〇年説があり、また創刊と編集における、黄勝と伍廷芳との役割についても見方がわかれている。いずれにしても、現在、中国においても確実なことはわからないようであり、創刊年については、玉虫「航米日録」中の抄録と符合する一八五八年説をとった。一八四七年に最初の外国留学生団の一人として米国に学び、帰国後J・レッグを助けた黄勝も、宣教師の学校で学び、のち孫文を助けるにいたった呉廷芳も、王韜と同じサークルに属し、清末に西洋思想との接触の中で生れた新しいタイプの知識人の典型であり、思想的にも共通するところが大きかったと思われる。

(14) 十九世紀中葉、華南からペルー・キューバ向けを中心の「契約移民」の送り出しが活潑になった。これは実質上、奴隷貿易の変型であり「苦力貿易」(Coolie trade)として、ついには国際問題化するまでにいたった。「猪仔館」は誘拐された「苦力」を「苦力船」にのせるまで拘禁しておく監獄式の収容施設で、澳門のそれは特に悪名高かった。

(15) 文久二年遣欧使節の報告書「英国探索」にもこれがのべられている。日本思想大系『西洋見聞集』の注および解説、四九七、六五一頁参照。

(16)　いわゆる「本地」と「客家」の「械闘」を、このように後者の前者に対する圧迫のように見るところにも、記者の立場が現われているように思われる。いわゆる「土客械闘」の問題について、市古宙三『近代中国の政治と社会(増補版)』(東京大学出版会、一九七七年)七—八頁および中川学「華人社会と客家史研究の現代的課題」(戴国輝編『東南アジア華人社会の研究』上、アジア経済研究所、一九七四年)参照。

(17)　この点について、中国の改革から革命へのダイナミズムを、西洋の衝撃を受けとめる沿海地帯と後背地帯との二つの文化の間の相互作用から解明しようとするコーエンの試みは示唆に富む。cf. Paul Cohen, *Between Tradition and Modernity: Wang Tao and Reformism in China*, Harvard U. P., 1974. esp. Part IV.

(18)　杉浦はこの翌年一八六五(元治二=慶応元)年三月から翌月にかけて、上海における長州藩の密貿易について調査するため上海に派遣され、さらに一八六七(慶応三)年、パリ万国博使節の随員として渡欧、長短あわせて五回上海を訪れている。慶応元年の上海行の際には「上海探索出張復命書」「中国貿易調査書」の二篇を残しており、いずれも『杉浦譲全集・第一巻』に収められている。

なお幕府は、この慶応元年の調査団のほかに、中国との貿易および条約締結の可能性を探るため、一八六二(文久二)年、六四(元治元)年、六七(慶応三)年の三回、合計四回にわたって、上海に調査団を派遣した。この三回のいずれについても公私の記録が残されており、特に六二(文久二)年の官船千歳丸の一行のそれは質量ともに豊かである。小論に登場する杉浦愛蔵、五代友厚、名倉予何人や、その他小論ではふれられないが西吉十郎、森山多吉郎、小出千之助など上海派遣と西洋行と両方の経験を持つ者がおり、上海派遣使節の上海経験と西洋行グループのそれとの関連や比較は興味深いがここでは省略する。なお千歳丸の上海派遣と見聞記録については衛藤瀋吉「日本人の中国観——高杉晋作らの場合」(福島正夫編『仁井田陞博士追悼論文集第三巻　日本法とアジア』勁草書房、一九七〇年)、市古宙三「幕末日本人の太平天国に関する知識」(前掲書)のほか、最近のゆき届いた研究として、春名徹「一八六二年　幕府千歳丸の上海派遣」(田中健夫編『日本前近代の国家と対外関係』吉川弘文館、一九八七年)、および日本近代思想大系『開国』(岩波書店、一九九一年)がある。

(19)　佐原盛純は、金上佐輔と名のり、正使池田長発の従者となって遣仏の一行に加わっている。

(20)　坂野(9)前掲書一九一—九二頁参照。なおPaul Cohen, "Christian Missions and their impact to 1900", in J. K. Fairbank ed., *Cambridge History of China* Vol. 10, Cambridge U. P., 1978. が在中宣教師の文化的活動とその背景をなす宣教団

体の活動全般についての、近年の包括的研究として有益である。またこれらの「ミッショナリ・シノローグ」の個々の経歴や彼らの中文著作とその日本への流入および日本版について、詳細正確な点、今日においても、小沢(4)前掲書をこえるものはなく、これらの書物の日本での読まれ方と影響については、増田(4)前掲書が役立つ。

(21) 清、康熙帝の勅選、五三巻。中国伝統の数学と西洋から輸入された数学との集成・比較を行なった。

(22) 一八六四(元治元)年正月一三日付河田相模守・河津伊豆守・池田筑後守連署の陸軍奉行衆あて書簡。および同一二日原田吾一の藤沢肥後守・川勝光之輔あて書簡。日本史籍協会叢書『川勝家文書』。なお杉浦愛蔵の『奉使日記』正月一三日の項も参照。

(23) 村松伸『上海・都市と建築 一八四二―一九四七』(PARCO出版、一九九一年)は、上海についての最近の日本語文献の中で最も詳しく、建築と都市形成のほか上海の歴史の全般に目をくばっており、参照文献も豊富である。またこの当時メドハーストを助けて墨海書館で働いた上海生活をもとに記された王韜の『瀛壖雑誌』(一八七五年、上海古籍出版社復刻一九八九年)は、中国の改革派知識人による上海の歴史と文化の記述であり、上海を訪れた日本人のそれと対照的である。

(24) 原平三「徳川幕府の英国留学生」(『歴史地理』七九巻五号、一九四二年)。

(25) 名倉は、一八六二(文久二)年千歳丸の一行に従者として加わり「海外日録」「支那聞見録」「滬城筆話」「滬城筆話拾遺」を残し、その後一八六四(元治元)年の柴田剛中遣仏使節団に加わって「航海日録」「航海外日録 筆記」を記し、また一八六七(慶応三)年には幕府調査団に加わって中国内地を旅行し、その記録の中の「三次壮遊録巻三 筆話」が残っている。これらの中で「筆話」とあるのは、全て中国人との筆談の記録である(いずれも写本が京都大学文学部国史研究室に所蔵されている)。名倉の記録は量質ともに同行メンバーの記録中群をぬいており、かつ、春名徹氏によれば、一行の記録の中で同時代に流布したのは、おそらく名倉の記録だけである。春名(18)前掲論文五九四頁。

(26) 『日本外交文書』三所収の名倉から王仁伯への書簡には、王仁伯の住所や官位が記されている。名倉や高橋由一が加わった一八六七年の幕府調査団は王仁伯の家に長く滞在し、名倉の「筆記」のほか、高橋の「上海日誌」や王仁伯らのスケッチが残されている(いずれも東京芸術大学蔵、ただし筆者未見)。

(27) 王韜については前掲 Paul Cohen のすぐれた評伝 *Between Tradition and Modernity: Wang Tao and Reform in China*, Harvard U. P., 1974. を参照。

(28) Cohen, *ibid*., p. 61.

(29) なお「尾蠅欧行漫録」は、ホテルに訪ねて来た羅森に「誠中和正」と書いてもらったと記している。『遣外使節日記纂輯』二、二八二頁。

(30) 高島の日記「欧西行紀巻二十」。写本で、高島の旅先からの書簡を集めた「浪のおとづれ」(写本)と合冊されている。国立国会図書館蔵。なお羅森から「東洋行紀」を贈られた高島は、これを自分の「欧西行紀」に収録する計画だったようだが、現存の稿本には入っていない。日本の士人との筆談の記録を含む「日本紀行」は、現在『大日本古文書・幕末外国関係文書』「附録之一」に収められている。

(31) 羅森の来日と日本士人との交歓および「日本紀聞」の写本による流布については、増田渉「『藩清紀事』と『奥匪大略』」および「『藩清紀事』とその筆者」(いずれも増田(20)前掲書)に詳しく、最近の研究としては、斯波(2)前掲「在日華僑と文化摩擦」五八―五九頁、斯波「函館華僑関係資料集」(『大阪大学文学部紀要』二二、一九八二年)。加藤祐三『黒船前後の世界』(岩波書店、一九八五年)一一八―一一九、三五五頁および市古(16)前掲書一〇九―一一二頁にもふれられている。

(32) "Journal of the Second Visit of Commodore Perry to Japan", Chinese Respository Appendix, pp. 395-407. 斯波(2)前掲「在日華僑と文化摩擦」より重引。

(33) 同前。

(34) 尾張国小野浦村の水夫音吉——乙吉とする記録もある——の生涯を克明に辿った、春名徹『にっぽん音吉漂流記』(晶文社、一九七九年)は、音吉を軸にして幕末の日・中・西洋の交渉を考えるのに有益である。なお同氏は、元治元年の池田使節団も音吉に会っているとして、「田中廉太郎氏の書翰」(『旧幕府』一巻二号、一八九七年)を引かれるが、この表題の下にまとめられた手紙二通の中、音吉との談話を記するものは、注(30)でふれる高島祐啓の書簡とほとんど同文であり、『旧幕府』の編集上の手ちがいで、高島の書簡が池田使節団随員の田中のそれととりちがえられたものと思われる。

(35) なお高島は、これと同趣旨の手紙を、二月一日に、日本に送っており、写しが「浪のおとづれ」(注30参照)にあるほか、発信人の名を欠いているが、『夷匪入港録』一、二〇三―二一〇頁にも収められている。

(36) 発信者、宛先とも記されていないが、発信者は、外国奉行支配組頭、柴田貞太郎である。

(37) 「仏蘭巴里府より一ト先帰府仕候趣意柄申上候書付」(『幕末維新外交史料集成』六、一三五)一四六―一五八頁。

(38) ロニおよび彼とこの時期に渡欧した日本人との交渉については、松原秀一「レオン・ド・ロニ略伝」(慶応義塾福沢研究センター『近代日本研究3』一九八六年)、同「ロニ宛渡欧洋学者書簡」(『福沢諭吉年鑑』13、一九八七年)、に詳しい。後者には、ロニについての詳しい文献リストが付されている。

(39) 英仏海軍の寧波攻撃について、日本人たちがサンクト・ペテルスブルグで聞いた情報もこれと同じようなストーリーだった。本文一三八頁を参照。

(40) パリの動物園で、「唐人ノ蛮婦ニ従テ徘徊スルヲ見」、筆談をかわして、その「唐人」が、名は丁敦齢、山西の人であることを記している。なお、この「航海日録」のほか京都大学文学部所蔵の名倉予何人手記諸編の写本の閲覧については、松尾尊兊氏の細大にわたる援助におう。記して感謝する。

(41) 十八世紀までのフランスにおける、中国文明の受容と中国観について、後藤末雄『中国思想のフランス西漸』1・2(平凡社、一九六九年)および福井文雄『欧米の東洋学と比較論』(隆文閣、一九九一年)を参照。

(42) アンヴァリド廃兵院の軍事博物館か。

(43) この時期の、日本人の西洋行に大きな意味をもった、一八六七年のパリ万博について、松田清「フランスからみた文明開化」(林屋辰三郎編『文明開化の研究』岩波書店、一九七九年)、および鹿島茂『絶景パリ万国博覧会』(河出書房新社、一九九二年)を参照。とくに後者は詳しい文献目録を含めて有益であり、とりわけ第六章は、この博覧会における中国と日本との位置づけ、それがナポレオン三世の「善意の帝国主義」の反映であることを解明しており、興味深い。また万博の歴史の概観として、吉田光邦『改訂版・万国博覧会』(日本放送出版協会、一九八五年)、および吉見俊哉『博覧会の政治学―まなざしの近代』(中公新書、一九九二年)を参照。特に後者の第五章「帝国主義の祭典」は、本章の主題にとって示唆に富む。またこの本も文献目録が包括的で役立つ。

(44) 『夷匪入港録』一にはこの書簡の宛先が記されていないが、市立金沢図書館蔵「佐野鼎欧行通信等」によって手塚律蔵宛であることがわかる。この点谷澤尚一氏の御教示による。

(45) 「欧西行紀巻二十」に合冊された。高島の旅先からの書簡の写しを集めた「浪のおとづれ」に収められている。

(46) 『時事新報』一八八九年一月一三日(全集一六)。なお、この他『時事小言』(全集五、一八五頁)、「維新以来世界の大勢」『時事新報』一八九四年三月二日(全集一四、二九四頁)、「今回の恩賜に付福沢先生の所感」『時事新報』一九〇〇年五月一六

日(全集一六、六〇一―六〇二頁)にも、少しずつニュアンスの異なる回想が記されている。

(47) 福沢はこのようにのべているが、実は、中国の「開国以来殆んど百有余年」の間に、広東・上海・香港を中心に、「真実洋書を読み其意味に通」じ、「西洋の地理歴史を解する」知識人層が現われつつあった。彼らは、福沢が唐学塤との談話についての一連の回想の中で指摘するように、中国の伝統の厚い壁に阻まれて、中国社会の周縁より内部に食い込むことが難しかったのは事実である。しかし「十一人」という数がどうして出て来たかは不明だが、彼らの数がそのような少数にとどまらなかったことも明らかである。事実、『海国図志』を始め、日本に輸入されて広く読まれた西洋書の中国語への訳編は彼らによってなされたし、『海国図志』和刻本の表紙には、林則徐訳と表記されていることからもうかがわれるように、そのことは日本人に知られていた。また西欧の宣教師・実務家が行なった中国の書物の西洋語への翻訳、中国語による著述も彼らの協力によってはじめて可能になった。香港英華書院の王韜はその著しい例である。西洋に赴いた日本人のうち漢学派知識人は、西洋語を解しないため、西洋書の中国語訳や西洋人の中国語著作に親しんだゆえに、上海や香港の西洋人の学校や出版社を熱心に訪ねて、王韜のような新らしいタイプの中国知識人に出会うことになった。それに反し福沢ら洋学派知識人の場合には、おそらく西洋語に通じていたがゆえに、こうした著作に親しんだ様子もその出版元を訪ねたあともまれである。もし洋学派知識人の福沢に、非洋学派知識人のような関心があって、王韜のような知識人と、唐学塤と交したような日中両国の改革についての意見を交すことがあったら、引用のような福沢の見方はかなり違ったものになったのではないかというのが、小論の主題からする関心である。

(48) ビクトリア期英国の世界像の表現としてのロンドン万博について、東田雅博『大英帝国のアジア・イメージ』ミネルヴァ書房、一九九六年)、吉見(43)前掲書一八〇―一八一頁を参照。

(49) 「尾蠅欧行漫録」に全文の写しが収められている。万延元年遣米使節団のメンバーも、香港でこの布告を知って全文を写している。玉虫誼茂「航米日録　巻八」(『西洋見聞集』)二四九―二五一頁。なおこの布告の同定については、三石善吉氏の教示による所が大きい。

(50) 『夷匪入港録』一にはこの書簡の宛先は記されていないが、川本幸民宛である。

(51) ツァールスコエセロ離宮の中国風パヴィリオンとクンストカマーについては、N・サモイロフ氏(セント・ペテルスブルグ大学東洋学部)の教示をえた。また、帝政ロシアにおける中国研究については、ウェ・バルトリド・外務省調査部訳『欧洲殊に露西亜における東洋研究史』(外務省、一九三七年)三八四―三八八、五三〇―五三三頁、および吉田金一『近代露清関係史』(近藤出版社、一九七四年)二〇三―二〇九頁を参照。

(52) Donald F. Lach, *Asia in the Making of Europe*, Vol. I, Vol. II-1, 2, 3 and co-authored with Edwin J. Van Kley Vol. III, University of Chicago Press, 1965-1999. の表題をかりた。筆者はその一部しか見ていないが、この本は十六―十八世紀にかけて、ヨーロッパの形成の上にアジアが与えたインパクトの全容を明らかにするという壮大な構想で進められたが、当初全三巻の計画で出発し、第三巻まで五冊を刊行したところで終っている。本書はそのように対象とする時期が限られており、また、現在「オリエンタリズム」として批判されているような視点の偏りを免れていない。しかしヨーロッパの形成に与えたアジアの創造的なインパクトとヨーロッパの自己相対化の歴史をさぐるという関心、何より、科学・文学などの著述だけでなく、ヨーロッパ各地にわたる数多くのアジアの文物の蒐集や建築などについての徹底的な調査にもとづく百科全書的な記述は日本人が、ヨーロッパに吸収されたアジア・中国に、ヨーロッパで出会うという小論の関心にとっては示唆に富む。日本語文献でこの本に近いものとしては、榎一雄編『東亜文明の交流・第五巻 西欧文明と東アジア』(平凡社、一九七一年)をあげられるにとどまる。

(53) この中国人労働者雇傭の始終については、大庭幸生「産業と外国人」(札幌市教育委員会編『さっぽろ文庫19 お傭い外国人』札幌市教育委員会、一九八一年)九二、九七頁、斯波(2)前掲「在日華僑と文化摩擦」九一―九二頁に詳しい。なお、明治新政権成立直後の、開拓使を含む清国貿易・市場調査等の政策全般について『大隈文書』第四巻(早稲田大学社会科学研究所、一九六一年)文書七―九、一三、一九、二三、二五とその解説を参照。

(54) 日清修好条規締結交渉については、戦前の田保橋潔の先駆的な研究「日支新関係の成立――幕末維新期に於ける」一、二(『史学雑誌』第四四編第二、三号、一九三三年二、三月)、戦後の藤村道生「明治維新外交の旧国際関係への対応――日清修好条規の成立をめぐって」(『名古屋大学文学部研究論集 XLI 史学14』一九六六年)、同「明治初年におけるアジア政策の修正と中国――日清修好条規草案の検討」(同前誌 XLIV 史学15、一九六七年)、坂野正高「同治年間の条約論議」(『東洋文化』第五二号、一九六七年三月。のち前掲(11)『近代中国外交史研究』所収)、安井達弥「「日清修好条規」締結の外交過程」(『学習院大学法学会 研究年報』12、一九七七年)を参照。この間の、中国側の対日政策、日本観については、佐々木揚「同治年間における清朝官人の対日観について――日清修好条規締結にいたる時期を中心として」(『(佐賀大学教育学部)研究論文集』第三一巻第二号(一)、一九八四年)とその続編「同治年間後期における清朝洋務派の日本論——李鴻章の場合を中心として」(『東洋文化研究』第四巻第三号、一九八五年一月)および苑書義『李鴻章伝』(人民出版社、一九九一年)三三六—三四五頁、が有益である。外交交渉の過程それ自体は、小論の対象ではないが、これまでの研究で全くふれられることがなかった、名倉信敦・王仁伯や、ふれられることはあっても、その日本人との交渉については知られていなかった応宝時らの名を鍵にすることによって、この交渉過程の新しい面をうかがうことが出来ると思われる。

(55) 田保橋(54)前掲「日支新関係の成立」(一)三五—三六頁。

(56) 『李文忠公全集』訳署函稿、巻一、三—四頁。論天津教案、同治九年九月初九日(一八七〇年一〇月三日)、佐々木(54)前掲「同治年間における清朝官人の対日観について」三二頁所引による。柳原らは日中提携による西洋列強との対抗という訴えを繰返し、また、それが李鴻章の関心をひいたらしくこの後の上奏にも「柳原前光等来謂、毎称西人強偪該国通商、心懐不服、而力難独抗、欲与中国通好以冀同心協力」(『籌弁夷務始末』同治朝、巻七九、四七—四八頁)とある。なお、『夷務始末』同治朝、巻七七、三五頁をも参照。

(57) 田保橋(54)前掲「日支新関係の成立」(一)一八〇頁。

(58) 坂野(11)前掲『近代中国外交史研究』二四七頁。

(59) なお、「唐人往来」の後、『世界国尽』刊行の少し前に「福沢諭吉閲　松田晋斎訳」として刊行された『清英交際始末』の「序」にも次のようにのべられていた。「粤《ここ》に清英の交りを稽ふるに、清人の耳目、其及ぶ所甚だ狭く、清人の轍迹、其至る所甚だ僅かにて、曾て英国の強富を知らず、猥りに之れを藐視《べうし》して勁敵とも思はず、自ら誇て華夏と云ひ、英を称して夷戎と為し、其動作却て反覆無信にして、軽《かるく》しく釁隙を開き、其開く毎に必ず敗を取り、遂に兵は益〻弱く国は益〻貧しく、萎靡不振の今日に至る。実に愍れむべし。抑〻其失錯を追思するに、小事は縷挙に暇あらず、其大に至ては、乃ち鴉片《あへん》の事あり、広東の事あり、又天津と北京との事あり。之れに由て両国の条約屢〻改まり、且清より償金を出せしことも一度ならざるなり」(全集二、五三九頁)。

(60) 三宅雪嶺『同時代史』第一巻(岩波書店、一九四九年)二五九頁。

(61) 谷川徹三「解説」(『和辻哲郎全集』第八巻)四一九頁。

(62) 「支那人の特性」(『思想』一九二九年七月)。『風土』初版に収められたこの部分は、表記を改めて『和辻哲郎全集』第八巻二四二頁以下に「付録」として収められている。また「支那人の特性」に先立って、和辻の「洋行」と中国経験との関係を最も早く示した文章として、帰国直後から書き始められた「国民性の考察(昭和三―四年)〝風土〟人間学的考察の第一稿」と題する講義ノートがある(国立国会図書館所蔵。このノートの閲読については、山中逸洋氏の教示と援助をいただいた)。このノートには「東亜細亜に於て注目すべきNation は日本と支那と印度である」と書き出し、「支那については自分はただ上海香港の如き支那固有ならざる近代都市を見るに過ぎぬ。しかもなほ自分には支那のNation の印象は極めて鮮かであった。上海香港のみならず、シンガポア、ペナンの如き海峡植民地は、外形が洋風都市であるに拘らず、畢竟支那人の町である。支那の国家の権力はこれらの都市のいづれにも及んでゐないに拘はらず、これらの都市は支那のNation に属する」(傍線原文)以下中国・インド・日本の国民性を比較する一節がある。なおこのノートの総論と方法論の部分は、『和辻哲郎全集』別巻一(一九九二年)に抄録されており、これに付された米谷匡史氏の詳細な解説は、和辻の関心の形成過程と特質について示唆に富む。

(63) 『風土』(『和辻哲郎全集』第八巻)一三〇頁。

(64) 和辻照編『故国の妻へ』(角川書店、一九六五年)三〇六頁、三一二頁。

(65) 『風土』への批判自体が、戸坂潤の「和辻博士・風土・日本」(一九三七年、『戸坂潤全集』第五巻、勁草書房、一九六七年に収録)からA・ベルクの *Le Sauvage et l'artifice —Les Japonais devant la nature*, Gallimard, 1986(篠田勝英訳『風土の日本』筑摩書房、一九八八年。なおベルク「和辻と環境決定論」『和辻哲郎全集・月報』8、岩波書店、一九八七年をも参照)にいたるまで必ずしも多くない。とりわけ小論の主題である中国理解にふれるものとしては、「モンスーンのアジア」(『思想』一九四〇年一〇月、のち『世界史における東洋社会』毎日新聞社、一九四八年に収められ、さらに『飯塚浩二著作集』第二巻、平凡社、一九七五年に収録)の前後から、アジアのモンスーン地帯について、風土決定論をこえる研究方法の開発に努めて来た飯塚浩二の研究がおそらく唯一のそして内在的な批判といえよう。飯塚の一連の論文には、和辻哲郎の名や『風土』という名は登場しないが、『風土』のキイワードであった、モンスーン地帯特有の「受容的、忍従的」心性というとらえ方が、批判の対象として頻繁に現われる。一方、和辻の方でも飯塚の研究に注意していたらしいことが、『風土』改訂のあとがきからうかがわれる。また比較的近年の研究では、飯沼二郎『歴史のなかの風土』(日本評論社、一九七九年)第一章も、飯塚のそれに近い立場からの、『風土』の中国論に対する内在的批判である。

第Ⅲ章　福沢諭吉の西洋経験と「変革」構想の形成

――「建白」から宣言へ――

「万延元年アメリカハワイ見聞報告書」から『西洋事情』にいたる、福沢諭吉の最初期の重要な文章の多くが、彼の三度にわたる欧米行の経験から生れた。ペリー艦隊来航の頃から幕府倒壊まで、漂流民や密航者まで含めて欧米に渡った人はかなりの数に上り、彼らの残した筆録や報告は少なくないが、内容の思想的な深さ豊かさからいって、福沢のそれは最もすぐれたものに属する。これらの文章は、東アジアの周辺の小国を襲った西洋諸国の衝撃が、閉された門閥社会の重圧の中で実力を伸ばす機会を模索していた青年の心を揺さぶり、逆に彼が、欧米と日本の現実にきわめて主体的に立ち向っていった記録であり、この知的な営みを集成した『西洋事情』は、特に明治新政権の成立後、西洋世界に対する開国と国内における制度と思想の変革を準備する上で大きな役割を演じたのである。

一　万延元年のサンフランシスコ経験

「万延元年アメリカハワイ見聞報告書」と題された文書は、同年、日米修好通商条約批准書交換使節の護衛の名目で派遣された咸臨丸に乗り組んで、西洋世界への初めての公式訪問を共にした記録であり、中津藩の藩庁か重職に提出されたものと推定されている。

よく知られているように、アメリカの軍艦によってワシントンを訪れ、世界を一周して帰った使節団にも、咸臨丸の一行にも、初めての西洋行に強い熱意をもって、従者や小者に身を落しても参加を志願する人々が多く加わり、軍艦奉行木村摂津守喜毅の従者となった福沢もその一人であった。このような志願従者・志願小者のそれを含めて使節団と別艦の一行の残した記録は数多い(1)が、それらの中に立ち交って、福沢の報告書はそれほど長いものではなく、内容でも他よりきわだった所は見られない。むしろ興味をそそるのは、この報告書と、その結びで予告された口頭報告ではないかと思われるもの(2)と『福翁自伝』とからうかがわれる、二七歳の青年福沢のほほえましいばかりに素朴なしかし素直でみずみずしい驚きようである。受け入れ側の歓待であちこちと引き廻され、馴れるにつれて気心の知れた仲間と共に、やがては一人で出歩く福沢にとって見るもの聞く物が一々珍しい。馬車、ホテルの建物・設備や調度、シャンパン、マッチ、鉄がふんだんにあることから、男女の衣服、食べ物やその値段など、およそありふれた日常茶飯の事物まで。建国の父ワシントンの子孫についての現代人の無関心、「女尊男卑」や、貴女紳士打ち交って座敷を飛廻る「ダンシング」にいたってはついに理解出来なかったという。福沢の口頭報告の記録に「亜国の様子承り候処にては、極楽世界とも可申様子に御座候。尤本邦より始て渡洋致候事故、丁寧を尽し候由。実事不相分候得共、小児に至る迄も温和の様子に御座候間、彼国風宜敷儀と奉存候」(句読点は引用者)と記されたのは、福沢の醒めやらぬ強烈な印象をよく伝えているといえよう。

福沢が西洋世界との最初の出あいを総括したことば――「理学上の事に就ては少しも胆を潰すと云ふことはなかったが、一方の社会上の事に就ては全くの方角が付かなかった」(『福翁自伝』)――は、幕末日本の西洋経験の一局面を理解する上で、彼が言わんとした所を越えて示唆的である。幕末に志願して西洋世界に渡った人々の中には、大きな二つの流れがあった。一つは福沢ら洋学派知識人、他は『西洋事情』にいう「海防家」タイプの人々である。蘭学・英学を学ぶ福沢たちは、すでに華夷観念から自由であり、西洋最新の自然科学知識に通じていた。だから、「夷情探索」のために西洋にわたった「海防家」たちが、「夷国」の社会制度から日常茶飯の習慣や事物にまで警戒心を働かせ、しばしば拒絶反応を示したのに、洋学青年たちは、格別身構えることもなくそれらを受け入れ、啓蒙熱心なアメリカ人が教えてくれる電信やメッキや蒸溜の装置には先刻ご存じという反応で、かえって彼らをいぶかしがらせることにもなった。けれども当時の洋学は「理学」としてかなりのレベルまで達していたかわりに、幕府の統制の下で、容易に「理学」以上になりえなかった。自然科学の知識は、国際関係や社会制度・イデオロギーにかかわらぬ「術」の領域に閉じこめられていたのである。

福沢は、ペリー艦隊の来航・再訪のパニックが中津にまで及んだ時、すでに二〇歳になっていた。その彼は、ともかくにも戦争にはならず、命拾いしたのを喜んだけれども、日米の関係についてはさっぱり見当がつかなかった。その後適塾に学んで、塾生二つに分れて朝夕議論を闘わす時には、開国論を振りかざして鎖国論を罵倒するまでになっていたけれども、西洋事情は五里霧中というありさまは変っていなかった(「福沢先生の演説」『時事新報』一九〇〇年一一月、『福沢諭吉全集』第一六巻。ペリー艦隊の一員であったアメリカ海軍将官の日本再訪を歓迎した、メッセージの中に出る回顧である)。「海防策」を胸におさめた「有志者」に比べれば、「洋学書生」たちはやはり政治やイデオロギーには音痴であった。だから、米国の政治・社会制度やイデオロギーに対して、科学技術の枠を実用化した工場制生産にも、反撥はしなかったが深い理解もできなかったのである。その上、封建鎖国社会の縮図のような使節団一行がアメリカ軍艦に乗ってアメリカ東部まで赴き世界を周航したのに比べれば、咸臨丸一行は、ほとんど日本人だけのそれもかなり気楽な一行だった。この小日本社会から時々上陸してはアメリカ社会をのぞいた洋学書生たちにとって、異なる社会のショックがそれだけ緩和されたのはごく自然であった。「社会上政治上経済上の事は一向分らなかった」(『福翁自伝』)福沢青年は、封建門閥の締め付けの中で何とかして自由な空間を拡げたいと摸索する自分にとって、アメリカの社会やイデオロギーが何を意味するか、まだ思い及ばなかったろう。彼は「極楽世界」を後にして、重箱の隅に押し込められたような江戸詰勤務、中津藩中屋敷長屋の一角、畳二枚の世界に帰っていったのである。

洋学書生福沢の初めての西洋経験はこのように素朴なものだった。それは同じ洋学派でも艦長格として指揮をとった勝麟太郎などに較べれば、勝が日本において既に政治社会の場数をふんで来ているだけ、アメリカ社会を深く見抜いたのに比して、遜色を免れなかった。けれども、開港直後の横浜見物に行って直ちに蘭学の将来性に見切りをつけ、英学に転向するだけの書生的な見通し能力と熱心とを見せていた福沢は、サンフランシスコでも、英学の次のステップを準備する勘の良さと積極性では、おそらく同行の中でも抜群であった。一行中すでに漂流漁民としてアメリカ社会を経験していた通弁中浜万次郎と福沢青年の二人だけが「ウェブストルの字引」(一八五〇年の簡約版と推定されている)を買い入れた。同行者たちが連れ立って中国人移民街をのぞいて、豆腐との再会を喜んだり芝居をひやかしている時に、福沢は貿易実務用の広東語・英語語彙集、中国人子卿著『華英通語』を入手していた。このほかに、先に引いた福沢の中津藩への口頭報告によれば、彼は香港発行の英国人の華字紙を読んでアロー戦争の戦況や英国の動向について最新の情報をつかんでいる。『華英通語』は、帰国早々、中国語・英語対照の原本に日本語訳をつける作業にかかり、三カ月後には『増訂華英通語』として刊行された。それは福沢にとって、最初のそして丁度手頃な英日翻訳の訓練となった。また福沢の口頭報告の記録によれば、彼が「ペルリ紀行」(3)を入手したのもこの時だったらしい。彼は当時を回想して、この本で、ペリー来航の事情を調べて初めて、何故それが平和裡になされたのか、長年の不審が晴れたと述べている(前掲「福沢先生の演説」)。

ここで注目に値するのは、洋学派知識人福沢の場合にも、西洋訪問が中国と中国人について知る機会を与え、おそらくは西洋の視点から中国を見させるようになったであろうこと、また逆に中国の西洋経験と中国知識人の努力の成果によって西洋理解を助けられたであろうことである。幕末に西洋に渡った武士たち特に「海防論」派の「有志者」たちは、アヘン戦争によって西洋の脅威を身近に知り、中華帝国における敗北の反省が生んだ『海国図志』や『瀛環《えいかん》志略』を夷情探索の手引きとして、夷国におもむいた。彼らの欧航米航の頃は、あたかも清末中国の流亡農民や亡命者が太平洋をめぐる各地に流れついて、華僑社会を膨脹させたり、新しい中国人社会を作る時期であった。「有志者」たちにとって西洋との最初の出会いの旅は、中国との最初のそして予期せぬ出会いでもあった。彼らは、この中国人社会からも西洋についての情報を得ると同時に、これらの貧しい流亡の中国人社会を通して、また西洋人の視座から、中国像を作りなおすようになってゆく。西洋が夷狄から文明へ上昇するのと、中国が聖人の国から半開・半野へ下落するのとは、同時に進行して行った。洋学派で、中国への関心も中国への依存もより少ない福沢の場合も、このような経験をある程度まで共有していたのである。

二　文久二年の欧州「探索」――「御変革」の「建白」

洋学書生福沢の最初の西洋経験は、それ限りなら、彼にもその周囲にもそれほど大きな成果をもたらさずに終るようなものであった。しかし、大きく動き始めていた国内政治や幕政の転換の余波は、小藩下級の陪臣福沢にも及び、かれはまたこれを機敏にとらえて洋学を進めていった。帰国後間もない一八六〇(万延元)年一一月、彼は幕府開明派の外国奉行たちの提案によって外国方に新設された御書翰掛の、一セクションである翻訳方に雇われることになった。同僚福地源一郎の幾分自画自讃めいた説明によれば、「外国方中の俊秀の輩を以て組織し、凡そ往復の書翰、談判書類みな此掛にて取調ぶれば、外国局中の外交部なり」(『懐往事談』)というのが御書翰掛である。(4) 万延・文久の緊迫した対外交渉の文書を手がける職務は、実戦英語を鍛えただけでなく非政治的な洋学書生の関心の方向をも変えずにはいなかったろう。また外国方の英語の書物を利用出来るようになったことから、西洋世界についての直接情報も一そう豊かになったろう。翌一八六一(文久元)年四月に、当代英国の大衆的マス＝メディアの最先端であった『絵入りロンドン＝ニュース』らしいものを訳した草稿が今日に伝わっているし、以下に見る遣欧使節派遣に先立って準備した予備調査風の資料も残っている。この年の夏、福沢は、開市開港延期交渉のためヨーロッパ諸国に使節が送られることを知って熱心に運動し、運よく傭通詞として随行することになった。第二回の西洋行では、彼は正式に西洋事情調査の任務を与えられたのである。文久のヨーロッパ派遣使節団が何を見聞し、どのような交渉と調査を行ったかについては、すでに研究があるのでそれに譲り、[5] ここでは、福沢が一年近い六国歴訪の中でいかに見聞し、それを『西洋事情』でいかにまとめ上げていったかのプロセスを考えることから始めたい。

一八六二年のヨーロッパ行の成果は先ず「西航記」に現われ『西洋事情』にいたって一つの集約をされている。さらに、人に示すまでにまとめられた「西航記」に先立って、パリ以降身辺に携えていた備忘録「西航手帳」があったし、『西洋事情』初編の版刻に先立ってその一部の原型が元治・慶応の交(一八六四―六五)には写本として流布しており、いずれも今日に伝わっている。このような、西洋経験のフィールドノートともいうべき「西航手帳」からその総括『西洋事情』のさし当り初編までを通観する時、われわれはそこに啓蒙期の福沢の原型ともいえるものが既に形をとり始めているのに気づかされる。後年の用語・表現や思想の骨格が形をとり始めているだけではなく、彼がやがて自覚し定式化した知的探求の方法が、調査行からその総括までの数年にわたって既に実行されていたように思われるのである。一八七四(明治七)年六月、彼は同志の「スピーチ」練習会でこう語った。「いったい学問の趣意はほんを読むばかりでなく、第一がはなし、次にはものごとを見たりきいたり、次には道理を考へ、其次に書を読むと云ふくらゐのことでござります……」(「福沢全集緒言」)。これに少しおくれて記された『学問のすゝめ』十二編では、同じことがらについて「視察、推究、読書は以て智見を集め、談話は以て智見を交易し、著書演説は以て智見を散ずるの術なり」、「此諸件の術を用ひ尽して始めて学問を勉強する人と云ふ可し」と述べている。「精神の働」とそれを「活用して実地に施す」ための「工夫」についてのこれらのことばの背景には、まだ記憶に新しい欧米行の見聞とそれを系統的に深め総括していった経験もあったのではなかろうか。

第一に、福沢のヨーロッパ調査では、初めて接する世界について、日本で原書を読んだ上で、それでもわからないことに特に社会諸制度に的をしぼった。滞欧の日々は、現地に赴いて実見し、その事情に通じる然るべき人物にねらいをつけて問いただすことに終始した。そして福沢において、「視察」＝「ヲブセルウェーション」と、ことがらの当事者をとらえて「はなし」をすることとは一体であった。福沢に出来る外国語は英語とオランダ語であったし、それも会話の力を鍛える機会には恵まれていなかった。それにもかかわらず彼は、受け入れ国で用意してくれる案内者や通訳によりかからず、未知の国の人と事物とに「直ちに接する」(『学問のすゝめ』)べく踏みこんでいったのである。「西航手帳」一冊は、そのフィールドノートであり、知的な自力奮闘の生々しい記録である。それには、現場での聞きとりのメモ、日本語の筆談の記入、わからない外国語を書いてもらったらしい記入が充満し、その間に、視察と談話の間をぬって、揺れる汽車の中で書いたり船の甲板に立って記したのではないかと思われるようなものまで含めて、早急の整理がはさまっており、今だにはりつめた臨場感を伝える。同行三十数人それぞれに、この旅で接した外国人の数は少なくなかったろう。しかしその中でも、接した人の数だけでなく、彼らとの間に取り結んだ「人間交際」の深さにおいても福沢は群を抜いているようである。「西航手帳」や「西航記」からは、彼と初めて接した人との間に国や文化の差異やことばの障壁をこえて、見学者と説明人、質問者とインフォーマント以上の関係が育ってゆく様子がうかがわれるのである。

第二に福沢は、初めて接することがらの見聞をそれで終らせない。不審を不審のままに終らせることをせず、また逆に、一つの事物についての感動からいきなり一国全体の「制度」や「人気」についてあげつらうこともしなかった。福沢の調査行を特徴づけるのは、そのような知的な怠惰や蛮勇とは対照的に、着実に知見を積み上げ、つなぎあわせてゆく系統性組織性である。病院を視察すれば、次にはその病院について眼に見えない背景・運営方法・経営等について調べ、さらにその国の病院制度一般に至る。未知の社会の一点から出発して、今日われわれが議会制や西欧国家体制と呼ぶ、抽象的な「制度」や原理にまで一歩一歩迫ってゆく。彼のいわゆる「推究」＝「リーゾニング」の「工夫」はこのプロセスではなかろうか。「西航手帳」「西航記」、写本「西洋事情」のそれぞれにおける、総括的記述の書き足し、別紙の追加、さらにそれらから刊本『西洋事情』へと記述がふくらんでゆく経過は、このプロセスを示すように思われる。

この「工夫」は、あくまでも「直に接する」直接経験から出発しながら、しかもその限界を自覚しそれを越える次の「工夫」をすることに連なる。「読書」が福沢にとって第三の「工夫」なのであり、ロンドンで、連日視察と面談に没頭している間にすでに、「実地の探索は勿論候得共、迚も壱人にて僅の時日に尽しがたく、後は書籍取入れ候より外手段無之、……御手当金は不残書物相調、玩物一品も持帰ざる覚悟に御座候」(一八六二年四月一一日付島津祐太郎宛)と同藩開明派の重職に書き送っていたのである。事実福沢は、公務としての書籍買付のほかに、特にロンドンで、本を買い集めた。その選択もまた適切であった。メドハーストの英中辞典、大枚五ポンド。次に各種の事典類。これらのリファレンス文献は、自立した知的探求のための基本装備といえよう。福沢は、ビクトリア期に入って発展した事典類から、西洋社会についての自分の関心と知識の度合に応じた実によい選択をしている。最後に *Chambers's Educational Course* 叢書に代表されるビクトリア中期を特徴づける民衆啓蒙用の小冊と、初等教育に使われて版を多く重ねた教科書類。これらの書物が自己の西洋見聞を基礎にして、『西洋事情』をまとめるまでに活用された様子を探ることはすぐ次のテーマである。ここでは福沢が、本来、ミドル＝クラス下層から労働者階級上層を中心とする「無智な」民衆や子供を教えるために書かれた著作を使いこなし、その中に流れる思想に共鳴して、しばしばオリジナル以上に力強く語るにいたったことだけを記しておく。

第四に、福沢にとっての学問は「著書演説」によって「智見を散ずる」ことをその帰結として含んでいた。事実、本人の備忘録風の「西航記」がすでに、最初のアメリカ行で知った幕府改革派の一人木村喜毅に示されているし、

『西洋事情』初編の「備考」の原型が写本として初編版刻以前から読まれていたことも既に述べた。この度の遣欧使節団メンバーの記録で今日に伝わるものは他にもあるが、それらに見られるのは、見聞の印象を記し感懐を吐露する私的な旅日記風の色彩や、幕府官吏の「御用」としての「探索」の副産物といった性格であった。これらの中に立ち交って福沢の「西航手帳」に始まる一連の記録には、幕府「雇」の立場とは別個の、おそらくは中津藩士の立場にも収まりきらない立場からの目的意識が、かなり早くから働いていて、『西洋事情』刊行にいたるまでの原動力となっていた。彼が西洋世界についての「智見を散」じ公けのものとしてゆく動機は、もはや非政治的な書生や洋学者の知的好奇心の満足にはなく、まぎれもなく閉された門閥社会の「変革」にあった。そしてこの「変革」への意欲は、ヨーロッパ社会を経験した衝撃によって生れたか、少なくともそれによって一段と強められたかであることが明らかなのである。

なおここで、このように一貫した系統的な作業の中から生れた文章に通じる、目的意識的・選択的な性格について注意しておかねばならない。福沢が『文明論之概略』の最初の章で定式化した「議論の本位を定る事」もこの時期の著述ですでに実践されていたように思われるのである。いかなる状況にいるか、何が目標か、が見定められ、一定の読者にねらいをつける。何を、いかなる文体で書くかもそれにあわせて選択される。逆に言えば、そのような状況と目標に照らしてマイナスになること、無関係なことや、言うまでもないことは思い切って切り捨てられる。例えば、純粋に個人的なノートだった「西航手帳」さえ、同僚の手記に比べれば感懐を吐露したり、詩歌を記すことは少なく、『自伝』に画かれた自画像、「無風流」「殺風景」がぴったりなのだが、彼の胸中に感動や慷慨がないのでは決してなかった。むしろ一〇年二〇年の後、同行の他の人が忘れた頃、ヨーロッパでの感動を煮つめ、理論化して述べたり（たとえば『文明論之概略』第五章、「一国の気風」としての「仲間の申合せ」と「衆議」について）、三〇年以上も前、大国の権力政治に威圧された屈辱感が激しい勢でほとばしって聞く者の心を打ったりした（「明治三十一年三月十二日三田演説会に於ける演説」)。また、福沢自身あまり多くはふれないし、小論でも立ち入ることは出来ないが、英仏の艦船によって両国の植民地支配の膨脹のあとを往復したこの旅は、おそらく彼のアジア観、とくに中国観の原型を形造る上で大きな意味を持っていた。『西洋事情』にいたる一連の記録と報告はそのような性格のものであったし、福沢のヨーロッパ経験はこのように奥行きの深いものだったのである。

福沢を促して、「西航記」、さらに『西洋事情』の筆を執らせるにいたった「変革」への意欲が形をとり始めたのは、恐らく最初の滞在地パリでであった。

福沢は後年にいたるまで、封建門閥体制の中で育まれた者に西洋社会との接触がひき起した衝撃について繰り返し語ったが、その一つでパリ滞在中の経験を回顧している。「余は……生来藩風の窮屈なるを悦ばず、藩士の家に生れて却て自から藩士の身の境遇を厭ひ、弱冠にして洋学に志し、……親しく欧米諸国文明の活劇に接して欽慕に堪へず、就中その人権を重んずるの一事は、封建制度の門閥風に呼吸したる日本人の夢にも想像せざる所にして、眼前に之を見れば唯茫然として心酔するのみ。(仏蘭西滞在中巴里にて書籍を買ふとき、其書林の主人は時の国務大臣某氏の実弟なりと聞き、左れば日本江戸の書林須原屋茂兵衛は御老中何の守様の弟なるが如し、扨々不思議のこともある哉とて、同行の人々に語り、共に驚き且つ感動したることあり。)」(『福翁百余話』「禍福の発動機」)。「西航記」三月二六日の項に現われる、ヨーロッパ議会制についての最初の記事に、「デピュトは貴賤貧富を論ぜず……」と記されたのもこれに関係するかもしれない。パリで使節団に引きあわされて以来、彼らがヨーロッパを去るまで度々行動を共にし、福沢とはとりわけ親しく交わったレオン＝ド＝ロニ(「西航記」三月一九日の項に初めて登場する)が、翌年の演説の中で、使節団の一人が「私は今やもう眠ることも出来ない。祖国にどれほど自由が欠けているかと考えると」という述懐を残してフランスを去った、と語っている[6]のは福沢だったのではなかろうか。

英国に渡って間もなく中津藩開明派の重職に送った手紙の中で福沢が、「本邦」全体と「諸藩」とを通じる「制度」の「御変革」に、「一日も早く」着手するよう切々と訴えたのは、彼が文明の政治社会への驚きと「心酔」から、自国のそれに対するはっきりした態度決定へと向うにいたったことのしるしだったといえよう。さらにその「御変革」のためには「私儀も微力の所及は勉強仕、亡父兄の名を不損様仕度丹心に御座候」と決意のほどを披瀝し、力を尽して調査の上、帰国次第「建白」すると述べた。「御変革」の目標は「富国強兵」、その手段として重視されたのは「洋学」による人材養成であった。ヨーロッパ行の船中、洋学者仲間で時事を論じたとき、福沢が「迚も幕府の一手持は六かしい、先づ諸大名を集めて独逸聯邦のやうにしては如何」といい、「親玉(将軍)の御師匠番になって、思ふ様に文明開国の説を吹込んで大変革をさして見たい」(『自伝』)と壮語したというのも、パリで衝撃を受け、ロンドンから一日も早く「御変革」をという訴えと「建白」を初め微力を尽すつもりという決意を書き送った続きだったのではなかろうか。

しかし、帰国した福沢たちを待ち受けていたのは、尊攘激派が荒れ狂い、幕政の改革も後退するという状況であった。彼は、帰国後間もなく、米国行を共にした軍艦奉行木村喜毅を訪れ、以後も、何かにつけて頻繁に木村をたずねる。取りまとめた「西航記」も木村のもとに届けられたのである。しかし、ファナティックな尊攘論の風圧に幕政が動揺を重ねる状況の中では、「変革」論議も気心の知れた洋学者仲間に限られて、福沢のヨーロッパ見聞にもとづく文章ももっぱらそのような小サークルの中で読まれていたようである。彼の態度がようやく積極的になるのは、一八六五(慶応元)年頃からである。尊攘激派が後退してフランス寄りの開明派による幕政改革が進行していた、一八六四(元治元)年福沢が外国奉行支配翻訳御用として幕臣に登用されたのも、幕府官僚制全体にわたる人材調達ルートの大規模な転換の動きの一こまであった。中津藩江戸藩邸で、下士層からの不満につき上げられて、福沢が長崎修業に出た頃から、複雑な関係にあった家老奥平壱岐が更迭されたのもこの前後である(「旧藩情」)。

「西航記」を発展させた写本の「西洋事情」が手から手へと渡るようになったのは、おそらく一八六四(元治元)年であり、「一本の筆を振り廻はして、江戸中の爺婆を開国に口説き落さんには愉快なり」として記された「唐人往来」が写本で流布し始めたのは、その翌年である。内容といい文体といい、漢字の多いことといい、「唐人往来」が、読者として相当の知力と教養のある人々を狙っていたことは、先ず確かであろう。この年の暮には、藩庁宛てに「御時務の儀に付申上候書付」が提出されたし、この意見書からは、福沢が既に蒸気船購入についての計画書を出していることや、軍制改革についての建議を行おうとしていることもうかがわれる。翌六六年春、福沢の庇護者的存在だった藩内開明派の重臣島津祐太郎に、「或云《わくうん》随筆」と題する覚書と共に送られた手紙も、かねて説き続けて来た藩政改革を促すためのものであった。また夏には、書き上げた「長州再征に関する建白書」を、軍艦奉行並となった木村喜毅をたずねて示しており、秋に入って、長州再征のため幕府首脳とともに上洛した木村は、老中小笠原壱岐守にこの「建白書」を提出、写本「西洋事情」もこれに添えられた。この年の初冬から暮れにかけて刷り上がった刊本『西洋事情』初編も、直ちに百部余りが京都の木村のもとに送られた。『西洋事情』は、前後して仙台藩江戸留守居役大童信太夫へも送られて追加を重ね、さらに藩主・世子や当時家老として藩政の実権を握っていた同藩開明派の首領但木土佐へも大童を介して献上される。福沢は、仙台藩とは、六五年頃から但木の腹心であった大童を介し、西洋の兵学・軍事技術・新聞等の受入れについてかなり深くかかわるにいたっていた。福沢の「智見を散ずる」このような径路と方向は、彼の抱く「変革」の姿を反映していたのである。

写本「西洋事情」「唐人往来」から「長州再征に関する建白書」にいたる一連の文書は、それぞれ補い重なりあって一つの方向を示している。福沢が「唐人往来」の執筆に関して後に述べたことばに従えば「吾々洋学者の目的は、唯西洋の事実を明にして日本国民の変通を促がし、一日も早く文明開化の門に入らしめんとするの一事のみ」(「福沢全集緒言」)であった。写本「西洋事情」が、福沢の見聞に基づいて、英国を中心にヨーロッパ諸国の「文明の政治」・

軍隊・株式会社・教育・社会福祉と慈善・科学技術等の仕組みと活動とを詳細に描き出すのに対して、その姉妹編ともいうべき「唐人往来」は、世界五大洲の文明の優劣を概観した上で、西洋諸国間の「各国附合」の関係と中国の西洋に対する「己惚の病」とを対比し、日本は国を開いて西洋諸国の「附合」に加わるよう勧める。福沢は一年の旅を通して、西洋諸国の国際関係――力と力がしのぎを削る権力政治によって支配されながら、それにもかかわらず「世界普通の道理」が強国をも弱小国をもひとしく規制しているという構造――を身をもって学んだ。さらに『西洋事情』外編のもとになったチェンバースの『経済学』中の国際政治論の助けをかりたかと思われるが、彼は、権力均衡の原理によって西洋諸国の関係における力と「道理」の両面が一致し得るからくりを理解しえた。強弱大小異なる諸国が、「条約」によって、「各国附合」を取り結ぶことが可能になるのである。福沢の述べる所によれば、西洋が日本に求めるのは、このような「各国附合」に仲間入りすることであり、だから、「富国強兵」という実力を備えつつ、「世界普通の道理」と「万国公法」に信頼しそれに従う決意さえすれば、開国は益こそもたらせ恐れるに及ばないのである。

しかしそのためには、国内における制度と思想の「大変革」が不可避になる。福沢は、晩年、写本「唐人往来」を自から編んで全集の「緒言」に収めるに当って原文に綿密に手を加えた。今日『福沢諭吉全集』などによって、一般に定本として伝えられているのはこの修正版なのであり、写本原文では、「常々師の人数を盛に備置き、公方様にも蒸気船等にて御見廻り、……一国内に御威光行届き、若し内乱抔企る者もあらば直に之を取締、外国よりも……」と記されている。「強兵」は本来は、外敵に対するだけではなく、「公方様」の全国統一支配――彼のいわゆる「大君のモナルキ」――確立の軍事的手段としても構想されていたのである。「或云随筆」において、「国君一身のみに忠を尽す」封建的忠誠を「愚忠」として斥け、世界万国を知ることによって「日本国」に対する「報国の意」を抱くべしと忠誠の転換を説いたのは、「大君のモナルキ」による国民的統一の主張と相補うものだったといえよう。

長州藩との再度の戦闘という機会に直面して、この機に乗じて一挙に「大君のモナルキ」を確立し、内乱を回避すべく提案されたのが「長州再征に関する建白書」であった。今日いわゆる徳川絶対主義を目指した幕臣は少なくなく、そのためにフランスの軍事力や資金の導入が企てられたこともよく知られている。そうした中で、この建白書に展開された福沢の戦略を特徴づけるのは、ヨーロッパ行の知見をフルに活用して、国内政策の一環として西洋諸国本国の世論への働きかけまで構想した見通しの広さと深さである。

『西洋事情』初編全三巻が版刻されて世に出たのは、この一八六六(慶応二)年の秋から冬にかけてである。翻訳編輯の素材について巻之一の「小引」における福沢自身の説明を筆者の調査によって補えば、全三巻に対する総論というべき巻之一「備考」の土台になったのは福沢のヨーロッパ調査の総括ともいうべき写本「西洋事情」で、これを「経済論」——チェンバース社(William and Robert Chambers)の *Chambers's Educational Course* 叢書中の『経済学』(*Political Economy, for use in Schools, and for Private Instruction*, Edinburgh, 1852 版か)——や、おそらくはチェンバース社の同じ叢書中の『道徳読本』(*Moral Class-book*, 1839 版か。『童蒙教草』の原本)をも参照して発展させたものであろう。「備考」を総論とすれば各論に当る、巻之二、巻之三の各国篇は福沢のいわゆる「マッグロルロック氏地理韻府」(J. R. McCulloch, *A Dictionary, Geographical, Statistical, and Historical of the Various Countries, Places, and Principal Natural Objects in the World*. おそらく New Edition, carefully revised 4 Vols., London, 1866)や「リッピンコット地理書」(*A Complete Pronouncing Gazetteer, or Geographical Dictionary of the World*, Philadelphia, J. B. Lippincott. おそらく初版)、その他「英亜開版の歴史地理誌」を見事に使いこなしている。これらのリファレンス書や教科書類の多くは、おそらくロンドンで福沢が選択し私費を注ぎこんで買い調えたものであった。

こうして成立した『西洋事情』は、西洋世界について最新の情報にもとづいて正確に伝えることを意図していた。

けれども豊富な事実にもとづく客観的な記述は、きわめて主体的な意図の所産であった。先ず全編がはっきりしたプランにもとづいて構成されている。福沢は、さまざまな資料をこのプランに従って巧みに取捨し編輯しており、翻訳編輯のしかた自体の中に西洋の事物と文献についての彼の理解のほどがうかがわれるのである。

構成のプラン自体もユニークである。先ず、巻之二、三にわたる米国、オランダ、英国の各国についての記述は、いずれも「史記」「政治」から始まって軍備・財政に及んでおり、総論にあたる巻之一の「備考」も同様に政治の原論から説き起して「技芸」に終っている。ここには、「政治風俗」――現代風に言えば政治制度・政治文化《ポリティカル＝カルチュア》こそが「経国の本」であり、科学技術は「末」だという新しい認識がはっきりと打ち出されているのである。第二に、国家ごとの各論的な記述に先立って「西洋一般普通の制度風俗」を記す総論的な「備考」が置かれている。福沢は、比較と抽象によって、個別の国家をこえて西洋に共通する「文明」をとらえるにいたったのだといえよう。この二重の意味で、『西洋事情』における西洋理解の関心は、西洋の個別の国家を先ず軍事力としてとらえ、その力の秘密を探り取ってこれに対抗しようとし、そのための手段として西洋の「文学技芸」(巻之二では原文 science and useful arts にこの語を当てている)を学習する域を出ることが出来ないような、福沢のいわゆる「世間海防家」の関心から、西洋の「文明」に共通する「経国の本」つまり政治制度・政治文化への問いへと大きく転廻していた。『西洋事情』はさらに、「海防家」を含めてそれまでの識者が西洋を理解する際に頼って来た『海国図志』『瀛環志略』や『地理全志』の西洋認識をも、より高い視点に立ち、自ら集めた最新の情報によるという二重の意味で、一歩抜いていた。前二者は、阿片戦争に敗れた清朝中国に擡頭した夷務海防論の成果であったが、なお中国在住の西洋人の著作に依存していたし、後者は中国在住の英国宣教師の中文著作であった。『西洋事情』は、日本の西洋理解が中国や在中西洋人の著作から自立し始めるにいたったことを示していた。

しかし『西洋事情』初編を通じて福沢の思想が最も明瞭な形で現われているのは、「経国の本」としての政治の、中でも基本原理にかかわる部分、巻之二の「亜米利加合衆国」の部におけるアメリカ独立宣言や合衆国憲法の翻訳および巻之一「備考」冒頭の「政治」の項であった。前者は、同時代の日本における翻訳が、それに先立つ中国語訳に引ずられていたのに対して、全く福沢自身の独立の訳であり、福沢の文章になりきっているが、やはり広く知られたテクストの翻訳である。これに対して後者特に「文明の政治」の「六ヶ条の要訣」の部分は、西洋の政治の基本原理を、福沢自身の経験とことばによって定義する試みであった。ここではその中、自由と平等の問題にしぼって、福沢の思想を辿って見よう。

「六ヶ条の要訣」の筆頭にあげられ、福沢が最も力を注いだのは「自主任意」「自由」であり、この部分は「欧羅巴政学家」――福沢らがロンドンで西洋事情の説明を受けたオランダ人医師――の vrijheid についての談話が原型をなしていた。(7) vrijheid といい、freedom, liberty といい、幕末・明治啓蒙期の知識人たちはその翻訳に苦しんだ。これら西洋語が指示することがらは日本に存在しない。その上、訳語としてあてられた自由ということばは、この当時の日本語の文脈の中では多くの場合、西洋における freedom とは全く異なることがらを意味して来た。だから福沢は「本文、自主任意、自由の字は我儘放蕩にて国法をも恐れずとの義に非ず。総て其国に居り人と交て気兼なく自力だけ存分のことをなすべしとの趣意なり。……未だ的当の訳字あらず」と注記せざるをえなかった。このような状況のもとで、freedom を理解しようとするさまざまな苦心の中で、福沢の定義は、最も早く最も内実に富んでいる。「自主任意」は、先ず、「国法寛にして人を束縛せず」という、国家の法による拘束の欠如としてとらえられ、これが反面からは、各人が自己の天賦の「才力」を妨げられることなく「伸」ばし、「其所を得」ることとしてとらえられている。この両面性は、あるいは、治者の立場に立った統治のあり方の議論に、門閥圧制社会の末端で苦しむ福沢自身の解放への願望が滑り込んだ結果かもしれない。これ以後『西洋事情』初編・外編を通じて、free や liberal に対して、統治の態様を意味する「国法」「法」「国律」の「寛裕」ないし「寛」という訳語が繰り返し現われるし、

「才力を伸」ばし「其所を得」る、というのはそれよりも更に長く続き、比重を増して、福沢の思想の根本をなすにいたるのである。なおここで、「国法寛」と言い、「才力を伸」ばし「其所を得」ると言うことがらはいずれも、福沢が『学問のすゝめ』で打出した用語法に従えば、「通義」――権利――の問題というよりはむしろ、「有様」――事実状態――の問題としてとらえられているらしいことも注目に値いする。福沢における自由観は、これ以後、「国法寛」から「自由」へ、「有様」の問題から「通義」の問題へ、次第に傾いてゆくのである。

福沢がこれだけ立ち入って内実に富んだ定義をすることが出来たのには、おそらく二つの背景があった。何よりも先ず、vrijheid や freedom ということばに接したとき福沢は、日本におけるそれまでの社会生活の中で、すでにそれに共鳴しそれを具体的に肉づけするだけの経験と願望とを持つにいたっていた。さらに福沢は、これらのことばについて西洋の書物によって理解を深めることが出来た。『西洋事情』初編のこの部分については、チェンバース社の『経済学』の第九節、その後『西洋事情』外編に「人生の通義及び其職分」として訳出された部分を、参照したようである。外編のこの部分では神の賦与した capacity ということばに、天与の「才力」という訳語が当てられている。福沢が初編の「備考」中「政治」の項で、「文明の政治」の第一の「要訣」として「自主任意」「自由」ということばにこめたのはおそらく、自己の「才力」capacity の実力によって門閥格式の専制の中に道を切り開いて来た経験に基づく自信と、こうした専制を排して「才力」を妨げられることなく発揮したいという願望であった。『文明論之概略』中の維新「革命」論の用語を援用すれば、そこには「智力ありて銭なき人」の「世の専制門閥に妨げられて己が才力を伸ばすこと能はざるよりして心に憤を醸したる」情念が投射されていたといえよう。

このように、人間を「才力」を所有する主体としてとらえ、自己の「才力」を外部から妨げられなくすること――「人と交りて気兼なく自力だけ存分のことをな」し「天稟の才力を伸べ」る――として自由をとらえる自由観は、平等観の特質に結びつく。巻之二「亜米利加合衆国」中のアメリカ独立宣言の翻訳の冒頭で、All men are created equal. には「天の人を生ずるは億兆皆同一轍」と達意の訳が与えられていた。(8) 巻之一「備考」中の「文明の政治」の「要訣」に返れば、人の「天稟の才力を伸」ばすのを阻む身分・門閥・在朝在野の「別」は否定されねばならない。人は「才力」発揮の機会において平等でなければならない。けれども福沢は、始めから人の「才力」自体を異質で不平等なものと考えていたのではないか。彼は「文明の政治」の「要訣」の筆頭に自由をあげ、「人々自から其所好を為し、……上下貴賤各々其所を得て、……天稟の才力を伸べ」ることとして、身分差別を否定した後、これを「四民の別なく、字を知り理を弁じ心を労するものを君子として之を重んじ、文字を知らずして力役するものを小人とするのみ」と敷衍した。そしてこの敷衍はやがて、「才」と「力」、「心を労」すと「力を役」す、「心労」と「力役」という一連の対概念に結晶してゆくのである。このような知的労働と肉体労働との区別は、あるいは『西洋事情』の素材として使ったチェンバース社の『道徳読本』にヒントを得ているのかもしれない。しかし、それ以上に、福沢の敷衍が「大人之事あり、小人之事あり。故に曰く、或いは心を労し、或いは力を労す。心を労する者は人を治め、力を労する者は人に治めらる」という『孟子』の一節(滕文公上)を念頭においていることは明かである。福沢は「大人」と「小人」、治者と被治者の差別についての孟子の句を解釈替えすることによって、身分=属性による差別を否定すると同時に、能力と業績の違いによる新しい差別を引き入れたといえよう。いずれにせよ「心労」と「力役」という「才力」の質による優劣の観念はここに姿をのぞかせているのである。このような「才力」の所有を基礎にした自由・平等観と、所有される「才力」のちがいによる差別観の輪郭は、『西洋事情』外編にいたって、より明らかになってゆく(次節参照)。そして、『学問のすゝめ』冒頭の「天は人の上に人を……」につづく、「世の中にむつかしき仕事もあり、やすき仕事もあり。そのむつかしき仕事をする者を身分重き人と名づけやすき仕事をする者を身分軽き人という。すべて心を用い心配する仕事はむつかしくして、手足を用いる力役はやすし。故に、医者、学者、政府の役人、または大なる商売をする町人、夥多の奉公人を召使う大百姓などは、身分重くして貴き者というべし」という一節は、このような「才」対「力」、「心労」対「力役」観の終着点だったといえよう。福沢の天賦人権論の中核において、「生れながら」の「上下貴賤の別」が斥けられるとともに、能力の質による差別が呼びこまれるのである。これほどまでに能力による差別を強調するのは、強い「才力」「智力」を所有しながら、「門閥」＝属性主義の重圧の下で苦しんだアンビシャスな青年が、西洋社会の能力＝業績主義の側面に心を奪われた結果ではなかろうか。

三　慶応三年のワシントン出張とその後
──「自主自由の通義」と「社中」の宣言

一八六六(慶応二)年、暮も押し迫ってようやく揃った『西洋事情』初編三巻を要路各所に贈ったり市販する手はずをつけた頃、福沢は再び米国行の内命を受け、六七年早々には慌しく発って行った。アメリカに発注した軍艦と小銃を購入するための出張であり、福沢はこの度も熱心に運動して一行に加わった。アメリカ東部滞在五〇日のこの旅は実務処理に忙しく、福沢は本務の通訳のほか面倒な事務を委ねられ、上司との間にはトラブルが続いて、アメリカ見聞については、「慶応三年日記」と題する、「西航日記」よりもまだ簡単な日録を記するにとどまった。おそらくこの西洋行の最大の収穫は、「全集緒言」や「三田演説第百回之記」に記される大量の事典・教科書類を自分と自分の塾のため、またかねて交渉が深まっていた仙台藩のために買い調えたことであった。やがてこれが、日本における洋学教育のシステムを一変させ西洋文明の受容を飛躍させるのである。(9)しかしそれに先立って、このアメリカ行は、福沢が抱いて来た日本における「文明」への「変革」の見通しが崩れる大きなきっかけとなった。洋書大量購入も含めたさまざまの問題をめぐる幕府委員内の深刻な対立がそれであり、帰国と同時に福沢は謹慎、洋書類は差押えの処分を受けた。『西洋事情』外編巻之一―三、全三冊を書き上げたのは、三カ月を越える処分が解けて間もなく六七年の暮であった。

外編の「題言」に述べられるように、福沢は初め『西洋事情』初編執筆当初のプランに従って、ロシア以下の各国編を続けようとしていた。しかしそれではやはり西洋各国に通じる基礎的なことがらの説明が弱く、西洋世界の部分を見て全体の構成原理を見失うのではないか。福沢はこう考えて、初編の「備考」をさらに深めて西洋文明成立の根本原理を明らかにしようとした。「外編」という題名は、こうして本来のプランの順序を中断して基礎に立ち戻ったところからつけられたのではなかろうか。全体の骨格は、初編「備考」ですでに参照されていたチェンバース社の『経済学』の前半「ソシァル＝エコノミー」の部分から後半「経済学《ポリティカル＝エコノミー》」の初めまでのほぼ忠実な訳で、幾つかの要所に福沢のいわゆる「ブランド氏学術韻府」(W. T. Brande and G. W. Cox, *A Dictionary of Science, Literature, and Art*, Longman. 一八六五—六七年の三巻の新版か)、「英氏の経済論」(Francis Wayland, *The Elements of Political Economy*, Boston.)や *The New American Cyclopaedia*, N. Y., Appleton. からの抄訳を巧みに組み込んでいる。ウェイランドの本と『ニュー＝アメリカン＝サイクロペディア』はおそらく、この年、ワシントンで買った中のものであった。

『経済学』に付されたチェンバース兄弟の短い前書きは、この本のねらいや性格を端的に示している。個人の義務が何であるかについての無知がはびこったため、文明社会《シビル＝ソサエティ》の基礎が崩壊の危機に瀕している。このような事態においては、経済学に先立って道徳的社会的に重要なことがらについて教えねばならない。それが「ソシァル＝エコノミー」だというのである。こうして『経済学』全編の出発点は個人の権利と義務(福沢の訳文では「人生の通義及び其職分」)にあり、その基礎は各人が神から賦与された capacity(「才力」)ないし power(「気力」)にあった。チェンバース兄弟は英国の現在の秩序を長年にわたる「才力」の自由な行使の所産として正当化し、そこに発生した貧富の対立という「文明の弊」も「才力」の自由な行使によって解決出来るはずだとした。秩序の攪乱は無知から生じるのであり、社会主義や革命は不毛である、だから教育を、というわけである。

『西洋事情』初編巻之一のアメリカ独立宣言や合衆国憲法の訳も、日本における翻訳の歴史に残る傑作であった。しかしそこには、格調高い英文の宣言を、全力を傾けて、生き生きした日本語に移し変えることが出来たという趣きがあるのに対して、『経済学』の訳では、福沢は力の余裕さえ見せ、原文を使いこなして、原文以上のものを語らせているという感すらある。もちろん文化の相違やことばの壁を感じさせる誤訳もある。society に「人間交際の道」を当てるように苦心の新造語を作り出したにもかかわらず、落着いた適訳が出来なかった individual のようなことばもある。しかし、文脈に照らして随時省略する一方では大胆に敷衍し――初編で慎重に使いぞめをした「自由」という日本語が、原文に free や liberal がない個所の訳文に、それこそ自由に使われるにいたっている――のびのびと筆を進めている。原著は教化的な意図で書かれたから、平明なかわりに平板である。福沢の手にかかって、訳文の質は原文のそれ以上に高められ、原文にない力を帯びるにいたったのである。

こうした変化は、おそらく原作者と訳者のよって立つ場の差違にもよるのではなかろうか。刊行者チェンバース兄弟も筆者バートンも自己の「才力」のみによって奮闘し、繁栄する出版事業と社会的地位とを築いたビクトリア期の「自助《セルフ=ヘルプ》」の先駆であった。そのような彼らは、ミドルクラスの間に根づいて自明となっている原理を、より下の層に「教え」として説こうとした。[10] これに対して福沢は自己の「才力」の前に立ちはだかる門閥格式の壁に戦いを挑もうとしていた。おそらく、その挑戦を正当化する新しい思想を発見した感動が、彼の筆を動かしていたのである。Individual rights and duties. という表題をつけられた章の一節と、巻之一の初めの、戦いの宣言といった趣きのあるその訳文とを比較しよう。"while God has given man the gift of life, he has also given him the *capacity* to support that life, ……every human being, ……*has*, by a law of nature, *the property of his own person. He belongs to himself.* ……This freedom he is not free at liberty to sell or assign.”（イタリック、引用者）――表題「人生の通義及び其職分」。「天より人に生を与れば、又従て其生を保つべきの才力を与ふ。……人々自から其身体を自由にするは天道の法則なり。即ち人は其人の人にして猶天下は天下の天下なりと云ふが如し。……天より賦与せられたる自主自由の通義は、売る可らず亦買ふ可らず」（傍点、引用者）。原文には、人間を何よりも先ず彼自身の capacity や person を所有する者としてとらえ、人間の自由をこのような所有の働きから導く人間観・自由観がはっきりと打ち出されており[11]、福沢はそれを儒教の表現をも借りて、見事にわがものとしている。しかもこのような自由が、事実――福沢の後の用語では「有様」――の次元に属することがらではなくて、個人の「通義」――right――であるという観点が、原文以上に明瞭に打ち出されている。「天稟の才力」を妨げられることなく「伸」ばすという、初編巻之一「備考」における自由観は、その根拠を深められたといえよう。同様に、巻之一「備考」の自由論にあらわれていた「心労」対「力役」、「才」対「力」、知的労働対肉体労働という、「才力」における質による区別も、外編巻之一の「私有」property の本質を論ずる部分の「勤労に別あり功験に異同あるを論ず」と題する章にいたって、福沢自身がウェイランドの『経済学要綱』からも補った、「心労」と「力役」との比較論によって、さらに強化されるにいたった。

福沢が謹慎処分を受けるにいたった事情について、彼の側からの説明は『自伝』に詳しい。決定的な原因になったのは、おそらく、幕府を「颯々と打毀して遣れ」と広言し、幕府の「海防策」を罵倒したことだった。どうせ官費だからと酒をあおってこういう激語を口走るには、様々な動機があった。『自伝』と「小野友五郎松本寿太夫両人の中立に対する弁明書」とをつきあわせると、それが生々と浮び上って来る。先ず徳川官僚制の縮図のような、米国派遣団内部の上下対立があった。それに、自分たちが翻訳の「御用」をしているのは、「幕府の殿様方」には出来ない

「汚ない事」――夷狄のことばを扱うこと――をさせられているだけだ、それは「革細工だからえた」にさせるのと同じ仕打ちではないかという憤懣がからんでいた。事実既に見たように、御書翰掛は外国方中のエリートだと自負した福地桜痴も、御書翰掛が、外からは――外国方の部内ですら――賤民よばわりされることを憤らざるをえなかった(福地『懐往時談』)。「汚ない事」を始末させられる賤民という自嘲と憤懣は、五年前一八六二(文久二)年の洋行中の「親玉の御指南番になって……文明開化の説を吹込んで大変革をさして見たい」という壮語からは想像もつかぬ変りようである。幕政改革の最後的な努力は、「大君のモナルキ」による文明開化を期待させた。改革が引き起した人材登用の上昇気流は福沢をも捲き込むにいたっていた。しかし改革が中途で挫折して一度抱いた期待が破れた時、その後に来る幻滅は、なまじ期待を抱かされたそれだけ苦かったのではなかろうか。福沢の幕府に対する失望は急速に深まり、日本の前途に対する見通しは急速に暗くなってゆく。『西洋事情』外編はこのような状況のもとで書かれたのである。

「文明開化」への担い手としての「大君のモナルキ」に懸けた期待が幻滅に終ったばかりでなく、福沢が盲目的な攘夷反幕集団と見、「文明」への道の最大の障害として「唐人往来」以来批判し続けて来た勢力が優勢を示すにいたって、日本の前途への彼のペシミズムはきわまる。一八六八(慶応四)年四月、福沢は自己の私塾を芝新銭座に移すとともに、初めて慶応義塾と公に名を名乗る。間もなく、彼自身も以後の生涯を「双刀を投棄し読書渡世の一小民」(同年六月七日、山口良蔵宛書簡)――「心労」、知的労働、のみによって生きる自立の私人――として立つべく致仕する。福沢は『西洋事情』初編巻之一に、「文明の政治」の「要訣」第一条として掲げた、「人々自ら其所好を為し、士を好むものは士となり、農を好むものは農となり」という自由の原理を、ただ一人衆に先んじる決断において実践にうつした。こうして彼は、前途暗澹として見通しのつかぬ時代に、ひとりこの小私塾には「文明」の火種を絶さぬことを決意し、ここに賭けたのであった。義塾ということばは、本来、中国社会の伝統的自治に根ざすものであったが、今それに盛られた集団形成の原理は全く新しかった。「僕は学校の先生にあらず、生徒は僕の門人にあらず、之を総称して社中と名け……」(同年閏四月、山口良蔵宛書簡)と言い、「吾党の士相与に謀て、私に彼の共立学校の制に倣ひ」(「慶応義塾之記」同年七月)という表現は、この塾が西洋の私立学校をモデルとしていること、政府から独立で対等の、志を共にする個人の自発的結社として構想されていることを示している。その背景にあるのは、『西洋事情』初編「備考」で注目された、西洋社会において学校のみならず公共活動の多くを担っている私的集団を貫く、自助《セルフ＝ヘルプ》と自発的結社の原理であった。日本における「文明開化」への道を西洋をモデルとして構想して、かつては将軍の「モナルキー」化に期待し、中津藩士・幕臣の立場と個人の立場との間をゆれ動いていた福沢は、翌一八六九(明治二)年二月には中津藩の扶持も返上して幕藩官僚制から完全に自立するとともに、志を共にする自立した個人の自発的結社に自己の生涯を賭けたのである。

　移転創業した夏に記された「中元祝酒之記」は、先に見た『西洋事情』外編の中心、「人生の通義及び其職分」の章における「天与の才力を活用」するための心身の「自由」の節を掲げた。福沢の宣言文を思わせる訳は、そのまま新しい塾の門出の宣言たり得たといえよう。幕府に差押えられていた、アメリカで一括大量購入した書物も処分が解除されてちょうど新しい塾舎に届けられた。それは従来の洋学の教授＝学習の方法から洋書市場の構造にまで画期的な革新をもたらしたのである。

　しかし、彼の情勢判断は再び大きくはずれた。元治・慶応にかけての幕政改革への期待は、時機おくれのあがきに思いいれた過大評価で、幻滅に終った。福沢が不平と狂信の策士と見た集団の政権掌握に抱いた危惧は、彼らの本音を見あやまったためで、意外の安心と喜びをもたらした。方向は逆だったが、福沢が情勢を見あやまった点では共通していた。しかも福沢らは、政治的動乱にコミットする勇気も欠いていた。こうして彼洋学者たちは、新政権が、権

力掌握とともに開国進取、門閥打破の政策を強行するのに接して、

「学者社会には多少の思慮分別あると同時に、冒険自から事を挙《あぐ》るの胆力勇気なく、唯窃に危言して、云はゞ手を袖にして間接に変乱を教唆するの有様なりし其中に、明治維新の世の中と為りて、維新匆々門閥廃止の端緒を開きたるこそ、千載の大愉快なれ。当時洋学者流の心事を形容すれば、恰も自分に綴りたる筋書を芝居に演じて、其芝居を見物するに異ならず。固より役者と作者と直接の打合せもなければ、双方共に隔靴の憾はある可きなれども、大体の筋に不平を見たることなし」(『福翁百余話』「禍福の発動機」)

という思いを抱いた。

福沢ら改革派の洋学者が、変革の政治過程にコミットしなかったにもかかわらず、思想的に大きな影響力をふるったという事情は、『西洋事情』の運命にもかかわっていた。芝新銭座に慶応義塾が開かれた翌月公布された、新政権の基本組織の最初の規定、政体書はブリジマンの『聯邦志略』やホイートン著マーチン訳の『万国公法』と『西洋事情』とに拠って作られた。学制の施行によって新しい教育が全国的に進められるようになると公私多くの学校が『西洋事情』を始め福沢の著作を教科書に採用した。一八七〇(明治三)年『西洋事情』二編が刊行されたのはこの間であり、『西洋事情』は『輿地誌略』『西国立志編』と並ぶ文明開化の三大ベストセラーとなった。刊本の読者の他に筆写して読む者も少なくなかったようである。『西洋事情』の影響はさらに、慶応義塾を訪れた朝鮮開化派の指導者を通して隣国にも及んだ。一八八八年の開化派の首領朴永孝の国政改革の建白は、『西洋事情』をはじめ『学問のすゝめ』や『文明論之概略』を素材にしていた。(12)朝鮮開化派にとっても、西洋文明への窓は、『海国図志』その他、中国将来の書から福沢の著作に移りつつあったのである。

福沢が、その生涯の一時期を画する『文明論之概略』の執筆を思い立った経緯も、またその内容も、おそらく「文明」への「変革」を思うにいたって以来それまでの西洋文明紹介の活動の一つの総括という意味を含んでいた。彼は

一〇年来もっぱら西洋文明の光明を説き続けて来た自己の活動について、姿勢を立てなおし、西洋文明の相対化という視点を押し出し、西洋文明への「心酔」からの独立を志向し始めた。自分自身西洋の事典・教科書・啓蒙書の翻訳から本格的な書物の精読に転じ、以後再び翻訳の筆をとらなかった。またそれまで西洋の紹介に夢中で過して来た福沢は、あらためて、アジアの日本という西洋文明を受容する側の歴史的条件について立ち入った考察を行い、その上で、日本における「文明」化の特有のコースについて展望するにいたった。さらにそれとの関係で彼は、日本の「文明」化における知識人に独自の役割についてはっきりと自覚するにいたった。維新「革命」の「大騒乱」のただ中にあって、福沢は、その根本を「国内一般の智力」と「専制との戦争」としてとらえ、その構図の中で、「攘夷家」と「智力の党」との、攘夷論という政治の運動と洋学者の「西洋文明の説」との演じて来た役割を反省し、将来における政府と知識人との両者に固有の役割について、明確な意見を打ち出した。

こうした意味で「アメリカハワイ見聞報告」から『西洋事情』までは、封建門閥体制の下で「才力を伸」ばす機会を模索する青年にまで西洋の衝撃が及んだ時、彼がどのようにそれに立ち向うにいたったか、その個人史の一こまを語るドキュメントであるとともに、非西欧圏における近代化に通じる問題、特にその中での知識人の形成と役割を考える鍵となるケースといえよう。

（1）これらの史料集および研究として特に、日米修好通商百年記念行事運営会『万延元年遣米使節史料集成』全七巻（風間書房、一九六一年）、および Masao Miyoshi, *As We Saw them—the first Japanese embassy to the United States (1860)*, University of California Press, 1979（佳知晃子監訳『我ら見しままに—万延元年遣米使節の旅路』平凡社、一九八四年）、宮永孝『万延元年のアメリカ報告』（新潮社、一九九〇年）、を参照。

（2）中津藩士から佐久間象山宛、この報告書の写しとともに送られた口頭報告の記録の写しらしいものが、松代藩の儒者莠叟高野武貞の『莠草《ゆうそう》年録』（国会図書館蔵写本）四十七に収められている。参照、伊東弥之助「咸臨丸の渡米と福沢諭吉」（『三田評論』一九六九年四月)。

(3) *Narrative of the Expedition of an American Squadron to the China Seas and Japan, performed in the Years 1852, 1853, and 1854*, 3 vols., 1856. 福沢は、合衆国政府の公式報告として刊行された、この最初の版を寄贈されたのではないか。

(4) 外国奉行支配翻訳方の設置と活動については、長尾正憲『福沢屋諭吉の研究』(思文閣出版、一九八八年)第I部第三、四章参照。同書の第I、Ⅲ部は、本章と付論の背景についての克明な調査として有益である。

(5) 主なものとして、中野善達・加藤康昭『わが国特殊教育の成立』(東峰書房、一九六七年)、芳賀徹『大君の使節』(中央公論社、一九六八年)、沼田次郎・松沢弘陽編『西洋見聞集』(岩波書店、一九七四年)、山口一夫『福沢諭吉の西航巡歴』(福沢諭吉協会、一九八〇年)、宮永孝『文久二年のヨーロッパ報告』(新潮社、一九八九年)。

(6) 松原秀一「フランス東洋学とレオン・ド・ロニ」(『福沢手帖』第二号)。

(7) 本章付論参照。

(8) 福沢のアメリカ独立宣言の翻訳については、加藤周一・丸山真男日本近代思想大系『翻訳の思想』(岩波書店、一九九一年)三七—四三、四〇六—四一三頁および白井厚ほか「「アメリカ独立宣言」の邦訳について(1)—(5)」(『三田学会雑誌』一九八四—八六年)を参照。

(9) 参照、金子宏二「藩学養賢堂蔵洋書目録について」(『福沢諭吉年鑑』8、一九八一年)。

(10) 実際に執筆したのはスコットランドの著作家J・H・バートンであることが、A・クレイグ教授によって明らかにされた。参照、アルバート・M・クレイグ、西川俊作訳「ジョン・ヒル・バートンと福沢諭吉」(『福沢諭吉年鑑』11、一九八四年)、及び Albert M. Craig, "John Hill Burton and Fukuzawa Yukichi."『近代日本研究』第一巻(一九八五年)。

(11) 福沢における、人間の自由を、「身体」や「才力」の所有という面からとらえる思考については、C. B. Macpherson, '*Political Theory of Possessive Individualism*,' Oxford U. P. 1962. に示唆をえた。

(12) 青木功一「朝鮮開化思想と福沢諭吉の著作」(『朝鮮学報』第五二、『福沢諭吉のアジア』慶應義塾大学出版会、二〇〇八年、に再録)、「兪吉濬の西洋見聞」(『韓』六四号、一九八五年)、姜在彦『近代朝鮮の変革思想』(日本評論社、一九七三年)一二六頁以下。

付論　英国探索始末
――「英国探索」から『西洋事情』へ――

幕臣福田作太郎が残した公文書の控え「福田作太郎筆記」の中に収められた「英国探索」は、一八六二(文久二)年の幕府遣欧使節団によるヨーロッパ六カ国「探索」の公式報告書の一部である。(1)この使節団による列国「探索」は、幕末の日本人による西洋の「探索」の中では最も組織的に行われたものであり、「探索」の結果についても、これだけ整理された公式報告書はおそらくほかには作られなかったろうと思われる。そして、後の表からもうかがわれるように、六カ国についての「探索」の中では、英国についてのそれが最も詳しく分量も多い。この点は、幕末に日本への影響が最も大きかった英国についての見聞記録が、これまでのところ、米国やフランスについてのそれと比べて、量の点でも内容の豊かさの点でも、いささか見劣りがするという欠落をうめるのにかっこうである。

東京大学史料編纂所に収められた「福田作太郎筆記」とその筆者については、すでに中野善達氏が、『蘭学資料研究会研究報告』二〇〇号によせられた「文久遣欧使節の徒目付福田作太郎をめぐって」などで紹介された。中野氏によれば、福田作太郎は、一八三三(天保四)年弓矢槍組同心の子として生れ、父の職を継いだ後、一八五四(安政元)年から六〇(万延元)年まで箱館奉行所勤務、その年徒目付に転じ、翌六一(文久元)年遣欧使節団随行の含みで勘定格に任じられた。帰国後は、しばらく神奈川奉行所に勤務した後、フランス式に改革再編成をはかる幕府陸軍の中で昇進し、勘定頭取兼帯歩兵頭として幕府倒壊を迎えた。新政権成立の後は、かなり早い時期に召に応じ、主として電信事業にたずさわって、一八九一(明治二四)年内務省衛生局次長を最後に退官した。

「筆記」全二七冊は、この間一八五五(安政二)年頃から六三(文久三)年にかけて記され、この時期の彼の勤務を反映して、内容はすべて外交と蝦夷地問題に関するものであり、遣欧使節関係として「御対話記」一冊、「欧羅巴行御用留」三冊、「仏英蘭対話記」「魯国対話記」各一冊と別表のような諸国「探索」四冊を含む。この一〇冊は、職務上福田が扱った公文書を自分用に控えたものと思われ、幕府外国方の公文書綴「英仏行御用留」二冊、「竹内下野守、松平石見守、京極能登守欧行御用留」六冊(いずれも、東京大学史料編纂所所蔵外務省引継書類のうち)、あるいは勝海舟の『開国起源』や木村芥舟の『三十年史』などといくらか重複するが、逆に後者にないものを含む点、とくに『続通信全覧』中のこの使節関係の記録二〇冊の焼失という事情のもとでは、この筆録の価値は大きい。そのように他には見られない文書の中最もまとまったものが四冊の「探索」である。例外として「英国探索」中第三項の「シンモン・ベリヘンテ」氏からの聞書は、同じ内容のものが、柴田剛中が遺した文書の中にある。旧幕臣橋爪貫一が編集して一八六九(明治二)年に刊行された『開知新編』は、この探索の一部をアレンジしたものであることが、中野氏によって明らかにされた。この四冊の報告書のもとになった六つの国についての「探索」は、同じ関心のもとに行われ、また相互の比較対照が頻繁に行われている。そこで、中野氏の作られた表によって、四冊の報告書と、『開知新編』の内容を、項目の見出しによって紹介すると、表のようである(表中の数字のうち、各国「探索」の前の漢数字は「福田筆記」二七冊の中の番号、各項の前の算用数字は原本の各項目に朱筆の漢数字でつけられた通し番号である。また、『開知新編』の各項はこの表の順序とは関係なく、全く無秩序に配列されている)。

この報告を生み出した「探索」の事業について、公文書が語るところは極めて乏しい。とくに、現地での視察や聞き取りの様子は、福田の「筆記」にも幕府外国方の「英仏行御用留」にも全く現われて来ない。「御用留」中の「開帆迄」という綴の中に数はわずかでも「探索」への熱意をうかがわせるものがあるのにくらべると、このことは、ヨーロッパ「巡行中」の使節団の中で「探索」の仕事は影が薄くなっていたのではないか、という感をも抱かせる。こ

		開　知　新　編　（明治2年）			
葡萄牙国探索	乇魯西亜探索	英吉利国	和蘭国	仏蘭私国	葡国
	1 国　制	国制之事	国制の事	国制の事	
	2 ミニストル之事				
	3 海軍制之事				
	7 陸軍組立方之事	陸軍制の事、随意兵の事	陸軍制の事		
	6 陸軍士官并兵卒取立方之事	陸軍士官取立方の事			
		海軍士官并に兵卒取立方の事			
		海軍士官水夫退老院の事			
	5 水陸軍に関係する館之事	海陸軍入費出方の事			
	8 士農商差別之事	士農工商区別の事	士農工商区別の事		
	9 貧民救助	貧民救助の事			
	10 致仕後養老手当	致仕養老手当の事	致仕養老手当の事		
		軍糧貯方の事			
	27 居留人乱妨取鎮方之事	居留人乱妨取鎮方の事	居留人乱妨取鎮方の事	居留人乱妨取鎮方の事	
	17 地所商貸手続之事	地所売買の事	地所売買の事	地所売買の事	
	21 諸港規則之事	港内各国船碇泊中取計方の事	港内各国船碇泊中取計方の事		
	11 病院并学校之事	病院并に学校の事	病院并に学校の事	病院の事	
	16 銅鉄鋳物鉱炉之事	反射炉の事			
	23 蒸気車之事	蒸気車の事	蒸気車の事	蒸気車の事	
		馬車の事	馬車の事	馬車之事	
	22 伝信機之事	伝信機の事	法通線の事	千里信の事	
	18 地代之事	地税家税及び地代店賃の事	地税家税及び地代家賃の事	地税家税及び地代家賃の事	
	24 ミニストル館コンシュル館地所之事				
	20 自用品税有無之事	自用品税取立方有無の事		自用品税取立方有無の事	
2 水先案内之事	26 水先案内之事		水先案内の事		水先案内の事
	28 船修復場之事				
		密売船の事	密売船の事		
1 運上所之事	19 運上所之事			運上所の事	運上所の事
3 エンテレボツト之事	25 エンテレボツト之事	借蔵の事	借蔵の事		借蔵の事
	29 物　産				
4 物価之事	30 物　価	諸物価の事	諸物価の事	諸物価の事	諸物価の事
7 カスランプ之事	31 ガスランプ之事	気燈の事	気燈の事	気燈の事	気燈の事
5 地税商税之事	32 商税取立方之事	商税の事			
6 雇舟之事		雇船の事			
8 居留地道造掃除等之事	33 居留地内道造掃除等之事				
				輸出品を禁ずる有無の事	
				附戦争の国と貿易の事	
	4 軍艦製造所之事				
	12 造作学校之事			石板の事	
	13 鉱業学校之事				
	14 農具学校之事				
	15 紙幣局之事				

福田作太郎筆記

五 英国探索	三 荷蘭探索	二 仏孛葡探索 仏蘭西国探索	孛漏生国探索
1 国制	1 国制	1 国制	1 国制
2 ミニストル之事		2 ミニストル	
3 政治之大体英仏互に損益有之事			
4 軍制幷随意之兵之事			2 陸軍制組立方之事
5 陸軍之士官幷兵卒取立方之事	2 陸軍制之事		3 陸軍之士官幷兵卒取立方之事
6 海軍之士官幷兵卒取立方之事			
7 海軍之士官兵卒水夫退老院			
8 海陸軍入用出方之事			
9 士農商差別	4 士農商差別之事		4 士農商差別之事
10 貧民救助	5 貧民救助之事		5 貧民救助之事
11 致仕後養老手当之事	6 致仕後幷養老手当之事		6 致仕後養老手当之事
12 軍粮貯方	7 軍粮貯方之事		7 兵粮貯方
13 各国居留人乱妨取鎮取計方	8 各国居留人取鎮方		
14 地所商貸手続	9 地所商貸手続之事		9 地所商貸手続之事
15 各国船港内碇泊中取計方之事	13 各国船港内碇泊中取計方		
16 病院幷学校	3 病院学校之事	4 病院之事	10 病院学校
17 アームストロング大砲製造之事	18 古製唐銅加農変製之事		
18 小銃張立之事			8 発明小銃之事
19 反射炉之事	17 地銅製鋳之事		
20 蒸気車之事	14 蒸気車之事	7 蒸気車之事	
21 馬車之事	15 馬車之事	8 馬車之事	
22 テレガラフ之事	14下 テレカラーフ之事	9 伝信機之事	
23 市中地代家賃之事	10 市中地代家賃之事	5 市中地代之事	14 地税家税取立方之事
24 ミニストル館コンシユル館地所之事	16 コンシユル館ミニストル館地所之事	6 公使館地所等之事	
25 自用品税取立有無之事		附自用品税有無之事	
26 持地之事			
27 政府借財之事			
28 リウルポール運上所幷エンテレポツト之事			
29 リウルポール水先案内之事	12 同所水先案内 幷修復場		
30 リウルポール船修復場之事			
31 密売船之事	其外密売船之事		
32 運上所之事		11 運上所之事	
33 エンテレポツト之事	11 アムストルダムエントレポツト之事		
34 物産		10 物産	
35 物価之事	19 物価	15 物価	11 物価之事
36 下男女給分之事			
37 ガスランプ之事	20 カスランプ之事	13 ガスランプ之事	15 ガスランプ之事
38 商税之事			12 商税取立方
39 雇船之事			
40 道造掃除等之事	21 居留地掃除道造等之事	14 居留地道造掃除之事	13 居留地道造掃除等之事
		3 煙草塩之事	
		12 輸出品を禁ずる有無之事 幷戦争之国と貿易之事	16 猟免状幷税之事

のようなわずかな公私の史料と、筆録そのものとから、「探索」を担当したメンバーと有力な協力者を想像して見たい。

本書第I章「さまざまな西洋見聞」でふれたように、使節の遣欧が提案されたかなり早い段階から、その任務として、外交交渉のほかにヨーロッパ諸国の「探索」が考えられていた。随員の人選にもこのような意図が現われており、一八六一(文久元)年の四月には竹内保徳から「外国之事情、且御国御為めニ相成候儀等探索」のため「通詞三人之外英学ハ勿論英語差心得候者召連罷越、諸事細大となく巨密取調」るようにしてはどうかという上申がされている。この後、かなり早くから決定していた右の通詞三人――外国奉行支配定役格通弁御用福地源一郎と箱館奉行支配定役通弁御用出役立広作と阿蘭陀通詞品川藤十郎の中、品川に差支えが生じた時、人選を手がけていた組頭柴田剛中を早々と訪れて運動していた外国奉行支配手附翻訳方の福沢諭吉が、品川の代りとして唐通詞太田源三郎とともにメンバーに加えられたのは、万延元年の渡米経験と英語の実力を買われ、「探索」要員として選ばれたのではなかろうか。また、八月に、傭医師兼翻訳方として蘭医箕作秋坪と松木弘安の名が上った後、漢家三人蘭家二人という予定の随行医師団構成を、「探索」の強化を考慮して全員蘭医にするように、竹内保徳ほかから意見具申がされた。これは結局漢医二人とこの二人の蘭医に落ちついたけれども、正使がこのような意見をもっていたとすれば、翻訳方兼任の二人の蘭医に「探索」担当が期待されたと考えても自然であろう。こうしてまず人選の過程で三人の名前が「探索」の任務との関係でクローズ・アップされて来る。そしてまた、この三人は西洋への知的関心をわかつものとして、かねてから親しい仲間だった。

こうして生れたチームは「巡行」の現地でどのように仕事を進めただろうか。最初の訪問国フランスから英国に渡った直後、組頭柴田剛中は、手をつけて間もない「探索」のこれまでの経緯について、外国方の同僚に書送った手紙の中で、

「事情探索等の義も役々申合精々勉強致候得共、建白の制度氷炭の相違有之、三四十日位の日合にて探索可行届訳に無之、詰り役々一同赤手にて帰り候様の場合に至り可申哉と心痛いたし居申候。耳目に触候事々物々一駭を喫し候事のみにて、何れより探索に取懸り可申哉目的も附兼候程の次第……」(文久二年四月一一日付白石忠太夫・向山栄五郎・小田又蔵宛、日本史籍協会叢書『夷匪入港録』一)

とのべている。柴田が「探索」の総括責任者であったこと、またその人が「探索」についておそろしく悲観的になっている様子がうかがわれよう。この手紙は、「若言語相通し自由に歩行の出行出来候はゝ、事情探索行届、以後彼を御する術眼前に候へ共、其義の不叶は遺憾万々に御坐候……」という件りで終っている。言語の障壁、文化のちがい、そして群れ集まる見物人のために「歩行出行」の自由がないこと、等の前に立ちすくみ、早くも「探索」の成果について最悪の事態を憂慮しているのである。

柴田の言う「役々」が誰なのか、当時の書簡や後年の回顧談でそれとおぼしいのはやはり福沢・松木・箕作の三人である。先ず福沢の手紙。柴田の右の手紙と同日付、中津藩の上役へ。

「小生義も今般は幸に西航の員に加はり、不可再得の好機会、右に付旅行中学術研究は勿論、其他欧羅巴諸州の事情風習も探索可致心得にて、已に仏英両国にても諸方に知己を求め、国の制度、海陸軍の規則、貢税の取立方等聞糺し、一見瞭然と申には参りがたく候得共、此まで書物上にて取調候とは百聞不若一見の訳にて、大に益を得候事も多く御座候」続けて、「実地の探索は勿論候得共、迚も壱人にて僅の時日に尽しがたく、後は書籍取入れ候より外手段無之、既に当府《ロンドン》にて英書も大分相調候得共、尚又和蘭え参候はゞ十分に買取候積に御座候。江戸にて頂戴仕候御手当金は不残書物相調、玩物一品も持帰ざる覚悟に御座候」(島津祐太郎宛、『福沢諭吉全集』第一七巻)

同じ日に同じことがらについて語りながら、二つの手紙のトーンはおよそ対照的である。第Ⅰ章第二節でもふれたように一介の傭通詞にすぎず、しかもなまじ外国語を解するばかりに、福沢の上には同行の目付の目が光っていて、彼の行動は別な意味で柴田以上に束縛されていたのに、そして「探索」も「一見瞭然」とはゆかなかったのに、福沢の手紙には「探索」の成果についての自信と喜び、そしてこの仕事のために与えられたわずかな時日や人数という制約は、何とでもして乗り越えてゆこうとする熱心と決意がみなぎっている。この一介の傭通詞の西洋見聞における意志と知性の強さは、柴田や福沢の手紙の翌日付の外国奉行宛公信に、「英国にては所々え被相招、うしめん羊之対食而已、何国え罷越候も更ニくるしみのみにて、鬱散聊も無御座候。困苦御憐察可被下候」(文久二年四月二一日付「仏蘭西都府出立英国都府着御図書差出方等相済候儀ニ付申上候書付」、勝海舟『開国起源』上)と、悲鳴とも愚痴ともつかぬ追書を書き添えた正副両使を圧倒していたといえよう。

はっきりした志とそれを裏づける能力をもって、志願し参加した福沢の場合、彼自身の旺盛な知的関心や行動への意欲は、使節団の下級メンバーとして与えられた任務の枠をはみ出している。しかし、彼の書簡にあげられた「国の制度」以下の諸項目の背景には、彼自身の関心だけでなく、使節団に与えられた公式の「探索」という課題があったのではなかろうか。前年一〇月の使節団の任務に関する三使からの上申の中「取調」るべき事項の筆頭に西洋諸国の「建国之法」や「政俗」があげられていたし、出帆前日に与えられた訓令の中には「各国政事学政軍制者、別而心懸取調可申事」があった。福沢の「国の制度、海陸軍の規制、貢税の取立方等」は、このように、使節団に命じられた「探索」の項目にも関連しているように思われる。また、英国の国制・軍制・税制などについて福沢に説明してくれた仏英両国の「知己」は、この報告書の成立を探る上での一つの鍵になるだろう。すぐ後でまたふれなければならない。

調査項目とそれを担当したメンバーについてもう一つ、松木弘安の回顧の一節。

「帝王に謁するは使節及三四名の官員のみ、吾輩随行せしことなし、然れとも宮殿を観其他所々に至ること休日なし、余と箕作秋坪とは病院学校等に治療教育及組織の方法を探究せり、其他各分任あり、帰宿すれば之を筆記し、終に集て大冊を成せり」(「洋行に関する寺島宗則自記履歴抄」『薩藩海軍史』中巻。松木はこの後、再渡欧前に寺島宗則と改名した。)

簡単な記述だが、福沢の手紙とあわせると、項目による分担、調査結果の整理・編集というプロセスの輪廓が浮び上って来る。

この人々が中心になって作った「英国探索」を読んでみると、そこでは、「……有之候」ないし「……見請候」といった表現と「……有之由」あるいは「……候由」という表現がはっきり使い分けられているのに気づく。メンバーの直接の見聞と、メンバー以外の、現地英国の人による説明とが区別されているのだろう。説明の労をとってくれた人の数もそれほど少なくはなかったろう。たとえば第十項では救貧制度についてかなり異なる説が併記されている。また、直接に視察したり、こうした解説者の説明を受けたりするがわも、共通の知識が大きく、いきのあった三人組だけではなかったようだ。同じ制度について、別な項目の中では異なる表現やちがう理解が示されていたり、同じ項目の中で矛盾することを述べることがあるのは、こうしたことを反映しているかもしれない。どういうメンバーあるいは協力者がどのような形で「探索」にあずかっていたか、公式報告書(あるいはその草案)である「英国探索」のテキストと関係者の個人的な記録とをつきあわせて考えて見よう。

ここでも重要なのは福沢のそれである。『福翁自伝』の「事情探索の胸算」という見出しをつけた項で福沢は、

「私の欧羅巴巡回中の胸算は、凡そ書籍上で調べられる事は日本に居ても原書を読で分らぬ処は字引を引て調べさへすれば分らぬ事はないが、外国の人に一番分り易い事で殆んど字引にも載せないと云ふやうな事が此方では一番六かしい。だから原書を調べてソレで分らないと云ふ事だけを此逗留中に調べて置きたいものだと思て、其

方向で以て是れは相当の人だと思へば其人に就て調べると云ふことに力を尽して、聞くに従て一寸々《ちょい〳〵》斯う云ふやうに(此時先生細長くして古々しき一小冊子を示す)記して置て……。」

とのべている。この「細長くして古々しき小冊子」は全集に「西航手帳」として収められ、複製版も作られているものであろう。C・ブラッカーは、こういう方針に従って「事情探索」にうちこむ福沢を“Indefatigable note-taker”と評した(*Japanese Enlightenment*, Cambridge U. P., 1964)が、たしかにこの手帳からは、次から次へとさまざまな所を訪れ、さまざまな人に質問を連発してはノートをとる福沢の知的興奮が伝わって来る。そしてこの手帳の記入を「英国探索」と丁寧につきあわせてゆくと、いくつかのことが浮び上って来る。(3)

一つは、「西航手帳」の中の二一頁にわたるまとまった記入である(『福沢諭吉全集』第一九巻では一三五頁から始まって一二五頁で終る)。六カ国における、全部で一五六頁の記入の中で、その場でのメモと後からの清書という形での重複や、当座のメモ風の断片的な記入が多いことなどを考えると、また、一五六頁の中のロンドン滞在中の記入だけをとると、この二一頁にわたる一続きの記入はそれだけでもかなり目立つ。さらに、福沢は蘭学から英学に転向してすでに四年、訪米の経験もあるのに、また英国現地で調査した英国事情の説明なのに、多少の日本語と、固有名詞などわずかの英語のほかはオランダ語で記されている。字体もほとんど変らず乱れがない。内容からいっても、他の部分とちがいよくまとまっている。先ず一一頁にわたって、文明の定義、政体論、英国の政治制度、財政、売春。その後四頁にわたる一七九三年から一八五四年までのフランス近代史の説明が入って後、英国の軍制が一頁、ロシア事情四頁、英国における死刑について一頁、という順序である。ロンドンで記入された他の部分には、鉄道に始まって、病院や電信局など現場を訪れて受けた説明の聞書や、そうでない場合には、断片的なものが多い。それに対してこの部分は、目に見えない制度全体のしくみの説明であり、短いとはいえ文明の条件に関する考察を序論とした、英国の政治制度、軍制についてのレクチュアという感じであって、「レクチュア」の各論部分が、さきにふれた使節団の「探索」の重要項目に見合っていることもうかがわれる。この部分は、産業や軍事の施設を訪れ、それぞれについて、現場の人に説明を受けるのとは、別なしかたで聞いた話の記録であろう。聞きたいことがら——「政事学政軍制」あるいは「建国之法」——をこちらからはっきり示し、誰かを選んで、これについて質問したのではないか。福沢以外のメンバーが聞いたものを福沢がまとめたということも考えられないことはないが、記入のしかたからいって、おそらく福沢自身も加わったグループが、あるいは福沢だけが、この「レクチュア」を受けたと考える方が無理がない。後にもふれるし、『西洋見聞集』に収録した「英国探索」への校注でも気をつけたように、この部分は、「英国探索」の成立にとっても福沢の『西洋事情』の成立にとっても、かなり重要な資料である。その意味で、「英国探索」の校注でも、また後の説明でも、この部分をかりに「まとめ」の部分と呼んでおくことにした。

この記入の前後の内容や日付から推して、この部分は、一八六二(文久二)年四月九日以降三〇日までの間に書かれたと思われる。さきに引いた福沢の四月一一日付書簡に現われる「国の制度、海陸軍の規則、貢税の取立方」という項目は、フランスでの「探索」についてだけでなく、英国でのそれについてもいわれていると考えられるし、「西航手帳」のこの部分の内容とも一致する。そうだとすれば、九日—一一日の間に、この部分を書いたか、少なくともそのもとになる「レクチュア」を受けるか、あるいは「レクチュア」の記録に接したということが考えられる。

他方、「英国探索」の方で注意を引くのは第三項である。もとの形で八葉(『西洋見聞集』では四九〇—九五頁)、それほど長いものでないが、「英国逗留之和蘭人医師シンモンベリヘンテより承り候聞書」という説明がついている。本文にも「私……当地に在留仕候事已に十二ケ年に及び申候……」といった直接話法も出て来る。その文体は外国方の属官が外国奉行や老中と西洋人とのやりとりを記録した「御対話記」類の中での西洋人のパートを連想させる。全体として、「聞書」の話し手も聞き手兼書き手もそこにいることが感じられ、そうした意味で第三項はこの公式報告の中では一番人間臭い所である。

この「聞書」のはじめ、文明の条件五カ条とでもいった部分は、「西航手帳」の「まとめ」のはじめとぴったり対応しているのである。「西航手帳」のこの部分はさらに、「写本西洋事情」にも『西洋事情』にも多少表現を変えただけでうけつがれて、やはり冒頭に据えられ、『西洋事情』では「欧羅巴政学家の説に、凡そ文明の政治と称するものには六ケ条の要訣ありと云へり。即ち左の如し」として、この文明の条件についての考察が西洋人から学んだものであることを明らかにしている。「西航手帳」の「まとめ」は「シンモン・ベリヘンテ」氏の説に拠っており、「欧羅巴政学家」とは、『西洋事情』刊行の四年前ロンドンで知った「ベリヘンテ」氏であると考えてまず無理はないだろう。

「西航手帳」の「まとめ」と「英国探索」の「聞書」との対応はこの部分にとどまらない。「英国探索」につけた校注のそれぞれの箇所で煩わしいほど記したように、第三項以外の多くの項が、「まとめ」の中の記述と照応している。そうすると、「まとめ」の書出しの文明の条件五カ条から終りまでが不可分の一体である、したがってその中の序論風の五カ条だけではなく英国の政治制度や軍政などについての各論的な部分も「ベリヘンテ」氏に由来すると考えれば、「英国探索」のさらに多くの項目が、「ベリヘンテ」氏からの聞書を材料にしていると考えられよう。第二十六項の下書中の「和蘭人当所に十二ケ年滞留仕候内……」という表現、あるいは「バンク」についての第一項での記述は第三項での「バンク」について「別段相認申候」とのべるのをうけたように見えることなど、この推定を支えるように思われる。「シンモン・ベリヘンテ」氏——オランダ語原綴は Belinfante か？——なる医者がどういう人物か、「英国探索」には何も説明がない。実に精力的に「諸方に知己を求め」て、その人々の姓名を丹念に記したり、自分のノートに署名してもらったりしている福沢が、彼にとってかなり重要なことを語った人の名前をあげることが全くないのは不思議である。ただ、第I章二節でふれたように、この人は英国やフランスの政治・社会についてかなりはっきりした意見——英国のそれについては急進主義の立場——を持っていたようであり、そして、ルイ・ナポレオンの一八五一年のクーデタがもたらした追放と亡命の大旋風によって英国に吹きよせられた人々の一人だったのかもしれない。「西航手帳」の「まとめ」が記されたと思われる日付からいって，福沢は，この頃ロンドンの病院を次々に視察している間に，英国人の医師と親しくなり，福沢が英国の政治や社会について強い関心をもっており，彼が長く蘭学の世界で訓練されて来たことを知った，こういう英国人医師から，オランダ人医師を紹介されたのではなかろうか。あるいは，使節団のメンバーが訪れたパリやロンドンのオランダ公使館スタッフや，パリまで出向いてくれて会ったライデン大学の日本学教授A・A・ホフマンなどの斡旋で知ったということもあるかもしれない。いずれにしても，はっきり「聞書」と記した第三項だけでなくそれ以外の「英国探索」のかなりの部分が，おそらく福沢も加わるか，福沢が中心になって行なった「シンモン・ベリヘンテ」氏からの聞き取りによっていることは，ほぼ確かなように思われる。

「英国探索」の中のこれ以外の部分は，産業・教育・社会福祉等の施設の説明が多く，かなりの部分について，もとになった資料が推定出来る。病院・学校(第十六項)，鉄道(第二十項)，電信(第二十二項)あるいは救貧制度(第十項)は福沢の実地調査によるようである。アームストロング砲・エンフィールド銃の製造(第十七―十九項)は普請役益頭駿次郎のノートを写したものらしい。イングランド北部を視察したのは三使と少数の随員・従者だけだったから，リバプール港についての記述(第二十八―三十項)のもとになった資料を提供した人の範囲も限られて来る。残る部分でまとまった項目としては，西洋諸国との日々の外交交渉をすすめる上から，その点についての西洋の実情を知ることが急がれ，訓令の中でも重視されていた，外交官，領事，在留外国人関係の制度(第二・十三・二十四・二十五項)が大きいが，これらについては，もとの資料の見当がつかない。

以上「英国探索」のもとになった資料について，要約すれば，政治制度・軍制・財政・貴族制など英国の国制の基本構造の説明については，英国在住一二年のオランダ人の「レクチュア」により，他のより具体的な施設については使節団メンバーが分担して実地に見聞し，また現場での説明をうけたのだといえよう。「欧洲文明の事物を案内に応じて尽く見聞したれども、大抵は無心にて見過し、心に留めたるは三十余人中にて僅々数人に外ならざりければ……」(『懐往事談』)という通詞福地源一郎の回想が正確なら、「探索」の広い意味での協力者まで含めても、関係者の数はそう多くはなかったろう。その中で、大きな役割を演じているのは、やはり福沢のようである。他のメンバーとくに松木や箕作が資料を作るのにどの程度あずかっていたかははっきりしないが、この点について今後史料が新しく発見されても、福沢の位置はゆるがないであろう。

次に来るのはこのような資料群が、「英国探索」という報告書の形にまとめられるまでのいわば編集のプロセスである。これについては、さきに引いた松木の回想が一つの証言である。しかし「各分任あり、帰宿すれば之を筆記し、終に集て大冊を成せり」といっても、忙しい諸国歴訪の旅の間に、報告書を最終的な形にまで仕上げるのは無理ではなかったろうか。松木のことばは、各国「巡行」中に始められた編集プロセスの最初の段階をさしているのではないだろうか。いずれにしても松木は、この段階で「探索」の成果のとりまとめから離れたのであろう、引続いて「然れとも帰朝後之を読むの暇なかりしなり、或云ふ、福沢の著せる西洋事情多くは此聞見録に基けるものなり」と語る。

「帰朝後」の時期については、福地の『懐往事談』に一つの証言がある。彼によれば、帰国した彼らが見出したのは、訪欧の留守中に一だんと激しくなった攘夷論の強風に幕閣までゆすぶられる有様であり、これを見てとった組頭柴田剛中は、福地が営中で西洋諸国の事情を説き鎖攘の是非を論じたりして禍のもとになるのを恐れ、外に出歩かずひとに会わぬよう、「自宅調の用事」を命じるよう手配し、結局、

「文久二年の十二月より三年の二月に至るまでの間に於て欧洲巡回中に目撃し及び聞得たる事どもを編輯して数巻の報告書を作りたり。此報告書は凡そ四百枚ばかりを五冊に綴上げ、竹内下野守の手許まで差出したり。維新の後に至り永井主水正に聞たれば、永井は此報告書を曾て二条城中の内閣にて見たる事ありしと云はれたり、蓋し竹内が余を推薦せんが為に閣老参政へ進呈したる事と思はれたり。其本書は何処に散佚したるか知らず」(『懐

往事談』、傍点引用者、以下断わらない限り同じ。）

ということになったという。ここで福地が「編輯して」と記している表現は、この報告書についてさらに「大方は福沢氏の西洋事情と同じ程の材料にて」とのべる説明に見合っているのではなかろうか。私には、この福地がまとめた「報告書」が、「福田筆記」中の列国「探索」四冊と同じ内容のものだったように思われてならない。「凡そ四百枚ばかりを五冊に」という分量は、「福田筆記」中の四冊のそれにほぼ等しい。冊数のちがいは、記憶ちがいや綴り方のちがいによることもありうるだろう。何よりも、正使が公式の報告書としてちがった内容のものを二種類提出するということは、まず考えられない。

福地の回顧は、提出された報告書の運命についての唯一の証言でもある。使節を送り出した後、幕府の動揺はさらに激しくなっていた。一行の帰国までに、まず使節派遣と列国探索に積極的だった老中安藤信正が失脚した。七月、政局の変動によって松平慶永が政事総裁職となって幕閣の改組に着手した時、先ず行なったのは、安藤の下にあった西洋探索のプロモーターの一人水野忠徳の放逐だった。遣欧使節団はその後に帰国したのである。水野に親炙した田辺太一によれば、この頃、「幕府の政を執るもの、また外事に意をとゞむる者なく、たゞ将軍上洛の準備のみに汲々たり……世に伝ふ、三使の復命して、時の政事総裁（職）、松平春嶽に謁せしに、何の為に西洋に行きしやとの問ありて、これをきくを厭ふのさまありし、と」（田辺太一『幕末外交談』、傍点原文）という状態だった。このようにして二条城に移った幕閣で、報告書が顧みられることを期待しても、まず無理だったろう。こうして徒目付の作った手控えらしいものだけが後に伝わることになったのではなかろうか。

幕閣という組織の事業として企てられた「探索」は、政治情勢の変化によってその組織の構成も政策も変った結果、実を結ぶことなく終った。しかし使節団を構成するメンバー個人の関心や志は、彼らの属する組織を超えて存在しうる。あるいはその枠をはみ出して働くことが出来る。『西洋事情』と『開知新編』という二つの本は、そのような個人の志あるいは関心が生み出したものだった。

「余が欧羅巴滞在一箇年の間到る処に筆記して帰来これを取纏め、又横文の諸書を参考して著述した」(『福沢全集緒言』)という『西洋事情』の成立の過程は、「西航手帳」まで遡り、列国「探索」と比べると、はっきりして来る。ヨーロッパ「探索」の旅から帰ってまる二年余りを過ぎた一八六四(元治元)年頃には「西洋事情」と題した写本の小冊が流布していた。この「写本西洋事情」は、あの「シンモン・ベリヘンテ」氏によるとおぼしき文明の条件についての宣言をまっ先にかかげており、全体の叙述の中に、「西航手帳」への記入とりわけ「まとめ」の部分が骨格を形づくっているのがうかがわれる。翌々六六(慶応二)年、『西洋事情』は始めて刊行され、たちまち多くの読者をえた。ここでも全三巻の総論に当る第一巻は、「写本西洋事情」の細部に手を入れたものである。翌々六八(慶応四)年外編三巻刊行、これは「英人チャンブル氏所撰の経済書を訳し、傍ら諸書を鈔訳」したものだという。その翌々七〇(明治三)年二編四巻刊行。序論に当る第一巻の冒頭「人間の通義」は「英版ブラッキストーン氏の英律」の抄訳であった。この二書 W. and R. Chambers(eds.), *Chambers's Educational Course: Political Economy for Use in Schools and for Private Instruction*, 1852. と W. Blackstone, *Commentaries on the Laws of England*, 1765-1769. の前者は、福沢が限られた時間と力という「実地の探索」の壁を乗り超えるために、「手当金は不残書物相調、玩物一品も持帰ざる覚悟」でロンドンで買い集めた本の一冊だったし[4](『慶応義塾紀事』『福沢諭吉全集』第一九巻)、後者もそうだったのではなかろうか。公式の報告書がうやむやのうちに姿を消し、組織の事業としての「探索」は無に帰した。しかし、志願して使節団に加わった福沢の場合には、「実地に探索」し、「知己」から学んだことがらは、パン種を加えられたパンのようにふくらみ続けて行った。世に送られた『西洋事情』の写本も刊本も、次々に多くの読者をえた。すでに旧体制崩壊の前夜、その影響は、幕府や雄藩の首脳部にも及んでいた。たとえば、一八六七(慶応三)年秋、後藤象二郎が二条城で徳川慶喜に大政奉還を説いた時、慶喜は、むしろ後藤よりも西洋事情に通じていて彼を驚かせたが、それというのも両者とも『西洋事情』を読んだので、慶喜の方が詳しく読んでいただけ西洋事情に明るかったのだという(石河幹明『福沢諭吉伝』第四巻)。あるいは、別稿でもふれるように、福沢が、一八六六年木村喜毅に託し、木村から老中小笠原長行に提出された、「長州再征に関する建白書」に附された「写本西洋事情」が、慶喜の手もとまで届いたのだろうか。けれども、慶喜も後藤も竹内使節団の公式報告書については、おそらくその存在も知らなかったのではなかろうか。そうだとすれば、これは皮肉なエピソードだと言わねばなるまい。

『開知新編』全一〇巻は「外編」刊行の翌六九(明治二)年の刊行、編者橋爪貫一は旧幕府海軍の下級士官で、幕府瓦解とともにいち早く新しい時代の世相に乗る「小新聞」や小著の刊行を始めている(5)。中野善達氏が指摘されるように、この本ではプロシャ・ロシア両国が扱われず、またいくつかの項目が減らされる一方で、日本の読者にわかり易いように説明が補われたことをのぞけば、「福田筆記」の中の列国「探索」と全く同じである。ただ配列は、列国「探索」の方が各国それぞれに「国制」「軍制」から始まって産業に及ぶという順序に従っていたのに、『開知新編』の方は、国ごとの区別さえしないおよそ無秩序な配列である。このような配列に強いて何かの方針を求めれば、もとの「探索」報告の文章には出来る限り手をつけないでおいて、しかも出来るだけ原型とへだたったものにするということだけであろう。どうしてこの時期にこのような形での出版がされたのか。この本の原文は誰が提供したのか？二条城に運ばれた報告書がそこで姿を消してしまったとすれば、案外福田作太郎あたりかもしれない。誰がもとになる材料を提供したにせよ、その人や橋爪は旧幕臣として生活難にあえいでおり、『西洋事情』がベストセラーになるのを見て、それにあやかって一と山あてようとしたのではなかろうか。そして、版権の制度はまだなかったけれども、『西洋事情』はじめいくつかの本に偽版が横行して、福沢が版権の観念を強調するような事情があったから、一番手軽な方法で、出来る限りもとの文書とはちがう形にしようとしたのではないだろうか。いずれにせよ、この書物の質は、「福田筆記」中の各国「探索」書よりもはるかに悪い。そういう本をこの時期に編集し出版した動機が、福沢の『西洋事情』執筆・出版のそれとは非常にちがうことは確かである。そのためだろう、この本が沢山売れたり広く読まれたりした様子はうかがわれない。こうして、欧州巡歴から各国「探索」の公式報告書が編まれそして失われてゆく動きを中にして、一方では『西洋事情』へ、他方では『開知新編』へという三つの動きは、西洋見聞のさまざまな動機とその成果の対照を象徴するように思われるのである。

（1）「英国探索」は、筆者が校注を行ったものが、沼田次郎・松沢編日本思想大系『西洋見聞集』一九七四年に収められている。

（2）君塚進「柴田剛中とその日載」（『西洋見聞集』解題）にもあるように、柴田剛中の厖大な日記の中には、文久のヨーロッパ行をカバーする三冊が含まれ、『史林』四四巻六号（一九六一年一一月）に「『柴田剛中欧行日載』より」と題して紹介されている。

（3）「西航手帳」特にそのうちのオランダ語記事については、なお、長尾政憲『福沢屋諭吉』（思文閣出版、一九八八年）第Ⅲ部第一章の詳しい解説を参照。

（4）なお会田倉吉「福沢諭吉と英書――特に明治以前の時代を中心として――」（『日本英学史研究会研究報告』第六号、一九六四年一一月）、および A. M. Craig, "*Fukuzawa Yukichi, The Philosophical Foundations of Meiji Nationalism,*" in R. E. Ward(ed.), *Political Development in Modern Japan*, 1968, p. 106 参照。

（5）故宮武外骨・西田長寿『明治新聞雑誌関係者略伝』（みすず書房、一九八五年）、および宮武外骨「日々新聞・曾よ吹風解題」（『幕末明治新聞全集』第三巻）参照。

第Ⅳ章　西洋経験と啓蒙思想の形成

――『西国立志編』と『自由之理』の世界――

一八七八(明治一一)年、末広重恭は、維新以来の出版の動向を顧みて次のようにのべた。

「今日、木版に刻し、活字に刷し以て世上に発行する者、殆ど汗牛充棟に至る、然れども細かに其の間に就て之を調査するに、其の新刻書目中に於て、十の八九は概ね欧米諸国の書籍を翻訳する者に係り、其の真成の著作編纂と称す可き者は、実に晨星の落々たるに異らず、明治の初年より今日に至る迄の景況を歴観するに、其の流行は年々に変遷有り、殆ど新陳交代の勢を為せる者の如し、其の種類を大別すれば、維新前後より明治二三年に至るまで流行を社会に得たるは、弘く西洋の事情を記し、及び簡略なる万国史英米歴史等なりしが、一変して政体書と為り、再変して法律書と為り、一両年前よりして、翻訳書中に小説雑記等の専ら風俗人情を記載する者を現出し、遂に此等の種類に非ざれば流用を世間に得る能はざるの情景を為すに至れり(1)」

「新陳交代」の諸局面をこのように截然と段階的にとらえることには多分に無理がある。けれども大きな動きをおさえる限りでは、この記述は成功しているといえよう。そして、末広が描いた、日本における近代的出版の出発点となった西洋世界への入門書の雄、三大ベストセラーとして同時代人の心に残り、やがて「明治の三書」とよばれるようになったのが、福沢諭吉の『西洋事情』(一八六六―七〇年)、内田正雄の『輿地誌略』(一八七〇―七五年)、中村敬宇によるS・スマイルズの『自助論』*Self Help*, 1859 の翻訳『西国立志編』(一八七一年)であった。福沢が『西洋事情』に続いて世に送った『学問のすゝめ』や『文明論之概略』、中村敬宇が『立志編』に続いて、その翌年、刊行し

たミルの *On Liberty*, 1859 の翻訳『自由之理』の大きな影響についてはあらためてふれるまでもないだろう。内田正雄は『輿地誌略』刊行の中途で一八七六(明治九)年病没したが、その後は西村茂樹が引継いで完成した。西村はそれまでに文部省編書課長として、いわゆる『文部省百科全書』(英国の William and Robert Chambers 兄弟編纂の百科辞典 *Chambers's Information for the People*, 1833-35, 4th ed., 1868? の全訳[2])を始め、国の事業としての大規模な翻訳にあたった実績があった。

これらのベストセラーの内容は一様ではない。著者・訳者たちの、旧体制のもとでの社会的背景や知的な素地もさまざまだった。しかし、同時代の英国の文物の圧倒的な影響のもとに生まれたという点はそれらのすべてに共通していた。近代的出版の出発点で著しかったこのような傾向は、その後盛衰を経験したけれども明治二〇年代の初め頃まで続いた。その頃英国で読まれていた多くの書物——トマス・モアからJ・S・ミルまで、シェークスピアからディケンズまで、そして「名著」だけでなく、日常茶飯についての教訓や手引き書類まで——翻訳やリプリント(全て罪の意識なき海賊版であろう)が世に送られて歓迎され、その中の何点かは、時期を限れば、原著の英国における読者よりも、多くの読者を得たのではないかと推定される。英国の著作の影響は、明治二〇年代に入るとようやく退きはじめるがすでに、英国の思想・文化の日本への影響はもはやたやせぬまでに根をおろしており、同時に、その中に日本における英国像の原型ともいえるものが現われつつあった。

こうした現実は、世界市場の形成と蒸気による交通・通信・印刷というコミュニケーションの飛躍的な発展が、ある国に生まれた思想を同時代のうちに世界大に伝播する、思想の世界化という事態が現われていることをうかがわせる。このようにビクトリア中期の英国から日本に打ち寄せた思想の流れの中心をなしたのは、一九世紀初めからの自由主義・急進主義だった。J・S・ミルやスペンサーをはじめ、この立場の著作家たちは、それぞれに時代の課題を自己の問題として一身にひきうけて格闘していたし、彼らの背景にはミドルクラスから労働者階級にわたる民衆運動があった。こうした著作が、母国で世に送られてほどへぬ中に、それを著した人々の視野には入っていなかったはるかな国日本に思いがけぬ訳者を得、日本において訳書は、時にはおそらく母国における原作の場合よりも広く、民衆に受け入れられ、また訳者の意図をこえるような民衆運動——自由民権運動——を呼び出すなかだちにもなったのである。こうして原著を生み出した背景から、訳書のひきおこした反響までを、辿ってゆくと、ここにも一つの〈インターナショナリズム〉があるのではないかという思いにすらさそわれる。

けれどもこの場合も、二つの国の異なる文化の間の理解は容易なことではなく、特有の難しい問題を孕んでいた。

先ず、ビクトリア中期の英国は、いわば自由主義と帝国主義という二つの顔をもっており、両者は分ち難く結びついていた。(3) キリスト教・自由貿易・文明といった諸価値が一体のものとして意識され、これを世界に伝えることが、英国の使命であり、国威を輝かす所以だという宣教の情熱に近いものが燃えていた。この場合、「蒙昧」の民がこのような「福音」を拒むなら、「砲艦政策」によって、いわば〈自由への強制〉を行うことに、自由主義者や急進主義者の多くを含めて、世論の多数は疑いをいれなかった。この時代の英国にゆきわたった世界像や、歴史観もこのような動きに見あうものだった。全世界は、キリスト教を共にし国際法が支配する文明諸国民の世界と、その外の「異教」・「蒙昧」の世界とに二分されていた。キリスト教の文明は、文化的普遍主義と文明と野蛮の上下差別との両方の面で中華の文明に通じるものをもっていたといえよう。そして世界の諸国民は野蛮から文明へと同一の進歩の道を歩むものと考えられ、英国はそのような世界の進歩の冠冕だと自負されていた。文明の中心としての英国から見れば、アジアは、専制政治や蒙昧が一様に支配する停滞の世界として、一色にとらえられ、インドや中国の大きなかげの間に独自の個性をもったものとして日本の姿が見わけられるようになるまでには、かなりの年月を要した。

英国の書物や雑誌が同時代の日本で読まれ翻訳され、民衆の間にまで広く受け入れられたという事実は、それ自体、英国人が信じていた世界像への反証としての意味をもっていたといえよう。これだけ急速で広汎な受容は、印刷出版や読み書きの能力から、異質な文化を理解する思考の枠組にいたるまで、社会の全体にわたって文化や知性の条件が高まり主体的な関心が熟していたことを示している。けれどもはじめて接する異なる文化を理解することは容易ではなかった。理解しえた場合にはさらに難問にぶつからざるをえなかった。

英国に見られる、一方での露骨な権力追求や打算と他方での自由や文明の福音の伝道という両面をどのように解するのか。世界の諸国民の野蛮から文明への進歩という英国人のいだいた世界史像を肯定するか否か。受け入れるなら、日本を世界歴史における「進歩のはしご」のどこに位置づけるのか？　こうした問題は啓蒙・自由民権から平民主義にかけての思潮がある種の不安定と脆さを孕む一因になった。さらに、正確に理解しえた時に直面するこうした難問に加えて、文化的・歴史的な背景のずれからして、ほとんど避けられない誤解があった。

こうして明治二〇年代ころまでに英国やその個々の人物について、しばしば現実のある面を見逃し、あるいは誤解したイメージが定着した。今日われわれが幕末維新における「外圧」を論じたり、明治啓蒙における西欧の影響について語る場合にも、われわれはそのような遺産から自由だとはいい切れないように思える。

本章は、旧体制の最後の時期から大日本帝国の確立の頃までを生きた知識人の一つの典型である中村敬宇の、ビクトリア中期の思潮の二つの流れを象徴するJ・S・ミルとS・スマイルズの翻訳の始末を通じて、以上にのべた大きな問題の一端をとらえようとする試みである。

一　「西洋開化の国」へ

幕末に西洋世界を見聞し、その経験をもとにして、旧体制の崩壊とともにいち早く西洋文明の紹介に手をつけた人々の中で、中村敬宇を特徴づけるのは、旗本、幕府御軍艦組士官の内田正雄や陪臣で御傭翻訳方の福沢諭吉のような人々のそれとはある意味で対蹠的な、昌平黌御儒者としての旧体制のもとでの地位と教養である。福沢諭吉は晩年、自著『西洋事情』がベストセラーになった理由から日本における新文明の成功の背景にまで言い及んで、「日本士人の脳は白紙の如し。苟も国の利益と聞けば忽ち心の底に印して其断行に躊躇せず、之を彼の支那朝鮮人等が儒教主義に養はれ恰も自大己惚の虚文を以て脳中縦横に書き散らされたる者に比すれば同年の談に非ず。左れば維新の当初我国の英断は当局士人の多数が漢学を味ふこと深からざりしが故にして、奇語を用ふれば日本の文明は士人無学の賜なりと言ふも過言に非ざる可し」(「福沢全集緒言」『福沢諭吉全集』一)とのべたが、これには旧体制の教養を「味ふこと深からざりし」福沢の経験を一般化して回顧に読みこむ心理が働いているように思われる。中村がよった立場は、福沢が描くそれの反対の所にあった。彼は体制教学の府に職を奉じながら、まさにそのような者の当然の責務として西洋文明を学び、志願して西洋に渡った。そのためには、周囲の批難や暗殺の危険までをあえて冒したのも、信じる「道」のためだった。けれども他方、中村が奉じた道の内容は、李朝や清朝末期のオーソドックスな教養人のそれからはおそらくかなり離れていた。

中村の欧行までの思想や欧行の動機をうかがわせる文章はあまり多くはないが、その中にいちじるしいのは先ず折衷的な傾向である。「博綜広採、党を禁ジ偏ヲ戒ム」(「自叙千字文」明治文学全集『明治啓蒙思想集』)は彼の若き日からの立場であった。朱子学が体制の正統教学と定められた時代に昌平黌に学び、その教官に異例の抜擢をされたのではあったが、中村は「事ヲ主トス」る漢学を「理ヲ主トス」る宋学を補って、ともに「経ヲ羽翼」すべきものとして重視し(「論経学」『敬宇文集』二)、程朱にとらわれて異説を排斥する者に対しては、公然と日本の学芸に対する徂徠の巨大な貢献を擁護し、国の富強をはかるためには韓非子の意味の再評価を説いた(「祭徂徠先生文」『敬宇文集』一六および「韓非論」同二)。また後年この頃を回顧しては「尤モ余姚(王陽明の生地)ノ三不朽ヲ具フルヲ重ズ」(「自叙千字文」)と詠んでいる。中村が昌平黌に入学する前から蘭学を学んでおり、その教官になった頃には英語を学び始めたのも、おそらくこうした博捜と折衷の態度を背景にしていた。そして論じられた主題は多くは時務策だった。強力な「英主」をいただいて利用厚生による民生安定と航海互市による富強を実現すべき大胆な制度改革――その中核たるべき学制改革――が中心のテーマであった。(4)けれども立論が折衷主義的であり、時務論的であった反面、体系的なあるいは論理的に一貫した徹底的な思考は乏しかった。中村の思想に見られるこのような傾向は、すでに現われつつあった、時務論の過熱と反比例して思索の体系性首尾一貫性が弱まってゆくという同時代の知的趨勢が、体制にとっての目前緊急の課題が多端になるにつれ、さらにいちじるしくなってゆくのを反映していたといえよう。

こうした、その時々の時務論ではあったが、昌平黌における洋学解禁の主張(「振学政策」安政元年執筆と推定、静嘉堂文庫蔵自筆稿本『敬宇文稿』)から、西洋に見学視察員を送るべしという提言(「論下遣二人於外国一使上審二其情形一」一八六二―六七年ころの執筆と推定される。『敬宇文集』三)を経て、最後に、一八六七(慶応三)年中村自身が幕府の英国留学生団に加わろうとして記した願書「留学奉願候存寄書付」(5)(『明治啓蒙思想集』)にいたるまで、一連の文章には、中村の西洋文明に対する主体的で積極的な態度がはっきり現われていた。こうした発言は、その時点での政策論の面でだけ見れば、夷情探索さらに採長補短によって「御国益」の増進を、というに尽きた。それは同時代の開明分子の多くに共通する主張であって、そのような背景のもとで見ればとり立てて目立つものはほとんど見られない。しかし、同じ主張が、夷狄に対する兵学的な対応の発想だけからなされる時は、しばしばオポチュニスティックで、主張が成立つ原理的な根拠への関心が乏しかったのに対し、中村の場合には、なぜそのような主張をすることがゆるされるのかその理由が、未熟な断片的な表現ではあったが、「聖人之道」を奉じるということを根拠として、くり返しのべられていた。論旨の錯雑や表現のニュアンスをきりすてて、まとめていえば、西洋文明への視野の拡大と、原始儒教へのさかのぼりと、「聖人之道」の普遍性の意味を再解釈した上で強調する傾向とが、互に結びついて一体となっていたのである。

彼の西洋文明への視野の拡大を促したのは、一つにはおそらく佐久間象山を始めとした洋学者との交わりであった。(6)

さらに、魏源の『海国図志』[7]など西洋の世界の紹介書やモリソン、[8]メドハースト[9]といった中国在住の英米宣教師の辞典や儒教経典の英訳など、とりわけ後者は、東西両文明を新しい視点からとらえなおすのに与って力があったろう。また中村のこうした文章や学問論の中には、原始儒教に遡ろうとする傾向がうかがわれた。そこでは、「天叙天秩」(「穆理宋韻府鈔叙」)の自然法的な普遍性を云っても、それは朱子学風の理解とはちがって、上下尊卑の社会秩序とは結びつけられていなかったし、「聖人之言」によって華夷内外の差別を強調するという発想も影をひそめていた。

こうした知的展開と結びついて現われるのが「洋人モ亦人ノミ」(「洋学論」安政五年執筆か。『敬宇文稿』)という人間の同一性の意識であり、世界における、「風」「俗」「制度」「制作」などの多様な差異にもかかわらず、「万不同之中大ニ同キ者」(「穆理宋韻府鈔叙」)――「父子君臣夫婦昆弟朋友之倫」が遍く存在している(同前)、という認識だった。西洋世界への視野の拡大は、「聖人之言」を「準」ずべき範囲は「中華一邦」にかぎられるのではなく、「万方皆然リ」(同前)なのだという開眼をもたらしていた。こうして、「是ニ於テカ益聖人之言吾ヲ欺カザルヲ信ズル也」(同前)とし「是レ愈以テ道ノ大ヲ見ルベシ」(同前)とされるのである。ここから、「天地人ニ通ズルヲ之レヲ儒ト謂フ」[10](「留学奉願候存寄書付」)という定義を引いて、「天地人」が「支那一邦には限り申間敷」(同前)と念を押し、「しかる上は儒者の名義を正し候へは、外国の政化風俗……語言学術」(同前)までを学ぶのは当然に「儒者分内の事」(同前)に属するのだ、とし、西洋の学問についても、それまでの「物質上の学即形而下之学」だけの研究に対して「性霊の学即形而上の学」に注目する(同前)のは自然だったといえよう。

中村の西洋研究・西洋留学をという提言には、このようなしっかりした原理的根拠があった。それは、一方では伝統的な華夷観念を明らかにこえていた。中村は、「見聞ヲ蔽イテ傲然自大」としている夷狄観念では、知性において「夷狄」に劣ることもありうること(「論遣人於外国使審其情形」)、かえって、異なる文化を直接に経験することが、真の自己認識を深めるゆえんであることを主張した。他方彼は、このように西洋を「学」ぶことを、西洋を「慕」う

——それにいかれる——ことからはっきり区別していた(同前)のである。

こうした中村の態度は必ずしも新しいものではない。彼の立論の一つ一つに近いものは、昌平黌における師の著作であり、彼も当然親しんでいた佐藤一斎の『言志録』や、あるいは中村の目にもふれたと思われる広瀬淡窓の『約言』、帆足万里の『入学新論』[11]などにもすでに見出された。中村は、こうした時代の思潮に押し出されつつ自ら一歩を進めたのだといえよう。それは、西洋の衝撃が体制教学の中枢にまでおよんだ様子を象徴していた。このような背景のもとで中村は、一八六七(慶応三)年志願して幕府留学生団の監督に任命され、一年半にわたってビクトリア中期の英国を目のあたりにしたのだった。

一八六七年の二月初めから翌年六月末までの中村の英国留学は、これまでに見たような中村の背景と志にふさわしく、困難は大きかったが、みのりも豊かであった。幕府から初めての遣英留学生として、一行は、水晶宮、造船所・製鉄所やウーリッチ造兵廠、ポーツマス軍港など英国の誇る軍事・産業の諸施設、ダービー競馬など社交のハイライトを知る機会が与えられた。そして学生たちは猛烈な準備をした上で、ユニバーシティ・カレッヂ・スクールに入学することができた。けれども取締役の中村と川路太郎の二人だけは年齢が制限をこえているという理由のために入学できず、時おりの英国人からの個人教授のほかは、もっぱら自学自習につとめた。[12]同行の人々が、この頃の中村の烈しい勉強ぶりについて毎朝五時頃から唐宋八家文・左伝や史記の類を暗誦していた[13]、とか、毎夜中井竹山の「逸史」の英訳をしたとか、レッグ(James Legge 理雅各)の四書や書経の英訳・研究に接して、その質の高さに感嘆し「洋人にかかる漢学者出たるは日本人など困りものなり」ともらした[14]、などという回想談は、中村の英国と英学へのアプローチの特徴を象徴しているように思われる。

こうして公式の訪問以外は、ほとんど出歩いたりひとに会ったりすることもなく自分の勉学と一行の取締としての庶務に明け暮れする中村の生活だったが、その彼に好意や関心をもって近づき交わった英国人も少数だがいた。一人は初代香港総督、英国における中国学研究の創始者の一人、準男爵John F. Davis(1795–1890 達庇時)。中村はこの人から、中国の経典の英訳や中国文明についての著書のいくつかを贈られ、後に翻訳もしている。(15) 儒者として西洋に渡った彼に、英国の文化への導き手の一人となったのはこのような人であり、彼は中国と西洋との倫理説における一致という信念を、デビスの中国論によって西洋の側から裏づけられたようである(「古今東西一致道徳の説」明治文学全集『明治啓蒙思想集』筑摩書房、一九六七年)。

さらに、チチェスターから自由党の代議士に出たこともあるHumphry W. Freeland(1819–92)。オックスフォードを出て、先祖以来の町の名誉職につき、アマチュアながら博識で、数多くバラエティに富んだその著書訳書からは、彼のヨーロッパの周辺地域や「東方問題」、アラブ世界への関心と知識のほどがうかがわれる。(16) ビクトリア期のジェントリの一つの典型といえよう。中村はこの人からも著書を贈られており、帰国のおりに餞けとして贈られたのがスマイルズの『自助論』*Self Help*であった。

もう一人、中村の記したものにはついにその名が現われないが、深い関心をもって中村らに近づいたのは、ビクトリア期政界の畸人で、一八六一(文久元)年には江戸の公使館に一等書記官として勤務した経験もあり、当時はT・L・ハリスを指導者とする特異なキリスト教運動に献身していたLawrence Oliphant(1829–88)だった。彼は日本伝道の同志を求めて、中村・川路に信じる所を説いたのであり、オリファントによれば二人は熱心に傾聴して深い感銘をうけたようだったという。(17)

中村の英国生活についてこれ以上のことはほとんどわからない。しかし、彼がこの時代の英国の、ごく限られた明るい面だけに接し、またそのような面だけを見せられたということは確かである。当時ロンドンはすでに〈世界の都〉であった。同時にそのロンドンはエレガントで華やかな西の一かくと、ひろがりつつある東のどん底——やがて一方は「ウェスト・エンド」、他方は「イースト・エンド」と呼ばれるようになる――という全く没交渉の二つの小世界に分裂しつつあった[18]。中村たちは、この西の小世界の中で生活していたし、公務上の接触を別とすれば英国人との交わりはごくわずかで、ミドルクラスの上層かそれよりも少し上の人々とに限られていたように思われる。こうした事情のためでも、また、英国での見聞を、古い体制がすっかりゆきづまった祖国と思いあわせるためでもあろうが、中村の英国像は観念化され美化されている。中村も英国の欠点を認めないわけでは決してない。しかし、英国の民情についての「貪ニシテ悍、奢ヲ尚ヒ酒ヲ嗜ム[19]」といったイメージは、東洋の開港場に来ている商人など「無頼之徒[21]」についての見聞を不当に一般化したのだ[20](『西国立志編』一、論)、全体として云えば、英国は「政教風俗美ヲ西方ニ擅ス」(同前)と云えるのだ、とされる。前節に関連して云えば中村はこの時代の英国の二つの顔の、赤裸な力と富の追求という方をアジアの植民地や開港場の英国人だけのこととし、そして、本国については、もっぱら黄金時代の自由主義という明るい方を見るという形で、切り離したといえよう。本国の、つまりは〈真の〉英国のイメージはそれだけ明るく、そして安定したものになるだろう。

英国の「政教風俗」の真実の中で、中村のそれまでの英国像をゆすぶったのは、国政の中心はどこにあるか、という問題だった。中村の心に英国の像がまとまった形をとり始めたのは、おそらく彼が一〇歳前後の頃、アヘン戦争の噂を聞いたころだったろう。彼はその時の強い印象を回想して、「童子ノ時、清英兵ヲ交ヘ、英屢大ニ捷チ、其国ニ女王有リ維多利亜〔ビクトリア〕ト曰フト聞ク、即チ驚テ曰ク、眇乎タル島徼、女豪傑ヲ出ス乃チ爾リ……」(同前)と記している。幕末に西洋諸国を強国としてうけとめるようになった人々にとって、国の強盛は大てい「英主」「豪傑」の支配というイメージと結びついており、さらに、このような強国の脅威に対抗するためには、日本も強力な君主の支配を貫くよう体制改革をと主張されていた。すでにふれたような中村の制度改革論でも、ピョートル大帝の改革を引いて、日本における「英主」の支配をと説いたのだった。

ところが「英都ニ遊ビ留ルコト二載、徐ク其政俗ヲ察スルニ及ビ、以テ其ノ然ラザルヲ知ルアリ。今ノ女王尋常ノ老婆。飴ヲ含ンデ孫ヲ弄スルニ過ギザルノミ。而シテ百姓ノ議会、権最モ重シ。諸侯ノ議会之ニ亜グ」(同前)。「女豪傑」だと信じていた英国の君主が「尋常ノ老婆」に過ぎず、至上の「権」もその手にはなかったとは。中村は、彼が始めて「女豪傑」ビクトリア女王について聞いた頃から後に、彼女を襲った「夫の死(皇婿アルバート公の死、一八六一年)が、彼女を強力な君主から……打ちひしがれた一人の女に、変えてしまいました[22]」、という変化を知らなかったろうし、自分のそれまでの英国政治像と現実とのちがいにうけた驚きが余りにも大きかったのだろう、英国政治における君主の役割について、中村の認識不足についての自己批判はやや行きすぎた気味がある。けれども、そうした反省の中で彼は、英国の国制における「実効的部分」(バジョット)としての議会の存在に注目することができた。幕末のこの頃には、英国の議会について紹介する書物もないわけではなかったし、福沢のように英国に渡って議会を訪れ、その感想を記しているものもいた。その中で中村の特色は、英国議会について、その制度よりも議員の、彼の特愛のことばを使えば、「品行」に注目していることである。中村の眼はさらに一般の「俗」にむけられ、議員の「品行」も、「風俗」の美も、全てが、キリスト教信仰によるものだとされた(とくに『西国立志編』一、論)。

このような英国理解には一つの傾向がうかがわれる。英国の現実との、一方ではその一部分だけとの限られた接触、他方では、そこから受ける強い感動という両面の事情からして、ただちに英国の全体について観念化され輝きに包まれたイメージがかたちづくられる。「風俗」「品行」の全てのよきものが、キリスト教という一つの源泉に求められるのだという〈解釈〉が生れる。キリスト教への還元論といってもよいし、逆にキリスト教からの流出論といってもよいであろう。幕末に英国を見聞し、英国の「政俗」の美を賞讃しているものの中で、その源泉を求めてキリスト教にまでいたったのは、おそらく中村ひとり、強いて加えれば、中村と同じ時期ロンドンに学んだ薩摩藩士森有礼くらいだろう。しかし、中村のような英国〈解釈〉のパタンは、明治に入ると、急速にひろがってゆくのである。

ただ、ここでもう一つ明らかなのはキリスト教理解のパタンである。中村がキリスト教を理解したのは、その教義や教会政治や典礼を通じてではなく、市民の日常の生活にあらわれた、そのエートスを通してだった。そこにはビクトリア期のキリスト教さらに広義の自由主義の重要な特質が、素朴ながら、生き生きととらえられていた。彼はキリスト教エートスの本質をこれも特愛の「敬天愛人」という表現でとらえた。そして彼の心をうった「愛人」の行いとして紹介するのは、日曜学校《サンデースクール》や夜学校《イヴニングスクール》などミドルクラスによる労働者階級の教育と向上のための運動であり、心身障害者や孤児・寡婦・老人・貧者などの救済運動など、総じてこの時代の英国のミドルクラスを特徴づける「ビクトリア期の慈善」(Victorian philanthropy)であった(同前)。そしてこうした運動は、当時の英国において大きな政治的意味をもっていたのである。

「凡ソ此レ〔一例としての三万余の「学院《サンディスクール》」と二千余の「夕学院《イヴニングスクール》」〕民人公同ニ銀ヲ捐テ設クル者ニ係ル。官府与ラズ。凡百ノ事、官府ノ為ル所、十ニ其ノ一ニ居ル。人民ノ為ル所、十ニ其ノ九ニ居ル。然リ而シテ其ノ謂フ所ノ官府ナル者、亦唯民人之利便ノ為ニシテ設クルノ会所ノミ」(同前)。この中村の観察を、当時の英国の自由主義者の自己認識や、今日の社会史家がビクトリア期英国の特質として描くところと比べて見よう。「スマイルズや彼と同じような考え方をした多くの同時代人にとって、社会悪と戦う最善の方法は、最小限の国家介入と最大限の自発的協力とを結びつけることであった[23]」。ビクトリア中期は、産業活動の自由だけでなく、それが生み落した悪との戦いの面までをふくめて voluntarism の最盛期であった。こうした背景のもとで一八五九年の議会討論では「私は、われわれにとって、わが国が以前に必要とした同じ意味で、強い政府が必要だとは思いません。かつては社会が弱かったから、それを抑えまた指導するために強い政府が必要であった。今日では社会が強くなって、その上にのせられた政府を支配しているのであります[24]」ということばが聞かれた。中村が描いた英国像は、その周辺は明るい輝きに包まれてさだかでなく、さまざまな「暗黒」に汚れた現実からは離れていた。しかし、その中心に関する限り、彼の描写は、簡単素朴ながら、英国における自由主義の黄金時代の姿を見事にとらえていた。ここに引かれたスマイルズは云うまでもなく、『自助論《セルフ・ヘルプ》』の著者であり、一八五九年という年は、『自助論』が刊行された年であった。中村は、このような英国経験の終り一八六八年に、スマイルズのこの本に、またおそらくほとんど同じ頃にミルの『自由論』に、出あったのである。

中村が、自分の英国経験に照しながら深い感動をもって読み、次々に訳した二冊の本は、どちらも一八五九年に出版された。この年はビクトリア期の歴史において、学芸と出版の分野で豊かな収穫を見たという意味で annus mirabilis「驚くべき年」といわれる。この二冊のほかにダーウィンの『種の起源』、ディケンズの『二都物語』等々。在ロンドンの亡命者マルクスの『経済学批判』の独文原稿もベルリンに送られて印刷された。こうした「名著」の多くは、すでにふれたような、同時代の背景のもとで生み出されて単にそれを「反映」するだけではなく、それぞれに、現われつつある新しい問題の所在をさし示して、同時代に警告を発していた。スマイルズとミルについていえば、両者は、それぞれに、一八三〇—四〇年代における急進主義の勝利が、まさにその結果として、新しい問題をもたらしつつあることを意識していた。また、両者ともこうした状況を、一方では、西欧さらに世界における英国という、他方では英国内部でのミドルクラスと労働者階級の分化という視野のもとで位置づけていた。それぞれが、こうした視野のもとで、とりあげる問題についても予想する読者についても、はっきりとねらいをつけていた。それならば、ミルやスマイルズの視野に日本は入っていただろうか？　もし、入っていたなら、どのような意味でであろうか。

自分の本の中で指摘する問題状況の、西欧諸国民の歴史における位置づけについては、国際的な知識人だったミルの方がよりはっきりと自覚していた。『自由論』においてとりあげられ、賛否交々の大きな反響をひき起すことになった「社会の専政」という問題について、『自由論』自体の中でも、逆説的だが、ヨーロッパにおいて自由の戦いが最も進んだ英国において、そのような成果がはじめてもたらしたのだとされていた[25]。そして、この本の刊行前後の諸外国の友人への手紙の中では、この点を補う形で、問題がさらに敷衍されていた。たとえば、やがて『自由論』を独訳したオーストリアの若い友人テオドル・ゴムペルツに。「それ(『自由論』)があつかっているのは、政治的自由よりも道徳的・知的自由です。ですから、この本は当地で必要であるほどには、ドイツでは必要ではありません」[26]。またかつてマルクスの同志であったドイツからの亡命者アーノルト・ルーゲにも。「小著は、大まかに云って、当地では大変必要でありますし、ドイツでは全く必要がありません。ドイツが最も必要としていますのは市民的権利と政治活動でありますし、またドイツはそれをかちとる道を歩み出していると、私は信じております」[27]。もしミルが幕末から明治初めの日本に友をもち、日本の状況に通じていたら、『自由論』についてオーストリアやドイツの友に云ったと同じことを云っただろうか、それとも、「道徳的・知的自由」が、自由の戦いの発展において、英国とは異なる段階にある日本においても、英国におけるとは異なった意味で必要だとしたであろうか。

ミルの書簡の中に、日本人の姿が実際に登場するのは、一八七一年がおそらく最初で最後である。

ミルは、急進主義者の友人ファーニヴォールから、彼の「日本人の友人」が求めている「ステイツマンシップの教本《マニュアル》」について、しかるべきものを推せんするよう頼まれたらしい。これに対してミルは、ぴったりというものはないけれどもとことわって、アダム・スミス、モンテスキュー、トクビル、ベンサム、父ミルなどの名をあげた上で、「知的に活潑なアジア人」がこうした西洋政治思想から学ぶためには、先ずヨーロッパの「歴史の事実の全体にわたるアウトライン」になじむことから始めるようにすすめた[28]。ミルの表現をかりれば、スミス以下の人々、とくにベンサムと父ミルは、「社会の専政」に対する「道徳的・知的自由」の擁護という局面に先立つ、「政府の専政」に対する「政治的自由」のための戦いの局面を代表していたといえよう。『自由論』がこのリストにも現われないのは、日本の状況と課題についてのある判断にもとづいてのことではなかろうか。

ともあれ『自由論』は、刊行とともに賛否こもごもの強い反響を呼び起して、ミルの予想以上に、そして、こうした「ハイ・ブラウ」な著作としてはかなり、よく売れた。フランス(一八六〇年)、ドイツ(一八六〇、六九年と二種)、ロシア(一八六一年)、イタリア(一八六五年)でそれぞれの国語に訳され、ミルはこうした翻訳の動きの中にヨーロッパ諸国に通じる知的政治的な動きを感じとっていた。さらに一八七二年(明治五)年には中村敬宇の日本語訳が出た。しかし、この翻訳については、ミルは知ることなくその翌年世を去った。もしミルが日本語訳の刊行を知ったらどう思ったろうか。自分の著書がアジアの国に思いがけぬ訳者と読者をえたことに、大きな喜びを感じただろう。しかし、自分の著作についての正当な権利については、断乎として主張して譲らなかったミルのことだから、無断の翻訳料なしの出版については、多少の当惑を感じたかもしれない。[29]

ともあれ現実には、ミルの思いをはるかにこえて、『自由論』はもちろんのこと、スミスから功利主義者としてのミルの先達にいたるまで、わずかの間に数多くの本が日本語に訳され、読まれるようになった。それは一つには、日本人が、ミルがファーニヴォールに助言したように、ヨーロッパの歴史のアウトラインを紹介して、こうした大家たちの「名著」にとりつくかっこうのスプリング・ボードになる本を見つけることが出来たからだったろう。そうした一群の書物の筆頭が、スマイルズの『自助論』であり、また『西洋事情』の素材の一つになった、チェンバーズ社刊行の大衆的啓蒙書であった。

西洋文明への手引き書として明治初めの日本でベストセラーになった、こうした一群の書物の素姓を知るためにはどうしても、同時代の英国の出版と読者層の社会学を概観することが必要であろう。大胆に図式化すれば、一九世紀を通して、英国の出版と読者人口に、「二つの世界」が形成されつつあった。以前からの、少数の知的エリートの間で読まれる、一刷数百部、うまくいけば、二、三年のうちに第二刷が出せるといった「ハイ・ブラウ」の世界(『自由論』を含めて、ミルの著作ももちろんこの世界で読まれた。ただ彼はやがて、労働者階級の中に新しい読者を求めようとし、そのためには印税などの利益をなげうつにいたるのである)に対してミドルクラス下層から下の方に新しく生まれつつある読者めあての、あたれば一刷数十万部という大衆読み物の世界がひろがりつつあった。さらにこの世紀の中頃には、両者の間に、いわば大衆啓蒙物といった、かなり大量に刷られ読まれる著作が擡頭してきた。それは大量出版という点で、大衆読み物に似ていたが、社会的関心から生まれた点で、後者における露骨なコマーシャリズムやセンセーショナリズムとは、はっきりとちがっていた。[30]

こうした出版物の書き手の一つの有力なグループは、自由主義や急進主義の影響を受けたミドルクラスの知識人であった。彼らが安くて読み易い雑誌や書物でうったえようとしたのは、産業化、都市化によって激しく変ってゆく新しい社会を生きてゆくのに必要な知識から閉め出されて、貧しい生活の中にとじこめられた、ミドルクラス下層から労働者階級であり、ねらいは、彼らの「自立」(self-help)と「向上」(improvement)であった。「自立」と「向上」の「力」を与える福音として伝えられたのが、当時好んで語られたことばをかりれば「役に立つ知識《ユースフル・ナレッジ》」——新しい社会についてのわかり易い説明と実際的な生活の技術——であり、その背後には直接間接にキリスト教と自由主義や急進主義があった。こうして一九世紀の三〇年代から六〇年代にかけて現われた多くの安い雑誌や軽装や分冊形式の啓蒙書・百科辞書類は、自由主義や急進主義の信条が、暮しかたや生活の技術という具体的な形をとった民衆版だったといえよう。

文明開化の時期に日本で読まれ訳された英国の書物の多くは、このような大衆啓蒙書だった。たとえば、福沢の『西洋事情』が拠った「英人チャンブル氏所撰の経済書」[31]や文部省の手で刊行された『百科全書』を刊行したチェンバース兄弟は、こうした啓蒙的出版の刊行で最も成功した新しい出版企業として確立するにいたったのであった。[32]福沢が『西洋事情』の材料として「チャンブル氏所撰の経済書」と並べてあげる「神田〔孝平〕氏訳の経済小学」(一八六七年)は、オランダ語からの重訳だったが、原著者「英国義理士《イリス》」ことウイリアム・エリス(William Ellis)も、ミルとも近い哲学的急進主義のグループの一人であり、重訳のもともとの原本は、ここにふれたような動きの中での、児童教育ないし教化のための教科書であった。[33] スマイルズの『自助論』は、こうした大衆啓蒙著作の大きな動きの一つの到達点だったのである。

急速な社会の変動によって一国の中に「二つの国民」が分かれるにいたった英国で、その一方から他方へ、新しい社会において「向上」し「自立」することをうながしたこのようなメッセージは、必ずしも著者・出版者たちがねらったほど社会の下の方までは届かなかった。[34] けれども、そのかわりといおうか、それは、彼らの全く知らない、意外な世界――はるかに海をこえた新日本に伝えられ、その国民の多くに、西洋の「文明」を、わかり易く社会と生活の事実に即して知らせるメッセージになったのだった。ミルが日本の留学生にもとめた「歴史の事実の全体にわたるアウトライン」は、このような書物とその翻訳によって、日本人の間に、急速に広く伝えられていったといえよう。こうした背景を考えあわせれば、非西欧世界への強い関心と知識欲をもった英国の自由主義者フリーランドが、極東の祖国へ帰ろうとする professor Nakamura にスマイルズの『自助論』を贈った心もいくらか想像することができよう。[35] 二人が知りあい、一冊の本が餞別に贈られたという出来事が、英国の中に擡頭した上から下への思想と文化の動きが、海をこえて、新しい異なる文化の国にまで波及するいとぐちになったのだった。

一八四〇年代の労働者階級の学習サークルでの講話に始まり、十数年の間着想を温め、書き加えて一八五九年に出版された『自助論』には、素朴ながら、この時代の英国の急進主義や自由主義の特質がよく現われていた。それは一方では、英国の内における「向上」の一そうの前進をめざすとともに、他国に対しては、英国のこのような「進歩」「向上」を実現する原動力となった英国の国民性とくに民衆のそれを誇っており、ここでは急進主義・自由主義は世界の最先進国として自負するナショナリズムとからみあっていた。そこには、世界における英国の位置と使命についての自己認識がうかがわれた。たとえば『自助論』におけるスマイルズも、『自由論』や『自伝』におけるミル[36]と同じように、英国民の国民性ないし社会的性格と云うべきものに関心を示していたが、その評価はミルとは反対だった。ミルがそれにきわめて批判的だったのに対して、スマイルズは英国のとくに民衆の主徳を論じて、"spirit of active industry"(「勉強スル精神」——中村訳[37])や"honesty"(「端正信実」——同上[38])が大英帝国の産業の隆盛と富強を築いたことを誇らかに語っており、インドをはじめとするアジアとアフリカが英国人の"energy and courage"(「剛毅」「勢力」——同上[39])を現わす場となったことを讃えていた。そのヒーローとして、宣教師とともにクライブ以来の植民地経略家たちがあげられること、とくに記憶も生々しい一八五七年の"India Mutiny"(セポイの反乱)を、こうした英国人の上下を通じる徳をあます所なくあらわしたとして、壮烈な英雄物語ふうに描く[40]ことなど、スマイルズの立場は明白だったといえよう。けれどもスマイルズはアジアの諸国民の社会や文化についてはミルとは異なり、殆んど知らなかったようである。

『自助論』は、刊行とともに、ベストセラーとなり、グラッドストーンから、名も無い労働者や小商人にいたるまで、国の上下にわたって多くの読者をえた。諸国語への翻訳も次々に現われた。オランダ語、フランス語、ドイツ語、デンマーク語(以上が一八六六年の増補版までに)、ポルトガル語、スペイン語、ノルウェー語、スウェーデン語、チェコ語、クロアチア語、ハンガリア語、ロシア語、ポーランド語、アラブ語、トルコ語、インドの諸部族言語、中国語、そして日本語。

日本語訳が出た翌々年、一八七三年、スマイルズは、英国を訪れていた、日本政府からこの年のウィーンの万国博に派遣された官吏の一人を通じて、訳者「中村教授」からの手紙と贈呈された訳書を受けとった。その手紙は、彼がこの本に出あい、翻訳するにいたったいきさつについてのべた上で、「わが国の上流人士のほとんど全てが、『自助論』の内容を知っております」と、スマイルズにとって、全く思いがけない事実を記していた。訳本も、「おしまいから前の方へと読んでゆく」読み方といい、大英博物館の陳列ケースの中の昆虫コレクションを連想させる文字といい、スマイルズにとっては、全く初めての不思議なことばかりだった。[41] さらに、おそらくこの少し後だろう、スマイルズが、新しい著述(一八七五年に出版された『節倹論』*Thrift*)のプランについて、ハダースフィールド在住の銀行家の友人に意見を求めたところ、この友人は、返事の中で、彼の銀行を訪れた一人の日本人から、日本で英国の下院にあたる役所が、立派な装丁をした『自助論』の訳本を、熟読玩味されるよう申し添えて、天皇に献上したという、これまた驚くべき出来事を伝えて来たのである。[42]

中村は、英国生活を打ち切って帰国するおりに『自助論』を贈られてこの本に感動し、二カ月余の船中数回通読して、ついにその半分まで暗誦するにいたったのである。しかもこうして帰国した彼を待っていたのは、主家徳川家の没落という時勢の激変であり、渡英前の昌平黌御儒者は静岡藩学問所教授の生活に甘んじなければならなかった。それは、中村にとって失意の世界であり、彼の周囲にも時世の激変の中で生きる目標を見失って迷う青年があふれていた。こうした日々、彼はスマイルズの本をつねに懐中にして、読み返し、時勢の激動にもまれもがく青年たちにまた同時代に、より所、向うべき目標を示そうとしたのである。[43]

二　敬宇とスマイルズとミルと——翻訳の哲学

こうして生まれたスマイルズ、続いてミルの書物の翻訳の背景には、敬宇がわずかの間に経験した隆盛の英国と激変する日本という全く対蹠的な二つの世界の生々しい現実があり、翻訳の仕事は、彼をうながして英国に赴かしたと同じように、内面化された主体的な関心につらぬかれていた。本稿のはじめに見たように、翻訳という形式の仕事が、知的な生産の中で大きな勢を占める中で、敬宇の翻訳に他をぬきん出る独自の位置を与えたのは、この内面化された主体的な関心だった。

翻訳という仕事にひそむ一つのわなは、外国文化に対する需要や評価が大きくまた高いところでは、ある程度の外国語読解力があれば、さらに、外国の学芸の世界の地図についてのなにがしかの知識があれば、知的な主体性や創造力なしでも、原著作の力に便乗することによって翻訳料でもうけたり、さらには知的業績としての評価をかせいだりできることにあるだろう。文明開化の時代には公私数多くの英学校卒業生の中からこのような専業・兼業の翻訳者たちの最初の群がそれこそ雨後の筍のように現われはじめていた。(44)

敬宇の訳業は、こうした速成翻訳者たちの文体・内容ともに大胆にして粗雑な、いわゆる「豪傑訳」の間に立って、忠実・緻密な「周密文体」の先駆として評価されている。(45)この「周密文体」はまた、敬宇よりも恵まれた条件から出発した新人たちの、外国語読解力や原著作の背景についての予備知識のおかげで誤解が少ないだけ、といった訳業とも異なっていた。それはスタイルの点にもはっきり現われていた。訳者の序も後書もない、もとのテクストがともかく訳されているだけ、というノッペラボー的翻訳が数を増すのに対して、敬宇の訳業は、訳の本文に対して割注や欄外頭注の形で、各所に訳者敬宇の論評や注が加えられ、訳文全体は、訳書が分冊として刊行されるごとに附された彼自身の「序」や「論」と彼の同学が寄せた「序」によってしめくくられている。(46)それは、形式からいえば、書物を著わしたものが、行論の各所に、また全体に対して、同学の知友の評を求めるという、伝統的な学芸の慣行を踏んだものであろう。ただこの場合、それはおそらく単なる形式以上のものであった。

訳者である敬宇が自分の訳文に附した論評や注は、その精神から云えば原著者の求めに応じて同学の敬宇がそれを批評するということだったのではないか。そこにはスマイルズやミルとの対話、時には真剣な対決ともいうべきものが見られた。各分冊に附された敬宇自身の序や論についても同様である。それは、敬宇と彼に乞われて訳業の草稿を読んだ友人や、訳業のうち分冊として既に刊行されたものを読んだ読者との、これもしばしば緊張をはらんだ応答をふまえていた。訳者はこの場合、原著者と同じ側に立って、日本の読者に向きあっているように思われる。こうした二重の対話はまた、敬宇の自問自答——思索——と結びついており、それらは、全て、なぜ訳すか、という問にかかわっていた。今日残されている何回も書きなおされた翻訳の草稿や、草稿についてやりとりされた手紙や、序や論と同じ論旨を展開させた論文や未刊の思索ノートなどの内容は、敬宇の翻訳が、このような対話、対決の中から生まれたという理解を裏づけるように思われる。

このように、一八七〇(明治三)年から七二年にかけて準備され刊行された二つの訳業『西国立志編』と『自由之理』への評注や序・論の類と、それに前後する一連の文章、特に「敬天愛人説」(一八六八年、『明治啓蒙思想集』)、「請質所聞」(一八六九年、静嘉堂文庫蔵自筆稿本)(47)、「送葛西士幹序」(一八七〇年末から七一年初めにかけての執筆と推定、『敬宇文集』四)、「擬泰西人上書」(一八七一年、『明治啓蒙思想集』)には、表現は断片的であり、論理的にはあいまいなところがしばしばあったが、かなりまとまった一つの哲学が流れていた。それは、数年にわたる英国についての直接の見聞と英国の本を読んで訳すという、きわめて主体的な異なる文化との折衝・対決の中で生まれて、敬宇の、その後生涯を通じる思索の原点となったのであり、明治の啓蒙思想の中に合流していた多様な傾向の一つを(48)、最も深くつきつめたものであった。さらにそれは、彼の翻訳の仕事の一つの枠組となった。それは、翻訳という知的な営みを通じて生まれた哲学であるとともに、翻訳を導く哲学でもあったといえよう。敬宇はこのような哲学からして、スマイルズやミルの著作に流れる思想に、あるいは共感し、あるいは反撥した。そして、その訳業は、個々の訳語の表現にいたるまで、このような哲学によって裏打ちされていたのである。

この、なぜ訳すか、という問いは、敬宇の場合、二つの焦点をめぐっていた。一つは、訳すことの意味ないし目的であり、もう一つは、翻訳を通じて原著の思想を受けいれることが、あるいは理解することがどうしてできるか、であった。

『西国立志編』第一編の序（一八七〇年四月上旬執筆）は、第一の問題についての敬宇と友人との間の応酬をよく示していた。「余ノ此ノ書ヲ訳スヤ。客ノ過テ問フ者有リ。曰ク。子何ゾ兵書ヲ訳セザル。余曰ク。子兵強ケレバ則チ国頼テ以テ治安ナリト謂フ乎。且ツ西国ノ強、兵ニ由ルト謂フ乎。是レ大ニ然ラズ。夫レ西国ノ強ハ、人民ノ篤ク天道ヲ信ズルニ由ル。人民ノ自主ノ権有ルニ由ル。政、寛ニ法、公ナルニ由ル。拿破崙、戦ヲ論ジテ曰ク。徳行ノ力、身体ノ力ニ十倍スト。斯邁爾斯曰ク。国ノ強弱ハ、人民ノ品行ニ関スト。又曰ク。真実、良善、品行ノ本為リト。蓋シ国トハ人衆相合スルノ称ナリ。故ニ人人品行正シケレバ則チ風俗美ナリ。風俗美ナレバ則チ一国協和シ、合シテ一体ト成ル。強、何ゾ言フニ足ラン」（原漢文、柳田泉解説中の読下し文による。）

引用第一行目の「余曰ク」から「政、寛ニ法、公ナルニ由ル」までは、敬宇自身の経験にもとづく英国の国家体制の理解であり、「拿破崙……以下品行ノ本為リト」までは、それを裏づける形で『立志編』の訳文本文から引かれている。いうまでもなく、この「客」のように西洋の力の根底を軍事力に求める（さらに西洋の富の源を科学技術に見出す）のが当時有力な意見の一つであった。この立場からすれば軍事学や科学技術をこそ導入すべきであり、西洋の日常倫理の書物の翻訳などは意味を疑われるだろう。しかし敬宇は、西国の強（さらに富）の源を民主的な政治に、さらに、人民の「自主ノ権」（freedom や independence の訳）・「品行」（character の訳）に、そしてこうしたエートスの窮極の源泉「天道ヲ信」じ「天」を「敬」する教法――キリスト教――にもとめていた。

他方、同時代の多くの人と同じように、敬宇にとっても「富強ノ邦ト為リテ万国ト対峙スル」（「擬泰西人上書」）ことが新しい日本の明白な課題であった。しかも、敬宇の眼に映る現実は、新しい政権のもとで時を得て権威をふるうものの横暴であり、人民相互の不信であり、敬宇はこうした圧制と人民の連帯の欠如とが日本の「協和」をみだして、国の存立に危機をまねいている、と憂えたのであった（特に「敬天愛人説」および『自由之理』自序）。ここから、「西国」

にならって日本の富強を達成するために、「自主ノ権」や「品行」の、さらにはその根底であるキリスト教の精神の受容が、日本の直面する課題を達成するために必要であり意味があると考えられていた。敬宇にとって、スマイルズやJ・S・ミルを訳し、中国在住の米国宣教師ウィリアム・マーティンの中国語教理書『天道遡源』に訓点をつけるという仕事は、国の富強のために重要な意味をもっていたのである。

けれども、諸制度や科学技術といった「西国」の「枝葉之美」ではなく、それを生み出す人民の「品行」を、さらにすべての「本根」であるその「教法」の摂取を、という主張(「敬天愛人説」)は別な難問をひき出す。こうした西洋のエートスや宗教は果して日本固有のそれと矛盾しないかという問いである。敬宇と親しく、その訳業の意味を最もよく理解した者にとってすら自由の訴えが強いショックを与えたことは、『自由之理』によせられた大久保一翁の序(後に引用する)が、率直に生き生きと告白している。また敬宇と前後して昌平黌御儒者になり、敬宇が「薫陶益ヲ受ク」(49)(「自叙千字文」)と感謝していた碩儒安井息軒は、儒者としてキリスト教の思想的影響力の増大に深刻な危機を感じ『弁妄』を著して、キリスト教に対して、激烈な、そして、当時日本に受けいれられたキリスト教の論理の弱点を鋭く的確に衝く批判を行なった。こうした事実を見てゆけば、西洋の「自由之権」や「教法」の受容が旧体制のもとで儒教によって人格を形成した世代に、どれだけ反撥をひきおこしたかいくらかうかがわれよう。

さらに、敬宇の場合、問題は、このような読者の側での疑いや反撥にとどまらなかった。既に見たような、旧体制のもとで、西洋文明の学習に強い意欲を示したころの敬宇に見られた、「道」の内容についての折衷主義的な寛容は、逆説的な形で、「道」はただ一つしかないことを確かめ、異端と峻別しようとする志向とからみ合っていた。(50)こうした哲学にうながされて英国に渡った彼は、儒学の教養に助けられて英国の社会に近づいたのであり、彼の場合、儒学と英国のことばや思想の理解は深く結びついていた。その敬宇にとって西洋の「教法」や「品行」や「自主ノ権」が自分の信じる「道」と相容れるものであるかどうかは痛切な問題であったろう。それは、自分の奉じる「道」に照して、西洋の諸思想を受け入れることはゆるされるか、という問題と、それを理解することができるかという問題を含んでいたように思われる。敬宇の自問自答としても、彼と読者との応酬としても、これは、固有の文化のアイデンティティをめぐる問題だったといえよう。この問題に答えようとする思索の中から生まれたのが「天」の観念と人間論とを二つの焦点とする倫理学であり、その両方を通じて敬宇は、たえず儒教の経典を引照し、そこに自己の主張を支える典拠を求めていた。「請質所聞」を中心とするいくつかの文章の中に、この点をめぐる敬宇の哲学の輪郭が、表現は断片的だが、かなりはっきりと現われていた。

この哲学の中心になるのはおそらく、キリスト教の神は、儒教の思想によって理解することはできないか、という問いであった。たとえば、他の同様のことばからかなり意識的に使いわけられている、「真一無形之神即造化之主宰」といった表現は、キリスト教の神のことだとはっきりは云われていないが、キリスト教の神観念を念頭において使われていることはまずまちがいないであろう(この点は『天道遡源』の用語法に従ったのではないかと思われる)。敬宇は、これに通じるものを詩経や書経の「皇天」「上帝」「天」といった観念に見出した。そこには「漢唐以下」から「三代以上」への復帰の志向が明らかであり、この天の観念にはなお、時として、朱子学的な理解の傾向がうかがわれたが、朱子学の「天即理」という観念を再検討することがはっきりと求められていた。さらに、詩経や書経における「天」「上帝」等は、天子が行なう政治的祭祀の対象だったが、敬宇は、これが、「福善禍淫」によって一人一人の人を導く倫理的支配者であることを強調した。その意味で「天」や「上帝」は倫理化された。また、支配者である天子だけではなく、全ての人がひとしく「天」にかかわるという意味で、「天」は普遍化され、そのかかわり方が祭祀から「敬」と倫理的実践へと内面化された。

このようにとらえられた「天」や「上帝」は、唯一・無形・遍在で、しかも人間と自然を「造」り「主宰」する人格的存在だった。それは、全知・全能であり、人間にその本来の「性」を遂げさせようとする「仁」に満ちていた。

「天」による「造化」には、合理的な秩序——「理」・「律法」——が支配していた。それは、人倫の世界については道徳的な「理」・「律法」として現われるのである。

これをうけた倫理説の出発点になるのは、人間論であり、人間は、その中に「上帝之一分」である「天良之心」と「人欲」とをいだく二元的存在としてとらえられていた。人間の倫理は「天良之心」によって「人欲」を「統」べ、天下の万民、とりわけ「顚連シテ告グル無キ」人々を、兄弟として愛することであった。ここには張横渠の「西銘」に強く影響された[51]、尊卑上下の差別倫理をこえる平等主義・普遍主義の理想がうかがわれる。また、おそらく、天の観念が人格化され、「天良之心」が内面化される傾向に結びついてだろう、「人ヲシテ自由ニ其才性ヲ発展シ……千殊万異各々其美ヲ呈スルヲ得セシム[52]」と云い、「衆異ヲ合シテ大同ヲ為ス」(「送葛西士幹序」)とのべたように人間理解における個性の尊重と多様性の重視という思想が現われていたことも注目に値する。

このような「天」の観念や人間性をめぐる哲学は、渡英以前の敬宇の文章のなかにはほとんど見られぬものであり、おそらく英国経験とキリスト教からうけた思想的衝撃をうけとめようとする真剣な思索の結果だったろう。原始儒教への復帰の志向といい儒教理解における平等主義・普遍主義の傾向といい、個性主義と折衷主義の傾向といい、すでに敬宇の昌平黌時代に現われていたこと、それは幕末儒学の大きな動向の反映でもあったこと、はすでにのべた。敬宇の場合このような傾向は、英国経験とキリスト教との折衝・対決をへてぎりぎりのところまでおしつめられたのだといえよう。こうして敬宇における儒教は、幕藩体制における正統教学としてのそれの、ほとんど自己否定といえるところまで変身することによって、新しい社会にかなりの程度まで適応することができた。またこのような思索と哲学の上に受け入れられたキリスト教や西欧思想は、一方ではある変容を蒙るとともに、他方では、同世代の知識人の多くの場合、それがレトリックの域にとどまったのに比べれば、より深く根を下し、安定したものとなった。

こうしてスマイルズの翻訳は、おそらく一八七〇(明治三)年の早春から始められ一一月には完成、翌七一年の三月までには『西国立志編』として刊行が始められた。[53] 多分この間にロンドン・ロングマン書店一八七〇(明治三)年刊の『自由論』が敬宇の手に入り、これを底本とした翻訳が『西国立志編』の脱稿に引続いて始められた。この訳業は七二年の春までかかって終り、その間七二年二月から刊行が始められている。[54] 二つの訳業は、このように、時期の点で引続いて進められているだけでなく、おそらく敬宇の頭の中でスマイルズとミルが語るところはつきあわせられ、共鳴しあっていた。たとえば『西国立志編』第九編(一八七〇年七月に訳された)への「自序」では、「先ヅ一己之見ヲ執テ他人之論ヲ聴」き、「先ヅ入ルヲ主ト為シ、好ンデ異同ヲ立テ妄リニ相是非スル」態度ほど儒学の精神に遠いものはなく、「新見異説」を受けいれ「衆人之知識ヲ集メ」ることこそが、聖賢の精神にほかならぬことを強調していた。そこではまた「天下之同論」や「天下通行之説」と「一人之異見」「一人創始之論」とが鋭く対置され、前者必ずしも是ならず、後者必ずしも非でないと主張された。それは、『自由之理』のテーマに通じ、とくに第二章「思想及ビ議論ノ自由」には表現までほとんど同じ形で現われるのである。逆に『自由之理』の結びでは、「一国」(a State)の価値は「人民各個」(individuals)の価値の総体にほかならぬ、という訳文(『明治啓蒙思想集』八四頁。*On Liberty*, p. 170.)に評語を加えて、「予曩ニ訳ス所ノ立志編第一巻幷セテ考フ可シ」とのべていた。

すでに見たように、『自助論』と『自由論』と、二つはともに一八五九年というビクトリア期の一つの転換の年に出版されており、内容でも共通するものをもっていた。けれども後に見るように、両者はそれぞれの世界からそれぞれの個性をもって現われており、この二つが、英国の読者の頭の中で、敬宇の場合のように密接に結びつくとは限らなかったろう。敬宇が、両者を相次いで取りあげたのは、一面では偶然の結果だった。けれども、敬宇がこのような二つの書物を同じ見方で受けとめたということ自体が、英国思想に対する敬宇の態度の一つの現われなのであり、それは二つの訳業を別々に考えるよりも、両者をあわせて検討する場合により明らかになって来る。そして二つの書物を結びつけた検討を、それぞれの原書と訳書の本文の比較から、読者層の広がりや読まれ方にまでむけることができれば、そこから引き出されるものはなお豊かになるだろう。そのために再び眼をビクトリア中期の英国にもどして、スマイルズとミルとの立っていたところについて、最低限の予備知識をえておかなければならない。

敬宇がスマイルズに続いてミルに接したのは、おそらく偶然の結果だった。けれども両者ともに、引続いて、翻訳するまでにいたったのは、敬宇が、同時代の英国の思潮について知識は乏しかったが、英国に対する関心が強くはっきりしており、そこから、鋭い感覚をもって、両者に共通する一面をとらえたからであろう。『自助論』も『自由論』も、同じく英国の急進主義の潮流の中から、それが、一八三〇年代から四〇年代にかけて一つの〈勝利〉をおさめた後の局面で生まれたものだった。両者はその限りで同じ陣営に属しながら、他方では、あい異なる二つの文化――『自助論』は地方の(「プロビンシャル」)、『自由論』は首都ロンドンの(「メトロポリタン」)それ――を背景としていた。(55)

一八三〇・四〇年代における急進主義は、哲学的急進派に代表される「メトロポリタン」な急進主義も、「プロビンシャル」な急進主義も、いずれも、自由の要求を少数の特権階級対多数の中産階級や人民の対立という形でとらえ、運動の目標を選挙権や穀物関税など国家の諸制度の「改革」にしぼっていた。けれども、そのような制度の「改革」の多くが実現され、ミドルクラスや労働者階級の上層が勢力を増した時、運動のすぐれた指導者たちは、問題を新しい形でとらえなおそうとした。自由の主張を、敵である少数支配階級の特権に対する「反……」という、その意味でネガティヴな形、制度の「改革」から、〈成功〉によって勢力を増した、味方の内側のエートスの問題に眼が転じ、「自由」の理想をより具体的な内容で肉づけし、それを原理的に深める方向へと向った。

けれども、それぞれが育まれた背景のちがいからして、〈プロビンシャル〉な急進主義から出て来たスマイルズと、典型的な〈メトロポリタン〉な急進主義者としてのミルとの間には、問題のとらえ方において対蹠的な面があった。

スマイルズ自身は、スコットランドの出身で、ミドルクラスに属したが、彼の政治・社会思想の骨格が形成されたのは、一八四〇年代の産業都市、急進主義の一拠点であるリーズにおいてだった。彼は急進主義の運動の展開を大きく左右するジャーナリストとして、リーズの急進主義に流れる労働者階級の自学自習の強い伝統に影響されつつ、また、労働者階級に働きかけようとした。(56)『自助論』初版への自序が語るように一八四五年、労働者の学習サークルに招かれて行った一連の講話が、『自助論』の原型をなしており、原題は、*The Education of Working Classes ; An Address delivered by Dr. Smiles to the Members and Friends of the Leeds Mutual Improvement Society,*(57) であった。このような背景からして、スマイルズが『自助論』で訴えようとしたのは、新しく擡頭しつつあるミドルクラスの下層や労働者階級であり、問題を彼らの「自助」としてとらえたのである。

　スマイルズは急進主義の理想を民衆一般の日常的倫理と生活設計の技術と両方にわたる、生き方あるいは生活のわざ《アート》という次元で、きわめて具体的にとらえた。それはまたきわめてビクトリアンな、生き生きしたキリスト教精神に裏づけられていた。『自助論』の中でも、同時代の中に現われつつあった、「自助」に逆行する生活態度への批判はすでに始まっていたし、『自助論』に続く、四部作の *Character,* 1871. *Thrift,* 1875. そして *Duty,* 1887. と年を経るにつれて、スマイルズの文章には、同時代批判の調子が強まってゆくのだが、『自助論』においては、やはり、新しい目標やそれへの道すじを具体的にうちたてるという積極的な奨励と教訓のトーンが支配的だった。スマイルズの新しいメッセージを彼がめざす人々に伝えるための方法も、このようなメッセージの内容にふさわしかった。教育や学問から疎外され、抽象的思考とは縁の遠い人々に訴えるため、スマイルズは、抽象理論ではなく具体的実例により、沢山の、誰でもよく知っている人々の逸話や短い伝記によって語りかけようとした。それはスマイルズが意図したように、日毎の労働に疲れた人でも、わずかな暇を見つけては少しずつ、生き生きした実感をもって読むことが出来たのである。

　哲学的急進派の若い世代のホープとして、ロンドンのミドルクラスの知識人の世界で育ち、英国の地方社会や労働者階級よりもフランスの知的サークルに親しむほどだったミルの場合、問題のとらえ方はかなり異なっていた。ミルは、自由の問題を、少数特権階級の専政に対する戦いとしての政治的自由から、今やその戦いに勝って力を増しつつあるミドルクラスの内部に求めた。『自由論』における、「社会の専政」・「多数の専政」・「世論の専政」という、同時代に強い反撥をひきおこしたポレミックな問題提起において、「社会」や「多数」がもっぱら「ミドルクラス」や「商業階級」をさしていたことは、『自由論』を読めば明らかである。[58]ミルの問題提起は、『自由論』と併行して書かれ、執筆の動機や主題でもそれと表裏一体をなしている『自伝』にもうかがわれるように、彼と後に妻となったハリエット・テーラーとが知識人仲間のつきあいの中でなめねばならなかった苦い経験にも裏づけられて、ミドルクラスを支配する行動様式に対する内部からの告発という色彩をおびている。『自由論』が積極的な提言としての具体性に乏しいといった類の批評をうけたのはある意味で当然だったといえよう。[59]ミルは、このようなポレミックを、彼をよく知っていたカーライルがミルの『自伝』を評した「理屈こねくり機《ロジック・チョピング・マシン》」という表現にふさわしく、ねちねちと論理的にすすめようとするがその論理は必ずしも明晰ではなく一貫してもいない。批評のペンをとった同時代の人々をいらだたせ誤解させたのもこれまた自然であった。『自伝』が語るように、ミドルクラスの「多数の専政」を批判したミルは労働者階級に近づこうとし、そのために『自由論』の廉価版を刊行するまでにいたった。[60]しかし、『自由論』は、本来、もっぱらミドルクラスの「専政」にねらいをあわせたポレミックであり、彼らに訴えることを意図していたのである。

こうして、一八五九年のスマイルズとミルとは、英国社会の中で、同じ急進主義という陣営に、肩を接して、しかしかなり隔った方角に眼を注いで立っていたといえよう。興味深いことに、スマイルズは、『自助論』以下の四部作の中で、つねにミルを意識し、その立場をよく理解した上で好意的であった。スマイルズの著書における『自由論』からの引用やそれへの論及に限っても、やがて見るように、『自助論』の骨格にあたる部分に、同じ年に出たばかりの『自由論』からの引用がはめこまれていたのをはじめ、『品性論』(*Character*)では、ミルの「社会の専政」の告発や個性の擁護についての文章を引用し、[61] ミルとハリエットの関係がロンドンの知識人の間では悪意をもって語られることが多かったのに、ハリエットをいわばよき助け手である妻の典型として、『自由論』冒頭のハリエットへの献辞について語るなど、[62] スマイルズがミルに好意をよせ、その立場を理解し、それに連なるところに立っているつもりであることがうかがわれよう。けれどもミルの方ではスマイルズの存在についても、彼の自分に対する共感についても、意識していた様子はうかがわれない。そのような意味で『自助論』と『自由論』がとりあげる問題は、互に通じるものをもちながら、異なる読者に向って、異なる内容を異なるスタイルで伝えようとした。読者の反響や二つの本がその後たどった運命はさらに異なっていた。

三　『西国立志編』と『自由之理』の生誕——共感と反撥と

旧幕英国留学生団の中で、英語の力が最も貧しかった敬宇[63]が、くじけずに英語を学び続けて来たとはいえ、まだ試みる者も少い一冊の本の全訳をするというのは、大きな冒険だったろう。それをあえてさせたのは、同胞を思う熱心だったろう。けれどもその成果の『西国立志編』は、おそらく彼にとっても力を傾けつくした労苦が十分にむくいられた快心の作だったろう。各所で原文が省略されているが、それは、理解できなかったためというよりも、日本の読者の予備知識や興味を考えて、論旨の大すじに関係のないところを削ったものと思われる。全体を通じて、個々の語句や表現に驚くほどぴったりした適訳があてられているだけでなく、もとの文章を流れる〈精神〉まで、生き生きした、それ自体の生命と個性をもった美しい日本語に移されている。文体は、漢文のかな混り書き下しで、原著の重要なことばの訳には儒教に由来する漢語や成句があてられている。しかも、こうした表現をはじめ、主な漢語には、右側に送りがな、左側にその意味が、ルビでつけられ、欄外には固有名詞や諺について原語や生没年などの注記が出してある。これは、知識人にも庶民にも近づきやすく、伝統的教養の素養にも「文明開化」の世界への憧がれにもともに訴えることのできる、新しい時代に見あった、柔軟で幅の広い文体だったといえよう。

訳業がこのように成功したのは、やはり、原書の性格によるところが大きかったであろう。スマイルズは、既にふれたように、急進主義の強い影響をうけて、とくにミドルクラス下層から労働者階級に語りかけようとした。そこで、『自助論』をはじめとする一連の著作で伝えようとするメッセージの内容が、誰にとっても・どこでも・いつでも・可能なことがらだったという意味で、平等主義的であるだけでなく、それを伝える方法においても、平等主義的であった。

『自助論』(第一章、とくに第一二章)で説明するように、スマイルズは「自助」の理想を、抽象的な教説としてのべようとはせず、それを、自分の生き方の中に見事に実現した人々の、第一二章の表現をかりれば、Examples: Model によって、生き生きと具体的に描き出そうとした。『自助論』以下の四部作は、こうしたねらいからする、さまざまな社会層、とくに社会の中から下の階層の多くの人々の逸話集的な小伝記の集成であった。文章が平明なことは云うまでもない。それは、誰でも、とりわけ受けた教育も貧しく、日々の激しい労働に追われて疲れた人々でも、わずかな時間をとらえて、とりつくことができるように工夫されていた。こうした書物は、西洋についての知識も乏しく、専任教授として日中は藩校につめて職責を果しながら、毎日、夜と早朝のわずかな時間を訳業にあてる敬宇に、とりつきやすかったろうし、おそらくは、わずかな暇をもとらえて、実務の世界の中で、学芸の仕事をすすめるよう説く、スマイルズに共感することを、うながしさえしたであろう。

原著がこのように非〈哲学〉的だから、訳業についても、理論の構成や、それを組立てている概念の理解のしかた・訳しかたを手がかりに検討することは無理だし、訳業には誤訳や誤解はまれである。そこで、ここではむしろ、敬宇が、訳業の中で、原書の〈精神〉に、おかれた時と所をこえて、共鳴しているように思われる点、また、ある意味で、英国におけるスマイルズの、また日本におけるその翻訳の読者の多くよりも的確にスマイルズの意図に迫りえたように、思われる点を、いくつかとりあげ、あわせて二、三の特徴的な訳語にふれることにしたい。

敬宇の訳業において先ずいちじるしいのは、スマイルズの原著を貫く、政治的志向との強い共感である。『自助論』全一三章は、第二章から第一二章までにわたって「自助」のエートスの具体像とそれを鍛える方法が展開されるのを、第一章と第一三章でしっかりとしめくくる、という構成をとっていた。全体に対する序論に当る第一章の表題 Self Help: National and Individual は、この書物を一貫する基調——デモクラシーとナショナリズムの結合——をはっきりとかかげていた。それは、一方では、第一章の冒頭、タイトルの次に、標語として掲げた[64]ミルの『自由論』の第五章からの引用 The worth of a State……is the worth of the individuals composing it.[65] が示すように統合の論理を示していた。それは、他方では同じ章に、同じく『自由論』を引いて Even despotism does not produce its worst effect, so long as individuality exists under it; and whatever crushes individuality is despotism, by whatever name it may be called……[66]といい、everything *for* the people, nothing *by* them(イタリック原文)という「シーザリズム」(Caesarism)を批判した[67]ように、抵抗の論理をうち出していた。

第一章の訳本文の前と後とにそれぞれ附された敬宇の「序」(一部分本章第一節に引用)と「論」とは、スマイルズがそのように自己の立場をうち出したのに呼応するように「国ノ自主之権有ル所以ノ者ハ人民自主之権有ルニ由ル」(『西国立志編』、論)とのべていた。それは、西欧列強によるアジア諸民族の亡国の危機をいかにして突破するかという切実な関心から発しており、福沢の「一身独立して一国独立す」と同じ構造を示していた。それは、一方では「協和」という統合の理想を(同前、第一編序)、他方では「暴君汚吏之羈制」への抵抗や君権の制限を説く(同前、論)点でも『自助論』と似ていた。このように、一八五〇年代の英国において、全世界を主導する立場に立ったことを誇るナショナリズム＝デモクラシーが、英国をはじめとする「西国」の力の前に、滅亡の危機に直面した日本の一人にうけ入れられて、危機をこえる道を示したのだといえよう。そのような意味で敬宇は、原著者と彼のおかれた状況のちがいをこえて、スマイルズに強い共感を示しているように思われる。

スマイルズにとっての「自助」のエートスは、それだけを取り出して論じれば、非政治的・日常的なことがらだったが、彼は、それを『自助論』第一章、一三章においてナショナリズム＝デモクラシーの基礎として位置づけていた。彼は、こうして人民の一人一人のエートスを変えてゆくことが、制度や法の改革にまさる、祖国と同胞への最高の奉仕だと、強調し、その意味で制度改革や議会の立法への過大な期待や依存をいましめるのである。[68] それは、諸制度と立法の改革に的をしぼって戦った急進主義が、運動の〈勝利〉によってその目標をある程度まで実現した段階で、次の一歩を示そうとする一つのこころみだったともいえよう。

したがってスマイルズの「自助」を具体的に肉づけするのは、労働・禁欲といった産業社会を支える徳だったが、それは産業社会の現実の単なる〈反映〉とかそれへの〈適応〉といったものではなかった。彼は、このようなエートスがまた政治的・社会的改革の運動を支えてきたことを強調し、[69] その実例として、スマイルズの同志であった急進主義の指導者にいたるまで多くの人の奮闘を描いた。また「自助」のエートスが純粋に産業の世界で働く時にも、スマイルズは、それが真に自立、進取であればあるだけ迫害と自己犠牲は避けられぬとのべ、彼のいわゆる「発明家殉難録」[70] (martyrology of inventors)を記すのである。

こうして「自助」のエートスが英国資本主義の黄金時代の讃歌といったものではなく、そのカルチュアに対する批判を含んでいたことは『自助論』の終りに近づくにつれて明らかになる。第八章と結びの第一三章との表題、"Energy and Courage", "Character : the True Gentleman" が示すように、産業社会を支える諸徳は、「騎士の時代」に花咲いた「名誉の道徳律」にひきつけられ、それによってしめくくられていた。それはようやく顕わになりつつあった世俗的〈成功〉熱や、〈マス・カルチュア〉のはしり的な現象への一つの批判だったのである。

敬宇は、スマイルズが、個々人のエートスの改革に力を集中したことの意味についても、そのエートスの内容・性格についても、かなりよく理解していたようである。一八七五(明治八)年、明六社での演説「人民ノ性質ヲ改造スル説」(『明治啓蒙思想集』)はおそらく『自助論』への共鳴からうまれたものであろう。この中に現われる「水は方円の器に随う」という中国のポピュラーな句を引いて、「人民ノ性質」と「政体」との関係を、「水ノ質性」と水をもる容器の方あるいは円の形との関係になぞらえるというテーマは、『自助論』第一章の中心にあった(*Self Help*, p. 36.『西国立志編』五頁)。敬宇の演説は、かつての自己の政治的ライバルである討幕派の後身、明治新政府官僚によって、旧幕臣改革派としていち早く展開した自己の政治体制改革の夢を意外にもまた思いがけぬところまで、先取りされてしまったという状況のもとで、明治の啓蒙思想家たちが、どこに自己の進むべき活路を見出そうとしていたかを示しているように思われる。自己の運動の力で制度改革の目標を実現した後の英国の急進主義に対して、政敵によって制度改革を先取りされてしまった、旧幕臣出身の西洋派開明思想家は、おくれた境位の大きな隔りをこえて、逆説的な形で共感を寄せていたといえよう。

さらに敬宇にとっても、「自助」のエートスは、単なる蓄富や栄達のためのものではなかった。たとえば、原書第四章 Application and Perseverance の訳に附された序文は、原書のテーマを「真正ノ学士ハ賤学ヲ為スヲ恥ジズ、之ヲ恥ジル者ハ真正ノ学士ニ非ズ、真正ノ文人ハ俗務ヲ為スヲ嫌ハズ、之ヲ嫌フ者ハ真正ノ文人ニ非ズ」(『西国立志編』傍点松沢、以下特に記さない限り同様)という主張によってうけとめ、敷衍していた。また敬宇が訳文の中につけた見出しの中で、スマイルズが模範として紹介する人々は、「大人豪傑」「豪傑ノ人」等として表現されていた。そして全編をしめくくる第一三章の表題には「品行ヲ論ズ、即真正ノ君子ヲ論ズ」という訳が与えられていた。敬宇は、産業社会を支えるエートスを儒教の台木に接木し、逆に儒教の理想を産業社会に適応させようとしたのではなかろうか。

そこには、スマイルズが、産業社会のエートスを「名誉の道徳律」にむすびつけて、より高いところにひき上げようとしたのと、方向は逆だが、通じるものが感じられる。

敬宇の訳業の中で原書への共感の様子が明らかな第三は、キリスト教である。スマイルズの故郷はジョン・ノックスの生地であり、彼はスコットランドの強烈なプレスビタリアニズムの雰囲気の中で育って、やがてユニテリアン教会の熱心なメンバーになったし、『自助論』を生むについては、英国の急進主義との結びつきが深いエマソンの思想が強い影響を及ぼしていた(71)。こうして『自助論』全体に、キリスト教書・聖書からの引用、宣教師や篤信の人々の言行がちりばめられており、He とか Providence といい、最後の審判や永生の教義もごく自然な形で姿を現わしていた(ただ、人間の罪性やキリストの贖罪の観念は全く現われていない)。敬宇はこうした表現に「造化ノ大主」「来世ニ於テ霊魂死セズ」といった、おそらく先に見た彼の哲学にもとづく表現をあてるとともに、さらに進んで、スマイルズがのべる諸徳で、少くとも明示的にはキリスト教と結びつけられていないものまで、キリスト教の発現として解釈しようとする。たとえば第八章の原題 Energy and Courage は「剛毅ヲ論ズ」と訳されたが、これに附された自序では、西洋人の「剛毅」を生み出す「原質」を体質や風土などの自然的条件に求める一般の見方を批判して、西洋人の「剛毅之原質」は「慈」と「信」と、つまり「其道ヲ確信シ、人ヲ愛スルコト己ノ如」き心にほかならぬとした。あるいは、スマイルズが「自重」self-respect は希望 hope をもたらす、とのべるところで、hope の訳語「望」の後に割注して「望トイフコトハ、世ノ富貴名利ヲ望ムニ非ズ、人生ノ職分ヲ尽シ、皇天ノ意ニ合ヒ、永遠無疆ノ福ヲ望ムナリ」としたりもするのである(*Self Help*, p. 314.『西国立志編』三〇九頁)。

こうした、原著におけるキリスト教の表白への敬宇の共感や増幅は、おそらく、先に見たような、儒教を内がわからぎりぎりのところまでとらえなおすことによって、そこにキリスト教をとりいれようとする哲学に裏づけられていた。それがよく現われている一つの論点は人間論であった。スマイルズの some portion of the divine electric element with which his〔the youngman〕nature is charged. といった表現はおそらく敬宇の心を動かしただろう。彼は「人誰ニ限ズ、上帝ノ一分ヲ得テ、心霊ノ元質トスル」と訳しさらに「上天ノ人ニ付托スル所ノ理」と敷衍している(*Self Help*, p. 292.『西国立志編』二七七頁)。また、スマイルズが freedom of will という見出しのもとで、〔Whatever *theoretical conclusions logicians* may have formed as to the freedom of will,〕each individual *feels* that *practically* he is free to choose between good and evil. ……(イタリック松沢)と、意志の自由を学者の〈哲学〉的論議としてでなく、誰でもが生活の中で実際に経験することがらとして論じる箇所は、カッコの中が省かれ、その上で「人各々自ラ主意ヲ出シテ、是非ヲ択ビ、趨向ヲ定ムベシ」となる。続いて In every moment of life, conscience is proclaiming that our will is free. と展開される所は、「人生時々刻々ノ中ニ、吾ガ心、自己ニ主トナルモノアルベキヲ要ス」とされる(*Self Help*, p. 231.『西国立志編』一九六頁)。「心」が「自己ニ主トナル」というのはおそらく、すでに見た、敬宇の哲学の「心ハ身ヲ統ブ」(「請質所聞」)に通じ、さらに、王陽明や朱子の哲学を背景にもっていた。そして、この二つの文章の前後を通じて、人の「天良是非ノ心」と行為とについて、「ベシ」「ベカラズ」「ノ理ナシ」といった表現が頻出するのである。

こうして、敬宇の訳文には、原著者におとらず、人間本性のうちに善なる本心が(場合によっては神から与えられたもの、あるいは、神的なものとして)内在していることを強調しようとする傾向が、またそのような人間が、内面・行為ともに普遍的な「理」の支配のもとにおかれている、という思想がうかがわれるのである。

こうした共感や増幅、またそれに伴う特異な訳し方をのぞけば、訳文には、知識の不足による単純な誤訳が所々にあるほか、全体として無理のない良い訳である。ただ最後に、敬宇が『自助論』で出あっただけではなく、引続いてとりあげた『自由論』ではさらに大きな姿になって現われ、それと取りくんで力をつくすにいたった、いくつかのことばについて簡単にふれておきたい。

まず、liberty の訳。「人民自主ノ権」「自主自立ノ権」「自主ノ気象」、「自由ノ事」「自由ノ権」。personal liberty「自主ノ権」「自主ノ民タルコト」「人民自主ノ理」、「自由ノ権」。free「自主ノ権アリテ」「自主ノ人トナル」。なお independence は「自主自立」又は「自主自立ノ権」。liberty や free と independence がかなり近いものとしてとらえられていること、同じ表現がくり返される頻度を考えに入れれば、liberty や freedom の訳は、「自由」よりも「自主」に傾いていること、「……ノ権」と訳されることが多いこと(「……ノ理」は一回だけ、なお「権」には「ウクベキイキホヒ」とルビをふった例(七頁)がある)がうかがわれよう。

individual。第一章の表題 Self Help : National and Individual も、そのすぐ後のミルの『自由論』からの引用の中の individuals も、ともに「人民」という全体、集合体を示すことばがあてられている。これに対し、第一章の本文では「人民各箇」「人民各自一箇」等とされていることは注意に値いしよう。

『西国立志編』の最終稿を手ばなした敬宇は直ちに『自由論』の訳にとりかかった。今日手にすることの出来る草稿から刊本まで仕事のあとをたどってゆくと、敬宇が、『立志編』の場合と同じ関心をもって、同じように力を尽して、同じようなしかたで、日々仕事を進めていった様子が浮かび上って来る。その成果も、原著とはちがう文化の中にいながらテキストをあくまで忠実に理解し、しかも主体的にうけとめようとする点、『立志編』と同じだった。『西国立志編』にくらべると、省略はかなり多くなっているが、それも論旨の展開を損わない範囲にとどめるよう努めたようであり、ミルの行論をたどって、ていねいに訳している。『立志編』の巻頭に堂々たる自序がかかげられていたのに対応する場所には、いささか簡単で弁明調の翻訳の趣旨の説明があり、第二冊(ただし、版により各分冊の範囲は一定しない)のはじめにやっと本格的な自序がのせられる。やや〈低姿勢〉ふうのすべり出しである。『立志編』では自序や論が都合七編にのぼったのに対して、『自由之理』ではこれだけである。他方しかし、敬宇が『立志編』翻訳のさいにつけた内容を示す見出しのかわりに、『自由之理』では、原文の内容に対する論評を含む頭注が、ミルの行論を刻明に追い、原文一パラグラフに数カ所になるほどの密度でつけられた。さらに本文への割注や長い補足があり、これらを通じて敬宇の立場と、そのような立場に立つ彼が『自由論』の文章また思想ととりくんでいる――時には悪戦苦闘している――様子が浮かび上って来る。それから数年後、敬宇が東京大学で学生三宅雄次郎に、スマイルズの本とはちがって「ミルの分は所々わからぬ所があった」(72)と翻訳の苦心をもらしたというのは、こうした悪戦苦闘の回顧だったろう。敬宇は、『立志編』以来一貫した主体的な関心をもって『自由之理』にとりくむことによって、スマイルズとミルが共通する思想を鋭くとらえることが出来たが、おそらく、それだけに『自由論』には『自助論』とはかなりちがう世界が開けているのを感じたであろう。

『西国立志編』以来の、敬宇の一貫した関心は、ナショナリズム＝デモクラシーと、それを生み出すキリスト教であり、敬宇の理解では、『自由論』の主題が前者にかかわっていたからであろう、『自由之理』の序文類では、それだけ後者が前面に押し出されていた。またキリスト教の問題も、第二編はじめの自序をのぞけば、ひとから受けた序文や他からの引用によってあらわされていた。

『自由之理』の始めには先ずベーコンのことばが原文で引かれ「浅小理学使人心不信上帝深奥理学使人心帰于上帝」と訳が附されている。(73)続いて、一八七一年の秋以来親しく交わっていた、静岡学問所同僚のカナダ人教師E・W・クラークの英文の序。これは、ミルにも『自由論』にもふれず、「自由」についてのさまざまな世俗的な理解を批判して、救い主による罪からの解放という「神の子の輝かしき自由」を讃えるものであった。両者を考えあわせれば、敬宇が「自由」についての「理学」の書に何を求めていたか想像出来よう。本文を見れば、God に「真一ノ神」「無形ニシテ妙有ナル神」といった訳語をあて、第二章のソクラテスの刑死について述べるところでは、訴因とされた impiety を「鬼神ヲ信ゼズ」と訳した上「造物主ヲ以テ神トナシ」と圏点つきで敷衍する(74)(『自由之理』二三頁。*On*

Liberty, p. 85)ように、ミルのことばを敬宇のキリスト教受容の哲学にひきよせて解釈している様子がうかがわれる。

けれどもミル自身は、『自由論』とくに第二、第三章において、ビクトリア期のキリスト教のあり方に対し、さらにキリスト教の教義そのものに対して、痛烈な批判を加えていた。彼は、同時代の英国のキリスト教が、人間の自由にとっての新たな脅威として現われつつある「社会」や「世論」の「専政」の柱になっているのを見てとったのである。こうした箇所も敬宇は忠実に訳してゆく。ただその中で一カ所、原文第二章の中、キリスト教の道徳は不完全・一面的であり、従って道徳問題についての「完全な真理」ではありえないというミルの主張の所では、敬宇のミルの原文に対する反撥と共鳴とが微妙に交錯している様子がうかがわれて興味深い。ミルが、いわゆるキリスト教道徳が本質的にselfish(訳「自ラ私クシスル」)であると批判した所に敬宇は、「弥氏長二政治学一、[75]不レ遂二於上帝道学一、如二此一段一、余所レ不レ服也」と全編を通じて唯一つの、原文を批判する評注をつけている。これは、ミルのキリスト教道徳批判が、敬宇の「敬天愛人」の教としてのキリスト教の信仰と根本から衝突したからではなかろうか。

他方、この前後に四回にわたって同じ趣旨の敬宇の敷衍が訳本文の中にはめこまれている。この一連の敷衍は、キリスト教は道徳問題についての全き真理であり、それゆえにキリスト教道徳以外の道徳は全て誤りであるという主張に対する、ミルの批判――キリスト教道徳は、それだけでは不完全である、それゆえに他の「異教」に対しては公平に、という主張――に対する敬宇の積極的な応答を現していた。その最後の最も詳しいものは、「蓋シ西教ハ霊魂ヲ救フノ事ニシテ、肉体ノ事ニ非ズ、永生ノ事ニシテ、今生ノ事ニ非ズ。ソノ中ヨリ、今生ノ善教モ出ル事ナレド、尽クソノ中ニ備具ストスルハ、大ナル惑ナリ」(傍点原文、『自由之理』四一頁。*On Liberty*, p. 111)となっていた。ここにも、用語といい思想といい、自からの「異教」を生かすことによってキリスト教を受け入れようとした敬宇の哲学が反映しており、おそらく敬宇は、この点では、ビクトリア期英国の社会における、ミルのキリスト教に対するポレミックにおける、ミルの側の論理に共感をもって内在しつつ、ミルの論理の枠をこえて、自分の哲学の一端を押し出したのであった。

ところが、既に見たように敬宇の哲学には、儒教的自然法のあとが見られた。他方、ミルは功利主義を大きく修正したけれども、やはりその流れの中にとどまっており、自然権・自然法の観念をまっこうから否定していた。『自由論』においても、utility の原理が議論の基礎であってそれと関係のない「抽象的な正義の観念」には拠らないことが宣言されていた(*On Liberty*, p. 74.『自由之理』一五頁)。ところが、何故か、この部分、原文二センテンスが訳文ではそっくり省かれていた。そして、そのこととどのような関連があるか明らかではないが、ミルの議論の基礎になる観念の訳し方には、ある傾向がうかがわれる。

それは、個性の問題を扱う第三章に、簡単だがはっきりした形で現われていた。たとえば、個性の要素としての power を訳して「天賦ノ才能」とする(『自由之理』四五頁。*On Liberty*, p. 115)のである。originality を「本有ノ才性」(同前、五〇頁。ibid., p. 122)、spontaneity を「各人各個ノ本性ヨリ、自由ニ品行ヲ発スル事」(同前、四五頁。ibid., p. 115)とするのも同じ傾向の現れであろう。第一章に返ると、訳文の中で原文との対応関係の見当が全くつかない数少い個所の一つだが、意見の自由を論じて、「凡ソ人ニハ道義ノ心アルコトニテ、コレヨリ発シテ意見議論トナリ、ソノ意見議論、区々ナレトモ、何レモ道義ノ心ヨリ出ルコトナリ」[76](同前、一二頁)とある。そのほか、「本心」「天良是非ノ心」といった表現が良心の自由・意見の自由を論じる文章の中に頻出するし、第一章冒頭の一語「リベルティ」には「自由之理」と割注がついた。こうした表現にはやはり人間に内在する天賦の善性、人間のことを支配する「理」といった敬宇の哲学が反映していると考えてまちがいないだろう。加藤弘之はおそらくこの訳を読んで「自由之理ニ説ク所ノ全体ノ旨趣ヲ以テ推考スルトキハ……天賦人権ヲ信ゼシコト敢テ疑フベカラザルガ如ク……」[77](『人権新説』明治文学全集『明治啓蒙思想集』所収)と述べた。

けれどもこうした理解は、経験主義的実証主義的傾向の点で敬宇よりもミルにはるかに近かった、田口卯吉のような読者がその問題性を敏感にとらえ、鋭く批判するを免れることは出来なかった。「先生此書に題して自由之理と云ふ。是れ自由を以て理なりと為すが為め乎。余の見る処を以てするに、夫の自由なるもの未だ以て理となす能はざるなり。……知るべし、夫の理なるものは静然不動にして万有に渉り終古に通じ、人間の行為言説を以て之を左右する能はざる事を。……熟ら自由の自性《ママ》を察するに、決して理に非らざるなり……彼の一書の如きは弥児氏一家の私言なり。……中村先生が彼書に題して自由の理と云はるゝを解する能はず」[78]（「読自由之理」）

敬宇が自己の関心にもとづいて原著の思想を主体的に受けとめるという関係は、ナショナリズム＝デモクラシーの領域では、また別な意味で興味深い姿を示す。

既にのべたように、スマイルズは、State の価値はそれを構成する個々人の価値によって決まるという『自由論』の最終章、第五章の結びの一節を、『自助論』の冒頭にモットーとして引いた。二つの本を訳した敬宇は、『自由之理』の評注でこの一致点に読者の注意をうながしていた。この点において敬宇・スマイルズ・ミルの政治的関心は重なっていた。しかし『自由論』にはこのテーマのほかにもっと大きないくつかのテーマが絡みあって流れているのであり、State の価値を問題にするのはこの一カ所だけだった。[79]『自由論』全体の中ではむしろ第二次的なこの部分をクローズ・アップしたのは、スマイルズまた敬宇の主体的な関心だった。けれども『自助論』と『自由之理』の政治・社会論は、この点からは別な方向に展開されていた。『立志編』からの同じ関心で『自由論』にとりくんだ敬宇は先ず第一章で、スマイルズとはかなりちがった問題提起にぶつからねばならなかった。

『自助論』におけるスマイルズの政治論の特質は、自由の問題を、直接には非政治的な、民衆の一人一人の日常生活における自立のエートスとしてとらえたところにあった。けれども、そのような自由を国家や君主の権力との緊張関係でとらえる点では、それは、以前から急進主義に一貫している政治的思考の流れの中に立っていた。これに対してミルは、彼の時代の英国で、少数特権階級の手ににぎられていた国家に対して、「多数」の「世論」や「社会」が勝利をおさめた後に、それらが、「政治や哲学の理論の場合には……それが敗れた場合には気づかれずにすむ欠陥や弱点が、成功したがためにあらわにされる」[80]という逆説によって、自由に対して少数特権階級や国家の権力以上に恐るべき脅威として現われつつあるという新しい事態を指摘した。『自由論』の基調をなす tyranny of society とか、majority や(public)opinion という tyranny の問題がそれである。

こうして敬宇が『自由論』を理解する上で、society 以下一連の、『自助論』にはほとんど現われなかったことばをどううけとめるかが決定的な意味をもつことになる。『自由論』冒頭の society を「仲間連中」と訳した上「即チ政府」と割注で補った(『自由之理』七頁)のを始めとして、『自由之理』を通じて、このことばを、逆に「政府即チ仲間会社」としたり、あるいは端的に「政府」とする傾向がいちじるしい。おそらく敬宇はこのことばを甘く見たわけでもなく、「仲間会社」等々と「政府」とを安易に同一視したわけでもなかったろう、原文の最初のパラグラフの訳文の後にさっそく原文の the power which can be……exercised by society over the individual というセンテンスについて長い説明を挿入している。敬宇は society つまり「仲間連中」を、この説明の中では「国中惣体」ということばで表現しているらしく、それが成立するプロセスを自発的結社を組織する行為のように説明した上で、その共同事務を処理するために成員から「年番」で選ばれた団体——これも「仲間連中」と表現される——が組織されて、その任に当るのだとするようである。政治社会も、その機関としての政府もともに自発的結社の論理で説明され、その上に後者と前者とをつまりは「仲間連中」=「国中惣体」=「政府」というふうに同一視する傾向が出て来る。それはまた明治啓蒙の思想家に共通する思考傾向であった。society に前記のほか、「(仲間)会所」「人民会社」「寄リ合ヒ談合スル仲間」(同前、五八頁。*On Liberty*, p. 131)といったことばをあて、それと「政府」とを同一視する傾向はこのような背景のもとで生じたものと云えよう。こうして social obligation が「人倫交際《ツキアヒ》ノ本分《クハンプヘノホウコウ》」(同前)となったりするのである。

このような理解にひきずられたのであろうか。majority や opinion の訳し方にもある傾向がうかがわれる。つまり社会における majority が議会制のもとでの有権者の多数にひきよせられ[81]、prevailing opinion and feeling を「一般ニ流行シ一般ニ善シトスル意見議論」と正しく訳した上で、「政府ノ意見議論ハ、一般ニ流行シ一般ニ善シトスル意見ナレバ……」と敷衍を挿入し(同前、一〇頁。ibid., p. 68)、すぐ続いて社会の opinion を「意見論説」とした上割注して「即チ教化ナリ」(同前、一〇頁。ibid., p. 69)としたりするのである。

けれどもこうした〈誤訳〉は、おそらく敬宇をもってすら、まぬかれない、歴史的制約によるものであった。society が、英国におけるミルの同時代人が、government をしのぐものだとして誇らしげに語った(本章第一節)ような意味のことばだったら敬宇は訳語に迷うことはあっても経験を通じて、そのことばがさす実体をかなり的確にとらえることができたのではなかろうか。敬宇は、このような、祖国にはないものが英国にあるのを眼のあたりにし、その明るい面に心を奪われたのであろう。力をましつつある society の中にはらまれている暗い面にいち早く気づき、警告を発するということは、そのような society の中に生活しているだけでなく、ひとなみ以上に鋭い洞察力と、さらに友人の妻との親しい交わりという、私的なことがらのために、ミルのような society や opinion の圧迫を受けるといった特別の経験なしには、おそらく不可能だったろう。

tyranny of society、あるいは tyranny のにない手としての society は、同時代の英国においても特異な観念であった。事実、『自由論』刊行後の賛否こもごもの多くの書評の中でミルに好意的なものまで含めて、この観念につまずくものは少くなかった。しかも『自由論』の中でも、society ということばの使い方は、必ずしもすっきりしていなかった。はじめの方の章と第四章とではこのことばにこめられたミルの価値判断はかなり変っているようだし、このことばを、government や state ということばと対置せず、むしろ並べて使うこともまれではなかった。また、

『自助論』では、『自由論』から引かれたStateは、スマイルズ自身がたびたび口にするnationということばの間にまじってそれと同じような意味のことばとしてうけとめられているのである。

「社会」や「世論」の専政という観念に関連してもう一つ問題になるのは、自由のにない手としてのindividualや、第三章の主題となるindividualityの訳である。それに「一箇ノ人」「銘々一人」という訳語があてられる例があることから見れば、個人という意味が正しく理解されていることはたしかだろう、ただ、「一箇ノ人民」としたり、時にはその複数形を端的に「人民」とし（同前、一二頁。ibid., p. 70）、independence of individualを「人民自由ノ権」とする（同前、一三頁。ibid., p. 71）ような例が多い。形容詞のindividualにも、individual libertyを「人民各個自由」とする（同前、七三頁。ibid., p. 151）ように、「人民」と結びつく傾向がうかがわれる。individualityについても、第三章の表題to individuality, ……が「人民ニ独自一箇ナルモノ、アルハ……」と訳されているのが代表的である。「独自一箇ナルモノ」は苦心の適訳といえよう。けれどもこのことばも「人民独自一箇ナルモノ」というふうに「人民」と結びつく傾向を示す。同じように、ミルが強調した個人のeccentricityも「人民格外非常ノ行」となる（同前、七三頁。ibid., p. 126）。ここには自由の問題を、「政府」対「人民」という集合体という二元論において、そして自由のにない手としての個人や個性をいわば集合体である「人民」の肢として、とらえようとする思考傾向があるのではなかろうか。[82]

こうした訳し方は、おのずから訳業の全体にある色彩をおびさせるにいたる。それを集約的に示す部分を引けば、

(1) individual independence and social control.——「人民自主ノ権ト、政府管轄ノ権ト」（同前、一〇頁。ibid., 68-69）。

the tyranny of opinion——「一個ノ意見ヲ以テ、人民ヲ強迫スルヲ善シト思フ人」（同前、五二頁。ibid., p. 124)

(2) 原文中の、societyの好悪を、individualsに対して、おきて(law)としておしつける、という問題を、「政府会

所」の好悪を「人民」のおきてとする、と訳した(同前、五八頁。ibid., p. 131)上で、人の「意見議論」は、人間固有の「道義ノ心」の発現であり、従ってこれを抑圧するのは、「人ノ道義ノ心ヲ塞ギ、天良是非ノ心ヲ奪フコトニテ、スナハチ政府自ラ邪見ニ陥リタルナリ」(傍点原文、同前、一二頁)と敷衍する。

同様に、the claim of society to exercise authority over dissentients(——has)openly(——been)controverted. は、「仲間会社(即チ政府)ニテ……ルハ、天理ノ公ニ非ルコト明白ナリ」となる(同前、一三頁。ibid., p. 71)。

ここでは自由の問題は、もっぱら政府や専政的支配者と人民の対立においてとらえられ、「社会」や「世論」と個人との対立という問題は、その蔭にかくれる傾向を示している。また自由の抑圧は、自然法的な人間本性の発現の抑圧であり、自然法的な秩序の蹂躙にほかならないとされているようである。そうだとすれば、敬宇の翻訳の過程で、『自由論』のテーマには、二重の大きな転調が行われたといえよう。第一に、ミルの考えでは、少数の特権階級や君主が壟断する政府に対する政治的自由の戦いは、英国においては、彼の父やベンサムの世代によってになわれた一八三〇—四〇年代の大改革において勝利をおさめており、『自由論』執筆の時代には大陸諸国とくにドイツがその戦いを戦っていた。「社会の専制」は英国において、この勝利の後に来る新しい局面の問題として提起されていた。敬宇はこのいみでは『自由論』の主題——「社会の専制」——を、英国においてはミルの父たちの世代の問題に、同時代においては大陸諸国が当面していた問題に、移し変えてしまったといえよう。さらに、功利主義者たちにとって、自然法的思考の克服は、その第一世代、ベンサムや父ミル以来の重要な課題であり、ミルもそれを受けついでいた。その点についていえば、翻訳を通じて『自由論』の中に、ミルの師や父たちの世代より以前の、克服さるべき論敵の立場がもちこまれたのだといえよう。

敬宇は強い主体的関心をもって、『自助論』に引続いて『自由論』と訳を進めた。そして、そのような関心によって敬宇は、『自助論』における、英国の読者も見逃しがちだった〈精神〉をとらえるのに成功した。けれども同時に、そのような関心のゆえに『自由論』は、その根本主題が、敬宇個人は意識しない、いわば文化的・歴史的背景に制約された〈誤訳〉によって、転調させられた。そして、両者の母国英国では、読書の世界においてあい異なる二つの文化に属していた『自由論』と『自助論』とは、敬宇の翻訳においては、前者が後者に引き寄せられ、また日本の読者に理解されやすく、彼らに訴えやすくなったといえよう。そのような翻訳によって、『自助論』と『自由論』はそれぞれに、敬宇の立つ、旧体制崩壊と新政権成立の後の時代に訴えることになったのである。

こうして、時勢激変の故国に帰って、新しい生活の最初にとり組んだ二つの訳業は、敬宇にとって大きな経験になったことであろう、スマイルズとミルは、最晩年にいたるまで敬宇の内面の世界にかかわるがわる姿を現わす。日記、蔵書目録、手沢本などによってそのあとを簡単にたどっておこう。

敬宇が刻苦奮闘して『自由之理』の第一稿を仕あげたのは一八七二(明治五)年の春だったが、その勢を駆ってというところか、この年にはミルの『論理学体系』にとりついている。第一巻の初めの方しか読んだあとがないのは、さすが刻苦勉励の敬宇も、この難解な大著には手も足も出なかったようで、この後久しく、敬宇の記録にミルの名は現われなくなる。『自由之理』以後一八七六年頃まで、左院翻訳局名儀の翻訳やキリスト教雑誌への無署名寄稿まで含めて、敬宇が手がけた、本や論文の翻訳はかなりの数になるが、ミルは敬遠されたのか、姿を見せない。また敬宇が創設した同人社(一八七三―八九年)と同人社女学校(一八七九―八〇年)ではミルの著書を何点か教科書に使っていたし、一八八〇(明治一三)年、敬宇の弟子渋谷啓蔵によるミルの『功利主義』の翻訳『利用論』にはかなり長い序文をよせてもいる(『敬宇文集』七)。けれども敬宇自身はそうした書物を読んだようには思われない。そのかわり、この時期の旺盛な翻訳活動の頂上ともいえようか、一八七四(明治七)年七月以来、『西国立志編』と同じように少しずつ進められた、スマイルズの四部作の第二編 *Character*, 1871. が『西洋品行論』として一八七八(明治一一)年から八〇年にかけて六分冊で刊行された。[84]

敬宇は一八八二(明治一五)年頃から思想的混迷におちこんだと云われることがあるが、[85] 西洋の政治・社会論、宗教・哲学論などへの意欲から見る限り、八六年頃からの最晩年には再び一つの知的高揚の時期をむかえたように思われる。この転機に関係があるかないか、八六年には、スマイルズの四部作の第三 *Thrift*, 1873. の五分の一ほどの抄訳が『西洋節用論』として翻訳、刊行されている。また彼の「日録」によって、この頃から一八九一(明治二四)年に没するまでに読み購入した多くの英米書やその訳書をたどり、ミルとの交渉を追ってゆくと、八六年二月一二日の項には「ミル政書ヲ読ム」とあり、九〇年にはミルの『自伝』を少くとも第五章まで読んでいるし、山川子確による『論理学体系』の翻訳『論法原理』(一八八七年)には序文を寄せている(『敬宇文集』一四)。この間に西周による『功利主義』の漢文訳『利学』や、『宗教論三編』*Three Essays on Religion*, 1874. などを買っているし、蔵書の中の『婦人の隷従』*The Subjection of Women*, 1869. もこの頃買ったのかもしれない。けれども、このように復活するけはいを見せていたミルとの交渉は、一八九一年の、敬宇自身予期しない死によって、中断するかのように終っている。

もし、敬宇になおしばらくの齢が与えられたら、ミル『自伝』の残る二章を読み上げはしなかったか。さらに『宗教論三編』にも取りつきはしなかったか。こうした仮定は無意味とはいい切れない。先ず西洋の哲学・宗教への強い意欲が復活しつつあったこの時期、敬宇は、エマソンやユニテリアンをはじめとする自由神学に接した。それまで、儒教の再解釈を土台にした敬宇のキリスト教理解は、オーソドックスな宣教師の神学と衝突を経験して、彼は思想的混迷の中を歩まざるをえなかった。けれども、欧米の宗教意識に新しい局面をもたらしつつあったこのような神学と思想に接して、敬宇は再び明るみに出ることができた。[86] 一八八七(明治二〇)年頃からの彼の知的高揚の背景にはおそらくこうした経験があずかっていた。そしてミルの『宗教論三編』は、エマソンや自由神学に通じる宗教論を、一八五〇年代の英国において開こうとするこころみの一つであった。『宗教論三編』と『自伝』と『自由論』はほとんど併行して書かれたものであり、そのテーマは内面的に深く関連しあっていた。敬宇がミルの本文に共感の敷衍をつけ加えていた、『自由論』の中の、ビクトリア期のオーソドックスなキリスト教の独善と不寛容に対する批判は、『宗教論三編』の世界に通じていた。『自伝』第五章以下に描かれるミルの思想的転換は、やがて『自由論』や『宗教論三編』を生む世界に向う飛躍であり、それはまた、功利主義、哲学的急進主義がベンサムや父ミルの世代のそれから大きく転換し、変容してゆく過程を示していた。こうした事情を考えあわせれば、もし事情がゆるせば、『自由論』をあのように読んだ敬宇が『自伝』さらには『宗教論三編』へと、共感に導かれつつ進むということは、ありえたろう。そして、その場合には、敬宇はミルの世界により深く入ってゆくことができたろう。その場合のミル理解は、ミルをベンサムや父ミルまたスペンサーと同じ平面において単純に一括した、「実利主義」「物質主義」の徒といった明治の初めのミルのイメージとはかなり異なったものとなり、それを修正することにもなったであろう。[87] けれども、本章では、敬宇とミルやスマイルズとの交渉をたどることを、ここまででうち切って、さらに見とおし難い世界——敬宇による彼らの翻訳の読者の世界——をいくらかでもさぐらなければならない。

四 『西国立志編』と『自由之理』の読者の世界
——民権・修身・立身出世

敬宇の最も早い伝記者であり、自身『西国立志編』と『自由之理』の読者の世界の中で育った石井研堂は、二つの訳書の読まれ方について、次のようにのべた。「先生、『立志編』に次て『自由之理』『西洋品行論』等を続刊す。『自由の理《（ママ）》』は、民権の研究にして、『品行論』は、『立志編』の補翼の如きものなり、亦社会の歓迎する所と為り、売れ行き前書に譲らず、都て数十万冊を発行せり。当時、読者は、唯年少子弟のみに限らず、各般の階級に亘り、殊に官吏、教導職等にありては、此の三書を通読せざれば、其の資格に欠くる処有るものゝ如き観なり、皆争ひて誦読せざるなし。これよりして、先生の声名、鬱然海内に高く、児童走卒も先生の名と、其の著書とを知らざる者無きに至れり」(88)。この証言には、『立志編』と『自由之理』の読者の世界を、二つの本が敬宇が引きつづいて訳した訳本だということで、一体としてとらえようとする傾向が強い。しかし、訳者敬宇の内面の世界においてそうであったように、二つの書物は、その翻訳の読者の世界においても、一方で重なりあいながら、次第に分化する傾向を示していた。

『立志編』の驚くべきベストセラーぶりについては、石井研堂の伝記に紹介されたエピソードにゆずり、ここでは、敬宇が一時は慶応義塾とならび称された、その私塾同人社をこの本からの利益金によって運営し、他からの寄附援助をうけなかったということ、士族の商法にあえいでいた旧幕出身のある小印刷業者を救うために、一八七七(明治一〇)年二月はじめて版権を獲得した改訂増補版の刊行を、彼にゆだね、それが後の日本有数の近代的出版業秀英社とその社主「日本のロバート・オーエン」佐久間貞一あらしめたことだけにふれておこう。『立志編』の刊行は、木版だけで数十万、活版や異版をふくめて百万部を下らないという見当がつけられているが(89)、大正期にいたるまで、博文館をはじめとして、つねにいくつかの出版社が敬宇の訳を刊行しているし、明治末年から後には敬宇の訳の読者だった人たちの手で、さらに何種かの新しい訳が行われるほど、生命が長く、そのほとんどが一年もたたぬ中に版を重ねていることから考えて、百万という数字は、誇大とは思われない(90)。「明治の三書」として、発行部数をきそった『西洋事情』さらに『学問のすゝめ』の各論について福沢のあげる数字が二〇万から二五万だった(『福沢全集緒言』)ことを思えば、この数字の巨大さがうかがわれよう。

これにくらべれば『自由之理』の生命は実に短かった。少くとも一八七七(明治一〇)年までは何回か刷られたことがたしかだが、それで終っているようである。今日、『自由之理』が、広く読まれたことがしばしば自明のことがらのように語られ、大ていはその証拠に『河野盤州伝』中のエピソード一つを引くのだが、『自由之理』はそれほどは読まれなかったのではないか。検討が必要であろう。公私さまざまな学校の教科書リストや当時の青年たちの読書会の記録、伝記、回想類から推して、『自由之理』はミルの翻訳の中でも『代議政論』とくに『経済学原理』の邦訳にくらべると影が薄い。「ミルの自由の理《リバティ》(敬宇の翻訳ではなく、原書をさしている)は、何れの学校に於ても殆んど用ひられざるなし」という竹越与三郎の証言(91)を裏づけるように、慶応義塾や土佐の立志学舎などの英学コースの記録には上級クラスの英文教科書に『自由論』が使われたことが記されている。(92)原書のリプリント(海賊版だろう)まで出るにいたった(一八八三年)ことを考えれば、訳書『自由之理』は記録類にもう少し姿を見せてもよいように思われる。あるいは翻訳によるよりも、英学ないし英語の教科書として学校の教室の中で細く長く生きのびるのが日本における『自由論』の運命だったのだろうか。

これに対してスマイルズやミルの母国ではどうか。ベストセラー『自助論』は、一年で二万、五年で五万五千、三〇年たった一八八九年までに二五万部、(93)そして九〇年代にはスマイルズのベストセラー著作家としての生命は終っていた。(94)また、ミル自身の予想をこえて、この種の著作としては異例の売行きを示し、ミルの影響力を急速に広めた『自由論』はミルがなくなる一八七三年まで一四年間に七版を重ねた。ミルと出版社との書簡などから推して毎刷の部数は一千から二千どまりだったろう。七〇年代に入るとミルの影響力は下りだしている。(95)母国における二つの本の部数の相対的な伸び方を考えれば、日本における二つの翻訳のバランスは、圧倒的に『西国立志編』に傾いているといえよう。

これだけの部数はどのような範囲に広まったのか。これは一そう答えにくい問いだが、一つの社会史的な出来事となった『西国立志編』の日本社会への浸透については、断片的だがかなりの証言がある。(96)その読者の世界の断面図を示す重要な部分をいくつかとり出せば、先ず一方のはしには二〇歳前後の天皇がいた。一八七一、七二(明治四、五)年頃から本格的になった進講のテキストの一つに刊行後間もない『立志編』が選ばれ、老儒元田永孚が時には一〇日に四回のペースで八カ月でこれを講じおえたという。[97] 一八七三年の秋、その前の年に唯一つの国立女子教育機関として開かれた東京女学校を訪れた皇后が、優等生に賞品として『立志編』を授けたり、一八七五年、女子師範学校を訪れた皇后の前で、生徒が『西国立志編』を朗読したりしたというのにも、[98] こうした背景があったのだろう。宮廷とは別な意味でもっとも伝統的な歌舞伎の世界にも『立志編』の影響は及び、一八七二年には、その逸話の二つが「其粉《そのいろ》色陶器交易《どりとうきのこうえき》」「鞋補童教学《くつなおしわらべのおしえ》」として脚色上演された。[99] この中間に、「文明開化は学校と軍隊から」といわれた全国に張りめぐらされた学校教育や教導職の体系があった。『西国立志編』はしばしば小学校の修身教科書に用いられたし、[100] 前に引いた石井研堂の官吏・教導職に歓迎されたという証言は、彼らの「講釈」の種本にされたのであろう。

　これに較べて『自由之理』の方は、個々の読者についての証言は意外に少い。目立つ存在としては、よく引かれる河野広中のほか、西村茂樹、植木枝盛、田口卯吉、山路愛山など、数は多くはない。

　英国では、二つの本の読者層はかなり分れる傾向を示していた。ベストセラー『自助論』は、たしかに幅広い読者をえ、その中にはグラッドストーンまで入っていた。しかし、読者の中心はやはりスマイルズが念頭においた人々――ミドルクラス下層から労働者階級上層だったようである。他方、労働者階級に近づこうとしたミルは、彼らからの求めが一番多かった『経済学原理』『代議政論』『自由論』の三冊の、廉価民衆版を出すまでにいたった。しかし、やはり、『自由論』を読み、それに共鳴や反撥を示した人々の主力はミドルクラスの中から上の、かなり高い教育を受けあるいは受けつつある、特に青年であった。二つの本の読者は、大きくいえばやはり別な世界を形づくる動きを示していた。これに較べて云えば同時代の日本では、西洋文明に眼を向ける読者人口の社会的地位の上から下まで全体が『西国立志編』の読者だったのであり『自由之理』の読者は、この『立志編』の読者の世界の一部分だったのではなかろうか。

　こうした読者の世界で『自由之理』や『立志編』はどのように読まれ、どのような影響を残したか、最後にこのもっとも答えにくい問題にいくらかでもふれなければならない。本を読んだというだけの証言も多くはない『自由之理』について、いかに読んだかはほとんどわからない。ここではその刊行前後の反応について二つのことばを引いておこう。一つは旧幕開明派、当時静岡県大参事として敬宇とも親しく、『西国立志編』の刊行を援助した大久保一翁が、乞われて『自由之理』に寄せた序文の一節である。

「おのれおもふに　さきにもあらはされし立志編といふ書のたぐひならむと　よろこひいなむべきをもわすれめもはなたすよみゝるに　こわひときはおもひあかれる書にして　おほむねまつりことは　民をゝさむるためにたつるものなれは　うへにのみもはらにすへきことにはあらす　そのかきりをなしおくへきものとのさとしなれば　こゝろひろさはいはむかたなくおもふものかな

御国ふみかな国書のみ　はつかによみをり　ふるきになつめるおのがあさはかなる心にはあやふまるゝふしもあれは……ふつ日ふた夜おもひわつらひたり　しかしてまたつら〳〵よみゝればさきにあやふまれしふしはかへりてこの書のすくれて　たかきこゝろにそありける……ふたゝひよみゝて　はしめてかきりなきあちはひをはしりぬこと　おのがおろかなるゆゑにはあれと　この書おほかたによみゝては　あちきなくおもふ人もありぬへし」(『自由之理』)

もう一つ、これはしばしば引かれる、もと三春藩の尊王の志士、後の東北民権の指導者河野広中が、一八七三(明治六)年副戸長として「地方の民政に努力」していた当時『自由之理』を読んでの思想的衝撃についてである。

「三春町の川又貞蔵からジョン、スチュアルト、ミルの著書で、中村敬宇の翻訳した『自由の理』と云へる書を購ひ、帰途馬上ながら之を読むに及んで、是れまで漢学、国学にて養はれ、動もすれば攘夷をも唱へた従来の思想が一朝にして大革命を起し忠孝の道位を除いただけで、従来有つて居た思想が木端微塵の如く打壊かるゝと同時に、人の自由、人の権利の重んず可きを知り、又た広く民意に基いて政治を行はねばならぬと自ら覚り、心に深き感銘を覚へ、胸中深く自由民権の信条を画き、全く予の生涯に至重至大の一転機を画したものである、而も其の変化が不思議と思はるる程の力を奮ひ起したことは、今更ながら、一大進境の種たりしを思はざるを得ない。自由の理を読んで心の革命を起せしは其の年三月の事だ……」(101)

まず、『自由之理』の内容が民本の政治といったふうにうけとられる傾向が両者に共通している。けれどもそれは、伝統的教養の中に育った二人のどちらにも、思想の根本的転換をうながす大きな衝撃だったし、大久保は、この本が、他の読者にとってもつまずきとなるだろうことを案じてもいる。

二人よりずっと若い土佐の政治青年植木枝盛の演説草稿「世に良政府なる者なきの説」(一八七七年『植木枝盛集』第三巻、岩波書店、一九九〇年)は、福沢の『学問のすゝめ』と敬宇の『自由之理』とを下敷きにしている。そこでは、『自由之理』の序章だけをとりあげたうえで、敬宇の解釈の線に沿って、自由をもっぱら政府との対立でとらえているが、それは民権派の多くの、この訳書のうけとめ方を代表していた。こうした大勢の中で、『自由之理』第二章の「心中の奴隷《メンタル・スレーヴ》」という思想に注目した福沢は、むしろ例外だったといえよう。

『自由之理』は、これ以外にもさまざまに読まれただろうが、その多様さの幅もおそらく『西国立志編』のそれと較べればはるかに狭かったろう。

これに対して広く多様な『立志編』の読者の世界の一方には、力を注いだ政治論文のはじめに、「斯邁爾斯氏曰ク人民者政事之実体而政事者人民之虚影也ト其レ然リ」(102)(「政論」)と、『立志編』第一編から、スマイルズが告白する政治的信条の中心を引く、立志社の坂本直寛がいた。「政事」あるいは「政府」と「人民」とを「虚影」と「実体」の関係でとらえるのは、植木枝盛の新聞投書(『朝野新聞』一八七六年二月五日)や、かれのベストセラー『民権自由論』の主題だったし、福沢諭吉まで「政府は人民の反射なりと云ふと雖ども」という命題から出発して、人民の何を「反射」するのか問うた(『学者安心論』一八七六年)のは、この命題がよほど流行していたからだろう。若い日の田中正造も、

『立志編』刊行の直後、三年半にわたるえん罪の獄中で、吃りをなおすために「西国立志編中の流暢なる章句を撰み一語万遍舌頭の練磨をなすこと殆年余に渉りて著しく其功を奏し」て、この本を愛読するようになり、それが『西洋事情』やルソーの『社会契約論』の翻訳とともに後の政治思想の要素になったという。(103)『立志編』の内容を『世界国尽』風の七五調にして、読本手習兼用の教科書を編み、『自由譚』と名づけた(一八七四年刊)のも、これらに似たうけとめ方だったのではないか。尾崎行雄の「西国立志編がほとんど全国を風靡して、いやしくも新文明に志あるものは争って読んだものである。板垣伯がその土佐の政社を「立志社」となづけ、阿波の政社(立志社の姉妹団体)が「自助社」(self help)と命名したのは、そのためである」(『日本憲政史を語る』上巻、三橋猛雄編『明治前期思想史文献』明治堂書店、一九七六年より重引)と回顧される事実は、一八七四(明治七)年頃、後にふれるように政府の圧力で削除・矮小化される以前の本来の『西国立志編』が、自由民権の運動と深い結びつきをもっていたことを象徴している。

これらの人々にとっての『立志編』が、民権思想を育くむものだったとすれば、日本の孤児教育事業の先覚石井十次が、明治一八年『立志編』が伝える英国の貧困児童教育の先駆者ジョン・パウンズの刻苦奮闘の逸話に感動した時、(104)スマイルズの、「自助」のエートスは世俗の成功のためのものではなく、むしろ社会改革の事業を支えて来たのだ、という英国の同胞への批判と訴えは、彼の知らぬ世界でしっかりうけとめられていたといえよう。

『立志編』読者の世界のいわば頂上に若い天皇がいた事はすでにのべた。天皇自身や侍読元田永孚がどのようなねらいでどのように読んだかはわからない。しかし日本において帝王教育の教科書にとりあげられた『西国立志編』は、やがて君主と官府による国民教化の企てをよびおこし、その教材にもなるにいたった。一八七九(明治一二)年から八一年にかけての『幼学綱要』の編纂が、天皇の側でも元田の側でも『立志編』が着想の一つの手がかりだったという見方は検討に値しよう。(105)少くとも、項目ごとに徳目をあげ、その模範としての人物と逸話を集めるというスタイルは、『立志編』のそれに似ていたし、模範も、和漢のそれだけではなく、西洋からも集める方針で、一部上版するまでにいたっていたのである。これと前後して、初等教育における道徳教育の強化をめざした、さきの侍講、時の文部省編輯局長西村茂樹自からが発議・編集し文部省が刊行した『小学修身訓』二巻（一八八〇年）[106]をはじめ、亀谷省軒『修身児訓』一〇冊（一八八〇―八一年）[107]のような修身教科書の素材も『西国立志編』が提供した。元田永孚を中心とした若い天皇への進講から始まって教育勅語を柱とする擬似国教の形成にいたる動きの最後の段階で、敬宇の草案「徳育大意」が提出され斥けられたいきさつは今日よく知られているが[108]、その動きの初期の段階では、『西国立志編』がかなり濃い影をおとしていたのである。

そこでは、「自助」のエートスを形づくるさまざまの徳を、逸話という模範によって伝えようとするスマイルズの方法が、明治国家の教化政策に特有の徳目主義の発想にうったえており、スマイルズの、デモクラシーを基礎づけるものとしての個人の「自助」という大枠をはずして、非政治化・私化し（敬宇はこうしたスマイルズの方法や政治思想の枠組を『立志編』の中にはっきりと移していたのに！）、勤労・自立といった諸徳目を適宜にとり出す傾向がうかがわれる。いずれにせよ、このように『立志編』をとりこもうとした、国家の手による国民教化は、おそらく『自助論』におけるスマイルズの「シーザリズム」批判の精神とはまっこうから対立するものであった。

『西国立志編』の読者の世界は、もちろん、後の民権家・社会改良家や、修身書の読者をこえてはるかに広かった。そして彼らの間に歓迎された『西国立志編』は、やがて「明治立志」「東洋立志」「日本立志」「欧米立志」「万国立志」あるいは「民権立志」「壮士之立志」「青年立身」「婦人立志」「修業立志」「商人立志」「商業立志」「実業立志」等々の名を冠した「立志物」というジャンルを生み、それは大正期にいたるまで、長い生命をもった。「出世」や「成功」を表題に謳う一群の著作もこれと同じ流れに属するものだろう。一九〇二（明治三五）年には月刊誌『成功』が創刊され、「自助的人物典型」というサブタイトルをつけた、敬宇の最初の伝記を出した（明治四〇年）のも、この雑誌社であった。こうした流れはさらに、同時代のアメリカの〈成功物《サクセス・リテラチュア》〉の活潑な翻訳をよびこむ、さそい水になったのである。

〈立志物〉と前後して『西国立志編』がよび出したものに、一連の少年雑誌、特に投稿欄をもったそれがあった。一八七七(明治一〇)年に創刊されて、明治一〇年代初めには週刊四八—四九万という、雑誌中で刊行部数第一位を誇った『頴才新誌』は、その先駆であった。[109] 作文・投書そして採用によって「他流試合」を争うための「全国(重に東京)小学校の児童の晴れの舞台」[110]として雑誌が成立ったという社会事象それ自体が、少年たちの『立志編』の受けとめ方を示唆しているが、掲載された投書の内容には、より具体的な形で『立志編』の受けとめ方が現われていた。創刊年一八七七年度には、『立志編』と『学問のすゝめ』に直接触発されたと推定されるものが投書全体の約二割、創刊から一八八七年度までを通じて、『西国立志編』への反応の中で好んで取り上げられたのは、「勤勉・勉強」「光陰可惜」「忍耐」「艱難・辛苦」といった主題であり、それはまた「立身」「幸福」といった目標に収斂する傾向を示していた。ここでも、上からの教化の場合と同じく、『西国立志編』において、諸徳目・金言逸話の集成を締めるたがとなっていた、個人の自立による国民形成という政治思想の枠はとり除かれ、〈自立〉の精神は公的意味を失って私人倫理となり、個々の徳目に断片化し、それに向う奮闘がすすめられているのがうかがわれる。異なるのはただ上からの教化の書物が、こうした奮闘を国家の秩序の中に導こうとするのに対し、大衆読物の「立志」や「成功」のすすめは、それからは溢れ出す傾向を示していたことであった。

こうして五〇年近い生命をたもち、日本社会の広い範囲にわたって読まれた『西国立志編』は、読者の背景に従い、また時代の変化につれて、実に多様な読まれ方をした。それは、かなりの程度原著の「断片的性格」[111]、またそれを忠実にうつした訳書の性格や構造にうながされていた。けれども全体を通じて敬宇が的確に理解し、『西国立志編』の中ではっきりと伝えた、ナショナリズム＝デモクラシーという前提は次第に見失われ、「立志」と奮闘努力は明治国家体制の〈出世民主主義〉の中に収斂するようになった。[112]『自由之理』も、広く読まれ読む者に強い思想的衝撃を与えたといわれる。けれども『西国立志編』にくらべればその影が薄いことは否定できないだろう。『自由之理』の内容から云って『立志編』ほど読まれ方が分れることはなかっただろう。しかし、その生命は、どんなに長くとも一〇年まではいかなかったろう。同じ訳者が引続いて世に送った双生児的な訳書のそれぞれの読まれ方は、また両者の対照は、日本社会のほとんど全面にわたった読者たちの動きを反映していると思われる。

英国における『自助論』も三〇年にわたってベストセラーの地位をたもった。それは、スマイルズの予期をこえる多くの人に歓迎された点でも、それに伴って彼にとっては意外な誤読をされた点でも、その訳者敬宇と『西国立志編』の運命に似ていた。敬宇が底本にした一八六六年改訂版の序文は、「自助」というタイトルが、この本を「利己主義《セルフィシネス》の讃美」だと誤解させるもとになったのは、この本のタイトルの不幸だったという慨嘆と、最高の意味での自助の義務が、隣人への助けを含むことは、あげられた例話を読みさえすれば明らかなのだ、という抗議で始まっていた(敬宇の訳文でも、この点は、実に的確に表現されていた)(*Self Help*, p. 33.『西国立志編』一〇頁)。けれども、そのような誤解が広まる中でも、また彼の人気が次第に下ってゆく中でも、『自助論』がR・アプルガースやR・ブラッチフォードのように新しいタイプの労働組合運動や社会主義運動の指導者にさらにその下の組織労働者にも受け入れられ[113]、一九五三年には第七一刷、続いて五八年には百年記念版が出るという息の長さを見せた点では、スマイルズは、『西国立志編』の訳者中村敬宇よりは幸せだったといえよう。『自由論』の方でも、刊行直後の、賛否こもごもの強い反響は一〇年余りで終ったけれども、その間にかちえた自由主義の福音書としての権威はそれ以来くずされていない。『自由之理』がきわめて短命で、一九二七年に『明治文化全集』の『自由民権編』の中に再録はされたが、〈古い〉〈翻訳〉だからというのだろうか、同じシリーズに収められた自由民権の諸文献の中ではほとんど顧みられないのに比べれば、ミルもまた『自由之理』の訳者中村敬宇よりは幸福だったといわねばなるまい。そして、近年の、ミルとくにスマイルズを再認識しようとする企ての中で『自助論』と『自由論』に共通する思想もまた発見されつつあるのである。[114]

これに対して、相次いで世に送った二つの訳業の、一つは、予想外に広くかつ歪めて読まれ、他方もう一つは、それに比べれば余りにも読まれなかったのは、『自助論』と『自由論』の訳者としての敬宇の不幸であった。そして、敬宇が強い主体的関心のゆえに、見ぬくことが出来た、『自助論』のうちにあって『自由論』に通じることがら、彼が的確に訳出しえたことがらを、大方の読者は見失い、あるいは忘れていったのである。

けれども、当時の英国と日本の歴史的・文化的背景の差を考えれば、『自由之理』が、ある範囲の人に読まれ、思想的な衝撃を与えたということ自体驚くべきことであった。問題は『自由之理』は読まれなかった、というより、『西国立志編』の方が単純に刊行部数だけでも、おそらく原著をしのぐほどに読まれたということにあるだろう。そこには、やはり英国と日本の政治的社会的状況という条件が働いていただろう。本来『自助論』はダイナミックで流動性に富んだ社会を前提にしていた。ビクトリア期の英国における『自助論』の刊行の勢いを明治の『西国立志編』がしのいだとすれば、それは、一つには形成期の明治国家体制がビクトリア期の英国よりも、ダイナミックで流動性に富んだいたためと思われる。けれども、まさにその反面、『西国立志編』は、そのような国家体制の中にしくまれたわなにおちることになった。明治国家体制が生まれる時、日本社会には、わき立つような知的・社会的な動きがすみずみまで溢れていた。『西国立志編』や『自由之理』はあたかもそのような時に世に送られ歓迎された。けれども新しい国家はこのような動きが政治的自由・市民的自由を求める民衆的運動へ発展しようとするのをたたきつぶし、窒息させ、人々のたぎるようなエネルギーを、〈出世民主主義〉という形のダイナミックで排他的な上昇志向へと流しこんだ。『立志編』はこうした背景のもとで、政府の権力によってその本来の姿を矮小化され、読者からは、自由の主張とは無縁な「出世」や「成功」の書としてうけとられ、そのようなものとして歓迎されるようになってゆくのである。一八八一(明治一四)年、文部省は『学問のすゝめ』などを「教科書表」から削り、『西国立志編』は、「小学口授の用書に限り」という制限つきでようやく教科書としての使用を認められた。翌一五年、敬宇は、文部省の圧力で『西国立志編』の大枠であり、ナショナリズム＝デモクラシーの立場がはっきり打ち出されていた第一編をはじめ、『立志編』の各所に削除を行わねばならなかった[115]。この出来事は、形成期の明治国家が、この本のエッセンスを、その立場から敏感に嗅ぎつけており、『立志編』を骨抜きにしてゆく大きな動きの中で、直接に手を下しもしたという事情を象徴していた。

＊　　＊　　＊

このように、スマイルズやミルがペンをとった背景としてのビクトリア期の英国のさまざまな民衆運動から、スマイルズやミルと訳者中村敬宇を通して、日本社会の上下にわたる知的社会的な動きにいたるまで、そこには思想の大きな流れが通っていた。ただ、この流れは、全く一方交通であった。一面では、ミルやスマイルズやその同胞の多くは、知的にも社会的にもこれだけ発達し準備のできた、訳者や多くの読者がいたことを予想もせず、知りもしなかったろう。こうした訳者や読者が存在したということ自体が、原著者やその同胞の日本の人々や文化についての視野の歪みや限界に対する反証であった。けれどもそれは、日本のがわからいえば、訳者敬宇さえ、原著者やその同胞と直接に接して意見をかわす経験をもたなかったということである。敬宇の場合、そのような経験を欠いた上、英国社会との交渉がその表面の一点ていどにとどまっており、しかも、英国に対する主体的な関心が強く英国での感動が大きいだけ、彼の英国像には観念的な〈解釈〉の要素がふくれ上り、英国は美化されてゆく。

そして、このような英国像はまた、彼が感動した英国人の英国についての書物の受けとめ方に影響してゆく。『西国立志編』『自由之理』とこの頃の文章には、英国の思想に対する二つの反対の態度がからみあって現われて来る。

一つはある種の文化的普遍主義をいわば土俵として、儒教と英国の思想との同じ立場での対等な折衝を考える態度である。キリスト教の社会倫理は完全具足で「異教」道徳には全く価値がないといった西洋のキリスト者の主張——敬宇が宣教師に反撥し彼らの伝えるオーソドックスなキリスト教から離れていったのも、一つにはこうした主張をされたためではなかろうか——に対する抵抗(本章第三節)や、日本が皮相な文明開化をとげたからといって韓国や清国を軽蔑してはならないという、同胞への批判[116]はここから出て来るのであろう。他の一つは、進んだヨーロッパと遅れたアジアとを対置して、ヨーロッパの模範を忠実に学ぼうとする態度である。アジアが未だほとんどキリスト教を知らぬ時、日本は他に先がけて、キリスト教を一種の国教として受け入れよ、そうすれば、「東方之欧羅巴」・「亜細亜第一富強之国」となること疑いをいれない(「擬泰西人上書」)といった主張はここに根ざしているといえよう。こういう意識があるところでは、警告と告発の書である『自由論』には云うまでもなく、奨励の書である『自助論』にも流れていた、ミルやスマイルズの、同時代の英国の悪に対する内側からの批判の重さを、正しく受けとめることは困難だったろう。ミルの「社会の専制」論という激しい同時代批判を敬宇がとらえそこねた理由の一つはここにあったと思われる。

さらに敬宇がこのように受けとめ訳した二冊の本が多くの読者の手にわたり読まれる過程で、敬宇も読者も、いわば日本の国家体制によって足もとをすくわれた。築かれつつあった国家体制は、『自由論』の概念をかりれば「政府の専政」が「社会の専政」と結びついた特異なものであった。翻訳によって同じミルの『自由之理』以上によく読まれた『代議政論』の概念をかりれば、それは「世話やきな専政」(good despotism)[117]の一種であった。このような国家体制において、スマイルズが訴え、敬宇が正確に伝えたように、政治と社会の改革のためにこそ、民衆の一人一人の日常生活における自立をという主張が広く受け入れられたら、それは自由と民権の戦いにおける、福沢諭吉のいう「政権偏重」をくいとめ、運動の底を深く広くするのを助けたであろう。また、敬宇が完全にはとらえきれなかったミルの主張――「社会の専制」に対する個性の擁護――は、もし、十分に理解され、広く受けとめられたら、国家だけではなく、社会をも、それらに対する自由・民権や社会改良の世論と運動をも、大勢同調の病いが犯すような現実のもとで、自由や民権の思想を生命に溢れたものにするのを促したであろう。『自由之理』が「嘗て一たび我読書社会を騒がしたるものなれども今は陳腐のものとなりて、中には其書名さへ知らぬ学生もあるべし(118)」ということになった時、若い日に『西国立志編』と『自由之理』の両方に強い影響を受けた山路愛山(119)が、かつて『自由之理』を読んだノートを開いて、そこから引きながら論じた文章は象徴的である。「今の様に政府の世話焼きを善しとし、何事にても国家の名にてなさんとする世の中に於ては再び自由論を読んで自ら警しむるも亦妙なるべし。氷は暑中には時勢後れなれども其時勢後れなるが却って清涼の効能あるが如く自由論は時勢後れなれども其時勢後れなるが為めに却って今の国家万能主義を唱ふるものの薬石ともなるべき歟。……『人各独自一己を存し、独自一己を貴重するに非れば完全なる社会の幸福は到底達し得べからざるなり。……常に自ら事理を攻究し、輿論や定説や風俗や習慣や凡そ四囲にありて我に迫るものに盲従するを嫌ふ人は真に世界の灯火なり。……所謂盛時とは多く奇異、磊牢の人を容るる時代なり。社会をして水面の平なるが如く一様の水準は《ママ》一様の模型を以て鋳造せられたる鉄板の如くならしめん乎。是れ社会の死なり』……(120)」。

(1)「著書翻訳は時勢に従ふの論」(『溺濘叢談』一八七八(明治一一)年二月、石井研堂『明治事物起源』日本評論社、一九六九年、所収)四七六頁。

(2) 参照、福鎌達夫『明治初期百科全書の研究』(風間書房、一九六八年)、および柳田泉『明治初期の文学思想』下巻(春秋社、一九六五年)一三六―一三八頁。原書は後述する、ビクトリア中期の民衆啓蒙書のベストセラーの一つであり、刊行後一八七二年までに一七万セットという売行きを示した。Chambers, *Memoir of Robert Chambers*, p. 236, (cit. in Richard A. Altick, *The English Common Reader: A Social History of The Mass Reading Public 1800-1900*, 1957, p. 390.)

（3） こうしたとらえ方は、この時代の英国経済および対外政策をめぐる、いわゆる「自由貿易帝国主義」(Imperialism of free trade)論争に示唆された。この論争は、英国政府や資本の対外政策だけではなく、自由主義や急進主義までを含めた、この時代の英国の対外意識の特異体質に新しい光を投げつつあるように思われる。ただ、現在までのこの論議の難点の一つは、帝国主義という概念の定義がはっきりしないことであり、小論で帝国主義という場合にも、かなり広い意味においてである。

（4） この時期の時務論のアウトラインについては、高橋昌郎『中村敬宇』(吉川弘文館、一九六六年)二三―三〇頁参照。

（5） この文章およびそこにいたるまでの中村の洋学観の展開については、大久保利謙「中村敬宇の初期洋学思想と『西国立志編』の訳述及び刊行について」(『史苑』二六巻二・三号、一九六六年一月、のち『大久保利謙歴史著作集』第五巻、吉川弘文館、一九八六年に収録)に詳しい。なお、敬宇についての最近の包括的研究として荻原隆『中村敬宇研究』(早稲田大学出版部、一九九〇年)、平川祐弘『天ハ自ラ助クルモノヲ助ク 中村正直と『西国立志編』』(名古屋大学出版会、二〇〇六年)を参照。

（6） 象山との交渉については「自叙千字文」参照。

（7） 一八五五(安政二)年のアロー号事件以後、渡英するまでに読んでいる。『西国立志編』第一編の「論」および注(19)を参照。

（8） 一八五五(安政二)年中村は、モリソンの英漢辞典にオランダ語を加えた辞典を筆写している。「穆理宋韻府鈔叙」(『敬宇文集』巻五)。

（9） 「漢学不可廃論」(『東京学士会院雑誌』第九編第四冊、明治文学全集『明治啓蒙思想集』三二六頁)によれば、一八五七(安政四)年頃、メドハーストの英訳書経を購っている。

（10） 同じ表現は一八五四(安政元)年の「振学政策」(『敬宇文稿』)にもすでに現われている。

（11） たとえば『言志録』一三一、『入学新論』原教第一(日本思想大系『近世後期儒家集』一六六頁)、『約言』(同前)二四一頁。なお同巻所収の岡田武彦、解題(二)を参照。

（12） この留学生団については、原平三「徳川幕府の英国留学生」(『歴史地理』七九巻五号、一九四二年五月)に詳しい。

（13） 留学生の一人だった林董の回想。『後は昔の記』(一九七〇年)一三九頁。

（14） それぞれ川路太郎「英航日録」一八六七(慶応三)年二月七日および五日の項(川路柳虹『黒船航記』一九五三年に主要部分を再録)一九九、一九八頁。

（15）一八七一（明治四）年、敬宇はデビスの著 *Chinese Moral Maxims*, 1823 を『英訳漢語』として翻訳刊行した。この本にはデビスから敬宇への献辞や手紙が模刻されている。なお自筆の『敬宇蔵書目録』には、このほかにデビスの中国関係の著書二冊がのっている。デビスについて簡単には *Dictionary of National Biography*, Vol. 22, Supl. 1909. また坂野正高『近代中国政治外交史』（東京大学出版会、一九七三年）一四三、一四五、一五一―一五二、一九二、二〇七―二〇八、二一九頁の記述を参照。成蹊大学図書館所蔵の敬宇旧蔵洋書・中村正直先生文庫の調査については、植手通有氏の助けをえた。

（16）cf. Robert P. Dod, *The Parliamentary Companion : 1863*, p. 199. なお、サセックス県文書館所蔵史料中のフリーランド家に関する記述について、同館の地方史司書ハーマー氏の教示をえた。静嘉堂文庫所蔵の敬宇自筆『敬宇蔵書目録』には、フリーランドの著書と中国の書物の英訳書計三点が記されている。

（17）林竹二「森有礼研究第二　森有礼とキリスト教」（『東北大学教育学部研究年報』第一集、のち『林竹二著作集』二、筑摩書房、一九八六年所収）参照。中村・川路との会見についてのオリファントの手紙が引かれている。なお、参照、I. P. Hall, *Mori Arinori*, 1973, p. 107.

（18）A. Briggs, *Victorian Cities*, Pelican edn., 1968, esp. pp. 313-315.

（19）英国に渡る前に『海国図志』を読んで抱いていた自分の英国像について、『西国立志編』第一編の「論」の中で語るところ（『明治啓蒙思想集』に「書西国立志編後」として収録、二八六頁）。『海国図志』巻三三、英吉利国上、の文章がそのまま引かれている。

（20）なお、桜洲山人中井弘の『漫遊記程』（一八七七年）への序、前出「古今東西一致道徳の説」、石井研堂『自助的人物典型中村正直伝』（一九〇七年）一四二頁、といったふうに、同じ表現がくり返し現われる。

（21）『明治啓蒙思想集』二八六頁に「書西国立志編後」として収められるものは、これと文章がいくらかちがう。

（22）レィディ・ルイスからクラレンドン卿への手紙。cit. in A. Briggs, *The Age of Improvement*, 1959, p. 460.

（23）Briggs, op. cit., p. 439.

（24）ホイッグの領袖シドニー・ハーバートの発言。cit. in Briggs, op. cit., p. 427.

（25）Everyman's Library edn. 1971, esp. p.67. 以下、小論では、『自由論』のテキストとして、A・D・リンゼイ編のエブリマンズ・ライブラリ版を用いる。

(26) Mill to T. Gomperz, Oct. 5, 1859, *The Later Letters of John Stuart Mill*(ed. by F. E. Mineka and D. N. Lindley), 1972, Vol. 2, p. 539. Also see Mill to Gomperz, Dec. 4, 1859, *The Later Letters* Vol. 2, p. 581.

(27) Mill to A. Ruge, March 3, 1859, *The Later Letters* Vol. 2, p. 598.

(28) Mill to F. J. Furnivall, March 30, 1871, *The Later Letters* Vol. 4, pp. 1812-1813.

(29) Introduction to *The Later Letters* Vol. 1, p. xliv.

(30) Altick, op. cit., and *English Publishing and The Mass Audience in 1852*, in *Studies in Bibliography*, no. 6(1954). Robert K. Webb, *The British Working Class Reader*, 1955, and *The Victorian Reading Public* in B. Ford ed., *The Pelican Guide to English Literature* Vol. 6, 1958.

(31) 『西洋事情外編』題言。W. and R. Chambers(eds.), *Chambers's Educational Course: Political Economy for Use in Schools and for Private Instruction*, 1852である。

(32) Webb, *The British Working Class Reader*, p. 79, and *The Victorian Reading Public*, pp. 208, 216.

(33) エリスと『経済小学』の原本 *Outlines of Social Economy*, 2 nd ed., 1850. については、岡田与好「ウィリアム・エリス・スクール——神田孝平『経済小学』の原著の遺業」(『UP』二八—三〇号、一九七五年、二・三・四月、のち同著『自由経済の思想』東京大学出版会、一九七九年に所収)参照。

(34) Webb, *The Victorian Reading Public*, p. 216.

(35) フリーランドが中村に贈った『自助論』の扉に記された献辞にはこう書かれている。前述の注(15)、デビスが贈った本にも同様。

(36) たとえば、*On Liberty*, pp. 91-92.(塩尻・木村訳岩波文庫版、六五—六六頁)。Mill, *Autobiography*,(Jack Stillinger ed.) 1971, pp. 32, 38.(朱牟田夏雄訳岩波文庫版、五三、五八—六〇頁)

(37) *Self Help*, Centenary edn., 1958, p. 58. 小論では、『自助論』のテキストとして、この百年記念版を用いる。また中村訳は『西国立志編』(冨山房百科文庫、一九三八年)四一頁。『西国立志編』のテキストには、この冨山房版を用いる。

(38) *Self Help*, p. 279.『西国立志編』二五八頁。

(39) "Energy and Courage" は『自助論』第八章のタイトル。特に *Self Help*, pp. 234, 241.(『西国立志編』二〇二、二〇八

頁)参照。

(40) *Self Help*, pp. 237-241.(『西国立志編』二〇五―二〇八頁)。

(41) Thomas Mackay ed., *The Autobiography of Samuel Smiles, LL. D.* 1905, pp. 230-231.

(42) Ibid., p. 304. なお『自助論』読者から寄せられた沢山の手紙の中には、日本語で書かれたものもあるという。Aileen Smiles, *Samuel Smiles and his Surroundings*, 1956, pp. 89, 97. アイリーンはサミュエル・スマイルズの孫娘。リーズ市立図書館には、日本の読者からのスマイルズへの手紙が保存されているといわれるが、未見。

(43) 冨山房版『西国立志編』所収、柳田泉の解説、一三頁。

(44) たとえば、石井(20)前掲書、五四一頁。

(45) 柳田泉『明治初期翻訳文学の研究』(春秋社、一九六一年)五九頁。

(46) 参照、柳田(43)解説、一八頁。

(47) 九〇条前後の語録。前田愛「中村敬宇――儒教とキリスト教の一接点」(『文学』一九六五年一〇月、のち同著『幕末・維新期の文学』法政大学出版局、一九七二年に収録)は、「請質所聞」を手がかりに、敬宇におけるキリスト教受容の問題を探ったものである。なお、Jerry K. Fisher, "Nakamura Keiu: The Evangeliual Ethic in Japan," in Robert J. Miller (ed), *Religious Ferment in Asia*, The University Press of Kansas, 1974. も、敬宇における儒教思想を土台にしたキリスト教の受容の問題を焦点としている。

(48) 明治啓蒙思想は、それを生み出す母胎となった伝統思想と、その上に受け入れた西欧思想との関係という面でも、多様だった。これまでの研究で主としてとりあげられた福沢や西周の場合、徂徠学的思考の展開の上に、実証主義・功利主義を受容するという傾向が見られるのに対して、敬宇の場合は、幕末の折衷主義的な朱子学をつきつめた上に、キリスト教を摂取するという傾向が明らかである。

(49) 倉長巍『平岩愃保伝』(一九三八年)三〇―三一頁および、同書に収められた野々村戒三が平岩から聞いたとして記すところ(二六〇―二六一頁)によれば、息軒は、敬宇がキリスト教に入信したのに憤って、彼を破門し、キリスト教を批判するために『弁妄』の筆を執ったという。なお、敬宇の同人社での礼拝・聖書講解によってキリスト教に導かれた平岩が息軒に反論したのが『六合雑誌』に連載(八―一三、一五号)された「弁妄批評」である。

(50) たとえば「広原道」(『敬宇文集』巻一四)。これは韓愈の「原道」を念頭においた文章であろう。

(51) 「請質所聞」には、「予最喜張子西銘数語」として長文の引用があり、「敬天愛人説」でも、詩経・書経や程朱からの引用とともに、「西銘」の同じ箇所が引かれている。

(52) 敬宇が『自由之理』の扉に掲げた標語の一節。

(53) 大久保前掲(5)論文では、敬宇の訳稿二種や関係書簡の検討にもとづいて、翻訳・出版の経過について詳細に考証されている。なお、この論文ではとりあげられていないが、東北大学附属図書館狩野文庫に、「自序広説二稿」とした、『自助論』第一―四章の第二次訳稿がある。

(54) これについても、狩野文庫に、一八七〇(明治三)年一二月八日から七二年三月末にわたる、翻訳の進み方を示す日付の入った、『自由之理』全巻の自筆訳稿がある。

(55) 急進主義の二つの流れの対比については、J. D. Y. Peel, *Herbert Spencer*, 1971, ch. 3, Anti-Politics of 1840 s. に示唆をえた。スマイルズとスペンサーは同じ流れの中から出て来ているのである。

(56) 英国では、一九五〇年代に入って、スマイルズ再評価の動きが徐々に現われつつあり、リーズ時代の急進主義的な新聞論説の検討を通じて、スマイルズにおける急進主義の意味を強調するのが共通した傾向である。本稿は、Kenneth Fielden, *Samuel Smiles and Self-Help* in *Victorian Studies*, XII-2(Dec., 1968), A. Briggs, *Samuel Smiles and the Gospel of Work* in his *Victorian People*, Pelican edn., 1965. および J. F. C. Harrison, *The Victorian Gospel of Success*, in *Victorian Studies* I-2(Dec., 1957)による所が大きい。日本のスマイルズ論としては、村岡健次『ヴィクトリア時代の政治と社会』(ミネルヴァ書房、一九八〇年)第二部第三章が詳しいが、スマイルズの著作を「すべて成功者を素材とする成功・出世物語」(一一三頁)としており、小論とはかなり異なる解釈をとっている。

(57) Alexander Tyrell, *The Origins of a Victorian Best-seller—An Unacknowledged Debt*, in *Notes and Queries*, 17, Sept., 1970.

(58) *On Liberty*, pp. 124, 130-131, 143. 岩波文庫版、一三二、一四七―一四八、一七五頁。

(59) 『自由論』刊行後、ミル存命中の書評や読者の反応については、Michael St. John Packe, *The Life of John Stuart Mill*, 1954, pp. 402-406, John C. Rees, *Mill and his Early Critics*, 1956, pp. 1-38, Gertrude Himmelfarb's *Introduction* to *On Liber-*

ty(Pelican edn.), 1974. 参照。
(60) Mill, *Autobiography*, p. 165. 朱牟田訳岩波文庫版、二四〇―二四一頁。
(61) *Character*, p. 144, note. における『自由論』第三章からの長い引用を中心に、ミルの主張に呼応する議論が展開されている。なお cf. ibid., pp. 37, 120.
(62) Ibid., p. 355.
(63) 小塚空谷「中村敬宇先生の平生」(『成功』一巻一号、一九〇二年一〇月)一九頁。三宅雄次郎「故文学博士中村正直君に就て」(全国教育者大集会編『帝国六大教育家』一九〇七年)五一―五二頁。なお、原(12)前掲論文三〇頁。
(64) この部分は Centenary edition. にはない。
(65) *On Liberty*, p. 170.
(66) *Self Help*, p. 37, *On Liberty*, p. 121.
(67) *Self Help*, p. 37.
(68) f. e. *Self Help.*, p. 36.
(69) f. e. ibid., p. 58.
(70) Ibid., p. 88.
(71) Tyrell, *The Origins of a Victorian Best-Seller*(注57)は、リーズ時代のスマイルズの新聞論説を検討して、この点を跡づけたものである。
(72) 三宅(63)前掲論文、五二頁。
(73) ベーコンの『随筆集』*The Essays* 中の文章 Of Atheism からとられている。このことばは、一八八七(明治二〇)年の東京学士会院での演説「漢学不可廃論」(『東京学士会院雑誌』第九編第四冊『明治啓蒙思想集』三二一頁)にも出る。
(74) 『自由之理』についての原文との照合、検討については、山下重一「中村敬宇訳『自由之理』について」(『国学院大学栃木短期大学紀要』第六号、一九七二年三月)、および、「明治初期におけるミルの受容――『自由之理』および『利学』を中心として」(『思想』一九七三年一二月)に詳しい。
(75) 『自由之理』四〇頁下段中央に当る所だが、明治文化全集の復刻では、この評語だけ落ちている。*On Liberty*, p. 109.

(76) *On Liberty*, p. 71 にあたる辺である。

(77) 加藤は、「On Liberty, 千八百七十三年出版」と注記しているが、おそらく、ここでも原著は読まないで、敬宇の『自由之理』を読んだものと思われる、というのが安世舟氏の教示である。

(78) 畠山機智という変名で、『横浜毎日新聞』一八七七(明治一〇)年八月二三日号に掲載。『鼎軒田口卯吉全集』第五巻、一九二八年、七六—七七頁に再録。

(79) 敬宇より三〇年近くおくれて清国で、国の富強のための自由、という関心から『自由論』を初めて訳した厳復の場合(『群個権界論』、訳出は光緒二六(一九〇〇)年頃、刊行は光緒二九(一九〇三)年)も、この点に注目していたのは興味深い。cf. Benjamin Schwartz, *In Search of Wealth and Power: Yen Fu and the West*, 1964, p. 141. なお、石田雄「J・S・ミル『自由論』と中村敬宇および厳復」(同著『日本近代思想史における法と政治』岩波書店、一九七六年)は、二人の翻訳の比較を中心として、『自由之理』の理解にも有益である。

(80) *On Liberty*, p. 67.『自由之理』では、この部分は省略されている。

(81) 同前、九—一〇頁。ibid., p. 68. がそれにあたる。この点、敬宇とともに明六社の同人であり、彼よりは保守的だった西村茂樹が、『自由論』のこの問題提起をかなり的確に理解して、日本の現実に応用しようとしているのは興味深い。「風俗」の個人に対する圧力について論じて、「是弥爾氏ガ所謂多数ノ圧制ニシテ、其力ハ反テ政治ノ圧制ニ勝ル事アリ」とした一八八六(明治一九)年の演説『日本道徳論』参照。『明治啓蒙思想集』三八六頁。

(82) これにはいわゆる集団実在論の発想が関係しているかもしれない。この点参照、石田雄「日本における法的思考の発展と基本的人権」(東京大学社会科学研究所編『基本的人権の研究』2、東京大学出版会、一九六八年)一八、二一頁(のち石田(79)前掲書所収)、および「西欧政治諸観念の摂取と日本近代化」(福岡ユネスコ協会『日本近代化の諸問題』一九六八年)一〇〇頁以下。

(83) この辺の訳文は原文との対応がはっきりしないが、大体 *On Liberty.* の七〇頁から七一頁にかけての辺のようである。

(84) 一八七五(明治八)年一〇月から七八年九月までの日付の入った、下書から完成稿までの、自筆訳稿が、東北大学附属図書館狩野文庫にある。

(85) 高橋(4)前掲書、二一四—二二一頁。

(86) 高橋(4)前掲書、二三九―二四七頁。なお二二四―二二七頁をも参照。
(87) この時代に、『自伝』に注目し、とくに第五章の「精神的危機」の、宗教的意味を深く受けとめたのはおそらく植村正久だったろう。彼は、一八八七(明治二〇)年夏、『自伝』を読んで、『国民之友』(七号、八月)に紹介「ミル氏自叙伝を読む」を寄せ、その後『霊性の危機』(一九〇一年、おそらく説教をもとにしているのだろう、その説教のメモと思われるものも残っている)を、『自伝』に記される「精神的危機」の意味から説き起したのを始め、たびたび『自伝』における「精神的危機」の問題をとりあげた。また一八八九年には、ロンドン滞在中に『宗教論三編』を読んでいる。また小崎弘道もミルの『自伝』を読んでいる。こうした植村や小崎ら日本プロテスタント第一世代のミル観は、単純にミルを毛嫌いした多くの宣教師や、その影響下の日本人キリスト者のそれとはかなり異なるものだった。
(88) 石井(20)前掲『中村正直伝』六六頁。
(89) 柳田(43)解説、一五―一六頁。
(90) 『西国立志編』および、それがひき起した、「成功物」など類書の出版状況は、山宮允「『西国立志編』及びその類書に就いて」とその「追補」(『学鐙』一九三九年二月、三月、のち『書物と著者』一九四九年に収録)および、国際基督教大学アジア文化研究委員会編『日本キリスト教文献目録』一九六五年、によって、かなりの所までたどることができる。藤原暹「中村正直『西国立志編』訳述にみる『実学』思想」(『実学史研究』I、思文閣出版、一九八四年)、同『日本における庶民的自立論の形成と展開』(ぺりかん社、一九八六年)は、『西国立志編』をこうした「成功物」の枠のなかでとらえたもの。また Earl H. Kinmonth, *The Self-Made Man in Meiji Japanese Thought*, U. of California P., 1981. は日米両国を通じる「成功物」の比較という視角から『西国立志編』を扱っている。
(91) 『新日本史』中巻、一八九二(明治二五)年(明治文学全集『明治史論集(一)』)一六二頁。
(92) 山下重一「坂本直寛における西洋政治思想の受容」(『国学院大学紀要』第八巻、一九七一年)、および「自由民権運動とイギリス政治思想」(『国学院栃木短期大学紀要』一九七五年一月)に詳しい調査報告がある。
(93) Briggs, *Introduction* to the Centenary edition, p. 7.
(94) Ibid., p. 18. A. Smiles, op. cit., p. 191.
(95) Frederic Harrison, *Tennyson, Ruskin, Mill and Other Literary Estimates*, 1899, p. 275. (cit. in Himmelfarb's *Introduc-*

tion to *On Liberty*, p. 45.

(96) 石井(20)前掲書、六九―七九頁には、こうした証言がいくつかまとめられている。

(97) 木村毅「天皇のカリキュラム」一、二、四、六(『朝日新聞』一九七一年一〇月一五、一六、一九、二一日)、『明治文化全集補巻二』『国法汎論』解題(日本評論社、一九七一年)七―八頁。元田永孚の「当官日劄」(『元田永孚文書』第一巻、一九六九年)三一九頁。

(98) 東京女学校行啓と『西国立志編』については、『穂積歌子』六二頁(唐沢富太郎『教科書の歴史』創文社、一九五六年、六四頁)。『明治天皇紀 第三』(一九六九年)一六九頁を参照。女子師範学校行啓については、山川菊栄『女二代の記』(岩波書店『山川菊栄集』九、一九八二年)三七頁、なお二九―三〇頁。

(99) 柳田(45)前掲『明治初期翻訳文学の研究』、一六九、一九七頁。なお、『日本の英学百年・明治編』(研究社、一九六八年)八五頁。

(100) 唐沢(98)前掲書、六〇、六二頁。稲富栄次郎『明治初期教育思想の研究』(福村書店、一九五六年)一六八頁。

(101) 河野盤州伝編纂会『河野盤州伝』上(一九二三年)二二六―二二七頁。

(102) 『高知新聞』一八八一(明治一四)年四月一三日、稲田正次「国会期成同盟の国約憲法制定への工作・自由党の形成」(同編『明治国家形成過程の研究』一九六六年)三二頁から再引。「政論」の連載第一回分になる。この部分は、土居晴夫編『坂本直寛著作集(上)』には欠けている。

(103) 栗原彦三郎編『田中正造翁自叙伝』(一九二六年)。なお本章付論を参照。

(104) 参照、この年八月一九日の日記の記入(石井記念友愛社『石井十次日誌 明治十八年』一九七一年、二〇八―二一〇頁。このほかにも石井の日記には、『西国立志編』や『西洋品行論』など、スマイルズの本の翻訳を読んだという記事が、たびたびあらわれる)。

(105) 木村毅「天皇のカリキュラム」一一(『朝日新聞』一九七一年一〇月二七日、同著『明治天皇』一九五六年)二三九頁。なお、元田永孚「古稀之記」(『元田永孚文書』第一巻)、一八三頁、および岩波文庫版『幼学綱要』に附された渡辺幾治郎の解題、参照。

(106) 唐沢(98)前掲書、一〇七―一〇九頁。稲富(100)前掲書、一八〇頁。西村先生伝記編纂会『泊翁西村茂樹伝』上巻(一九三三年)四四九—四五七頁。

(107) 唐沢(98)前掲書、一〇九—一一一、一四〇—一四三頁。稲富(100)前掲書、一七九—一八〇頁。

(108) 海後宗臣『教育勅語成立史の研究』(東京大学出版会、一九六五年)一五八—二一四頁。特に稲田正次『教育勅語成立過程の研究』(講談社、一九七一年)一七一—一八七頁。

(109) 前田愛「明治立身出世主義の系譜——『西国立志編』から『帰省』まで」(『文学』昭和四〇年四月、のち同著『近代読者の成立』有精堂出版、一九七三年、に収録)。小論の『頴才新誌』についての分析は、全面的にこの論文に負っている。

(110) 内田魯庵「明治十年前後の小学校」(『太陽』一九二七年六月号)。

(111) Preface by Smiles to the edition of 1866. この部分は、『西国立志編』の「自助論原序」では省かれている。

(112) 佐藤忠男「読みなおす　一　サミュエル・スマイルズ『西国立志編』」(『朝日新聞』一九七一年一月五日。のち同著『学習権の論理』一九七三年に収録)は、スマイルズの本が、本来「立身出世主義のすすめである以上に、じつに断固たる民主主義の教科書」であることを明らかにしている、おそらく今日唯一の文章である。それは、『西国立志編』が明治初期の政治支配のもとで「『人民の自立』の精神」を骨抜きにして「たんなる立志伝」に矮小化していった経過を衝いた上で、この本を再検討するように訴えている。今日大ていの研究者が、『西国立志編』にふれることがあっても、書かれていることがらを丁ねいに読むだけの労を払うことをほとんどせずに、この本について「ブルジョア社会の倫理」や「ピューリタン的勤労」を論じるにとどまっているのに対して、「人民の自立」的な生き方、学び方をして来た著者ほとんどひとりが、このようなとらえ方をしているのは、日本におけるこの本のうけとめられ方の歴史を考える上で、象徴的である。

(113) Briggs, *Introduction* to the Centenary edition, pp. 16–17. Royden Harrison, *Afterword* to *Self Help* (Sphere Books edn.), 1968, pp. 266, 268–269.

(114) Briggs, *Introduction*, p. 26. は、『自由論』第三章で、個性の不可欠の要素として強調される energy(敬宇訳「勢力」「剛烈」)が、『自助論』第八章の主題である energy(敬宇訳「剛毅ノ心志」等)に通じるものであることを指摘する。

(115) 自筆稿本「敬宇日乗三　明治十五年日乗」三月一三日の項。参照、高橋(4)前掲書、二一四—二一六頁。

(116) たとえば「支那不可侮論」(『明六雑誌』第三五号、一八七四年四月、『明治啓蒙思想集』三〇一—三〇三頁)。なお参照、高橋(4)前掲書、二六三—二六五頁。

(117) *Representative Government* (Everyman's Library edn., ed. and intro. by A. D. Lindsay), pp. 202 ff. esp. p. 204.

(118) 山路愛山「『自由論』を読む(一)(二)」(『信濃毎日新聞』一九〇〇〔明治三三〕年八月七日、八日)。この文章の存在は、岡利郎氏に教えられた。

(119) 石井(20)前掲『中村正直伝』七二頁。山路愛山「余に感化を与へたる書物」(『新公論』一九〇六年二月、『明治文学全集』「山路愛山集」一九六五年所収)四一一頁。なお、東京大学法学部明治新聞雑誌文庫の吉野作造旧蔵書の中には『西国立志編』の愛山手沢本があり、見開きに、「英人之精神」「西洋文明之所根」「豪傑之心事」を知らんと欲すれば此書を読まざるべからず、と漢文で記されている。

(120) 山路(118)前掲文。

付論　『西国立志編』の世界と田中正造

―― 草莽の泰西文明 ――

「田中正造昔話」(『田中正造全集』第一巻、岩波書店、一九七七年)は、「予は下野の百姓なり」と書き出されている。その正造は敬虔の念篤く事あるごとに斎戒して神に祈る人だった。自由民権の全国的な活動の舞台に登場するにいたって、「精神家」として知られるようになった。代議士となり、さらに野に出て奔走するようになってからは、「奇人」として敬遠され、ついには「義人」として仰がれ祀られることになった。しかし彼はなみの「精神家」ではなかった。単なる「精神」だけでは、彼の四〇年をこえる鉱毒事件の戦いはとうてい不可能だったろう。この間の日記をたどってゆく時、われわれは、そこに激しく深い「精神」とむすびついて、強靭で生産力豊かな独特な知性が息づいているのに心を打たれる。彼は知的な虚栄やひとを抑圧するもとになるような学問を斥けたけれども、「実学をつとめよ、即ち村に帰るハ実に付くなり」(一九〇七年一〇月の日記)といった、村や家を益する「実学」については、実に熱心に、未知の新しいことがらも貪欲なまでに受け入れていった。ちゃんとした学問をする機会を逃したものだから無学で困る、とよくこぼした彼には、全身でぶつかってゆくような読書と学習の時期があった。

和田洋一氏は、田中正造全集第七巻の写真の田中正造がフロックコートを着ているのを見て、古びた黒紋付の羽織の田中という固定観念とちがうのに驚いたとのべておられる(「田中正造と私の偏見」、『本のひろば』一九七七年八月)が、同じようなことが、彼の学問と思想についても言えるのではないか。彼が、三十代から四十代の初めにかけて、「尺、中村、福沢、小幡等の翻訳書大に世に行はれんとす」る「文明」にうちこんでいたということがその一つである。田中正造は、一八七三(明治六)年下級官吏として勤務中に、上司殺害の疑いをうけて投獄された岩手の獄中でこうした

「洋籍の翻訳書」に接している。同室に拘禁されていた人物(廃藩置県をめぐる紛争のために投獄されたもと岩手県大属らしい)に借りて、「政事経済の二科」あるいは「ホルチカルイコノミー」と「イコノミー」を学んだというが、その中に中村敬宇訳の『西国立志編』があったことは知られているし、翌七年疑い晴れて帰郷するおりには、福沢の『英国議事院談』を贈られて道々読んだという。

こうして四年ぶりに故郷の土をふんだ田中は浦島太郎の如く、「村中皆之ヲ笑フ」のだったが、彼の方は彼の方で、「在獄間の多少の書見は余をして既往の生活の殆んど無意味無意識なるを悔ひ、……将来少しく為す有らんとするの志を起さしめ」、「国家経済ノ大意ニ付而ハ正造独リ之ヲ唱ルモ又之ヲシルモノ少ナク、事時ニ常ニ不都合多シ」といきまいている。村人の反応はこのありさまだったけれども、彼は、獄中で学んだ泰西の新思想を身近なところからどんどん実行にうつした。田中の自伝的文章は、英国の雄将ウェリントンの伝記の中でぶつかった、彼が負債を恐れたという一節に感動して家の負債整理を断行するにいたったとのべているが、このウェリントン伝というのが『西国立志編』第九編「職事ヲ務ル人ヲ論ズ」(原題 Men of Business)中の第二七話、訳者中村敬宇が「穵林登《ウエリントン》正直ニシテ借財ヲ懼ル、事」という見出しをつけた一節であることは、まずまちがいないだろう。

『西国立志編』のもとになったスマイルズの『セルフ・ヘルプ』(一八五九年)は、彼が、一八四五年にイングランド北部の工業都市リーズの労働者の学習サークルで行なった話が原型である。このサークルは当時英国の先進的労働者の間で活潑だった「夜学校《イヴニング・スクール》」の一種だが、貧しい青年労働者のこととて、むかしコレラの避病院に使われたためその後荒れ放題になっていたぼろ家に集まったのだという。ある評伝は、『セルフ・ヘルプ』とともにスマイルズの名が世界中にひろまった様子を「コレラもこれより早くはひろがらなかったろう」とのべているが、(1)日本語訳も刊行後二年で東北地方の獄房にまで達したとは驚くべきことだった。

こういううちこみ方は負債整理一件に限らない。「村落の酒屋の帳場ニハ福沢先生の簿記法所謂帳合の法(福沢諭吉訳『帳合之法』初編二冊 一八七三年、二編二冊 七四年）なるものニ則りて却而混雑を生。家ニハ此ざんしんなる家法を設けて家中を苦しめたり」ということになる。雇われ番頭としては、田舎酒屋の大福帳式丼勘定をアメリカの教科書の翻訳によって近代的簿記に「合理化」しようとし、天下に国会開設を叫ぶ何年も前に「田中家憲法」を制定して、いずれも混乱と抵抗をまねいて挫折したというわけである。この憲法の「日曜ニ家内下男ニ休息せしむる」「夫婦間といゝども財産其他権利を互ニ犯すべからず」とか、新規の金銭支出については「家族協議」を要するといった条項も、下野の村落にまで及んだ、「翻訳書」による多分に直訳的な「文明」の影響を示しているといえよう。こうした影響の余波ということだろうが、一八八〇年二月第三回地方官会議傍聴のために出京し、この機をとらえて全国府県会議員の国会開設建言を組織した田中正造は、この間二度にわたって福沢を訪れ、自分たちの集会の内容をくわしく説明し（福沢の来客控え、福沢諭吉全集一九巻）、一八八一年から八四年まで交詢社に加わった。

さらに、田中の世界に泰西新思想をもたらしたもう一つの大きな存在として、彼より二まわりも若い野村本之助という嚶鳴社員がいる。「野村氏の言行は真に神の如し、之予の師とする処、実に人民あつてより以来未だ此の如く言行の正しきものを見ず」と後々にいたっても傾倒のほどを記している人物である。二人の間に深い交わりが育ってゆく様子については野村の生き生きした回想「田中正造君と私」（『季刊明治文化研究』第四・五・六輯）があり、栃木の豪農民権と嚶鳴社の交流の側面史としても実に面白い。

二人の出会いは、おそらく一八八〇年の冬、野村が肥塚龍とともに足利の演説会に臨んだおりだった。野村によれば、田中は「今度県下の有志に推されて、総代の一人となり、国会請願書を政府に差出しましたが、併し、実を申しますと、私は其の国会の組織やら、議員の選挙やら、詳しい事は、知らないのです。……両君の御来会を幸ひ、それらのことを委しく伺ひたいのです。何分よろしく御願ひ申します」と丁寧に挨拶して質問を始めたという。

その質問の熱心なことまことに驚くべく、その一夜では終らず、翌日も「尚ほ質問したい事があるから」と館林までついて行き、「質問すべき事柄がまだ沢山残つて居るからと云つて、此度は川俣までついて来られ」、東京行の船が出るまで一時間あるというので、大いに喜んでさらに質問を重ねるということになった。

こうして始まった二人の交わりは、その後急速に深まってゆく。野村は、翌八一(明治一四)年、田中らによって創設されて間もない栃木新聞に社長として招かれることになり、先ほどの田中の野村への敬慕のことばを裏づける「其頃田中さんと私との間柄は面白い関係になつて居ました。政治問題になると田中君が私を先生とし、普通対話の際にも大抵は先生と云つて居ました。まんざら灰吹明けさせる底の先生でもないやうでした。私は私で……田中君を父とも母とも思ひ何事も田中君の同意を得なければ決行しませんでした」という結びつきが、当時の感覚ではすでに初老の民権家と二十そこそこの白面書生の間に生まれた。

この間田中は野村の下宿している就願寺に同居するようになるのだが、その頃についての、「田中君は暇さへあれば読書して居られました。或る朝などは、最早新聞社に朝飯食ひに行くべき時刻を過ぎても降りて来ないので、赤羽君(万二郎)が二階に呼びに行きました。田中君は尚ほカンカンとランプをつけて読書最中でした。赤羽君が『田中さん夜はもうとつくに明けましたよ、飯食に行かうぢやありませんか、どうして今頃までランプをカンカンとつけて置くんです』と云つたので、初めて心附き俄かにランプを消すやら戸を開けるやらでした」という、田中の読書家としても猛烈にして徹底的な姿についての証言も興味深い。

この野村本之助は、鹿児島藩士の子で、尺振八の共立学舎でJ・S・ミルやベンサムを学び、中でもベンサムの『立法論綱』を耽読して、「最大多数の最大幸福の熱心なる信者」となった。やがて共立学舎の教師となり、同時に嚶鳴社の社員としても東京横浜毎日新聞のスタッフとしても、沼間守一の近くにいて活躍することになるが、新聞の論説でも演説でもベンサムばかりの、「ベンザム崇拝」で知られていたという。野村「先生」が、倦まずに問いかつ学ぶ田中正造に、功利主義政治思想の福音を説いたと想像してもそう不自然ではないだろう。しかも田中の方は、この「先生」の「有志者」との面談や講演につきそって、一々批評しては、「田舎の有志」たちの心と社会について、「先生」の蒙を啓くべくつとめ、「先生」に時にはやりきれない思いをさせるほどだったし、後年この頃を回顧しては、「予ハ明治十三四年の頃ニおゐても此平民主義、社会平等の真理ハ自然自得したるものとおもへり」(「奇談慢筆」『全集』第一巻)とのべてもいる。

田中正造全集第一巻にうかがわれる、三十代の中ごろと四十代初めの田中正造の姿は、日本に押し寄せた一九世紀英国の自由主義が、翻訳を通して明治の啓蒙思想として地方の下級官吏や農民の間にまで拡がってゆくとともに、その到達した所で、下からの自由民権の思想へと変貌してゆく動きの、また東京の知識人民権家と地方の豪農民権家との交流の一番ダイナミックで豊かだった部分の、典型なのではなかろうか。このように、さまざまな思想がぶつかって渦巻く中に、彼をして押し流され足をすくわれることなく立たせ、その思想の内発的な成長を可能にしたのは、やはり、小さい名主の子として自からも働きつつ村のために責任を負って来た田中正造の、経験とその中できたえられた知性であったように思われる。

(1)　Asa Briggs, *Victorian People*, Penguin Books, 1965, p. 126.

第Ⅴ章　文明論における「始造」と「独立」

――『文明論之概略』とその前後――

福沢諭吉の思想的生涯を画する苦心の傑作『文明論之概略』については、すでに多くのことが語られ、さまざまな『文明論之概略』像が描かれて来た。しかしほとんど一つの世界をなしているこの本の広がりと奥深さを考えれば、踏み残された領域はまだ広く、さまざまなルートからの探求が求められているといわねばならないだろう。

第一に、この本のテクストとしての読解自体決して容易ではない。行論の配線は周到に張り廻らされ、回路が巧みに完成しているかと思うと意外な所で途切れている。意図的か否か簡単に述べられたことばが、その背景にどのような事実を持っているのか、その事実はどれだけの意味を持っているのかもはっきりしない。[補注一] 次第に進んで来た、西洋の著作の福沢への〈影響〉を跡づける作業、とくに手沢本の点検についても同様のことがいえる。[1] また、本書草稿の検討も漸く緒につき、執筆を中断しては西洋の書物を読み、読んではまた書いた（一八七五年四月二四日付島津復生宛書簡『福沢諭吉全集』第一七巻。以下、全集一七と略記）という加筆塗抹縦横の苦心のさまに接することが可能になったが、数次にわたる草稿から成稿にかけての変化が何を意味するか読み取ることはきわめて難しい。[2]

この本を読解する作業は最後の所、それが書かれた背景、本書執筆の頃の福沢の世界を理解することと切り離せないだろう。

第二に、しかし本書執筆当時の福沢の世界について、福沢自身が語っている史料はごく少ない。それまで西洋の書物の翻訳編纂を中心として西洋文明紹介のベストセラーを次々に世に送って来た福沢は、一八七四（明治七）年春には

「ウカ〱いたし居候ては次第にノーレジを狭くするやう可相成」という知的危機を意識し、「最早翻訳に念は無之、当年は百事を止め読書勉強」(二月二三日付荘田平五郎宛書簡、全集一七)に専念するよう決心したとのべている。本書はこの頃起稿されたのだが、やはり、「洋書並に和漢の書を読むこと甚狭」(前掲、島津宛書簡)いために苦しみ、書いては読み読んでは書いて成ったという。また、本書刊行の後執筆の意図を説明して「儒教流の故老に訴へて其賛成を得ること」(「福沢全集緒言」全集一)とのべていること、本書執筆前後の書簡を通じて、福沢が開国後の西洋諸国の脅威に危機感を深めその「文明」に幻滅を募らせるにいたっていたことも明らかである。――本書の直接の背景について語られて来たことは以上の程度につきるだろう。これらのことばがそれぞれ何を意味するか、それらはどのように関連しているのか、はそれほど明らかでない。

『文明論之概略』前後の福沢の世界について、小論における関心は二つである。

福沢は、『文明論之概略』の「緒言」で本書執筆の背景にあった「紛擾雑駁」「人心の騒乱」について語っている。これらや「脳中に大騒乱」(『福沢文集』第二編「三田演説第百回の記」)、「マインドの騒動」(一八七四年一〇月一二日馬場辰猪宛書簡、全集一七)といった一連のことばは、この時期の福沢の思想の中心にある問題を示しており、言うまでもなく、日本にとって西洋世界との接触の衝撃がもたらした結果を表現していた。そしてこの場合問題なのは、福沢にとってこのような危機をもたらしたものが、西洋の目に見える事物や制度の世界だけでなく、彼が読んで来た、西洋で著された書物の一群であり、それが伝える諸観念とイデオロギーの世界でもあったということである。『文明論之概略』に一歩先立って書かれた『学問のすゝめ』第十編では、すでに西洋と日本の間の「智戦」について語られていた。

福沢における西洋の諸観念やイデオロギーの世界との文化接触について、これまでの研究にふれられたことは少なくない。しかし特定の書物を読むという形での、接触の具体相についていえば、従来の研究は、原拠本を探し出し、オリジナルと福沢の翻訳・翻案のいわば対応点を見つけ、福沢がオリジナルにいかに「感激的に傾倒」したり「示唆と鼓舞」[3]を受けたか指摘する傾向が一般であった。『文明論之概略』についての場合もそうである。しかし、福沢が読んだ書物はそれぞれに固有の全体構造をもっている。福沢が〈共感〉したり〈影響〉を受けた対応点は、その全体構造の中に位置づけられており、福沢がこれらの全体構造自体について全く気づかなかったり関心をもたなかったとは思えない。さらに、彼が読んださまざまな書物の間には共通の文化的背景のもとでの所産として、ある程度の相互関連が存在した。福沢は『文明論之概略』を書くためにバックル、ギゾーやミルを読むに先立って、英・米でポピュラーであった書物――大学から小学校までの、また民衆教育用の教科書・啓蒙書類をかなりの数読みこなしていた。そのような接触の上で彼は、バックルの『イングランド文明史』、ギゾーの『ヨーロッパ文明史』やミルの『自由論』『代議政論』『経済学原理』といった西洋世界の〈大著〉に接したのである。

さらに、これら一群の書物が福沢を知的にゆすぶって〈共感〉させたり〈影響〉を与えたことはいうまでもないけれども、その場合の衝撃は、それに接するものの思想的発展を促す親和的な方向でのものだけではなく、それを抑圧し萎縮させる敵対的なものでもあった。見通しを先廻りしていえば、それは、ある場合にはそれを受ける側のアイデンティティの危機をもたらすものであり、しかもそのことを必ずしも自覚させぬ態のものであった。『学問のすゝめ』第五編の表現を転用すれば、西洋世界は軍事力や生産力によって受けいれる側の「力を挫」くだけではなく、このように思想によってその「心を奪」い「内を制す」(傍点引用者、以下同様)るものだったといえよう。

『文明論之概略』執筆前後の福沢の世界について、小論で注目したい他の一つは、西洋世界の学芸を日本に受容し播布する担い手となった西洋派知識人集団――『文明論之概略』の前後を通じてしばしば論じられた「洋学者」・「改革者」たち――の存在である。福沢が『文明論之概略』によって訴えようとしたという「儒教流の故老」も『文明論之概略』自体の記述の中では「漢学者」と対偶的な存在として描かれているように思われる。『文明論之概略』執筆の頃から『通俗国権論』『民情一新』『時事小言』の時期にかけてこのような「洋学者」の動向は福沢の関心の中に大きな位置を占めていた。以下、先ず『文明論之概略』中の記述を手がかりとして、本書執筆前後の福沢と同輩洋学者グループとの交渉をたどり(一節)、その上で、福沢が『文明論之概略』前後を通じて西洋の書物をどう読み、そのイデオロギーにどのように対したか、探る(二節以下)こととしたい。

一　西洋産文明論の内面支配——福沢諭吉対洋学派知識人

『文明論之概略』第二章冒頭の文章は、本書執筆の頃、日本の知識人が直面した思想的問題——そして小論の主題——の所在を生き生きと描き出している。「今世界の文明を論ずるに、欧羅巴諸国並に亜米利加の合衆国を以て最上の文明国と為し、土耳古、支那、日本等、亜細亜の諸国を以て半開の国と称し、阿非利加及び墺太利亜等を目して野蛮の国と言ひ、此名称を以て世界の通論となし……」。それは欧米を頂点とし、全世界をつらぬく「文明」civilization の進歩・発達の〈普遍史〉universal history の像である。そこでは世界にわたる諸文明についての、一方文明進歩の諸「段階」——stages——という歴史的観点からと、他方地理的に分布する諸タイプの比較という観点からとの把握が一体となっていた。いわば縦の時間的な継起が、横だおしに空間的に同時併存するものとしてとらえられていたのである。立ち入った検討は小論のむすび(七節)にゆずることとして、このような文明論を、進歩=比較的文明論と呼ぶことにしよう(4)。一八世紀のヨーロッパに生れ一九世紀に入ってその盛期を迎えた、このような文明論は一九世紀中葉にはアメリカにも波及し、その影響はポピュラーな世界地理や世界歴史の教科書までを通じて英米の社会に広く深く滲透していた。

福沢と同世代の洋学派知識人は西洋世界との接触と同時にこのような世界文明論の動きにさらされたのだった。福沢の『西洋事情』および中村敬宇の『西国立志編』とともにその影響の大きさから「明治の聖書」と称される内田正雄の『輿地誌略』や、福沢の『掌中万国一覧』や『世界国尽』といった、文明開化期の知的雰囲気を醸し出したベストセラーにはいずれもこうした西欧の文明進歩の段階比較論の影響が著しかったし、(5)『文明論之概略』第二章冒頭に展開される文明の三つの「階級」の比較論も、これに先立つ「唐人往来」や『掌中万国一覧』・『世界国尽』のそれを受け継いだ上で発展させたものと思われる。問題は、さまざまな形でさまざまな通路を通り、「洋学者」から始まって日本社会のすみずみまで滲透したこのような文明論、特にその中での「アジア」論が、当の「アジア」に属する日本の読者にどのように受けとめられたかである。

「西洋諸国の人民独り自から文明を誇るのみならず、彼の半開野蛮の人民も、自から此名称の誣ひざるに服し、自から半開野蛮の名に安んじて、敢て自国の有様を誇り西洋諸国の右に出ると思ふ者なし」。本来ヨーロッパで生まれたこの文明論は西洋諸文明を中心に構想され、それの優位性を弁証するものであったが、非西洋圏でこれに接したものもこの文明論の前に精神的に降服したのであった。「啻にこれを思はざるのみならず、稍や事物の理を知る者は、其理を知ること愈深きに従ひ、愈自国の有様を明し、愈これを明にするに従ひ、愈西洋諸国の及ぶ可らざるを悟り、これを患ひ、これを悲しみ、或は彼に学てこれに傚はんとし、或は自から勉めてこれに対立せんとし、亜細亜諸国に於て識者終身の憂は唯此一事に在るが如し」。「識者終身の憂は唯此一事に在るが如し」という一句に福沢は、『文明論之概略』の執筆中の自分の思いをもこめていたのではなかろうか。この引用を受けて「半開」段階を説明する一節「今支那の有様を以て西洋諸国に比すれば之を半開と言はざるを得ず。されども此国を以て南阿非利加の諸国に……」は、草稿では「今日本ノ有様ヲ以テ西洋諸国ニ比スレバ残念ナガラコレヲ半開ト言ハザルヲ得ズサレトモ、我国ヲ以テ南阿非利加ノ……」となっていた。(6)草稿の文章からは、西洋のがわから貼りつけられる「半開」というラベルを、くやしいけれども許さざるをえぬという、やり切れない思いが伝わって来る。この文章が定稿では西洋の文明と中国の半開の比較論に変っているのである。

このような知的苦境に思い悩む知識人は福沢の身近にことかかなかった。たとえば、福沢が『文明論之概略』を起草した頃、一八七四(明治七)年四月に創刊された『明六雑誌』第一号巻頭の西周の論説「洋字ヲ以テ国語ヲ書スルノ論」は、そのような苦衷の告白、「吾輩日常二三朋友ノ盍簪ニ於テ偶当時治乱盛衰ノ故、政治得失ノ跡ナト凡テ世故ニ就テ談論爰ニ及フ時ハ、動モスレハカノ欧洲諸国ト比較スルコトノ多カル中ニ、終ニハ文明ヲ羨ミ我カ不開化ヲ歎シ、果テ〻ハ人民ノ愚如何トモスルナシト言フ事ニ帰シテ亦欷歔長大息ニ堪サル者アリ」で始まっていた。なかでも、日本の固有のカルチュアの可能性について最も否定的で、さらにそのような否定的評価を裏づける最新の〈理論的武装〉をしている点でも、福沢の好敵手として現われたのはおそらく、駐米弁理公使勤務から帰国早々明六社結成のイニシアチブをとった新帰朝者森有礼だったろう。ワシントン在勤中アメリカの当代一流の知識人に近づき、当時アメリカで流行していたスペンサーの「哲学」やミルの「理財学」やトクビルの『アメリカのデモクラシー』に親しみ、(7) 自から図書館を作るべく書物を故国に送った森は、(8) 帰国の途次ロンドンにスペンサーを訪ねて日本の改革について教えを乞い、「保守的な助言」を受けたのである。(9) その森が日本語の言語としての質についてきわめて低い評価をしていたことはよく知られている。日本語は言語として余りにも貧弱であり近代的なコミュニケーションの用にはとうてい立たぬ、それゆえ英語をもって国語とせよという彼の主張は、ワシントン在勤中一八七三年にはすでに現われていた。七四年初めから同志とともに演説の練習を重ねていた福沢が、その経験にもとづいて明六社でもこの「新法」を試みることを提案した時、他の同人はことごとく懐疑的だった。森有礼は反対論の先鋒で、その根拠は福沢の伝える所によればやはり「西洋流のスピーチュは西洋語に非ざれば叶はず、日本語は唯談話応対に適するのみ、公衆に向て思ふ所を述ぶ可き性質の語に非ず云々」(「福沢全集緒言」)という日本語認識にあった。(10)

一八七四(明治七)年一月に刊行された『学問のすゝめ』第四編「学者の職分を論ず」が、明六社同人に投じた波紋もよく知られている。この文章は本来『明六雑誌』に載せられるはずだったものが『学問のすゝめ』シリーズの一編として先に刊行されたらしく、明六社同人を念頭におくこと先ず疑う余地なき「世に名望ある大家先生」を含む、西洋派知識人の政府出仕に対する厳しい批判だった。同年四月刊行の『明六雑誌』第二号全四編は全てこれに対する反論である。[11] 注目に値するのは、福沢の立論がやがて『文明論之概略』で詳しく展開される国民の「気風」論をふまえていること、また、これに対する反論のがわにも文明比較論の影響がうかがわれることである。例えば、その「非学者職分論」で西周は、「政府は依然たる専制の政府、人民は依然たる無気無力の愚民のみ」という、文明開化の裏面についての福沢の批判的見解を肯定した上で、「然レトモ如何セン、由来スル所朝夕ノ故ニ非サレハ、之ヲ改メント欲スルモ恐クハ一旦ノ行為ヲ以テ其凱捷ヲ得ヘキニ非ス。夫本邦ノ如キ創ムルニ神教政府ヲ以テシ、……二千五百年間抑圧ト卑屈ト以テ常食トナシタル者ナリ、……今遽カニ日ニ撻テ其楚タラン〔ヲ〕求ムトモ、鳥ヲ見テ炙ヲ求ムルノ太早計ニ非サルヲ得ヤ、而テ是特ニ本邦ヲ然リトスル耳ナラス、雪山葱嶺ノ東北ニ当リ今古未タ此風ヲ脱スルノ政府ト人民トアルヲ観ス」とした。この文章の論旨はおそらく、後に引く、西が再び福沢の「無気無力の人民」論にふれた、『明六雑誌』第三二号掲載の「国民気風論《ナシオナルケレクトル》」や、同誌三号掲載の民撰議院尚早論「駁旧相公議一題」と密接に関連していた。アジア的専制と停滞という文明比較論が西の立論の背景にあり、それと結びついて政府と人民を変える可能性についてのペシミズムが生じているのである。

『文明論之概略』の中にはっきり影を落としている福沢と洋学派知識人とのもう一つの、そして最も長く続くことになった対立は民撰議院設立をめぐってだった。『文明論之概略』第五章の一節「世の学者の説に人民の集議は好む可きことなれども無智の人民は気の毒ながら専制の下に立たざるを得ず、故に議事を始るには時を待つ可しと言ふものあり」[12]は民撰議院尚早論を受けたものだろう。一八七四(明治七)年の民撰議院設立建白書に対して、明六社同人は『明六雑誌』第三、四号にわたってこれを批判し尚早論を唱えた。ここでも小論の関心にとって問題なのは、西周の批判「駁旧相公議一題」にあげられた「抑余聞ク西洋政事ノ学ニ在テハ人民開化ノ度ヲ審カニシ、時ニ適シ地ニ適シ其宜シキヲ制スニ在ルノミト。是カノ物理《フィシカル》ノ諸学（それは文明進歩の程度に関係なく普遍的に妥当する）ト本来ノ理《ロ》法《オ》ヲ異ニスル者ナリ、今比シテ之ヲ一ニセシムト欲ス、西洋ニ在リテ果シテ其学アリヤ」（傍点引用者、以下同様）といった尚早論主張の根拠である。西周において「西洋政事ノ学」がそのまま、日本における「人民開化ノ度」を測りそこでの政治制度改革の可能性を定める基準となっていることがうかがわれよう。

民撰議院設立論はこの後も明六社内で引続き論議の争点となり、特に翌七五年五月一日の定例演説会での加藤弘之・森有礼と福沢の論争においてその頂点に達した。激しくきり結んだ論争の昂奮が醒めぬかのように、福沢は、翌六月『民間雑誌』に長編「国権可分の説」[13]（全集一九）を掲げて加藤の立論を逐一詳細に反駁し、さらに七月三一日とどめを刺す形で『郵便報知新聞』に「案外論」（全集二〇）を寄せた。日本において「民権の問屋」として振舞いながら民権論の発達を内側からそこねる二大「怪物」の一つ、「洋学者流」についての「西洋諸国を経廻り、西洋諸家に交わり、……啻に衣食住のみならず、或は洋語を用ひ、洋文を読み、洋説を唱へ、洋学をカジり、純然たる洋学先生」（同前）という形容が当時もっともよくあてはまるのが、明六社同人特に留学・洋行経験者であったことは明らかだろう。

ここでも重要な批判の一つは、「専制独裁の政府」と「無気無力の人民」の停滞、ゆえに議院尚早という尚早論者の判断を支えている、「西洋諸国を雛形に持出し、内情外形共に寸分も違はざる西洋一流の文明を得んとし」「雛形に眼を掩はれ」（「国権可分の説」）る意識——西洋における文明進歩のコースを日本におけるそれの唯一のモデルかつ判断基準とし、これに内面を拘束される——に向けられていた。ここから日本の現実に対するペシミズムと「内情外形共に寸分も違はざる西洋一流の文明を得んとして、坐して事の成行を待」（同前）つ態度が出て来るというのである。なお、福沢によれば民権論の発展を妨げるこの「怪物」の背後にはもう一つの「怪物」、「民権の説はまだ早し、自由の論は開化の度に不似合などゝて、用心らしき説を唱る」（「案外論」）日本在留の西洋人がいた。こうした言説は、「必竟逐円奴が、ためにする所ありて遠廻はしに佞する者に過ぎず。仮令或はためにする所あらざるも、日本に在留せる外国人に学者の名称を附す可き者は百中一に過ぎず。仮令或は学者先生あるも、三、五年の在留にて日本の事情を知る可き理なし。結局外国人の用心説は取るに足らざるなり[14]」だったが、「方今我邦の人心はトロリと鎔解して外人に傾きたる世の中なれば、仮令譫言妄語にても、髯のはへたる西洋人の口より出れば、或は之に心酔する者なきを期す可らず。案外の禍恐る可きなり」(同前)とされたのである。福沢がこのような批判との関連で積極的にとり上げようと模索していたのは、後にのべるような、日本と西洋との間の文明「発達」のコースにおける多様性の問題だった。

『文明論之概略』に現われた「洋学者」批判には、福沢と他の明六社同人との間の意見の対立を反映していることが民撰議院論争の場合ほどには明らかではないが、やはり明六社同人を念頭においているらしいものとして、この本の第六章第十章に展開される、文明化の手段としてのキリスト教導入論に対する批判がある。これについて一番近い文章として思い出されるのは、『明六雑誌』第三号(一八七四年四月)に寄せられた津田真道の「開化ヲ進ムル方法ヲ論ズ」であろう。それは人民の進歩が未だ西洋文明の域に至らぬ「東南方(世界の東方と南方)ノ諸方」において国民の発達を促す原動力を「法教」に求め、政府が西洋人のキリスト教教師を雇って国民教化を行わすように提案するものだった。中村敬宇の一八七五(明治八)年二月、明六社での演説「人民ノ性質ヲ改造スル説[15]」の結論もこれに近い。敬宇がかなり早く、七二年に、「擬泰西人上書[16]」を著してキリスト教の国教化を説いていたことについてはのべるまでもないだろう。

最後に、これまでの批判・対立ほど背景が明らかではないが、明六社同人の言説に関係する可能性があるように思われるものとして、西洋文明との対比における日中文明比較論。福沢は『文明論之概略』第二章「西洋の文明を目的とする事」の執筆の途中、「文明を求めるの順序」を論じ、「天性自ら文明に適する」という人間本性論とそれにもとづいた文明進歩のためのプログラムをのべた所で、「支那と日本との文明異同」についてのそれまでの草稿になかった長い段落を後から別紙で挿入している。「或人の説に、支那は独裁政府と雖も尚政府の変革あり、日本は一代万系の風なれば其人民の心も自から固陋ならざる可らずと言ふ者あれども、此説は唯外形の名義に拘泥して事実を察せざるものなり。よく事実の在る所を詳にすれば果して反対を見る可し」と紹介される説は、『明六雑誌』三二号に掲げられた西周の論説「国民気風論《ナシオナルケレクトル》」に向けられているように思われる。西の論説は以下のように書き出されている。

「余嘗テ欧州ノ史ヲ読ムニ其中屢々亜細亜風ノ奢侈又亜細亜風ノ専擅等ノ語アルヲ見ル。……中ニ就テ葱嶺以東ハ人種モ異ニシテ又一段ノ区別アルカ如シ。而テ其中又大小数個ニ分ルレハ従テ国民ノ気風モ異ナラサルヲ得ス。然トモ概シテ之ヲ言ハハ所謂専擅ノ風行ハレ、其下ニ立ツ国民ノ気風ハ君ヲ尊ヒ臣ヲ賤スルト言フ秦政カ範囲ヲ出テサルナリ。就中我カ日本国ニ至テハ神武創業以来皇統連綿茲ニ二千五百三十五年君上ヲ奉戴シテ自ラ奴隷視スルハ之ヲ支那ニ比スルニ尤甚シ。況ヤ中世以来天下武臣ノ手ニ落チ封建ノ制ニ変シテ茲ニ殆ト七百年以来……民ノ気魄焉ソ卑屈ナラサルヲ得ムヤ」。

福沢は、「或人」の日中文明比較論に反対して、日本の方が「多事」にして「思想の運動」に富み、それゆえに「西洋の文明を取るに日本は支那よりも易しと言ふ可し」という結論を導き出す。そのような「今の日本」を準備した歴史的条件として福沢が注目したのは武家政権の出現によって「幕府七百年」を通じる「至尊の考」と「至強の考」の二元構造が成立したという事実だった。日本の封建体制に対する批判を動機として筆を執り始めて以来、『文明論之概略』においても、日本の伝統社会に対する福沢のトーンはラジカルな批判のそれだった。その中でこの一節においてそれと視点が大きく異なる武家政権論が後から書き加えられたのは、右に引いた西の日中文明比較論における日本の君主専政論に対応しているのではなかろうか。西の論文を載せた『明六雑誌』三二号は、福沢が『文明論之概略』の緒言を記したのと同じ日に出ているが、草稿を検討すると、この後から挿入された段落には、緒言を記した後に書き加えられた可能性がある。この二つのことをつきあわせれば、福沢が西周の「国民気風論」を読んだ上で、それに対する批判を書き足したことも考えられるのである。(17)

他方、西周のナショナル・キャラクター論は、そのテーマや思考様式において、彼がこれに先立って『明六雑誌』に寄せた、福沢の学者職分論に対する批判や民撰議院尚早論に通じており、また福沢の学者職分論における「専制の政府」＝「無気無力の愚民」論を受けて西の立場からそれの説明を試みるものだった。西のナショナル・キャラクター論が、ここでも西欧産の比較文明史らしきものにもとづいていることは明らかであろう。なおこの論説の中で西が、専制と無気力という日本の「国民気風」を構成するものとして、歴史的な「政治上《ポリチカル》幷ニ道徳上《モラール》ノ気風」とともに自然条件に属する「地質上《ゼオグラフィカル》ノ気風」をあげていることにも注意しておきたい。

『文明論之概略』執筆の前後にかけて、福沢と西洋派知識人特に西洋経験をもち西洋の書物に親しむ明六社同人との間にこのように応酬が行なわれる間に、『明六雑誌』その他に、西洋の文明論の翻訳が現われた。小論の関心から言えば先ず注目に値するのは、同誌第四、五号(一八七四年四月)に連載された「人民ノ自由ト土地ノ気候ト互ニ相関スルノ論」。第七号(同五月)の「開化ノ進ムハ政府ニ因ラス人民ノ衆論ニ因ルノ説」。訳者は何れも箕作麟祥。前者は「仏国大学士モンテスキュウ所著『スピリット・ヲフ・ロウス』抄」の中、著者モンテスキューの「風土《クリマ》」の理論を集約的にのべた箇所の一つ、第三部の中、主としてアジア的専政と隷従を扱った第一七篇「政治的奴隷制の法は風土の性質といかに関係するか」全八章のほとんど全体の忠実な訳である。後者は、「バックル氏ノ英国開化史」*History of Civilization in England* 第一巻の中、社会の進歩における宗教、文学と政府の影響を論じた第五章で、穀物法撤廃や選挙法改正を例として進歩における政府の役割は第二義的でしかないことを論じた部分である。(18)

ここで注目に値するのは箕作のバックル翻訳について、朗蘆阪谷素が『明六雑誌』一一号に「質疑一則」を寄せて、日本に受容されたバックルの文明進歩の理論は、文明の進歩を目指す主体的な努力に水をさす役割を営むのではないかと問題を提起したことである。彼の解する所では、バックルの説は本来「世ノ功ニ矜リ自得スル者及古人所謂苗ヲ助ケ長スル者ノ謬妄ヲ戒ムル為ニ関セス形勢自然ノ跡ニヨリ教ヲ垂レシ者」だった。それが日本に受け容れられると、

「開化ノ度イマダ至ラザルヲ口実ニシテ衆説ヲ用ヒズ言陽ニ開テ陰ニ鎖ルノ勢方ニ盛」となり、政府は政府で「施々然トシテ日々開化ノ進ムハ政府ニヨラズ人民ノ衆論ニヨル」とうそぶく、バックルの思想の決定論的な解釈に藉口した状況追随と主体的努力の放棄が現れるだろうというのである。欧米に生れた文明進歩の理論が日本に受容されるとかえって、文明の進歩や民撰議院開設についての状況追随とサボタージュをもたらすにいたる、というのは、阪谷がこの後も重ねて主張したことだった。

バックルについては、箕作の抄訳に続いて同じ一八七四(明治七)年六月と七月、福沢が主宰した『民間雑誌』第二編と第四編にも慶応義塾社中による抄訳が現れた。(19) さらに同年九月には、ギゾーの『ヨーロッパ文明史』の最初の翻訳二種——永峰秀樹の『欧羅巴文明史』第一、二分冊と荒木卓爾・白井政夫訳西周閲『泰西開化史』上巻——が刊行された。福沢が『文明論之概略』第八章末で参照をうながした「文明史の訳書」はおそらくこれであった。また翌年四月には、西村茂樹が明六社の演説でギゾーの『ヨーロッパ文明史』を紹介し、それはやがて「西語十二解」として『明六雑誌』に掲載された。

『文明論之概略』のテクストの中の記述とそれに直接に関連する出来事というコンテクストに限って見ただけでも、さまざまな争点をめぐる福沢と洋学派知識人たちとの応酬の流れの中に、福沢を含めた彼ら全体の上に一八世紀啓蒙から一九世紀の実証主義の思潮にかけての進歩=比較文明論、特にそこでの西欧対アジアの文明進歩の比較論が、大きな影を投じ、彼らの心をとらえていること、また文明のタイプの決定因として「気候」や「地質学上《ゼオグラヒカル》」の要因が意識されていることがうかがわれよう。そしてさまざまな争点をめぐって、日本における民衆の進歩の段階と改革の見通しについてのペシミズムを語り、受動的・状況追随的な態度をとって福沢と対立した他の「洋学者」たちの態度は、直接間接にこのような西欧の文明論の影響を受けていた。福沢によれば、日本在留の西欧人の日本の文明化についての診断も、このような西洋の文明論と同じ方向に動いていた。『文明論之概略』はこのような背景のもとで着想され執筆されたのである。

二　西洋産文明論のとらえなおし

『文明論之概略』開巻劈頭の一句「文明論とは人の精神発達の議論なり。其趣意は一人の精神発達を論ずるに非ず、天下衆人の精神発達を一体に集めて、其一体の発達を論ずるものなり」は、福沢にとっての当面緊急の課題、そして『文明論之概略』の主題が何であるかを宣言したものといえよう。それは日本という条件のもとでの文明進歩のコースを見通し、そのためのプログラムを構想することだった。「天下衆人の精神発達」を「一体に集めて」――一つの全体に綜合して――とらえるといい、その「衆人の精神」が時と共に「発達」[20]するといい、それまでの日本の思想的伝統にとっても、福沢個人の教養においても全く新しい革命的な観念だった。これがバックルの『イングランド文明史』に触発されたものであることについてはあらためてのべるまでもないだろう。続く一節はこの知的作業が当時の日本においていかに困難なことがらであるかを語る。

「紛擾雑駁の際に就て条理の紊れざるものを求めんとすることなれば、文明の議論亦難しと言ふ可し」。前半はバックルが『イングランド文明史』冒頭で同書の目的を示した文章の一節 "discovering regularity in the midst of confusion"[21] に照応するのではなかろうか。福沢は「紛擾雑駁」のただ中で、状況が「紛擾雑駁」であるからこそ、その中に「条理の紊れざるもの」、確実な法則を発見しようとしたのだった。他方バックルが本書を構想し執筆した英国においても、急速に拡大し変化する世界は confusion そのものだった。その中でバックルは世界が因果法則に支えられた秩序によっておおい尽されていることを信じ、歴史もまた彼にとっては「自然の《ナチュラル》」秩序に支えられたものだった。このような信念にもとづいて彼は、西洋のみならず非西洋の諸文明をも包括した universal history を構想し、文明進歩の諸法則——laws——を発見することによって、歴史学を自然科学を母型とした科学《サイエンス》の域に高めようとした。*History of Civilization in England* は普遍史《ユニバーサル・ヒストリ》を書くという本来のプランを、仕事の膨大さを知るにいたって英国文明の歴史に限ることに変更し、しかもその序論の段階で思いがけぬ死によって中断したものだった。

バックルの文明史の背景や問題と福沢のそれとは、それぞれの位相を異にしながら共通する面を有していたのではないか、またそれが福沢をしてバックルに共感させたのではなかろうか。福沢を含めて同世代の洋学派知識人たちは西欧世界とアジア・日本との世界史的な規模での衝突がもたらした「紛擾雑駁」の中で、世界史の中に日本文明の「進歩」のコースを位置づける海図を求めていただろう。全世界に拡大する西欧世界の中心の高みから全世界を鳥瞰しようとする、西欧産の文明史はそれにこたえるものだったろう。その海図のたしかさを保証するように思われる進歩の諸「法則」と、それを発見する実証的方法もまた彼らの期待を満たすものだったろう。

しかし、洋学派知識人の中でも福沢は、西欧産の文明史を「翻訳」的に受容しただけでは、日本にとっての文明の理論は構築できないことをいち早く自覚するにいたっていたように思われる。『文明論之概略』「緒言」において「今の我文明は所謂……無より有に移らんとするものにて……常に之を改進と言ふ可らず、或は始造と称するも亦不可なきが如し」とのべ、第十章で「自国の独立」を論じた表現を転用すれば、福沢は日本において文明を「始造」するための前提の作業として「文明論」を「始造」することを自らの課題としてとりあげ、日本における「文明論」を「始造」するためには西洋の文明論を摂取し利用するのみでなく、それから「独立」せねばならぬことを意識していたように思われる。

福沢において、文明論「始造」の企てが、他面では西洋の文明論がふるう内面への支配の圧力からの知的「独立」のいとなみを含んでいたことは、既に『文明論之概略』「緒言」の中に示唆されているようである。周知のように、「紛擾雑駁の際に就て」「文明の議論を立て条理の紊れざるものを求めんとするは、学者の事に於て至大至難の課業と言ふ可し」と自覚した知的作業がそれにもかかわらず可能となる根拠を、福沢は「紛擾雑駁」という歴史的状況自体の中に見出した[22]。「今の学者は此困難なる課業に当ると雖ども、爰に亦偶然の僥倖なきに非ず。其次第を言へば、我国開港以来、世の学者は頻に洋学に向ひ、其研究する所固より粗鹵狭隘なりと雖ども、西洋文明の一斑は彷彿として窺ひ得たるが如し。又一方には此学者なるもの、二十年以前は純然たる日本の文明に浴し、啻に其事を聞見したるのみに非ず、現に其事を行ふたる者なれば、既往を論ずるに臆測推量の曖昧に陥ること少なくして、直に自己の経験を以て之を西洋の文明に照らすの便利あり」。歴史的激変を背景とした〈一人両身〉〈一身二生〉の世代として自己の「身に得たる」日本と西洋との両文明をつきあわせ、そのことによって両文明いずれの認識も「確実」になるというのである。

この「余輩の正に得て後人の復た得べからざる好機会」は、一方では「後人」——このような文明交替の経験を自己のうちに持たぬ後世代——に対して語られたいわば世代的な「偶然の僥倖」を意味したろう。しかし、「今の学者」の「偶然の僥倖」を述べたくだりは、さらに以下の一節を導いている。「此一事に就ては、彼の西洋の学者が既に体を成したる文明の内に居て他国の有様を推察する者よりも、我学者の経験を以て更に確実なりとせざる可らず」。「彼の西洋の学者が既に体を成したる文明の内に居て他国の有様を推察する」は、先ず、『文明論之概略』の完成まで繰返し参照された「西洋諸家の原書」——世界の文明進歩の中心をなすヨーロッパ文明とりわけ英国文明の高みに立って、「ヨーロッパ外」(exterior to Europe)(バックル)や「アジア」「東洋」(the East)インド、中国といったその周辺を見下し、自己とそれを比較したバックル、ギゾーさらにミルの著作——を念頭においていることは確かだろう。それはまた、既に引いた第二章冒頭の欧米＝文明、アジア＝半開、アフリカ・オーストラリア＝未開という、西洋からして「世界の文明を論ずる」世界像にも関連していただろう。また、「既に体を成したる文明」が、文明進歩における火から水へ、無から有への、「卒突の変化」＝「始造」段階と対比されていることは先ず確かだろう。そして、「彼の西洋の学者」の非西洋圏認識について言われた「推察」は、「臆測推量」——『文明論之概略』を通じる基本観念の一つ——に関連していたのではないか。

福沢は、西洋の文明の「既に体を成したる」段階から世界を見渡し見下す文明論の、理論としての力を認めていた。文明・半開・野蛮という世界像は、「西洋諸国人民独り自ら文明を誇るのみならず」……「世界の通論にして世界人民の許す所」たらざるをえぬことを認めていた。しかも、「此一事に就ては」——「実験の一事」に関する限り——「彼の西洋の学者」の認識に限界が避けられぬことと、文明「始造」段階のただ中にある日本の知識人の立場の優位とを主張したのだった。「実験」＝「自己の経験」対「推察」というテーマは、『文明論之概略』の終章では「主人自から論ずる論」対「人のために推量したる客論」という形で再現する。そしてこの、状況の中と外からという対立は、文明の進歩における先と後との段階の差異に根をおろしている。このような構造をもった「実験」論は、福沢が文明の世界史を構想するさいの構造的な要素となった。「彼の西洋の学者」の外からの「推察」に対する〈一身二生〉の「実験」にもとづく批判は、『文明論之概略』本論の中に、どのような形で現われており、またいなかったか。

福沢の「彼の西洋の学者」に対する異議申立ては、西欧とアジアとの「衆心」——「全国人民の気風」を分つ決定的な点についてなされた。『文明論之概略』第九章に於て彼は、「擅権」——「権力偏重」の「気風」が、日本をヨーロッパから別つ決定的な「分界」であることを確認する。それは、西欧からの文明論の中でアジアについて古来言われ続けて来たことであり、一九世紀中葉には極めてポピュラーなイメージになっていた。福沢も日本社会における自らの経験にもとづいて、日本についてそれを肯定したのである。しかし問題は何がこのような「擅権」をもたらしたかである。

「今爰に其源因を求めざる可らずと雖ども、其事甚だ難し、西人の著書に亜細亜洲に擅権の行はるゝ原因は、其気候温暖にして土地肥沃なるに由て人口多きに過ぎ、地理山海の険阻洪大なるに由て妄想恐怖の念甚しき等に在りとの説もあれども、此説を取て直に我日本の有様に施し、以て事の不審を断ず可きや、未だ知る可らず。仮令ひ之に由て不審を断ずるも、其源因は悉皆天然の事なれば人力を以て之を如何ともす可らず」

「西人の著書」がバックルの『イングランド文明史』であり、紹介されたアジア論が、第一巻第二章「物理的諸法則が社会組織と個人の性格に及ぼす影響」の中心命題の的確な要約であることはまちがいない。『文明論之概略』の中でも、他で紹介される場合には名を挙げられるバックルが、この重要な論及ではなぜその名を示されないのか、何か意図あってか否か、明らかではない。ともあれ周知のようにバックルは、「物理的諸法則」を構成する要因として気候・食物・土壌・自然相全体(the general aspect of nature)の四つをあげ、アジアを始めとする非西欧世界におけるこれら諸要因の作用を、前三者と最後の自然相との二つに分けて検討する。福沢の紹介における、それぞれ「気候」と「地理山海」との作用についてふれた二つの節は、バックルが「気候」以下の三要因と「自然相全体」(Aspects of Nature) とのそれぞれの作用を扱った、二つの部分の議論の骨子を的確に伝えるものだった。バックルは二グループの要因のいずれについてもインドをもってアジアを代表させる。そこでは高温と土地の肥沃が食物の豊富を、食物の豊富が人口と労働力の過剰と富および権力の不平等をもたらす。かくして「インドでは、奴隷制、恥づべき永遠の奴隷制が、大多数の人にとって自然な状態だった」[23]。さらに、インドの自然相は、そこに生きる者を脅かして「恐怖」(fear)と「迷信」(superstition)で満たす[24]。

福沢は、インドについてのべられたこのような意見を日本にも適用して日本における「専擅」の原因を説明出来るか、判断を留保する(インド自体についてもこのような理解が妥当するか、には思い及ばなかっただろう)。もし説明が出来るとするると、原因が自然条件にあるのだから、専制と隷従という状態は人為では変えられぬことになる。事実バックルは、福沢が紹介したインド論の中でそのことを強調し、先に引いた箇所に直ぐ続けて、「彼ら〔大多数の人〕

は全く抗し難い物理的諸法則によってこの状態〔永遠の奴隷〕にとどまるべく運命づけられている。あの物理的諸法則の力はおよそ克服し難いものだから、それが作用する所では、生産諸階級は永遠の隷従にとどめられてしまう。熱帯諸国の記録に記されている所では、……人民が彼らに定められたこの運命から脱れたためしはかつてないのである」とのべていた。バックルはさらに続けて、畳みかけるように、「こうした諸国民のもとでは、卑屈な隷従が彼らの歴史をその始めから今日にいたるまで彩ること、またそこにおいても多くの政治的変革は生じたけれども全てが上からであり、下からのためしはなかったこと、宮廷革命や王朝の顚覆、支配者の交替はあったけれども民衆の蜂起や、人民の中からの革命はなかったこと、かくして人間よりはむしろ自然が彼らに定めた苛酷な運命がいささかでも和らげられることは未だかつてなかった(25)」という。バックルにおける〈アジア的停滞論〉ということができよう。

福沢は西洋の文明論が指摘する停滞の事実を認めざるをえない。「或る西人の著書に、亜細亜諸洲の諸国にも変革騒乱あるは欧羅巴に異ならずと雖ども、其変乱のために国の文明を進めることなしとの説あり。蓋し謂れなきに非ざるなり。（政府は新旧交替すれども国勢は変ずることなし）」。この匿名の「或る西人」の説も、バックルの『イングランド文明史』の中に対応する箇所が容易に見出せる。「概して之を評すれば、日本国の人は、尋常の人類に備はる可き一種の運動力を欠て停滞不流の極に沈みたるものと言ふ可し」。アジアに生きる者が、アジアにおける「専擅」と「停滞」の原因は自然条件にありそれゆえ運命的なものだというこのような見方を受けいれれば、そこに生れるのは自己の文明の進歩についての決定論とペシミズム以外の何ものでもないだろう。

しかし福沢は一転して、専制と隷従の原因について、バックルにかわる理解を積極的に打ち出す。「余輩は唯事の成行を説て、擅権の行はるゝ次第を明にせんと欲するのみ。其次第既に明なれば亦これに応ずるの処置ある可し」。福沢は「擅権」の原因を人間のコントロールしえぬ自然条件にではなく、歴史的条件に求めるのだといえよう。「擅権」発生の歴史的プロセスが解明されれば、これに応じる対策をたて、変えてゆくことが可能になるだろう。『文明論之概略』第九章は、この立場に従って書かれた日本における「権力偏重」をもたらした歴史的事情――『文明論之概略』第二章の基本概念の一つを引けば「交際の仕組」――の分析であり、またここで示唆された歴史的な「気風」を支配し変革してゆくことへの関心は、この本全体を一貫して各所にその姿を現わしていた。この意味では、『文明論之概略』全体が、バックルさらに彼を含む「彼の西洋の学者」に対する反論という性格をもっていた。

『文明論之概略』第九章における、「権力偏重」の「気風」の分析が、ギゾーの『ヨーロッパ文明史』によった第八章と表裏一体の関係にあることは言うまでもない。ギゾーの『ヨーロッパ文明史』は、バックルの『イングランド文明史』に二〇年乃至三〇年先行し、フランスで刊行されながら、同じ西欧の知的背景から出たものとしてその関心にはかなり共通する面があった。ヨーロッパと非ヨーロッパ特にアジアの対比という普遍的な比較の枠の中で、ヨーロッパ文明の進歩が論じられ、ヨーロッパ文明の先頭を進むのは、いずれにとっても英国だった。ヨーロッパの進歩と自由がアジアの停滞や専制との対比において論じられ、そのようなアジアの例証としてインド、ごくまれに中国があげられることも共通している。歴史を少数の個人の歴史から解放し、概括的把握を導入した点でも似ている。[26] しかし、ギゾーの『ヨーロッパ文明史』は文明進歩の歴史へのアプローチの一点でバックルと大きく異なっていた。バックルが、とくに文明未発達の段階の社会について、社会組織や個人の性格を自然条件から説明したのに対して、ギゾーは、歴史を動かすものとして、人間が抱く観念を重視し、また個人のあり方を歴史のそれぞれの段階における社会構造の特質から説明しようとした。[27] ギゾーの場合には、説明の鍵が、自然にではなく人間の観念と人間の結合の型という歴史的な要因にあることは明らかだろう。福沢がバックルと格闘する中でギゾーに強い共感を示すにいたったのはこのような事情のもとにおいてではなかろうか。

「擅権」や「権力偏重」が歴史的に生じたものであれば、それを変えることが可能であり、変える方法を発見することが求められる。福沢が「擅権」と停滞という先行条件にきびしく拘束された日本において、なお、将来に向って文明進歩の可能性を構想した、その出発点にあったのは人間本性論だった。「抑も人生の働には際限ある可らず。……天性自から文明に適するものなれば……」。「人生の自から文明に適する所以にして、蓋し偶然には非ず。之を造物主の深意と言ふも可なり」。「元来人類は相交るを以て其性とす。独歩孤立するときは其才智発生するに由なし。……世間相交り人民相触れ、其交際愈広く其法愈整ふに従て、人情愈和し智識愈開く可し」。これらの文章が同じ一つの事を指し示していることは明らかだろう。第三の文章は『文明論之概略』第三章の文明の定義の中の一節であり、この定義全体がギゾーの『ヨーロッパ文明史』第一講の文明本質論を忠実にふまえたものだった。ギゾーはしばしば一定の人間本性論を措定してそこから出発するのであり、そのことが、彼の歴史記述の特徴かつ問題点として指摘されているのである。(28)

他方福沢においても、『西洋事情初編』に始まり『学問のすゝめ』『文明論之概略』に至る初期の著作においては、人間本性論が重要な位置を占めていた。そして、『西洋事情』から『学問のすゝめ』にかけて、チェムバース社刊行の *Political Economy, for use in schools, and for private instruction* やF・ウェイランドの *Elements of Moral Science* の影響のもとに展開された人間本性論は、天賦の自由と権利の主体としての個人を基礎づけていた。『文明論之概略』では一転して、福沢の表現を借りれば「交際」を取り結ぶ存在、「交際」することによって文明を進めるべく定められた存在としての人間の本性が現われる。バックルも人間間の、また国家間の「接触《コンタクト》」という事実を文明の進歩の一側面として重視しているが、(29) 人間本性論は追放してしまっている。『文明論之概略』におけるこのような人間本性論には、やはりギゾーの影響が大きいと言うべきだろう。(30)

人間本性は文明の進歩の担い手たるべく定められている。だから日本の「権力偏重」の「気風」も変えることが出来る、という主張は、先に見た福沢のバックル批判の中に既に示唆されていたように、人力で動かすことの出来ぬ「天然」と人力が動かせる「人為」との関係についての議論に連っており、そこにさらに「人為」の特殊な形としての「習慣」についての議論が関連していた。単純な「人為」と「天然」とを区別することはまだ容易だろう。しかし「習慣久しきに至れば第二の天然と為」るにいたって事情は変って来る。『文明論之概略』「緒言」冒頭の文章は文明論の内容について「天下衆人の精神発達を一体に集めて、其一体の発達を論ずるものなり」と定義した上、すぐ続けて「人の世に処するには局処の利害得失に掩はれて其所見を誤るもの甚だ多し。習慣の久しきに至ては殆ど天然と人為とを区別す可らず。其天然と思ひしものは、果して習慣なることあり。或は其習慣と認めしもの、却て天然なることなきに非ず」とのべている。これが「文明の議論亦難し」という困難の理由の一つなのである。

福沢は「一体」としての「衆人の精神ないし」一国の「気風」と「習慣」との関係についてはっきりした説明をしてはいないが、「洽く一国人民の間に浸潤して広く全国の事跡に顕はるゝ」ものとしての「衆心」や「気風」が「習慣」と重なり合う観念であることは、『文明論之概略』全体の行論から見て明らかである。そして「習慣」という観念が、ことばとして明瞭に押し出されて来るのは、日本の「気風」をいかに変え突破してゆくか、「権力偏重」がもたらした「気象」と「勇力」の欠如という具体的なイシューについて具体的な方策をとりあげる箇所においてだった。「其気象なく勇力なきは、天然の欠点に非ず、習慣に由て失ふるものなれば、之を恢復するの法も亦習慣に由らざれば叶ふ可らず。習慣を変ずること大切なりと言ふ可し」。「天然の欠点」ではないから宿命論的に「人力を以て之を如何ともす可らず」とあきらめるには及ばぬ。既に一節で見た、文明の後進性と人民の無智・無気力を理由に民撰議院尚早を主張する洋学派知識人に対する批判は、この、人民の無智・無気力も「無議」も、「天然」ではなく、長い「習慣」の結果にすぎないのだから変えることができるという議論と結びついていたのである。(31)

しかし、「習慣」は「第二の天然」であるからそれを変えるにも相応の方法をとらねばならない。「全国人民の気風を一変するが如きは其事極めて難く、一朝一夕の偶然に由て功を奏す可きに非ず。独り政府の命を以て強ゆ可らず、独り宗門の教を以て説く可らず、況や僅に衣食住居等の物を改革して外より之を導く可けんや」。「此気風は売る可きものに非ず、買ふ可きものに非ず、又人力を以て遽に作る可きものにも非ず」。「唯其一法は人生の天然に従ひ、害を除き故障を去り、自から人民一般の智徳を発生せしめ、自ら其意見を高尚の域に進ましむるに在るのみ」。

ここには人間の〈自然〉が内発的に〈成長〉するという観念がうかがわれよう。別な文脈では「人の智恵は夏の草木の如く一夜の間に成長するものに非ず、仮令ひ或は成長することあるも習慣に由て用るに非ざれば功を成し難し。習慣の力は頗る強盛なるものにて、之を養へば其働に際限ある可らず」とのべられていた。それは、一方、本来「人為」の一つの形にすぎない「習慣」を「天然」ととりちがえたことからくる宿命論と改革へのペシミズムと、他方、性急な強制やイデオロギーの注入や外からの移植との双方に、はっきりと対立するものだった。福沢が、西洋世界における知性の進歩を論じて、「天然の物に就ては既に其性質を知り又其働きを知り、其性に従て之を御するの定則を発明したるもの甚だ多し、人事に就ても亦斯の如し。人類の性質と働とを推究して漸く其定則を窺ひ、其性と働とに従て之を御するの法を得んとするの勢い進めり」とのべたのもこのような関連においてであろう。そして人間社会の「定則」＝法則の理解においても、福沢はバックルから一歩踏み出しているのである。バックルの『イングランド文明史』も、自然科学の進歩に促されて、その成果と方法とを社会と歴史にも適用発展させ、人間行動の法則を発見しようとするものだった。しかし彼の『イングランド文明史』は発見した法則によって既往の歴史を記述し、英国文明の達成した優位の説明を試みるものだったのに対し、福沢の文明論は人間行動の「定則」を知ることによってこれを支配し操作する見通しまでを含む、将来に向っての現状変革のプログラムにわたるものだった。

さらに、「アジア」をとらえている「擅権」の「気風」や「停滞」は、実は「西人」の決定論的な理解とは異なり、自然条件による不可抗なものではないという主張は、バックル批判として、福沢が明示的にのべる以上のあるいは彼が意識する以上の、意味をもっていた。それはバックルの世界像の全体構造、『イングランド文明史』の構成の基本構造にふれるものだった。

本来文明の普遍史として構想された『イングランド文明史』を貫く世界理解の枠組は、ヨーロッパと非ヨーロッパという二元論だった。『イングランド文明史』は、刊行後ほどなく、一方からの、膨大な事実をかき集めたけれどもそれを構成するのに失敗したという批判と、他方からの、歴史の事実の豊饒さについて無理解な図式倒れだという非難との、狭み撃ちにあった。しかし『イングランド文明史』の中でも全体への序論としての性格の著しい最初の五章についていえば、「システム・メーカー」(32)と呼ばれるにふさわしい明確で堅固な構成がうかがわれる。構成の一つのテーマが、地理的な、ヨーロッパ文明対ヨーロッパ外諸文明(the civilizations *exterior* to Europe)と、歴史的な、ヨーロッパ文明対ヨーロッパ前諸文明(those civilizations which flourished *anterior* to what may be called the European epoch of the human mind. あるいは the civilizations *anterior* to Europe 等)(イタリック、引用者)という比較と区別の二元論だった。この二つのカテゴリーの区別対照はさまざまな文脈で繰り返し現われ、行論の細部にまで持ちこまれて、不自然な感じを与えさせるほどのものなのである。

そしてこの二元論は、『イングランド文明史』における文明進歩に関するもう一つの重要な、二分論的命題——歴史は自然による人間の変容と人間による自然の変容との二つのプロセスからなり、人間の行動は物理的諸法則と精神的諸法則によって支配される。それ故研究の対象は二種類の法則である——と重なりあっていた。ヨーロッパ外、ヨーロッパ前の文明においては、自然が物理的諸法則を通じて人間を支配し、それに対して、真に文明の名に値する唯一の文明ヨーロッパ文明は、人間が自然を支配する不断の進歩であり、そこでは精神的諸法則が作用するというのである。事実『イングランド文明史』の第一章「物理的諸法則が社会組織と個人の性格に及ぼす影響」は、実質は非ヨーロッパ論である。他方、精神的諸法則とそれを構成する道徳的諸法則と知的諸法則との社会の進歩における作用について論じる第三、四章は、事実上ヨーロッパ論であって、以下に続く英国、フランス、スペイン、スコットランド諸国における知性の進歩の歴史の導入部をなしている。ヨーロッパと非ヨーロッパの対比は第二章の各所で繰り返され、第三章にいたって、「ヨーロッパ文明と非ヨーロッパ文明との巨大な差異は歴史哲学の基礎である」[33]ことを鮮明にした上で、ヨーロッパの非ヨーロッパに対する優越の秘密をさぐることが、本書の課題であることが示される。

『文明論之概略』におけるバックルへの論及から推しても、『イングランド文明史』手沢本への書き込みから見ても、この部分を読んでわが物としていた福沢が、『イングランド文明史』の行論のこのような構造やバックルの世界像の全体構造に気づかないということは考え難い。その場合、福沢が、バックルの指摘する「アジア」の社会と人文の「擅権」や「停滞」という現実は認めつつも、それを自然条件に決定された運命的なものとすることに対して、明瞭かつ首尾一貫した批判を打出したことは、このような世界像の全体構造に対する批判を含意していたといえよう。

さらに、『文明論之概略』第四、五章「一国人民の智徳を論ず」は、ヨーロッパにおける知性の進歩の精神的諸法則を解明する、『イングランド文明史』第四章をとって使いこなしたものだった。非ヨーロッパ世界の歴史の研究においては、そこでは人間が自然に働きかけるよりも自然が人間に働きかける方が大きいのだから、最も重要な研究は自然のそれだ、他方ヨーロッパの研究においては、「そこでは自然が比較的無力で、巨大な進歩の一歩ごとに人間精神は自然の働きに対する支配を拡大していったから、人間の研究が第一義的だ」[34]というバックルに対し、福沢は、バックルの論理を逆手にとって日本の歴史をも人間と精神的諸法則からして解明しようとしたのである。そして、一方では既に見たように日本文明の「停滞不流」を認めながら、他方ではそこにも「幸にして人智進歩の定則は自ら世に行はれ」、「人間の交際に停滞不流の元素を吸入せしめたる」儒学も、一面においては、「西洋の語に『リフハインメント』とて人心を鍛錬して清雅ならしむの一事に就ては……功徳亦少なしとせず」とした。このrefinementはおそらく、バックルからとられており、civilizationと結びついた観念である。[35]

福沢もヨーロッパの文明論に共通する、ヨーロッパの自由・進歩と「アジア」の「擅権」「停滞」の著しい差異、両者間の文明進歩の段階における巨大な懸隔という認識を認めることから出発したのであり、「アジア」対ヨーロッパの対比の観念は福沢の問題設定の根本的な枠組だった。彼の場合にも「アジア」という観念自体が西洋の著作から初めてえられた。しかし福沢は、「アジア」とヨーロッパを全く異質な原理によって支配されたものと見、また両者の懸隔を固定した変え難いものとする、西洋と日本にわたって勢をふるう通念に、敢て「疑を容」れた。彼は両者の差異を、人間の「交際の仕組」ないし文明を構成する「元素」の組合せや、あるいは精神的法則の作用のような、両者に共通する要素が形づくるいわばモードの違いによって説明出来ると考え、西洋世界とアジアとの巨大な懸隔を埋めうるものとするにいたった。そのような観念は、数年後『民情一新』や『時事小言』にいたってはっきりと姿を現わすのである。

三　西洋産文明論のアジア観への批判

『文明論之概略』を貫く、西洋産の文明論とりわけその「アジア」観に対する批判とそれからの「独立」の志向が、明らかに打ち出されたのは、二節に見た「アジア」の停滞や専制についての決定論的・宿命論的な解釈の批判においてであった。それは同時に、〈人間が自然を支配するヨーロッパ〉対〈自然が人間を支配するアジア〉という二分論的世界像の拒否をも意味していた。『文明論之概略』の主題は、このような西洋の文明論への「心酔」を克服して、ポジティブに、自前の日本文明論を「始造」することにあり、西洋の文明論における世界像・「アジア」像それ自体の批判というネガティブな面においては、その基本的な枠組の批判にとどまって、具体的内容の個々の問題まで立ち入って批判を行なうことはない。しかし、『文明論之概略』における日本文明論から、それに関連する『文明論之概略』前後の他の文章の議論までをたどってゆくと、そこに、西洋の「アジア」像の内容についての、直接間接の批判が展開されていることがうかがわれる。

福沢が『文明論之概略』前後に、西洋の学者の「アジア」観の具体的な記述をとりあげて明示的に批判した例は、おそらく「覚書」の次の一節に限られるだろう。

「野蛮の人民は決して文明の人を嫌ふものに非ず。彼の西洋の学者が常に東洋諸国の人を評して、嫉妬の念深くして外国の人を忌むなど云ふは、未だ事実の詳にする能はざる腐儒の論なり。(〔頭書〕西洋の腐儒は事の近因に眼を奪はれたるものなり。)野蛮の者が外国人を嫌ふは実に然りと雖ども、其然る所以の原因は、野人に在らずして文明と称する外人に在り。日本にても支那にても亜米利加にても印度にても、初めて外人に接して直に之に敵したるものあるや。日本の攘夷論も葡萄牙人の悪策を悪てより自から人心に浸潤したるものなり……」(全集七)

福沢が、「彼の西洋の学者」は、「東洋」諸国民には、異文化とくに西洋「文明」との接触に対する拒絶反応が特徴的だというイメージをもっているとして論じるところは、実はこの数年前の彼自身の著作の中に、ほとんどそのまま現われていた。

『文明論之概略』にも引きつがれた、野蛮・半開・文明の三段階論のなかで、未開又は半開段階についてのべた一節、「嫉妬の心深くして他国の人を忌み嫌ひ、婦女子を軽蔑し弱きを苦しむ風あり。支那、土耳古《とるこ》、辺留社《べるしゃ》の諸国はなかば開けたるものといふべし」(『世界国尽　附録』全集二)はそれである。『掌中万国一覧』にもほぼ同じ文章があり(全集二)、両者いずれも、アメリカで広く使われたミッチェルの地理教科書からかなり忠実に訳出されている。[36] つまり福沢は、自分がかつて事実上何の留保もなく受入れて社会に広めた、「西洋の学者」の「アジア」観を、「覚書」においては、はっきりと斥けるのである。興味深いことに、このような批判を可能にさせたのは、おそらく「覚書」執筆当時読んでいた、スペンサーの *Study of Sociology* だった。「野蛮の者」の外国人拒絶とその真の根本的な「原因」についての記述は、この本の第九章の中、西欧諸国民の「愛国心の偏見(bias of patriotism)」が作り出した、

「野蛮人」イメージを批判する一節に触発されるものと思われる。(37)

『文明論之概略』自体には、西欧の学者の「アジア」観の具体的な内容をとりあげて、明示的に批判した記述はない。しかし、『文明論之概略』における、西洋文明に接触するまでの日本文明についての自己認識は、実質的に、西洋の「アジア」観に対する根本的な異議申立ての意味を含んでおり、福沢のこの前後にかけての西洋の文明論からの「独立」の企てにおける重要な一環をなすように思われる。

周知のように『文明論之概略』の一つの山は、西洋文明との接触までの日本の歴史を分析した第九章である。また、もっぱらギゾーの『ヨーロッパ文明史』に依拠する第八章「西洋文明の由来」が、第九章における日本文明の分析の方法論的前提をなしていることもよく知られている。その第八章にうかがわれる福沢のギゾーの読み方はまことに独自である。福沢はすでに「緒言」において、『文明論之概略』執筆に当って、「西洋諸家の原書」を参照しながらその翻訳は行わず、「唯其大意を斟酌して之を日本の事実に参合」するという方針をとったことをのべている。このことばの背景にはおそらく欧米のポピュラーな書物の翻訳翻案によってベストセラーを次々に世に送って来た福沢が、『文明論之概略』起稿の頃「最早翻訳に念は無之……(38)」と書き送ったような西洋文明受容における態度の変化があったろう。このような方針は、直接には「西洋の学者」の「推察」に対するあの「一身二生」の「実験」と関連し、「二生相比し両身相較し、其前生前身に得たるものを以て之を今生今身に得たる西洋の文明に照らして、其形影の互に反射するを見」るという方法を「西洋諸家の原書」読解に適用した具体化であったろう。それは、「西洋諸家の原書」と「日本の事実」とを「照らし」あわせ「互に反射」させて、「西洋諸家の原書」から主体的な関心によって、意味をひき出し構成する方法を意味していたように思われる。『ヨーロッパ文明史』の英訳本三〇〇頁余を「西洋文明の由来」一章約八千字にまとめるということは、このような方法によって初めて可能になったものだろう。

『ヨーロッパ文明史』は、その第二講に展開された、複数の異質の要素の不断の拮抗関係のうちにヨーロッパにおける自由と文明の条件を求めるという関心を全一四講を通じる主題としながら、全体はいわば通時的に記述されている。福沢は、このような『ヨーロッパ文明史』における文明の諸要素の「並立」と「合一」という視点に注目し、ここから全体を大胆に構造論的にとらえる。(39) その上で、こうした『ヨーロッパ文明史』理解を方法として「日本文明の由来」を理解しようとするのである。そこでは「酋長」神武天皇の「征服」による政治社会の成立から幕藩体制にいたるまでの日本文明について、「権力の偏重」という視点からして構造論的な把握がなされる。日本歴史における通時的な変化より「上古の時より治者流と被治者流との二元素に分れて、権力の偏重を成し、今日にいたるまでも其勢を変じたることなし」といい「開闢以来世に行はるゝ偏重の定則」という、歴史を通じて一貫する、いわば共時的な構造の摘出に関心が注がれるのである。このような関心と方法によってとらえられた日本歴史は、結果として、バックルの文明論における「アジア」論に近づく。「日本文明の由来」中に「或る西人の著書に、亜細亜洲の諸国にも変革騒乱あるは欧羅巴に異ならずと雖ども、其変乱のために国の文明を進めることなしとの説あり。蓋し謂れなきに非ざるなり」と「西洋の学者」の説を肯定的に引くのは、バックルの『イングランド文明史』の一節である。(40) ここでは、インドをもって、「アジア」を代表させて「アジア」を一枚岩的に見、かつ「アジア」を永遠の「停滞不流」としてとらえるバックルのアジア観——さらに、福沢がそれまでに読んだ「西洋の学者」たちのバックルのそれと共通する「アジア」観——が、うけ入れられていた。ただ福沢は、そのような「停滞不流」の原因を、不可抗の自然条件ではなく社会と文化の構造という歴史的条件に求める一点において、バックルとはっきりと袂を別っていた。

福沢は、『文明論之概略』の別な文脈においては、同様な構造論的な方法を用いることによって、日本の歴史に変化と進歩が内在していることを明らかにしようとする。第二章前半、「支那と日本との文明異同の事」を論じた段落である。(41) ここでは、武家政権成立後の日本では、「至尊の考」と「至強の考」——王室の権威と武家政治の権力——

とが「平均」して、そこに「思想の運動」と「自由の気風」が働いており、皇帝のもとに政教一致して「自由の気風」の生じる余地なき中国に比して、「西洋の文明」受容においてより有利な先行条件に恵まれていることが描き出されている。そこでは、バックルに代表されるような、「アジア」を一枚岩的にとらえ、その上で、あるいはインドあるいは中国によって「アジア」を代表させるような「アジア」観に対して、「アジア」の分化と諸々の文化の個性が明らかにされ、同時に同じ「アジア」でも日本においては「停滞不流」を内側から突破する固有の力が働いていることが主張されるのである。「西洋の学者」の「アジア」観は、ここでも事実上根本から批判されているといえよう。「我国の人民積年専制の暴政に窘められ……一時は其勢に圧倒せられて全国に智力の働く所を見ず、事と物と皆停滞不流の有様に至るが如くなりと雖ども、人智発生の力は留めんとして留む可らず、この停滞不流の間にも尚よく歩を進めて、……」として、天明文化から王政復古・廃藩置県にいたる「国内一般の智力」の発展を描いた、第五章の「一身二生」の同時代史的記述は、第二章に提示された、日本における「思想の運動」・「自由の気風」の構造論をうけて通時的に展開したものと考えられる。

日本社会の全体構造とくに王室と武家の拮抗関係という視点から見た日本文明についての把握は、このように「停滞不流」観と「自由」「運動」観とにまたがって両義的だったが、同じような両義的把握は、日本社会の下位文化としての武家社会のエートスについてもいちじるしい。

すなわち、第九章では先ず、古来日本の誇りとされて来た武士の、特に戦国武士の「独立自主の気象」「快活不羈の気象」について、それが、一見前章に描かれたゲルマンに似ることを指摘しながら、一転して、そのような「気象」がゲルマンのように「一身の慷慨」から発したのではなく、その逆、「外物」の権威に依存する「卑屈」の社会構造から生じるという逆説を暴露する。武士の「党与」の上から下まで貫く「権力偏重」の構造の中では、全てが「卑屈」「卑怯」でありながら、「党与」全体として「無告の小民」を抑圧し、「党与」全体共通の利益を謀るため、

「先祖」「家名」「君」「父」「己が身分」といった「外物」の権威をふりかざし、「党与一体の栄光を以て強ひて自から之を己が栄光と為し、却て独一個の地位をば棄てて其醜体を忘れ、別に一種の条理を作て之に慣れ……。此習慣の中に養はれて終に以て第二の性を成し、……威武も屈する能はず、貧賤も奪ふこと能はず、儼然たる武家の気風を窺ひ見る可し」という関連が成り立つとするのである。こうして福沢によれば「古来義勇と称する武人の、其実は思の外卑怯なるを知る可く」ということになる。武士エートスの成立について、社会構造の視点からするシニカルなまでに徹底したイデオロギー批判といえよう。

ところが、次章第十章に入ると、封建の「君臣主従の間柄と言ふもの」が、日本が西洋文明の接触するまでの前史において営んだ機能について、極めて積極的な評価が下される。「幕府並に諸藩の士族が各其時の主人に力を尽すは勿論、遠く先祖の由来を忘れずして一向一心に御家のためを思ひ……己が一命をも全く主家に属したるものとして、敢て自から之を自由にせず、主人は国の父母と称して、臣下を子の如く愛し、恩義の二字を以て上下の間を円く固く治めて、其間柄の美なること或は羨む可きものなきに非ず。或は真に忠臣義士に非ざるも、一般に義を貴ぶの風俗なれば、其風俗に従て自から身の品行を高尚に保つ可きことあり。……身分家柄御主人様は正しく士族の由る可き大道にして、終身の品行を維持する綱の如し。西洋の語に所謂『モラル・タイ』なるものなり」。さらに「此風俗は唯士族と国君との間に行はるるのみに非ず、普ねく日本全国の民間に染込みて……、凡そ人間の交際あれば至大より至小にいたるまで行渡らざる所なし。……其義理の固きこと猶かの君臣の如く然り」。こうして、「此風俗を名けて或は君臣の義と言ひ、或は先祖の由緒と言ひ、或は上下の名分と言ひ、或は本末の差別と言ひ、其名称は何れにても、兎に角に日本開闢以来今日に至るまで人間の交際を支配して、今日までの文明を達したるものは、此風俗習慣の力にあらざるはなし」。ここに、「西洋の語に所謂『モラル・タイ』なるもの」というのは、おそらくギゾーの『ヨーロッパ文明史』第四講および第一一講の封建制論を受けたものだろう(42)。

西洋文明受容に先行する時期の日本歴史に対する福沢のこうした、複眼的ないしアンビバレントなとらえ方はこれ以後終生続き、とくに、日本の「封建制度」が文明化に対してもつ積極的な意味への関心は次第に強まってゆく。以下その具体例をいくつか順を追って検討しながら、そこに、西洋の文明論からの「独立」と日本における「文明」の独自のコースの探究という関心がどのようにあらわれているか探って見たい。

まず『文明論之概略』刊行の翌年、一八七六(明治九)年執筆の『分権論』頭注の一つ。

「往古より日本の武人暴なりと雖ども、掠奪の為に師を起したる者あるを聞かず。其戦争の趣意なり又辞柄なり、民を塗炭に救ふと云はざる者なし。西洋諸国暗黒の時代に、唯掠奪分捕のみを目的として乱妨を逞ふせしものとは、大に趣を異にせり。日本の武家に権威を有して人民の柔順卑屈なるも、自から其由縁あるなり」(全集四)

この文章の背景には、すぐ前に見た『文明論之概略』の記述と同じく、日本の武士とくに戦国武士と、ギゾーの『ヨーロッパ文明史』における、「野蛮暗黒の時代」に「周流横行」したゲルマンとの対比があることは明らかだろう。ただ、ここでは『文明論之概略』における場合とは逆に、日本の武士のエートスがまさっているとされ、価値判断の方向が逆転しているのである。

時期的に少し離れるが、一八八三(明治一六)年、政府の儒教主義復活に反対して、日本社会を維持する道徳は、「封建主従の制度」の中に育まれて、宗教に依存することなく「安心立命の根拠」となり、道徳を支えて来た、「忠義」の観念によるべきであると論じた『時事新報』論説「徳教之説」。

「今我日本の士人は宗教外に道徳を維持し、其根拠は封建の忠義より由て来るものなりと云はゞ、西人の判断には、或は此忠義の文字を奴隷心の義に解し、封建の君主が腕力と智力とを以て一部族を制御し、部下の輩は其威に恐れ其恩に服し、恰も禽獣の飼主に於けるが如きものならんなど丶、軽々論じ去る者も無きに非ざる可しと思はるれども、我封建に於て上下の関係は斯く殺風景なるものに非ず。其紀元の時よりして西洋の『フューダル・

システム』に異なるのみならず(是れは他日論ずる所のものある可し)、世々の習慣を以て次第に秩序を成し、其関係は至極平穏を致して曾て苛烈の実跡を見ず。唯制度の名義のみを聞て之を皮相すればこそ、驚く可きものもあるが如くなれども、畢竟西洋の人が尚未だ我国の事情を知らず我国に滞在するの日も浅くして……往々事実を誤ることの多きのみ。我輩の常に遺憾とする所なり。(西洋人が日本の事に就て記したる幾多の著書あれども、常に誤謬を免かれずして、近浅の事柄にても実を失ふもの多きを見ても之を証す可し。)」(全集九)

「封建の忠義」が世俗的道徳の源となったという観念が、先に見た『文明論之概略』第十章における、君臣道徳の日本文明の進歩における機能についての評価に通じていることは、説明するまでもなく明らかだろう。さらにそれとの関連において、ここでは、日本の「封建上下関係」についての西洋人の誤った観念が批判され、西洋において「フューダル・システム」と呼ばれる制度と日本の「封建上下の関係」とを同一視することが問題にされているようである。福沢はこのような誤解に対して、日本の君臣関係が西洋にまさることを強調するとともに、西洋人の日本観一般の誤りにまで論及するのである。ここで「他日論ずる所のものある可し」と予告された、日本の「封建」制についての西洋人の誤った観念に対する批判は、この後さらに展開され、あるいは「封建の文字を外国の語に訳するに当り、止を得ずフヒューダルシステム……の字を用ふるが故に、外国人等が日本の封建制度と聞けば、動もすれば其訳字に誘はれて往古欧州に行はれたる封建の思想を催ほす者なきにあらず。誠に堪へ難き次第」(「日本国会縁起」一八八九年二月一四日『時事新報』、全集一二)とし、あるいは外国人が日本の「歴史国状」に対する無知からして「日本の治風を観て東洋風の専制なり」とするのに対して、「日本の地理は東洋の一隅に位すれども、其国民は則ち外人の夙に想像したる東洋人に非ず」として批判する(一八九〇年一二月『時事新報』連載「国会の前途」、全集六)。前者では、西洋人が日本の「封建」を西洋の「フューダル・システム」と同一視することが[43]、後者では、西洋の文明論にとらわれた外国人さらに日本人が、それに一般的な「所謂東洋流の専制」観――「アジア的デスポティズム」観――によって、日本と朝鮮・中国とを同一視することが批判されている。

『文明論之概略』においてうち出された「帝室」の「至尊」と「武家」の「至強」との「平均」という観念も、「国会の前途」にいたって、朝幕関係のみならず、「武家」の権力構造全体さらに日本の社会構造全体が、細部にいたるまで「権力平均の主義」によって構成されているという把握にまで発展させられる。このような徳川社会観の中で、二世紀半にわたるその平和と秩序とのもとでの文化の発展は世界に類を見ぬまでに達しており、外国からの想像を絶するとされるにいたるのである。[44]

「封建」社会の構造とその文化についての観念のこのような発展と関連して現われるのが、「封建」社会において蓄積された文化が、日本の「文明」化の原動力へと機能転換するにいたったという理解である。

「人の心身の働きも一種の力なり。無より生じて有の形を為すものに非ず、又其有を消滅して無に帰す可きものに非ず。唯時に随て形の変化ある可きのみ。……嘉永の末年に外交を開きしは我国開闢以来の一大事変なり。社会の事に変あれば社会の力も亦其形を変ぜざるを得ず。学問の趣を変じ、商売の趣を変じ、尚甚しきは宗旨の趣をも変ぜんとするの萌《きざし》あるに至れり。何れも皆力の変形にあらざるはなし。然り而して此変形の最も活発にして最も迅速なりし者は、政治の変革、即是なり。……政治の変革は士族の力に出でしこと固より疑を容る可らず。而して此力は嘉永以来俄に生じたるもの歟。云く、否、決して然らず。嘉永の開国は事変なり。力は一旦の事変に由て生ず可きものに非ず。唯これに由て形を変ず可きのみ。然ば則ち彼の政治の変革は士族の力に出でしと云ふと雖ども、実は新に力を始造せしに非ず、唯旧来固有の力の変形に由て致したるものと云はざるを得ず。即ち前に記したる忠義、討死、文武の嗜、武士の心掛なぞ云へる士族固有の気力を変じて其趣を改め、此度は更に文明開化進歩改進等の箇条を掲げて其力を此一方に集め、文明の向ふ所、天下に敵なきが如く、以て今日の有様に至りしものなり」(『分権論』緒言、全集四)。

この立場の前提には、幕藩体制社会における武士の「国事政治」への関心と、アメリカ合衆国の人民の「一国公共の事に心を関するの風」とを比較して、「固より東西習慣を異にし、日本にては君家に忠義と言ひ、戦場に討死と言ひ、文武の嗜《たしなみ》と言ひ、武士の心掛と言ひ、亜米利加にては報国の大義と言ひ、国旗の栄辱と言ひ、憲法の得失と言ひ、地方の議事と言ひ、其趣は双方全く相同じからずと雖ども、国事に関して之を喜憂する心の元素に至ては、正しく同一様なりと言はざるを得ず」とし、両者は「心の元素」においては同一だとする判断があった。

こうした、文明化の過程において「文明」前の社会の思想や制度が営む「力の変形」という見方は、武士社会の遺産から徳川社会全体のそれへ、「国事政治」への関心や「品行の美」から知的能力一般へと拡大され、『時事小言』では、「資力変形の主義」という観念にまで発展する。

「例へば今日我日本人にしてよく洋書を読み、其巧なるは決して西洋人に譲らざる者多し。其然る由縁は何んぞや。吾人の始て洋書を学びたるは僅に数年前のことなれども、字を読み義を解するの教育は遥に数十百年、父母祖先の血統に之を伝へたる歟、若くは全国一般読書推理の空気に浴したるものにして、其横文を読むの力は本来無一物より始造したるに非ず、唯僅に縦行文に代るに横行文を以てし、縦に慣れたる資力を横に変形したるものゝみ。此資力変形の主義は百般の人事に通達して皆然らざるはなし」(全集五)

日本の文明化のこれまでの成果について見出された「資力変形の主義」は、文明化の将来において彩るべき基本原理とされる。それは、おそらく『文明論之概略』全篇の結びでのべられた「文明の方便」という観念の発展だろう。「進取の主義とて、只管旧を棄てて新に走ると言ふに非ず。其本意は……進て文明を取るの義なれば、之を取るの方便を撰ぶに固より事物の新旧を問ふ可らず。新奇固より取る可しと雖ども、或は旧物を保存し又これを変形して進取の道に利用す可きものも多し」(『民情一新』全集五)。それはまた、「国中の先進とも称す可き地位に居る学者先生が、外国の外面を皮相して内国の内情を臆断し、事実を明証すること能はざるが為めに」、日本の文明化の可能性について性急な判断を下して、ペシミズムにおちいり、「強ひて無形の心術を論じ、漠然たる無形の語を用ひて、日本人は忍耐の力に乏しなどと言ふ」のに対して、あるいは、「心酔論者」が「唯変化を以て文明と認め、旧を棄つるを以て開化と思」(『通俗国権論』全集四)うのに対して、向けた批判をともなっていた。(45)

この「資力変形」論と関連して現われるのが、文明の「元素」という観念である。二、三の例を引こう。すべて一八七六(明治九)年から七九年にかけて記され、『福沢文集』初編・二編に収められている。

第一は、宝暦明和期における蘭学者の努力が、西欧文明の衝撃に主体的に「応ずるの精神」を準備し、政治的変革の原動力をなす「人心の変動」を用意したことを顕彰する文章。蘭学者たちは、開国と変革に百年先立って「之に応ずるの精神」「人心変動」の「元素を養ひ、之を伝へて後世の今日に遺し、以って文明の路に荊棘を除」いたという(「故大槻磐水先生五十回追遠の文」全集四)。

次に、西南戦争直後、薩摩の友人に与えた文章。薩摩藩の武士社会の秩序が上下の「門閥格式」の簡略にもかかわらず、横の藩士相互間の「仲間の約束」の強さによって維持されて来たという特質を指摘し、「之を形容すれば薩の士族は自由の精神を抱き、仲間申合せの一体を以て日本普通専制の藩政に服従したる者と言ふべし」(「薩摩の友人某に与るの書」一八七八(明治一一)年四月六、七、九日『民間雑誌』に連載、のち『福沢文集 二編』に収録。全集四)とする。「仲間の約束」「仲間申合せ」ということばからは、西洋の自発的結社のカルチュアを論じた『文明論之概略』の一節、「国内の事務悉皆仲間の申合せに非ざるはなし。政府も仲間の申合せにて議事院なるものあり……僻遠の村落に至るまでも小民各仲間を結て公私の事務を相談するの風なり」が想い出されるだろう。福沢はさらに、

「此一社会(「薩の旧士族」)は古来仲間の約束を以て体を成し、自から作りたる約束を自から守り、其約束を以て

進退を共にし栄辱を共にしたるものにして、其精神は今尚依然たり。取りも直さず民庶会議に欠く可らざる元素なれば、今より益この元素を発達して之を文飾し、……全国の人民これに勉強して怠ることなくば、民庶会議の如きは数年の内に整頓して、他国に於て百年の事業も薩摩に於ては十年に功を奏す可し。是れ即ち余輩が該士族の為に謀て、其性質を衆庶会議の事に適する者と認め、以て今後の方向とする所なり」

と説くのである。これは同じ頃トクヴィルの『アメリカのデモクラシー』に触発されて記した「覚書」の一節「カトリキ宗と薩摩藩政とは『専制』の下に同権の人民ある可し」という主題の文章と符合していた(全集七。なお全集には「専制の下に国権」とあるが、これは福沢の手稿の読み誤りと思われる)。

最後に外国人の日本人についての無知と「臆断」を批判する文章の一節。

「文明は様々の元素を以て組織するものなれば、我文明に世界第一なるものもあらん、亦遥かに他国の下に出るものもあらん。其上下の論は姑く擱き、唯ありのまゝの日本をありのまゝに示して、其事実を誤ること勿らんを欲するのみ」(「外人日本の事情に暗きの説」全集四)

これらの文章から、「元素」という観念が二つのことがらを意味していることがうかがわれる。先ず一つの「文明」を不可分の一枚岩のようにとらえるのではなく、多様な構成要素——「元素」の複合構造としてとらえる。さらに「元素」は、文明のある段階に先行する段階の中で、来るべき文明における機能を準備する素因をも意味している。「元素」という観念、とくに後の意味におけるそれが、『文明論之概略』において、「西洋文明の由来」を考察する行論の中で現われた重要な観念であったことはあらためてのべるまでもないだろう。

四　西洋産文明論の単系発展段階論への批判
――手がかりとしてのヨーロッパ対アメリカ

以上の検討から、『文明論之概略』以来の、西洋「文明」受容に先行する日本社会、とくに徳川「封建」社会に対する福沢の一連の文章の背景には、日本の文明化に対する先行条件への関心が流れており、また、この場合も、西洋人の「アジア」観念の歪みを批判し、ただそうとする意図がうかがわれる。そして、福沢がどこまで自覚していたかはさだかでないが、彼の文章からは、「文明」の「進歩」のコースについてのある見方が浮び上って来る。

『文明論之概略』第二章の冒頭では、「野蛮」「半開」「文明」の三段階をアフリカ・アジア・欧米という地域に割り当てた上「人類の当に経過すべき階級なり」としていたが、以上に見たような、日本における前「文明」段階から「文明」段階の移行についての理解には、「進歩」の諸「階級」は、その個々の構成要素まで立ち入って考えれば、一義的に先後を確定しうるとは限らぬとする含意があるようである。[46] 一八七八(明治一一)年、「文明史」と題して詠じたのは、このような意味に思われる。

「誰言天道有公平　人事本来由勢成　蛮野々中非必野　文明々裏奈無明」(全集二〇)

さらに、同じ「階級」の中にも多様性があり、人類の「進歩」がこれら諸「階級」を「経過」することは必然であるにせよ、そのコースは、単線的ではなく、多様な幅をもったものとして考えられていたのではなかろうか。『文明論之概略』に前後して記された、もしくはこの頃記されたと見られる、以下に引くAからFまで六篇の文章はこのような推測を裏づけるように思われる。

Aは、森有礼の斡旋により外務省の法律顧問として一八七一(明治四)年に来日し、七六(明治九)年まで在日した、アメリカ合衆国の法律家・経済学者E・P・スミス[47]から福沢への質問の書簡。Bは、福沢がこれに回答するために調べた事項をまとめたと思われる文章。Cは、年代不明の備忘録中の一節。D、Eは、いずれも「覚書」の中一八七五年から七七年にかけての記述と見られる一節。Fは、一八八二年七月、『時事新報』に連載された「局外窺見」の続稿として書かれたが、中断したまま発表されずに終った草稿。このうちD、E、Fについて、記した時期が明らかなほか、『福沢諭吉全集』(慶応義塾編纂、岩波書店刊)編集に際して、A、Bは文章の内容から、Cは筆跡から、明治初年のものと推定されたにとどまり、AからD、Eまでの順序は、福沢の思想の展開を推定して、筆者が行なったものである。以下、順を追って内容を見た上、全体を通じる思想の流れ、それと『文明論之概略』および本稿で見たその前後の福沢の立論との関連について検討したい。

A　日本人学生向けの経済学概論を著わすために、日本における「進歩」のコースの特質について、福沢の意見を求めたもの。要点を摘記すれば、

1　どの国民も「進歩の三段階(three stages of progress)――狩猟・遊牧・農耕――を「経て来た」(has gone through)」。

2　しかるに日本においては、「歴史記述(history)」からしても「伝承(tradition)」からしても、日本人の祖先は、遊牧段階を経ることなく、狩猟段階から農耕段階に「跳び越え(jump)」ており、まことに不思議である(なお、日本人の祖先はアイヌとされている)。

3a　合衆国においては、狩猟・遊牧両段階が未だに存在している。西部大平原にインディアン(日本のアイヌ)、ニュー・メキシコ、カリフォルニアその他太平洋岸諸地域のスペイン人メキシコ人がそれである。

3b　アメリカ人は「社会(あるいは文明)」が成長するのを、発達の全ての段階において生育し、次の段階へ進んでゆくのを「目のあたりにし」(*see*――イタリックは原文、訳文の傍点は引用者)ている。まさにそれゆえに、ヨーロッパ

の学者が「せいぜい推量し、(only *guess at*)」、中国人が行なうように、古臭い本から理屈をこねあげるところを、われわれアメリカ人は、「じかに知り理解する(know and understand)」。

4　日本には奴隷制についての歴史記述も伝承もない。

5　奴隷制は遊牧と結びついている。したがって、日本に奴隷制が存在しないという事実は、日本が遊牧段階を経験しなかったことから説明できる(全集二一)。

B　Aを前提として日本歴史を調べたものであり、史実についての記述は全て日本書紀に拠っているようである。長文なので要点を摘記する。

「日本ノ人民ハ各国ノ歴史沿革三段ノ有様ヲ経ザルモノ、如シ。

我人民ハ往古ヨリ肉食ヲ以テ穢レタルモノトセリ。……牛馬ヲ牧スルモ食料ニ非ズ……。羊ノ名ハアレドモ古ヨリ盛ニ之ヲ牧シタルヲ聞カズ。牧獣ノ事アラザレバ水草ヲ逐フテ処ヲ移スノコトモ亦アラザルナリ。

日本ハ古ヨリ耕作ノ国ナル可シ。……

日本ノ人民ハ沿革ノ第一段ヨリ二段ヲ経ズシテ直ニ第三段ニ移リシコトナラント雖ドモ、神武天皇以後ノ「ヒストリ」ニ於テモ「タラヂーション」ニ於テモ、日本ノ本国ニハ其第一段ノ有様ヲモ求ム可ラズ。唯、今ノ蝦夷ヲ見テ古ハ我本国モ蝦夷ノ如クアリシコトナラント推察スルノミ。サレドモ蝦夷ト日本トハ往古ヨリ風俗ヲ異ニセリ。……サレバ日本ノ人民ニ於テ沿革第一段ノ有様ハ所謂神代ノ時ニ在ル乎。愚按ニ、神武天皇西ヨリ師ヲ起シタルハ極メテ草昧ノ始ニアラズ、人民ノ有様大抵定リタルモノヲ征伏シタルコトナラン。

「スレーヴリ」ノ事ハ古ヨリ嘗テ其痕跡ヲモ聞カザルコトナリ」(全集二一)〔補注二〕

C　「野蛮文明、必ずしも正しく順序を踏むものに非ず。日本の封建は西洋の封建の時に非ず。事物の成行は其始源に胚胎すること多し。日本の有様を進めて一度西洋の階級を径〔経〕ざるの理なし。其始源自から異なり。西洋の先

は屠者なり。日本人は農民なり。西洋にては言語風俗を異にす〔る〕者、互に相戦ひ相奪ふなり。日本は然らず」（全集一九）

D「日本人の起原は農なり。農は処を定めて、動くこと少なし。人民久しく同居すれば其友情も亦厚し。一方に友情厚くして一方に武力の偏重あり。ナチュラルセレクションの行はれずして人民の卑屈なる所以。即ち今の卑屈人民は早く当初に在て消滅す可き筈の者なるを、仁恵の偽説のために、恰も一国の糟粕を万世に遺したるものなり。〇西洋人の起原は猟者牧者にして処を定めず、初より殺伐奪掠の気風有てナチュラルセレクションの出来たるものなり。此論は深遠。青面書生には分らぬことなり。多くの実証を集めて後に人に示す可し」（全集七）。

E「日本人の起原は処を定たる農民なるが故に、交情深くして、仮令ひ貧弱の者と雖ども富強に対して憤怒の心少なし。西洋の人は其起原処を定めざる牧民又は猟者にして、加之各種族互に言語を異にし、之が〔為〕其交情薄くして残忍なり。故に貧富強弱相接すれば貧弱者常に憤怒の念深し。是即ち西人の粗暴なる所以なり」（全集七）

F　これも長文なので摘記する。「西洋史家の説に拠れば」、人間の社会は、狩猟・採取の時代に始まり、必ず「牧畜の時代」を経て、定住の「耕作の時代」にいたる。これは、「文明国の古史に徴して」も「今日の野蛮半開の民を見ても」明らかであり、——異なる歴史的発展段階の空間的同時併存——「世界古今普通の事実」として、通説となっている。しかし、日本社会の歴史を検討すると、「此西史の言」も、全面的には受け容れ難い。知り得る限り最も古い、神武天皇立国の始めから、日本人は定住の農耕生活を営んで来た。定住であるから「人情厚からんと欲するも得べからず」。その上、全国が言語・宗教・習慣を同じくし、同じ政府に支配されたので、「我日本の社会は情を以て組織するものと言て可なり。……大に西洋諸国の風に異るものあり」（全集一九）

A　E・P・スミスの書簡は、アメリカの学者として、「文明」が三つの「段階」を順次「通過」するという「進歩」

の一般的法則からの、逸脱ないしそれに対する例外の問題を、正面からとり上げている。すなわち、一方では、アメリカにおいては、最新の「段階」に先行する二つの「段階」が、「通過」されて過去のものとなってはおらず、現在、三つの「段階」が同時併存している事実が、他方では、日本は、中間の「段階」を「跳び越え」たのではないかという「推量」が、スミスの提起する問題であり、福沢の思索は、この問題を受けとめ、それに答える試みから始まって、次第に展開していったように思われる。歴史的に異なる「段階」の現在における併存(一身二生!)という事情からして、「進歩」の特殊のコースを直接経験によって知りうるアメリカ人に対して、ヨーロッパの学者は、それを「推量」するに終るという立論、そのアメリカ人も、日本における「進歩」の特性については、それを「推量」するに過ぎぬという立論は、『文明論之概略』の「緒言」において、「彼の西洋の学者」が「既に体を成したる文明の内に居て他国の有様を推察する」にとどまるに対して、日本の学者が、異なる歴史段階の併存と緊張のはざまを生きた「一身二生」の「実験」を通じて獲得した、日本文明のコースについての「更に確実」な認識を対置したのを、想起させないだろうか。事実、両者は立論の構成から用語――たとえば、'guess at' と「推察する」――にいたるまで、きわめてよく似ているのである。その類似は、福沢とE・P・スミスとがそれぞれ独自に類似の着想をえ、前後して記したという偶然よりも、一方の他方に対する影響を考える方が自然だろう。もしそうであるなら、スミスの文章が福沢宛の書簡であることからして、スミスから福沢へという影響を考えることが出来るのではなかろうか。米国の歴史はヨーロッパのそれとは異なるコースをたどるのだという主張、そしてヨーロッパ人にはこのような米国史の特性は理解出来ないのだという歴史意識が、日本の歴史のコースの特性への問いを呼びおこしたといえよう。その問いがさらに福沢における世界の歴史のコースの多様性と日本のそれの特性への自覚をうながしているように思われる。

B　福沢のこれに対する回答は、日本歴史の発展の特性について、スミスの「推量」を大筋において受け入れ、そこから議論を始める。その上で、「各国ノ歴史三段ノ有様」に対して、日本では「第二段」を経過しなかったのではないかとし、さらに進んで、日本歴史の起源も「各国ノ歴史」の「第一段」ではなく、その「第三段」だったろうとして、日本の歴史のコースが、「各国」共通のそれとは、二重の意味で異なることを述べる。また小さいことだが、「神武天皇西ヨリ師ヲ起シタルハ」といい、その「征伏」についてのべるところは、『文明論之概略』第九章で、「歴史に拠れば神武天皇西より師を起したりとあり」として、「他の地方より来り之を征服して其酋長」になったという、日本における政治社会成立の過程についての記述とよく似ている。(48)

C　日本の歴史の起源と発展の特異性というこのメモのテーマが、Bのそれに連るものであることは明らかだろう。ただ同じテーマが、ここではより一般化されている。「事物の成行は其始源に胚胎すること多し」という命題によって、日本と西洋の歴史の「始源」の相異から、その後の発展のパタンの相異が説明されるようである。「野蛮文明、必ずしも正しく順序を踏むものに非ず……日本の有様を進めて一度西洋の階級を経ざる可らざるの理なし」という主張は、日本の歴史が「西洋の階級」を跳び越え、西洋の歴史と異なるコースを辿ることを意味するように思われる。ここには、西洋の文明論に支配的だった単系的発展段階論への同化に対する、異議申立てがこめられていたのではなかろうか。「順序」および「階級」ということばは、おそらく『文明論之概略』第二章冒頭の「文明は……動て進むものなり。動て進むものは必ず順序階級を経ざる可らず……」で始まる行文の中に、繰り返し現われる「順序階級」と関連するものだろう。その文脈の中に出て来る「日本の封建は西洋の封建の時に非ず」という命題は、おそらく既に見た日本の「封建」を西洋の「フヒューダル、システム」と同一視するのを批判し、前者の特性を強調する議論に通じると考えられる。

DE　ここでは日本人と西洋人との、起源における差異というテーマがとり上げられ、そこから、日本と西洋の「気風」全般の差異まで論及されている。日本人の「友情厚」いのと、西洋人の「殺伐奪掠」「残忍」との対比は、既に見た、日本の「封建」社会のエートスと西洋の「フヒューダル、システム」のそれとの対置を連想させる。

F　ここに「西洋史家の説」とされる人類社会発展論は、Aにおいて、E・P・スミスが、通説として紹介していた説によく似ている。少なくとも、これに対して、日本社会発展の特異性を主張する福沢の立論は、BからEまでに一貫する、日本社会の起源＝定住農耕社会説にそっくりである。「情」による社会の組織という日本のカルチュアについての議論は、C、D、Eを通じる、残忍・闘争の西洋対「友情」の日本という対比を想起させる。

以上の、おそらく『文明論之概略』の前後にかけて、またそこでの立論を何らかの程度念頭において、記されたと思われる一連の文章の中には、『文明論之概略』第二章冒頭の「文明」の諸発展段階とその地理的分布の図式にも影響をおとしていた、「西洋の学者」によって作られながら「世界の通論にして世界人民の許す所」となった文明論の、内面支配の圧力から自立しそれを修正しようとする模索がうかがわれる。『文明論之概略』では、人類が「野蛮」「半開」「文明」という三つの「階級」を、必ず「経過」せねばならぬこと、この三「階級」が、現在、世界諸地域に諸国民諸人民として併存していること、かつこれら諸国民諸人民は、現在においては、「進歩」の「頂上」にある西欧の「文明」を「目的」とすべきことがのべられていた。すでにのべた発展＝比較的文明論は、単系的発展論と発展の段階論が結びついたものといえよう。このような西欧産の文明論に対して、今見た福沢の一連の文章は、発展の異なる段階について、機械的に一方を「先」、他方を「後」として対置するような思想を批判し、段階を跳び越える可能性を考え、発展のパタンについても、狭い単系的なそれよりは幅のある、あるいは、多系的なそれを模索していたように思われる。

五　『民情一新』における視座の転換

福沢のこのような模索のあとは、『文明論之概略』執筆の頃から一八八〇年代にかけて集中し、その後は、帝国議会開設をめぐって、非西洋圏において最初の議会の企ての成功を疑う声が西欧から伝えられたおり、これを批判するために、日本における「文明」の先行条件が、早くから熟していたことを論じたにとどまる。[49] 一八七九年頃から八〇年代にかけて、文明論についての福沢の思索の観点は、『文明論之概略』におけるそれから、新しい局面に入りつつあったようである。

『民情一新』においては、西洋の「文明」を口にする者が「唯漠然として西洋諸国の文明を知れども、其文明なるものが千八百年代に至て一面目を改め、恰も人間世界を顚覆したるの事実をば忘れたる」を批判し、「特に近時の文明」「千八百年代、即ち西洋に所謂近時文明(モデルン・シウヰリジェーション)」――産業革命が産み出した巨大な新しい交通通信の上に発展する「文明」――こそが、日本の当面する「文明」であることを明らかにした[補注三](全集五)。そしてこのような「近時の文明」の世界への拡大において、西洋と日本とが置かれた局面についての認識も、『文明論之概略』のそれから大きく変りつつあった。『文明論之概略』においては、西洋の「文明」を受容し、「半開」段階を脱して「文明」段階に進入する方途が探られていたのに対して、今や、「我日本も近時の文明を見て之を取らんとしたるは既に二十年、其利器を以て実用に試みたるも亦十年に近し」「近時の文明は既に我手に在り」という認識が生れていた(『時事小言』全集五)。その西洋が「近時の文明」を産み出したのも、僅々五〇年前、その効果が社会に実現するにいたってからはせいぜい二、三〇年(『民情一新』、なお『時事小言』にも同様の記述がある)、しかも西洋も自からの産んだ新しい「利器」の社会的影響に「狼狽して方向に迷ふ者」(『民情一新』)である。「東西比較して僅に二、三十年の差あるのみにして、固より計るに足る可き数に非ず。然らば則ち近時文明の元素は吾人と西人と共に与にする所のものにて、共に此利器に乗じて恰も其出発の点を同ふし其着鞭の時を同ふするものなれば、今後競争して前後遅速の勝敗は其人の勤惰如何に在て存するのみ」(『時事小言』)。日本は既に、西洋と同じ「近時文明」の段階に進入して、同じ段階における西洋文明国の競争に参入しており、西洋諸国に追いつくことが現実の課題となっている。それは、

『文明論之概略』に描かれた文明発展段階についての西洋産の「世界の通論」に内面を支配されて、西洋と自国との「文明」の懸隔を知るほどに、「愈西洋諸国の及ぶ可らざるを悟り」「西洋諸国の右に出ると思ふ者な」き「識者」「人民」のペシミズムを離れること遠い。ここではすでに「近時の文明」は、将来の目標ではない。「近時の文明」がもたらす「民情の変化」――多様な社会的分化と紛争――をいかに解決し、また予防するかが課題になっているのである。

日本の「文明」化の先行条件を問う中で現われた、「資力変形」論は、「恰も〔開国以来〕二十三年の間に〔西洋の〕二百三十年の事を行ひ、……新日本を始造」するという「我国開闢以来未曾有の変革にして、外国の歴史にも未だ曾て其例を見」(『時事小言』)ぬという驚異的な「文明」化を可能ならしめた要因として説かれている。『文明論之概略』においては、「文明」化への先行条件における日中比較のために両国の伝統社会の構造的特質が対照されたが、ここでは、両国の伝統社会のオーソドクシィである儒教の存在様式の対比から、日本における「改進の用意」が成熟していたことが説明される(『時事小言』)。既に『文明論之概略』において、西洋の「文明」が「今正に運動の中に在」ること、現在の世界において「文明」とされるのみで、多くの欠陥を内包していることがのべられた。ここでは一歩進んで、西洋が、「文明」の「利器」が惹き起す「民情変化」に「驚駭狼狽」する状況に注目し、「進歩」がその反面に深刻な問題を伴わざるをえぬ構造が明らかにされる。日本の「近時の文明」への進入といい、「今日の西洋諸国は正に狼狽して方向に迷ふ者なり。他の狼狽する者を将て以て我方向の標準に供するは、狼狽の最も甚しき者に非ずや」(『民情一新』)という分析といい、日本の「学者論客」の西洋への「心酔」「盲信」に対する批判は衰えを見せていない。

『文明論之概略』とその前後の文章に現わされた、福沢の西洋「心酔」への批判と、日本の「文明」化の理論への、自前の理論の模索は、『民情一新』や『時事小言』まで連続しているといえよう。しかし、日本にとっての課題の中心は、「文明」に進入することから、「文明」のもたらす「民情変化」の問題を先取りし未然に解決することへと移動している。日本の「文明」に先行してそれを準備した社会構造やカルチュアの多様ないし多系的な発展のコースへの問いは、このような背景のもとで背後に退いていったのではなかろうか。

六　日本の立場からの単系発展論——朝鮮・中国認識

『文明論之概略』の主題の一つは、西洋の文明論とくにその「アジア」観への同化の圧力から独立し、自力で日本における「文明」の理論を構想することだった。それは、「彼の西洋の学者が既に体を成したる文明の内に居て他国の有様を推察する」、先進「文明」の中に身を置いたままの、遠い外からの異文化理解の限界を批判し、これに「自己の経験」——「実験」——の「確実」を対置するものだった。しかも、この「自己の経験」が「一身二生」という異文化との接触・相剋をその本質としており、日本についての自己認識は、日本と異文化との対照比較を方法としていた。『文明論之概略』および、それに前後する一連の文章には、異文化理解への強い関心が働いているのである。以下、この福沢における異文化理解の問題を検討したい。日本にとっての異文化としては、一方に日本より先進の西洋を、他方に後進の「アジア」その他を考えることが出来るが、ここでは、「アジア」の諸文化に限定する。先進の西洋から日本をという理解と、先進の日本から「アジア」の他文化をというそれとは、方向として共通しており、一方で先進の西洋からする日本理解を批判した福沢が、他方で、先進の日本という視座から、より後進の「アジア」の異文化をどのように理解し、また、しなかったか、対比を念頭におくことによって、問題の所在がより明らかになると思われるからである。

すでに見たように、『文明論之概略』における日本の「文明」化の条件についての認識は、日本中国両国のカルチュアの構造論的な比較の上になされていた。その頃福沢が「アジア」における日本を考える場合の基準は、もっぱら中国だった。朝鮮については、当初関心はあまり高くなかったが[50]、周知のように、一八八〇年頃を境として、彼の朝鮮問題へのコミットメントを身近にいてよく知っていた竹越三叉によって、福沢の生涯を通じ最初にして最後の「政治的恋愛」と評されるような[51]、深く強い関心を抱くにいたった。そしてこのような朝鮮への接近に、「一身二生」という異文化との文化接触をふまえた自己認識の方法の、バリエーションとも言うべき観念が見られるのである。

おそらくは、『文明論之概略』緒言の「一身にして二生」や、『時事小言』緒言の「一人にして二生」ということばで表現された経験に根ざし、それらのバリエーションだったと考えられるのは、『文明論之概略』第四章に、宋の王炎の詩から引いた、「今吾は古吾に非ず[52]」である。福沢自身もこの句を用いて詩を詠じている。おそらく一八七七年と推定されるが、「偶成」と題して。「今吾自笑故吾愚　唯識彫虫苦辛𩨂　読了数千万文字　纔為四十四頑夫」(全集二〇)。

また、「覚書」のうち、一八七四(明治七)年頃と思われる記入には次のようにある。

「〇今吾と古吾とを比較して昔日の失策を回想しなば、渾身汗を流すも啻ならざること多し。然ば則ち妄に今の同時の他人を評す可らず。〇世上の人の最も恥る所は志を改ると云ふの一事なるが如し。譬へば某は頓に志を変じたり。説を改たりと云へば、無上の不外聞の様に思へども、志は時に随て変ぜざる可らず、説は事勢に由て改めざる可らず。今吾古吾恰も二人の如くなるこそ世事の進歩なれ」(全集七)

「今吾故〔または古〕吾」という発想は、自己についてのみならず、日本社会全体にも向けられる。「今後期する所は士族に固有する品行の美なるものを存して益これを養ひ、物を費すの古吾を変じて物を造るの今吾と為し、恰も商工の働きを取て士族の精神に配合し、言々」(「旧藩情」全集七)とする、例の「資力変形」論と結びついて現われた一句はそれである。

『文明論之概略』における「一身にして二生」も「今吾故吾」も共に、自己自身のラディカルな変化と、その結果としての自己の二重性を語っている。同時に両者が、自己の同一の経験について、異なる局面において、異なる側面を、異なる感情をこめて語っていることも明らかである。「一身二生」は、「極熱の火を以て極寒の水に接するが如く、人の精神に波瀾を生ずる」という、旧日本と西洋新「文明」接触のはざまに立って、古い自己を克服し新しい自己を「始造」するパーソナリティの次元の危機の経験に裏打ちされており、そこには自己内の相剋と自己異化とがうかがわれる。(53) これに対し、自己の半生を詠じた「今吾古吾」の前二例においては、両者の併存葛藤と自己異化という局面は過去のものとなり、自己の変革を既に完了した「今吾」の局面から、変革以前の「故吾」が距離を置いて眺められている。「故吾」の「愚」や「失策」が口にされていても、そこには、それを克服しえた者の余裕と自己同化が感じられるのである。

自己一身の回顧や日本の将来への構想の中で口にされて来た「今吾故吾」ということばは、金弘集を正使とする朝鮮修信使を迎えた一八八〇年夏の、「八月十二日韓使入京」と題する詠詩の中にも現われる。「異客相逢何足驚　今吾自笑故吾情　西遊記得廿年夢　帯剣横行倫動城」(全集二〇)。

福沢は、この年の秋には、朝鮮開化派の領袖金玉均・朴泳孝らの命を受けて日本に密行し彼を訪ねた僧侶李東仁と交わりを結び、李は金弘集に大きな影響を与えた。この金弘集・李東仁らの日本報告を受け、李の強い説得に動かされた朝鮮政府は、一八八一(明治一四)年には、「紳士遊覧団」と称される一行六二名の日本視察団を派遣し、その中には福沢を訪れる者がいた。中でも開化派の指導者魚允中は、半年余も日本に滞在して福沢と交わりを深め、随員中の兪吉濬・柳定秀の二人を慶応義塾に留学させるにいたった。(54) ちょうどこの頃、福沢が在英の小泉信吉と日原昌造に送った手紙の一節は、前引の漢詩に対する恰好の敷衍になっている。

「(前略)本月初旬朝鮮人数名日本の事情視察の為渡来、其中壮年二名本塾へ入社いたし、二名共まず拙宅にさし置、やさしく誘導致し遣居候。誠に二十余年前自分の事を思へば同情相憐むの念なきを不得、朝鮮人が外国留学の頭初、本塾も亦外人を入るゝの発端、実に奇偶《ママ》と可申、右を御縁として朝鮮人は貴賤となく毎度拙宅へ来訪、其咄を聞けば、他なし、三十年前の日本なり。何卒今後は良く附合開らける様に致度事に御座候。（以下略）」（一八八一年六月一七日付。全集一七）

福沢は朝鮮使節の日本訪問という文化接触の出来事に、文久二年幕府使節の欧州訪問のそれを重ねあわせ、交わりを結んだ同時代の朝鮮人士の中にわが「故吾」を見出している。ここには、他者との同一化、あるいは過去の自己とのアナロジーによる現在の他者の認識があるといえよう。このような同一化・アナロジーは、他者の認識だけではなく、他者に対する強い関心と共感に結びついている。こうして、朝鮮開化派人士との交わりを通して朝鮮の政治と社会への認識と関心が発展してゆく。朝鮮への「政治的恋愛」が燃え上り、朝鮮理解が深まってゆく。そして、このように発展してゆく彼の朝鮮理解には、一つの顕著な傾向が見られた。

「日本と朝鮮と相対すれば、日本は強大にして朝鮮は小弱なり、日本は既に文明に進て、朝鮮は尚未開なり。……我日本国が朝鮮国に対する関係は、亜米利加国が日本国に対するものと一様の関係なりとして視る可きものなり。……」（「朝鮮の交際を論ず」『時事新報』一八八二年三月一一日、全集八）

「頃日朝鮮より帰朝したる友人某氏に面会して彼の国の事情を問たれば、某は唯答て朝鮮の事情は誠に日本極るとのみ云へり。……日本極るとは日本甚しの義にして、尚これを注釈すれば日本に似ること甚しの意味なり。而して其日本は今日の日本に非ずして嘉永安政文久の日本なり。今を去ること三十年嘉永癸丑の年、亜米利加の軍艦浦賀に来て通信を求めたるとき、全国の人心鼎の沸くが如し。……当時の執権阿部伊勢守は平素穎明の聞ありし人物なれども、此変乱に処するのは難かりしにや、民間の川柳に『あめりかが阿部の睾丸つるしあげおろしや又来て又つるしあげ』と口占みたるものあり。以て其時の事情を見る可し。……横浜にて魯西亜人を切り、江戸の赤羽根にて亜米利加の書記官を殺し、東禅寺に切込み、御殿山を焼く等、乱暴狼藉至らざる所なし。……今の朝鮮も……唯一筋に攘倭の談に忙はしきことならん。即ち彼の国人が居留の日本人に対して釁あらば之を犯さんとする由縁なり。……方今彼の国の阿部伊勢守は何人なるや、気の毒千万なる次第なり。実に今の朝鮮は日本極るものと云ふ可し。我輩は幸にして、旧日本を脱し新日本に棲息し、唯今後の進歩を謀るものにして、方今は遥かに朝鮮人の上に位し、既に民権国会の段に上りたり。……」(「日本極る」『時事新報』一八八二年四月二八日、全集八)

前者は創刊早々の『時事新報』に掲げられた、朝鮮政策についての最初の論説、後者は、一八八一(明治一五)年四月、元山における朝鮮人の在留日本人襲撃事件の直後に発表された論説である。いずれにおいても、日本が「文明」化の路線を朝鮮より先行しているという認識に立ち、その上で、現在における「文明」段階の日本と「未開」段階の朝鮮との交渉を、一八五〇年代の日本にとっての西洋の衝撃とのアナロジーから理解する発想が顕著である。しかも、福沢と朝鮮開化派指導者との交わりが深まるにつれ、朝鮮の国内事情・対外関係についての情報も豊かさを増し、このアナロジーも、単純な比較から立体的構造的なものに発展していった。

壬午事変直後に発表された『時事新報』の論説「朝鮮政略」は、事件について報道しそれに対する対策を提示した上、さらにふみこんで朝鮮内政の構造の分析を企てていた。つまり朝鮮国内の政治的意見を、政府内部と民間世論の二つのレベルに分けてとらえ、それぞれのレベルにおいて、「文明の敵」=「保守党」と「文明」の味方=「改進党」の分布と社会的性格を明らかにしようとするのである。政府内部については、イデオロギー特に年齢によって分たれる「保守党」の優位と、数では劣勢の開化派の分布とについて、さらに両者の政治的関係について、同時代の日本には類を見ぬ詳細で正確な見取図を描いている。このような認識に加えて、さらに政府外の世論分布に眼を転じれば、「満天下保守頑固の世界と言ふも可なり。日本にて言へば天下到る処、国学者の一類と神風連の党派を以て充満するものの如し」(一八八二年八月三日、全集八)。この文章に続いて挙げられる衛正斥邪派の擡頭と国学者・神風連とのアナロジーには鋭いものがある。

これに引続き「朝鮮の変続報余論」は、大院君と閔氏の勢道政治の対立を軸として、宮廷内部と政府中枢の構造を分析する。衛正斥邪派の運動に乗って政権に復帰した大院君は、「内行よく脩りて好て書を読み、周公孔子の道を語て常に国体論を主張する其有様は、我日本にて言へば儒者と皇学者の精神を兼備する者の如くにして……」(『時事新報』一八八二年八月八日、全集八)ととらえられ、これに対して国王を戴く開化派の動向に関心が注がれる。「朝鮮政略備考」(『時事新報』八月五、一一、一二、一四日、全集八)は、朝鮮八道の人文、五族の身分制、儒教と仏教、中央地方の政治制度、財政についての詳細かつ体系的な記述である。「大院君の政略」(『時事新報』八月一五、一六日、全集八)は、一八六三年の摂政職就任以来の大院君の政策特に鎖国攘夷政策をたどり、「日支韓三国の関係」(『時事新報』八月二一、二三―二五日、全集八)は、中国・朝鮮の冊封・宗属関係と朝鮮の対中国感情対日感情を分析している。一八五〇年代の西欧の衝撃に直面した日本と、一八八〇年代の日本の「文明」化政策の矢面に立つ朝鮮とのアナロジーは、両国特に朝鮮の国内政治・社会構造の把握をふまえた構造論的なアナロジーということが出来よう。こうしたアナロジーから、幕末の日本と同時代の朝鮮の政治的運動の構造的な差異が浮き彫りにされ、日本の対朝鮮政策の基本方向も導き出される。

「当時朝鮮に今代の文明を慕ふ者なきに非ずと雖ども、其在廷の諸臣中に就て之を計るに、指を屈する、三十に過ぎずと云へり。世界の形勢を知るに最も便利を得たる廷臣にして尚且つ斯の如し。処士、地方吏員、農商民に至りては、朝鮮国外にも国ありて、其土地人民の有様は如何等を知るに由なく、当時尚五里霧中に在るの人々なる可し。……之を朝鮮の政治家某氏に叩きしに、……此間に点綴する開化党員は空しく蓬《マ》中の麻《マ》たるの奇観を呈す可きのみ、朝鮮は尚暗夜の時世なりとて、聴く我輩も共に浩歎の外なかりし。……昔日我日本に於ても攘夷鎖国の説喧しく、謂れなく外人を疾視して文明の新事物を悦ばず、徒らに国歩の進捗を妨げたること多かりしと雖ども、此説を持し此事を行ひし者は政治に関して有力なる士族輩に限り、其全員を計るも之を日本国民の数に比較すれば十七、八分の一に過ぎずして、其説は、甚だ喧しと雖ども其区域は甚だ小なり。……今の朝鮮は之に異なり。政権を握る国王大臣等の中に就き、僅に幾多の開国家を見るのみにして、其他は満朝満野、皆斥攘頑固の人に非ざるはなし。……昔日日本の攘夷論は政府の説なり、今日朝鮮の斥攘論は人民の説なり。政府の説は之を改むること易し、人民の説は之を改むること難し。……故に今朝鮮国をして我国と方向を一にし共に日新の文明に進ましめんとするには、大に全国の人心を一変するの法に由らざる可らず。即ち文明の新事物を輸入せしむること是なり」(「朝鮮の償金五十万円」『時事新報』一八八二年九月八日、全集八)

このような認識のもとで、福沢の対朝鮮政策の焦点となるのは、開化派への支援であり、現在の朝鮮「文明」化における開化派の役割も、幕末の日本の「文明」化における蘭学者とのアナロジーでとらえられていた。[55]

「開国以来殆ど十年の今日に至るまで、日韓両政府の交情厚きを加ふるを得ず、両国人民の貿易繁盛を致すを得ず。……蓋し朝鮮の人民決して野蛮なるに非ず、高尚の文思なきに非ずと雖ども、数百年の沈睡は仮令ひ之を喚び起して運動を促がすも、眼光尚未だ分明ならずして方向に迷ふもの丶如し。今其眼光をして分明ならしめんとする術を求むるに、威を以て嚇す可らず、利を以て啗はしむ可らず、唯其人心の非を正して自から発明せしむるの一法あるのみ。其実際の例は他に求むるを須たずして近く我日本国に在り」(「牛場卓造君朝鮮に行く」『時事新報』一八八三年一月一一—一三日、全集八)

福沢によれば、二〇年前の日本における攘夷から開国への転換は、西洋列強の「威」に屈したからでも「利」に誘なわれたからでもない。それは「内に自から其非を悟りて大に発明」(同前)した結果であり、きわめて主体的なものだった。そして、幕末におけるこのような「人心」のラジカルな変化は、それに先立つ延享明和以来の蘭学者たちの

努力によって準備されたのであり、福沢は、彼らを自からの思想的父祖として意識していた。(56)

こうして、「右の所記に従ひ朝鮮の国情を我日本に例すれば、其時勢は正に我百余年前、延享明和の時代に等しきものと言て可なり。或は其開国以来斥攘論の盛なるは、我嘉永以後慶応年間の事情に等しと言ふも可ならん。此時に当り此人民を誘導して開進の方向に運動せしめんとするの法如何す可きや。……朝鮮国中には文明開化を入るるに、内より起て其路を啓く者なくして、他より来る者あるも威を以て嚇す可らず利を以て誘ふ可らざるものなれば、目下最第一の要は其国人の心の非を正して自から迷霧を払はしむるの一手段あるのみ。即ち其手段を求れば、今日の朝鮮に於ても我延享明和に於ける蘭学の先人が実学の端を開て守旧固陋の荊棘を払ふたるが如く、又嘉永以来の洋学者が其緒を続て命脈を断たず鎖攘の殺気凜々の中に立て一身の危険を顧みず世の風潮に激して以て開明の好結果を得せしめたるが如く、率先の人物を得て国人一般の心を開くこと緊要なりと信ず」(同前)、という政策が導かれる。福沢が朝鮮における「率先の人物」として期待したのは、いうまでもなく開化派だった。そして彼らを福沢自身を始めとする「嘉永以来の洋学者」およびその先蹤である「延享明和における蘭学の先人」とのアナロジーでとらえていることから、彼らに対する期待と、彼らと「共に浩歎」する共感と一体化のほどがうかがわれよう。ここに引いた論説は、壬午軍乱の後、一八八二年九月、朴泳孝を正使とする修信使が来日して、福沢との緊密な連携のもとに朝鮮「文明」化の準備に奔走し、その帰国に当って、福沢門下の牛場卓造・井上角五郎が協力者として同行した際のものである。福沢が牛場に対して、「朝鮮国に在て全く私心を去り、猥に彼の政事に喙を容れず、猥に彼の習慣を壊るを求めずして、唯一貫の目的は君の平生学び得たる洋学の旨を伝て、彼の上流の士人をして自から発明せしむるに在るのみ」と注意し、「文明の人、動もすれば道理を説て人情を忘るる者少からず。……是に於て我輩が君に希望する所は、仮令ひ君が宗教外の人にして素より無宗旨なるも、他国の人に接して深切なるは、正に伝教師が愚民を御すると同一様たらんことの一事なり」(同前)と求めたのは、この一年半前、兪吉濬らを最初の朝鮮人留学生として慶応義塾に迎えた時のべた、「誠に二十余年前自分の事を思へば同情相憐むの念なきを不得」、「やさしく誘導致し遣居候」ということばを想わせる。開化派の「誘導」は、独自の政治勢力として彼らが潰滅するまで、福沢の対朝鮮政策の中心であり、「文明の敵」守旧派・斥倭論に対する武力行使や貿易投資はこれと相補うものとして構想されていた。

福沢には、中国に対しても、朝鮮認識に見られたと同様の構造論的アナロジーともいうべきものがないわけではなかった。しかし、朝鮮開化派との間に見られたような、近代化を志向する人々とのパーソナルな交渉は中国との間にはついに生れなかった。加えて清末中国における近代化の胎動＝洋務運動の巨頭李鴻章は、特に甲申政変以後、朝鮮における日本への対抗を強化して開化派を圧迫するにいたった。福沢のアナロジーによる理解は、清朝支配の末期を幕府崩壊の局面と対比して、その否定的な側面に関心が集中する傾向を示し、北洋陸海軍の建設を中心とする軍制改革については幕末軍制改革とのアナロジーで、その構造的な限界を指摘するのに鋭さを見せた。

「方今支那の兵制、西洋風に変じたりと云ふも唯其一部分にして、之を譬へば我徳川幕府の末年に海軍を作り陸軍制を改革して西洋に倣ふたるものに異ならず。幕府の改革は唯政府中一部の新海軍新陸軍にして、元和以降二百五十年来の海軍には所謂御船奉行あり、陸軍に大番、御書院番、御小姓組、附属の与力、同心、小普請組下の旗下、御家人等ありて、之を変革すること甚だ難し。恐らくは将軍の特権を以てするも之を動かすこと難かりしことならん。若しも強ひて之を行はんとすれば政府の根柢より動揺して、将軍も共に顚覆するなきを期す可らず。支那政府の事情、決して之に異なるを得可らざるなり。或は李鴻章の党類が、少しく西洋近時の利器を利して、少しく兵制に改革を加へ、其外貌は大国なるが故に改革の部分のみにても盛なるが如くに見ゆれども、満清政府の内部に就て詳に視察したならば、康熙以来の御船奉行もあらん、大番御書院番もあらん、況や其大奥御広鋪の情態に於てをや、依然たる大清一統の府中宮中にて、百の李鴻章あるも、千の左宗棠あるも、之を如何ともする能はざるや明なり。……全国の兵制を改ること能はずして其一部分を装ふたる者は、秩序錯雑して実用を為す可らず」(「支那人の挙動益怪しむ可し」『時事新報』一八八三年五月一二日、全集八)[57]

福沢の清末中国およびその内部での近代化の動きに対する理解に比べれば、福沢の朝鮮開化派との交渉はまことに「政治的恋愛」の名にふさわしいほど密なものがあり、福沢の彼らに対する影響力には決定的なものがあった。特に、一八八一(明治一四)年一二月から翌年七月末にかけて初めて日本を訪れ、壬午軍乱後一八八二(明治一五)年には修信使の顧問として再来日し、翌年四月まで滞在した金玉均との交わりは急速に深まった。金玉均の斡旋によって一八八三年には数十人の朝鮮人留学生が慶応義塾に入学し、一〇月には福沢の意を帯した井上角五郎らが協力して朝鮮最初の新聞『漢城旬報』が創刊された。福沢が開化派によるクーデタ甲申政変に深く関与していたことは周知の通りであり、政変失敗の後僅かに生き残った日本に亡命した金玉均らの援助に福沢は力を尽した。金玉均の『甲申日録』とともに「開化派がその思想的遺産として残した数少ない文献のうち、三大文献[58]」とされる朴泳孝の国政政策の建白(一八八八年)、兪吉濬の『西遊見聞』(一八八九年脱稿、九五年刊行)は、いずれも『学問のすゝめ』や『西洋事情』など福沢の著作に大きく拠っていた。金玉均が朝鮮政府の刺客のために非業の死を遂げた後の、遺族に対する福沢の同情も一様のものではなかった。

福沢の朝鮮開化派に対するこのような深いコミットメントの底には、今日の朝鮮修信使に二〇年前の「故吾」を見出し、今日の朝鮮を三〇年前、一〇年前の日本と類比する発想があった。またそこには、その朝鮮が、日本が今日の日本にいたるまでに走ったと同様の「文明」化の行程を一歩おくれて辿るとする、ある種の同系発展の観念があった。そこに朝鮮の「文明」化の可能性に対する期待がかかっていることは明らかであろう。しかし、そこにはまた、朝鮮について、理解し難い他者に接しているという感覚、自己の理解力についての限界の自覚は見られず、自己と日本との変化の歴史とのアナロジーを通じて朝鮮を理解しうるし、理解しているのだという自信がうかがわれる。「武以て之を保護し、文以て之を誘導し、速に我例に傚て近時の文明に入らしめざる可らず」(『時事小言』)と述べられたような、日本の「例に傚」う「文明」化の路線の想定、「誘導」という頻繁に語られたことばも、こうした背景のもとで理解することが出来よう。

しかしこれは、あくまで、「政治的恋愛」の福沢の側の意識である。相手かたの、朝鮮開化派は福沢のこのような意識、このような態度をどううけとめていたのか。この点については今日史料によってとらえることがほとんど出来ない。ただ福沢が公けにした論説や今日伝わる書簡等からうかがわれる限り、福沢にとって朝鮮との折衝は、西洋「文明」とのそれのように、根元において未知で異質な他者に初めて接する緊張を孕んだものではなかった。福沢は、「彼の西洋の学者」が「既に体を成したる文明の内に居て他国の有様を推察する」、異文化理解の限界——「臆測推量」——を激しく批判したが、日本の「文明」化の成功の地点に立って、過去の日本とのアナロジーによって朝鮮を論じる福沢の文章からは、自己の朝鮮理解に「推察」や「臆測推量」という制約が避けられぬという自覚があったようには思われない。福沢は、西洋から世界を見下した単系的な「文明」発展段階論の圧力に抗って、日本における「文明」化の独自のコースを描こうとつとめたが、福沢が朝鮮に対して抱いた「日本に傚」う「文明」化への期待に対して、当の朝鮮の側から、福沢が西欧産の文明論に対して主張したと同じような、批判と独立が主張されるということもありえたのではなかろうか。

一八九八年四月二八日付『時事新報』の論説「対韓の方針」は、福沢が、このような単系発展論と同一化・アナロジーにもとづく朝鮮理解と朝鮮「文明」化政策の破綻をついに認めざるをえなかった悲痛な告白のように響く[59]。

「我国の方針を如何にす可きやと云ふに、我輩自から見る所なきに非ず。先づ朝鮮の問題よりせんに、我国従来の対韓略を見るに、一進一退、その結果甚だ妙ならず、遂に今日の有様に及びたる始末は、世人の現に目撃したる所、別に記すまでもなけれども、我輩の所見を以てすれば、其失策は二個の原因に帰せざるを得ず。即ち我国人が他に対して義侠心に熱したると文明主義に熱したると、此二つの熱心こそ慥に失策の原因なれ。本来義侠とは弱を助け強を挫くの意味にして、一個人の友誼上には或は死生を賭して他の急を救ふなどのも談なきに非ず。……所謂刎頸莫逆の交際には自から其実を認むることもあれども、一村一郷の交際に至れば既に義侠の行はるゝを見ず。況んや国と国との交際に於てをや。……然るに我国人の朝鮮に対するや、其独立を扶植す可しと云ひ、其富強を助成す可しと云ひ、義侠一偏、自から力を致して他の事を助けんとしたるものに外ならず。……斯る次第にして、義侠の結果を如何と云ふに、或は少女が独行の途中、乱暴者に出遭ふて将に苦しめられんとしたる処に、偶然侠客の為めに救はれて危難を免かれたるが為め、其親方は義侠に感じて終身恩を忘れざるなどの談は、昔しの小説本等に毎度見る所にして、義侠心の効能は此辺に存することなれども、国と国との関係に斯る効能は見る可らず。此方にては大に義侠に熱するも、先方に於て毫も感ぜざるのみか、却てうるさしとて之を厭ふときは如何す可きや。無益の婆心を止めにすれば差支なけれども。其処が人間の感情にして、所謂可愛さ余りて憎さ百倍の喩に漏れず、一図に他の背恩を憤りて反対の挙動に出でざるを得ず。明治十五年大院君の騒動と云ひ、十七年の変乱、又二十七、八年の事件後の始末と云ひ、孰れも朝鮮人が我義侠に対する報酬にして、人間の情として快く思ふものはある可らず。憤慨の激する所、遂に二十八年十月の如き始末をも見るに至りし次第にして、其憤慨は決して無理ならずとも雖も、本を尋ぬれば畢竟漫に熱したる此方の失策にして、実際無益の労のみか、国交際には寧ろ義侠心の有害なるを見るに足る可し。左れば今後朝鮮に対する義侠の考など一切断念すること肝要なりとして、扨第二の失策は日本人が他を導かんとして文明主義に熱したることなり。朝鮮人は本来文思の素に乏しからずして決して不文不明の民に非ず。彼の南洋諸島の土人などと全く異にして、之を教へて文明に導くことは容易なるに似たり。左れば日本人の考にては彼の国情を以て恰も我維新前の有様に等しきものと認め、政治上の改革を断行して其人心を一変するときは、直に我国の今日に至らしむこと難からずとて、自国の経験を其儘に只管他を導て同じ道を行かしめんと勉めたることなりしに、豈に図らんや、彼等の頑冥不霊は南洋の土人にも譲らずして、其道を行く能はざるのみか、折角の親切を仇にして却て教導者を嫌ふに至りしこそ是非なけれ。日清戦争の当時より我国人が所謂弊政の改革を彼の政府に勧告して、内閣の組織を改め、法律及び裁判の法を定め、租税の徴収法を改正する等、形の如く日本同様の改革を行はしめんとしたるは、即ち文明主義に熱したる失策にして、其結果は彼等をしてますます日本を厭ふの考を起さしめたるに過ぎざるのみ。抑も朝鮮には自から朝鮮固有の習慣あり。其習慣は一朝にして容易に改む可きに非ず。喩へば病人が腹部の辺に何か凝を生じたりとて苦悩を訴へながら、古来習慣の医方に従ひ煎薬を服し巻木綿ぐらゐにして済し居たる処に、是れは卵巣水腫と名くる病症なり、早く切開せざれば生命にも拘はる可しとて、腹部の切開術を行ふたる其治療法は、医学の主義に於て間違ひある可らず。医者の誡に従て後の注意に怠らざるときは全快疑なき筈なれども、患者生来の習慣として一々医誡を守るを得ず。是に於てか医者は其経過の意の如くならざるを見て、何か誡を犯したる可しとして患者を責むれば、患者は却て医者の惨酷を云々して之を怨むが如き始末にては、到底善良の結果を見る可らず。斯る患者に対しては煎薬にても何薬にも病に害なき限りは許して之を服せしめながら、徐々に実験の効能を示して感化するの外なきのみ。朝鮮人の如き人民に対する筆法は、西洋医の心を以て漢方医の事を云ふこと肝要にして、文明主義の直輸入は断じて禁物なりと知る可し。左れば我輩の所見を以てすれば、今日の対韓方針は、内政を改革し独立を扶植など政治上の熱心をば従来の失策に鑑みて一切断念し、只彼等の眼前に実物を示して次第に自から悟らしむるに在るのみ」(「対韓の方針」『時事新報』一八九八年四月二八日、全集一六)

文中「二十八年十月の如き始末」は云うまでもなく対朝鮮政策のゆきづまりに焦った日本公使三浦梧楼らの閔妃殺害事件である。「日清戦争の当時より」の「所謂弊政の改革」は、一八九四―九五年の甲午改革を指す。その担い手となったのは、甲申政変の挫折によって「急進的な変法的開化派」(姜在彦)が九人の亡命者のほか殺し尽された後に残った「穏健的な改良的開化派」(同前)の内閣であり、その中心、金弘集、魚允中、兪吉濬らと福沢との一八八〇年頃からの交渉については既に見た通りである。その金弘集内閣も一八九六(明治二九)年二月の親露派グループの反撃にあって金弘集・魚允中らは虐殺され、兪吉濬ら少数が辛うじて日本に逃れるという惨澹たる終末を迎えねばならなかった。それ以来一八九〇年代後半の朝鮮政府は事実上統治能力を喪失していた。

こうした背景のもとで記されたこの論説に云う「文明主義」と「義侠心」とに「熱したる」態度が、何よりも福沢自身の、開化派を援助して、朝鮮を「日本に傚」って「文明」化しようという構想とそれに深くコミットした心情にあてはまると見てまちがいはないだろう。福沢はここではっきりと朝鮮に対する日本の「文明主義」と「義侠心」の破綻を認めている。しかしそれはどのような意味においてだろうか。その原因の一つとして、日本側の「自国の経験を其儘に只管他を導て同じ道を行かしめんと勉め」る「文明主義の直輸入」において、「朝鮮にして容易に改む可きに非」ざる「朝鮮固有の習慣」を認識しえなかったことが認められている。しかしそれだけではない。「文明主義」の破綻の原因の他の一半は、「頑冥不霊……其道を行く能はざる」という、朝鮮人の主体的な「文明」化能力の欠如にも帰されている。一方からは、「文明主義の直輸入」という路線の構想が修正を迫られるのだが、他方からは、「文明」化の路線の当否如何以前の、「文明」化の主体的能力自体が否認されるのである。このように、相手の主体的能力を認めぬことはしばしば、自分が、相手の主体的能力が活性化するための固有の条件を理解せずそれを無視したために、相手に対する自分の政策が破綻したにもかかわらず、その真の原因が自覚されていないことの表現である。福沢のこの場合もそうだったのではなかろうか。いずれにせよ福沢が朝鮮の「文明」化の見通しをのべることはこれ以後なくなる。一八九八(明治三一)年には、甲申政変の担い手となった「変法的開化派」の後進で、訪日・日本留学・日本亡命の経験を重ねた、徐載弼・尹致昊・李商在らによる独立協会の運動が急速に発展し、少数開明派官僚の集団から万民共同会という大衆運動にまで展開した。しかし、朝鮮の民主化と独立を目ざすこのような運動の展開は、福沢の視野には入らなかったようである。福沢はこの文章を記した翌年には脳溢血の最初の発作に襲われ、以後論説を公けにすること少なく、「アジア」諸国についてのそれは、北清事変当時の中国論数編にとどまる。従って、福沢のこのような思考のその後については、これ以上たどることが出来ないのである。(60)

西洋の文明論をつらぬく単系発展論とその「アジア」観がふるった内面支配・同化の圧力の危険を鋭く感じとり、それからの「独立」を模索して労苦した福沢が、朝鮮に対してはなぜ、長い期間にわたって単系発展論と自己への同一化をもってのぞんだのだろうか。この点を解くいとぐちはまだ見出せない。ただ、『文明論之概略』第十章のうち、「権力偏重」という構造の社会における「人民同権の説」の特質と問題性について、一種の社会学的考察を試みた文章は、この点に関連して示唆的である。

「今の世に人民同権の説を唱る者少なからずと雖ども、其これを唱る者は大概皆学者流の人にして、即ち士族なり、国内中人以上の人なり、嘗て特権を有したる人なり、嘗て権力をなくして人に窘められたる人に非ず、権力を握て人を窘めたる人なり。故に其同権の説を唱るの際に当て、或は隔靴の歎なきを得ず。譬へば自から喰はざれば物の真味は得て知る可らず、自から入牢したる者に非ざれば牢内の真の艱苦は語る可らざるが如し。今仮に国内の百姓町人をして智力あらしめ、其嘗て有権者のために窘められて骨髄に徹したる憤怒の趣を語らしめ、其時の細密なる事情を聞くことあらば、始て真の同権論の切なるものを得べしと雖ども、無智無勇の人民、或は嘗て怒る可き事に遭ふも其怒る可き所以を知らず、或は心に之を怒るも口に之を語ることを知らずして、傍より其事情を詳にす可き手掛り甚だ稀なり。……唯我輩の心を以て其内情を察するのみ。故に今の同権論は到底これを人の推量臆測より出たるものと云はざるを得ず。学者若し同権の本旨を探て其議論の確実なるものを得んと欲せば、之を他に求む可らず、必ず自から其身に復して、少年の時より今日に至るまで自身当局の経験を反顧して発明することある可し。如何なる身分の人にても、如何なる華族士族にても、細に其身の経験を吟味せば、生涯の中には必ず権力偏重の局に当て嘗て不平を抱きしことある可ければ、其不平憤懣の実情は之を他人に求めずして自から其身に問はざる可らず。近く余が身に覚へあることを以て一例を示さん。……然りと雖ども結局余も亦日本国中に在ては中人以上士族の列に居たる者なれば、自分の身分より以上の者に対してこそ不平を抱くことを知れども、以下の百姓町人に向ては必ず不平を抱かしめたることもある可し。唯自から之を知らざるのみ。世上に此類の事は甚だ多し。何れにも其局に当らざれば其事の真の情実は知る可らざるものなり。

是に由て考れば、今の同権論は其所論或は正確なるが如くなるも、主人自から論ずるの論に非ずして、人のために推量臆測したる客論なれば、曲情の緻密を尽したるものに非ず。故に権力不平均の害を述るに当て、自から粗鹵迂遠の弊なきを得ず。国内に之を論ずるに於ても尚且粗鹵にして洩らす所多し。況や之を拡て外国の交際に及ぼし、外人と権力を争はんとするの事に於てをや。未だ之を謀るに遑あらざるなり」

「権力不平均」の社会においては、「権力なくして人に窘められたる人」は、自己の苦しみを「怒」る能力、その「怒」りを表現する言語能力さえも剝奪され、そこでは「人民同権の説」は、かつて「権力を握って人を窘めたる人」が、彼らへの同情と推察からする彼らのための代弁たらざるをえぬ(「必ず自から其身に復して、……自身当局の経験を反顧して発明することある可し」という文章は、あるいは治者身分内部での自己の被抑圧経験とのアナロジーによって、被治者身分の被抑圧経験を理解するという発想の存在を示しているのかも知れない)。しかし、その「人のために」する「同権の説」は、所詮「推量臆測したる客論」にとどまり、さらに、自己以下の人を抑圧した事実を隠蔽しさえする。「権力不平均」の社会構造内部における弱者に対する同情と推察が、制約される機制について、これはまことに醒めた鋭いイデオロギー批判といえよう。「主人自ら論ずるの論」と「推量臆測したる客論」との対比には、『文明論之概略』緒言の「我学者」の「実験」の立場から、「既に体を成したる文明の内に居て他国の有様を推察する」「彼の西洋の学者」に対して投げかけた批判と同じ論理を読み取ることが出来る。国際社会における欧米諸国とアジア諸国との関係を、幕藩体制における武士と町人との間の、また武士社会内での直参・御三家と譜代・外様との間の「権力偏重」関係とのアナロジーで理解するのは、『文明論之概略』を始めとして、福沢の基本的論理だった。こうした彼の理論を考えあわせると、一方における「彼の西洋の学者」の「後進」日本に対する関係および、それとの類比を福沢自身意識しているのではないかと思われる、「権力を握て人を窘しめたる人」の「権力なくして人に窘しめられたる人」に対する関係と、他方における、「先進」日本(とその中の「西洋書生」)の「後進」の朝鮮(とその中の開化派)に対する関係との間には、構造的な対応を見ることが出来よう。福沢は、前者における、「他国の有様を推察」する「推量臆測」や「人のために推量臆測したる客論」に避けられぬ限界や自己欺瞞を、醒めた眼で認識しまた激しく批判した。前者についてのそのような態度と、自己および日本の「文明」への飛躍の経験とのアナロジーを手がかりとして、「後進」の国民特にその「開進分子」との間に理解と同情の関係をとり結び、日本のモデルに従って「文明」化するのを期待した態度は、福沢の意識においてどのように関係し、またはしなかったのだろうか。

七　日本における西洋産単系発展段階論
――さまざまな反応と福沢の位置

『文明論之概略』執筆の前後は、西洋の軍事力や生産力・科学技術が日本人の心を圧したばかりでなく、西洋の学問思想の圧力が日本人の内面を強く支配した時代だった。たとえば、国民国家としての独立を模索する日本に思想的な武器として受容された、西洋の自由主義や民主主義の理論も、後に例を引くように、日本人の主体的な思索能力を萎縮させ、自己の知的能力への自信を弱めるような逆説的な働きを営んだのである。

西洋思想が日本の国民的なアイデンティティの危機を惹き起す上で、とりわけ重要な意味をもったのは、西洋中心の世界「文明」の理論だった。『文明論之概略』前後までの福沢の読書を例にとっても、英米の特に世界地理や世界史の教科書、チェンバース社の叢書のような民衆教育用の著作から、バックルの『イングランド文明史』やJ・S・ミルの『代議政論』『自由論』『経済学原理』などの「名著」にいたるまで、ニュアンスの違い程度の差はあるが、世界の諸国民諸文化を、歴史的には「進歩」の異なる諸段階が、空間的には同時に併存するという関連でとらえ、それらの比較の中の西洋「文明」の先進性を認める傾向が見られた。[61]「アジア」は、このような比較＝発展段階論の枠組の中でとらえられ、そのような枠組の中では、日本の姿はしばしばインドや中国の姿の蔭にかくれていた。[62]

このような西洋産の文明史が、日本において営んだ役割もまた逆説的だった。それは、西洋の圧力のもとに「文明の交際」に引き入れられた日本の将来の進路を構想するのに格好の海図を提供した。けれども、西洋思想が日本人の内面支配に猛威をふるう状況のもとでそれは、日本人の日本についての自己認識を、西洋の「アジア」や日本についての規定に依存することによって行なわせることになった。軍事力・科学技術さらに思想の圧力によって自信を喪いがちな心に、「停滞的」「半開」といった、西洋からの「アジア」・日本についての規定は、強い力で同化を迫った。アイデンティティの危機はここにおいてさらに深刻だったといえよう。

こうした思想的な危機は、深く西洋思想をくぐった知識人によって自覚され始めていた。例えば、福沢を始めとする啓蒙思想家の伝える西洋の政治社会の思想を熱心に学んで、民権派知識人として成長しつつあった植木枝盛は、一八七七(明治一〇)年、次のように記した。

「今日ノ西洋ノ事物荐リニ入レ来リ学術ノ如キモ業既ニ具備シタル者荐リニ入リニ入リ来ルニ於テハ固ヨリ当時ニ益アレトモ人ノ(殊ニ学者及ヒ発明者)思想ヲ薄弱ナラシムルノ患ハ随分大ナルコトナルベシ人ハ事物ノ猶ホ不

足スル時ニ於テハ大ニ自己ノ心思ヲ注キテ種々ノ問題ヲ索考シ種々ノ発明ヲ為サンコトヲ欲スルモノナレトモ……今ノ如ク一々欧米ノ事物ヲ入ル、時ハ彼ノ事柄ハ我国ニ取テハ已ニ具備スルノミナラズ遥カニ数等ヲ進ムルカ故ニ我国人ガ折角ニ思索シ発明スルコトモ彼ノ各国ニ於テハ疾クニ之ヲ考究発明シテ既ニ平々ノ事ニ属スレハ我国人ハ今日ニ於テ自ラ事物ノ発明ヲ為スモ其詮ナク実ニ楽ミモナクヤルセモナキ有様ナルニゾ遂ニ初メヨリ其心ヲ折キテ彼ノ輸入物ニ譲リ之ニ依頼シテ自己ノ心思ヲ使用スルコトヲ為サズ或ハ著述ヲ為スモ翻訳書ニ推シツブサレテ顕ハレズ亦尊重セラル、コトモナケレバ自ツカラ著述ニ力ヲ費スモノ少カルベシ之ヲ奈ンゾ思想ヲ薄弱ナラシムル患ナシト謂フ可ケン哉」(「無天雑録」一二月三〇日の項)

一八八一(明治一四)年、私擬憲法起草の動きが活潑になったさ中に、愛知自由党の領袖内藤魯一は、あたかも植木のことばを敷衍するかのように、嚶鳴社を始めとする、東京の知識人集団の憲法草案を批判した。彼によれば、これら「東京ニ於テ名望博識ナルモノ」は、「博識ノ為メニ却テ其精神ヲ欧州各国ノ憲法ニ奪ハレ」て、「無政府ノ邦土ニ立チテ始メテ国家ヲ組織スルノ精神ヲ以テ草案ヲ起シタルモノニ之レナ」く、そのため「往々其条目中道理ニ適ハザルモノ之レアリ」(63)という結果をもたらしているのである。さらに、内藤の意見を示された植木枝盛は、それを受けて、「今日ノ洋学者流」が、それぞれに自分が詳しい国の憲法を「称賛」「羨慕」「模倣」するのを批判して、「我日本ノ同胞諸君ハ今日始テ国会ヲ開キ憲法ヲ立テントスルニ臨ミテ毫末モ自ラ卑屈スルコトナク必スヤ道理ニ問フテ而シテ之ヲ作レヨ夢ニモ亦且欧米憲法ノ奴隷トナル勿レ……」(64)とのべた。

すでに植木や内藤が警告していた危機の認識をさらに発展させ、自前の国際関係の理論の中に組み入れたのが、陸羯南の「国際論」だったといえよう。羯南は、激烈な国家間の競争と国民的な統一・独立の過程について、国家を主体とする意図的な侵略——「併合」(「アブソルプシィョン」)——の他に、私人を行動主体とし、意図せずして他国民の統合を解体する結果をもたらす「蚕食」(「エリミネーション」)の機能に注意を促し、両者の相互浸透の関係を鋭く分析した。彼は、「蚕食」の中でも優越した「言語、文芸、学術、技能、宗教、哲理等の類」を手段とし、他国民をそれに陶酔させ、その統合を解体させる「心理的蚕食」が、その国民によってそれとして自覚され難い点に、特に危険性を認め、「浅見者の常に文明の輸入を謳歌する」(65)のに強い危機感を抱いたのである。

このような思想的雰囲気のもとで、西洋の文明論における「アジア」や「半開」という規定がふるった同化強制の圧力に抵抗することは、極めて困難だった。西洋の文明論における「アジア」や「半開」観には、何よりも日本の影が薄かった。一九世紀後半において、日本の名を挙げ日本についての資料を引いた西洋の社会理論は、スペンサーの『社会学原理』の登場をまたねばならなかった。またこのころの西洋の「アジア」観・日本観には、「アジア」や日本の停滞性・「半開」性などを地理的条件あるいは人種的条件によって拘束されたものとする、決定論的な見方が強かった。

こうした西洋からの非西洋圏諸文化の理解に対する批判は、なかったわけではない。たとえば西周は、スペンサーが『心理学原理』において学問発達の原理を論じて、脳の小さい「下等」人種は「単素ナル念」〔simple ideas〕を作ることは出来るが、より高度な「組織セル念慮」〔complex ones〕を作りうるのは、脳の大きいヨーロッパ人のみだ、という議論に反撥してのべた。

「スペンセルノ論ニ拠レハ、カノ特別ノ観念ヲ作リ得レトモ、組織ナル観念ヲナシ得サルハ、唯人種ニ由ル如ク見エ、天然変ス可ラサル者ノ如ク、之ヲ運命トスヘキ者ノ如ク見ユレトモ、是ハ唯現在ノ景況ヲ云フ耳ニテ、変化ス可ラスト云フ意ニハ非ス、……本邦ノ如キハ……摸擬ニ長シテ思索発明ニ短ナリト雖トモ、必ス然リト定マリタル事ハ非ス……(66)」

西は、このような現実をどのような方法により、どの程度まで変えることが出来ると考えたのか。彼によれば、日

本の学問には、元来中国のそれの「踏襲摸倣」の傾向が強かった。そして、

「勿論今日ノ所謂学術ハ、欧洲ヨリ輸入スル所ニ係レハ、前日ノ漢学ト云フ者ノ比ニ非レハ、唯摸倣踏襲スルトモ日モ亦足ラサル所アレハ、況ヤ自ラ機軸ヲ出ス等ノ事ハ固ヨリ企テ及フヘキ所ニ非ス、然レトモ唯摸倣ヲ事トシテ、概通一貫ノ理ヲ求ムルコト無ク、言ハ、一事ヲ論シ一事ヲ行ナフモ哲学上ノ見解ナキ時ハ、唯是優孟ノ技タルノミ、……今此摸倣ノ弊ヲ矯メムト欲セハ、……唯二道アルニ過キス、其一実験ヲ主トス、其一ハ学問ノ淵源ヲ深ウスルナリ……両相待テ、他国ノ学術ト云フ者、始メテ自国ノ用ニ供スヘキナリ」(同前)

西周の哲学特に論理学への関心は、非西洋諸人種の知的能力に対する西洋の否定的な評価に抵抗し、「日本人ハ摸倣ニ長ス、発明思索ハ長スル所ニ非ス」という広く流布した観念を打破する意図をその一つの動機にしていた(67)。それにしてもここにはなお、「自ラ機軸ヲ出ス等ノ事ハ固ヨリ企テ及フヘキ所ニ非ス」というペシミズムがうかがわれる。そこには西洋の「諸書史」「諸学術」が、西を「惘然自失」「惛然自惑(68)」させた打撃の傷痕を見ることが出来るのではなかろうか。

若き日の三宅雪嶺が、東京大学卒業に際してまとめた論文においても、このようなこころみがなされた。彼は「外国人ハ論ナク内国人自ラモ往々日本人民ノ忍耐力ニ乏シク軽躁浮薄ニシテ小成ニ安ンシ偏ヘニ模倣ヲ事トスル由ヲ云(69)」う、現実を批判し、かつて中村敬宇が『明六雑誌』に「人民ノ性質ヲ改造スルノ説」を発表して、日本人民の社会的性格の欠陥を執拗なまでに数え立て批判した例を引いた。彼は、もし日本人民がその起源から「日本群島」に定住していたのなら、その風土的条件に規定されて「其性質ノ醜陋ナルニ拘ラス、今更ラ改造セン事ヲ望ムハ猶金石ヲ火中ニ入レテ益々冷寒ナルヲ欲スルニ異ナラザルベシ」とした。しかし「幸ニシテ事実ノ之ト相違スルヲ証スル難キニアラス」。日本人民の起源は「蒙古満洲ノ間」においてであり、日本人民のさまざまな悪しき性質はこの地域の風土によって形成された。そうであれば、大陸内部から群島に移住し、「群島内ニテ時ヲ経ルニ従ヒ、自然ニ減殺セン

トスル者ニアラサルヲ保スヘケンヤ」としたのである。これは、国民的性格の形成における風土の影響を重視する立場に立ちながら、内外からの日本人観に支配的な、軽薄・模倣等々の欠陥を宿命的なものと見るペシミズムを批判し、それが「改造」可能なことを立論しようとする苦肉の試みだったといえよう。

スペンサーの著作、特に『社会学原理』にいたって、日本についての記述が、典拠を示して現われるにいたり、それに伴って、西洋からの日本像に対する日本側からの批判もようやくはっきりした形で現われるにいたった。『社会学原理』を読んだある文学士は、西洋から日本を訪れる旅行者の多くが、「泰西のほかみな蛮夷国なり未開国なりと臆断し……その東邦に来るやまた蛮夷国たり未開国たるの性質を発見せざる以上は彼等の感情を満足せしむること能は」ず、「勉めて古代の遺風を捜し強ひて旧時の廃物を求め稍や蛮夷国たり未開国たるの形跡を執へて心密かにこれを喜ぶ」という傾向を批判し、スペンサーもまた「一般の旅行者の如く東邦を以て蛮夷国未開国の名称の下に従属せしめんと欲したるなり、氏は本邦を以て『アウストラリア』『ハワイ』『サモア』『エスキモー』『タヒチ』『サイアム』『インジア』其他普通人の其名をだに聞知せざる諸州と相伍せしめんことを企てたるものなり[70]」と、糾弾した。このような結論にいたるまでに、彼は、『社会学原理』第四部「儀礼制度」全体を通じる日本についての記述とその根拠資料とを精査して、資料の多くが古く、日本についての記述は、幕藩体制下の事実、しかもいちじるしく歪められたそれを、現在の事実であるかのように描いていることを明らかにした。

西洋の学問的著作の中に現われた、歪んだ日本観に対する批判は、ようやく現われた。しかし、そのような日本観の理論的枠組をなす単系的発展段階論のパラダイムそのものが、世界歴史における日本の将来を構想するさいに孕んでいる問題性についての自覚や、それに対する批判は、ついに十分に展開されることなく終った。たとえば、一八八〇年代末の徳富蘇峰が、「世界の大勢」のうちに、「将来の日本」についての明るい展望を描いて多くの青年の心をとらえたこと、彼の「世界の大勢」論が、『社会学原理』を中心とするスペンサーの単系発展論に依拠していたこと、はこれまでの研究によって明らかにされている。[71]

スペンサーの理論は、バックルのそれ以上に「堅固」で壮大な「グランド・セオリー」だった。それはビクトリア期の英国の巨大な社会変動を背景として生れ、一方におけるテクノロジーの「進歩」とともに、他方における人心の深刻な混迷と不安に直面していた。スペンサー理論の体系は、現実を記述するとともに、それに明瞭で包括的な解釈を与えることによって混迷と不安を収束する「一種の神義論」の「機能」を営んだのである。[72]蘇峰はおそらく、日本においてこのような理論を受容することに伴う問題について考えることなく、かなり安易にスペンサーの単系的発展段階論を受け容れた。彼の「世界の大勢」は、彼自らの世界史の動向の分析の上に築かれたというより、世界史の動向についての、スペンサーの理論への「理論信仰」の上に成り立っていたといえよう。しかもスペンサーの理論には本来このような「神義論」的性格がいちじるしく、現実から乖離する傾向を孕んでいた。蘇峰は、スペンサー自身が、自己の理論と現実との乖離を否定しえぬまでにいたりそれに苦慮していた頃、「武備的社会」から「生産的社会」への「進化」というスペンサーの理論を、世界史の必然不可抗の事実だと説いて青年を惹きつけたのである。[73]蘇峰の「世界の大勢」が、二重の意味において現実から乖離した「信仰」の生む幻影にすぎぬことは、歴史の現実によって、徐々にそして最後には劇的な形で、あらわにされた。

しかし、蘇峰の単系発展論の問題性を見てとり、これを鋭く批判した者も、それに替る歴史理論を作り出すことはなかった。中江兆民が、『将来之日本』刊行からほどなく、『国民之友』の論調に現われた「進化神」への「一任」の態度を批判したことはよく知られている。[74]『三酔人経綸問答』における洋学紳士が、「文明の途に於て後進なる一小邦にして……亜細亜の辺陬より崛起し、一蹴して自由な愛の境界に跳入し」と主張し、南海先生が「紳士君の所謂進化の理に拠りて考ふるも、専制より出でて立憲に入り、立憲より出でゝ民主に入ること、是れ正に政治社会行旅の次序なり。専制より出でゝ一蹴して民主に入るが如きは、決して次序に非ざるなり」と批判する応酬も、「政治的進化」の普遍法則が、後進小国日本の西欧派知識人の思想にもたらした重圧と、「進歩」の一列縦隊の後尾から先頭に跳び出ることによってそれを脱れようとする苦闘を描き出しているといえよう。しかし兆民自身が「政治的進化」の普遍法則の孕む問題性をどのように認識し、どのような解決策を考えていたかは、結局の所さだかでない。

徳富蘇峰の「世界の大勢」信仰に対して、国民的なレベルでのアイデンティティの危機をもたらすものとして、正面からこれに対立したのは、陸羯南のいわゆる「国民論派」だった。彼らは、「世界の文明」という概念を、西洋文明の世界化としてではなく、それぞれに独自の個性を有する諸文化の有機的な統一としてとらえた。(75) そのような「世界の文明」観は、西洋中心の単系的発展論への同化をこえる、多系的発展論と結びつく可能性としていたといえよう。「国民論派」の中でこのような独自の普遍史像を模索した第一人者は、おそらく三宅雪嶺だったと思われる。彼は同世代の知識人の中で、スペンサー理論に沈潜すること最も深かった。彼はまた、「スペンサルの社会学を著はすや、慧眼早く已に大に日本の事蹟に注視して、多く材料を此に引用せしも、其の報道の確実ならざりしが為に、効を収むること絶えて無かりしに似たり」(『真善美日本人』)と批判した。彼は、日本文化の個性的な歴史を組み入れることが、普遍史的な「社会進化の理論」を築くために重要な意味をもつと考え、スペンサーをこのような意味で「慧眼」とした。スペンサーの社会理論に現われた日本観に対する彼の批判は、日本についての正確な情報をその中に組み込むことによって「破天荒の新説を造」り、「社会進化の理論を完成する」(同前)に寄与するという、積極的な立場からなされていた。

彼はさらに、「東洋の事蹟」を探究するとともに、「新たに輸入せる泰西の理論を挙げて対照探究の資に供し」「東洋の新材料に藉りて、未発の新理義を発揮」し、「全世界の真を極むるの歩趨を策進する」(同前)ことを、日本の、世界に対する学問上の使命とした。ここには、西洋中心の「社会進化の理論」への同化の圧力から独立して、日本の立場から世界を通じる「社会進化の理論」を創造しようとする志向が見られるのではなかろうか。雪嶺のこれ以後の日本・中国・西洋にわたる多くの史論比較文化論は、そのような志向を具体化しようとする試みだったように思われる。しかし、雪嶺の場合にも、そのような試みに力が注がれるにいたったのは、明治末期に入ってからで、一九一〇年代がその盛期だった。

このような背景を概観して再び福沢にもどる時、西洋「文明」への「心酔」現象を批判し、西洋中心の文明史の理論から独立して自前の文明論を「始造」しようとした福沢の思想的奮闘の意味も、多少なりとも明らかになるだろう。福沢は西洋「文明」に「心酔」して、西洋「文明」の受容や自由貿易を安易に讃美する者に激しい批判をあびせた。彼はこのような「思想浅き人」が見逃す、「文明に前後あれば前なる者は後なる者を制し、後なる者は前なる者に制せらるゝの理なり」(『文明論之概略』)という深刻な事実に注意を喚起した。彼はまた「産物国」と「製物国」との、「文明の国」と「下流の未開国」との間における貿易や投資の関係が、後者の「損亡」をもたらし、「世界の貧は悉く下流に帰す可し」(同前)という構造を鋭く見抜いて警告を重ねた。それは意図せずして、バックル理論の大きな弱点を衝いていた。バックルは「文明」発展の異なる段階を西洋のそれと西洋外のそれとして対比したが、両者の交渉の問題、特に両者の接触においてより高い段階にある前者が後者の文化を破壊する可能性については考慮を払っていなかった。[76] 国際経済については、アダム・スミスの自由貿易論を礼賛する以上には何ほども出ていなかった。

西洋の学問特にその「文明」発展論における「アジア」観や日本観が、日本人の国民的な自己認識の形成に対していとなむマイナスの作用についての福沢の認識もまた鋭かった。すでに見たように、このような日本観に対する批判の展開は、日本に正面からふれたスペンサーの『社会学原理』が読まれるようになるのを待たねばならなかった。またその場合も批判は、日本についての個々の記述と実態とのずれを指摘するにとどまっていた。これに対して福沢は、日本についてはまだ余り関心を払うことなしに「アジア」や「半開」段階を論じるにとどまっている書物に接して、すでに、その「アジア」観や「半開」段階論が、日本の国民的な自己認識にとってもつ危険な作用を敏感に見抜いた。彼の場合そのような「アジア」観に対する批判もまた、素朴ながら一つの構造をもった、イデオロギー批判のレベルに達そうとしていた。

「彼の西洋の学者が既に体を成したる文明の内に居て他国の有様を推察する者」に向けられた福沢のことばは、このような西洋中心の社会＝歴史理論における非西洋社会のイメージへの、同化の圧力をはね返そうとする、思想的な独立の宣言を意味していた。それは地理的には遠い距離を隔て、また「文明」発展の段階を異にする西洋社会の中にいながらにして、「転覆回旋」「紛擾雑駁」の「始造」の国について「推察」「臆測推量」をたくましくする「西洋の学者」に対する、「自己の経験」――とりわけ「一身二生」という特別のそれ――の立場からの批判だった。福沢のこのような批判は、彼の意図をこえて、ビクトリア期英国の世界文明論の核心的な問題点に的中していた。『イングランド文明史』二巻に力を注ぎ、ついに中途に斃れたバックルの学問的生活は、そのことを象徴的に示している。

一八歳の年から翌年にかけて、大陸旅行の間にライフ・ワークへのアイデアを得たバックルは、父の死後、母と二人でロンドン、オックスフォード・テラスに家を買って移り住んだ。外の世界と社交的のみならず物理的にも交渉を断って執筆に専念するために、彼は家の後庭に特異な構造の仕事場を建てた。母屋への通路と一つの小さい窓と屋根の明り取りのほか開口部はなく、四囲の壁には上から下まで書棚が作りつけられた。本来のプランは、世界諸国民の思想の比較研究にあったから、大量の旅行者や宣教師・植民地行政官の記録を含めて全世界についての膨大な書物が買い入れられ、二万二千冊に達した。バックルは、一四年間このブンカーのような仕事場に籠って、世に名を知られることもなく読書と執筆に専念した。[77]それでもなお、世界諸国民の比較という当初の計画を実現するには時が限られていることを自覚するにいたって、主題と範囲を限定した結果が『イングランド文明史』だった。[78]こうして一八五七年には『英国文明史』の第一巻が、六一年には第二巻が出版された。その頃体力のいちじるしい衰えに苦しんでいたバックルは気分の転換をはかって中東への旅に出た。ナイル河を遡り、さらにパレスチナに向った彼は、一八六二年五月、生涯に最初にして最後の、ヨーロッパ外への旅の途中病をえ、ダマスカスに没したのである。一四年にわたって、ブンカーのような仕事場に閉じ籠った年月の間に、バックルは、精力的に渉猟した数多くの書物について膨大なノートを書きためていた。その記録によってわれわれは、彼がどのような書物をどのように読んだか、『イングランド文明史』の紙面に現われない背後の世界をもうかがうことが出来る。[79] その記録には、トゥンベルクの『日本旅行記』(一七九五年)とゴロウニンの『日本捕囚記』(一八二四年)[80]から書き抜かれた日本の社会と習俗についてのノートが見られる。バックルが『英国文明史』において、インドによって「アジア」を代表させ、「アジア」の停滞性・専制政治等を論じた時、彼は日本の名をあげることはしなかったが、「アジア」についての記述は、おそらく日本をも念頭においてなされていたのである。また『英国文明史』執筆の後に残された断片の中では、アジア・アフリカ・アメリカ(合衆国を除く)においては人類は「文明」を作り出すことが出来ず、ただヨーロッパにおいてのみそれは可能だったと、『英国文明史』における以上にいちじるしい、西洋と非西洋の対照がのべられている。[81]

「彼の西洋の学者が既に体を成したる文明の内に居て他国の有様を推察する」という福沢のことばと、バックルが「世界の首都」ロンドンの一隅に籠居して世界諸国民の比較史を構想した辛苦の営みとは、二人の意図をこえて驚くほど照応していることがうかがわれよう。そして西洋社会をほとんど出ることなく、世界諸国民諸民族をおおう壮大な比較史や歴史的な人類学理論を構想するのは、ひとりバックルにとどまらず、スペンサーやビクトリア期の人類学の先駆者たちに共通する傾向だった。J・W・バロウは、一九世紀中葉から末期まで、ビクトリア期の英国を支配したこのような「思弁的歴史哲学」・「安楽椅子《アーム・チェア》の人類学」の思想動向の、内側からの分析を試みている。[82]

バロウが、このような社会理論の成立の背景と特質についてのべる分析の要点は以下のとおりである。一九世紀中葉の英国は、国内的に大きな社会変動を経験し、また海外において接触する世界も急速に拡大し多様化していた。そのような英国は、自信と希望に燃えながら、同時に逃れ難い混迷と不安に悩んでいた。英国にとっての、世界像の拡大と混乱という側面に限っていえば、非西洋圏の諸民族との接触が拡大する中で、一八世紀の西洋に顕著だった彼らに対する寛容や讃美は姿を消して、西洋こそが「文明」の頂上だとし、西洋外の諸民族を軽蔑と非難の眼で眺める、傲慢な「文化的ショーヴィニズム」が強くなっていた。他方、諸民族の多様な分化をこえた、人類の同一性という伝統的な観念も捨てることは出来なかった。しかも、西洋特に英国の「文明」の優越性や、世界の諸民族の同一性は、これまでのように功利主義やキリスト教の教義によって証明することは困難になっていた。

このような思想状況のもとで登場したのが、自然科学的な「実証的」方法によって発見される「法則」という観念だった。「野蛮」や「未開」のそれを含む、世界の全ての人種・民族が、自然科学的に確実な法則に従って発展する。西洋文明がその行進の先頭を歩み、他の諸民族は、西洋がかつて通過したさまざまな前段階を、おくれて歩んでいるのだ、という単系的な発展段階論が生まれる。(83) そのような法則の発見によって、英国の置かれた世界の変化について、確実な解釈と見通しが与えられるのである。バックルやスペンサーらビクトリア期の知識人が、ロンドンの仕事場に閉居して、旅行者・宣教師や植民地行政官が記した「未開」「半開」の諸民族についての文献を渉猟し、壮大な世界諸民族の歴史を構想する、「安楽椅子的」「思弁的」態度と比較＝発展段階的方法の結びつきは、このようにして生まれたのである。この壮大で思弁的な世界歴史の構想の動機においては、既にのべられたような、世界における西洋ないし英国の位置の弁証という、自己中心的な関心が強く、諸々の異文化をそれ自体として内在的に理解する関心は乏しかった。関心自体のバイアスに加えて、異文化についての情報源となった旅行者・宣教師や植民地行政官の異文化についての報告も、その異文化に接近する観点からして根本的な制約を免れることが出来なかったのである。

一九世紀の西洋ことに英国で産まれた世界史の理論のこのような背景と特質を理解した上で、『文明論之概略』に帰ると、福沢が、西洋からの「アジア」観に対して鋭い批判を試みたばかりでなく、こうした「アジア」観の背景をなしている西洋産の文明史の理論の特質とその機能をも実に的確にとらえていることが明らかになるだろう。ヨーロッパ・アメリカ・トルコ・「アジア」諸国・アフリカ・オーストラリアという地球上に併存し、比較の対象とされる諸文化は、「最上の文明国」・「半開」・「野蛮」という「人類の当に経過す可き階級」ないし「文明の齢」という段階の関係でとらえられる。それは「西欧諸国の人民独り自ら文明を誇る」ことを可能にするだけでなく、西洋外の世界にも輸出されて「世界の通論」として通用し、内面支配の猛威をふるうにいたっている。「彼の半開野蛮の人民も、自からこの名称の誣ひざるに服し、自から半開野蛮の名に安んじて、敢て自国の有様を誇り西洋諸国の人民の右に出ると思ふ者なし」。福沢のことばは、西洋産の文明論が、彼の同時代の知識人たちの内面にふるった同化の圧力を描いている。しかし、このことばは同時に、そのような圧力によって内面を支配された人々への批判をも含んでいるのではなかろうか。福沢自身は、このような西洋産の「世界の通論」に「安んじ」「服」しえぬものを意識していたのではなかろうか。福沢が、日本において「西洋の文明」とそれに先行する段階とを一身に経験する「一身二生」の「実験」という視座からして、「彼の西洋の学者」の視座からする文明論から独立した、「人の精神発達の議論」を構想し、『文明論之概略』の前後にかけて、西洋産の単系的発展段階論の枠をこえようとする試みを示していたのも、このような背景のもとにおいてだったのではなかろうか。

福沢はその同時代から、西洋社会理論受容の旗がしらと目されてきた。たしかに同世代の知識人の中で、彼の西洋社会理論の理解の深さは群を抜いている。しかし、福沢がそれと同時に、西洋の社会理論が日本に受容された時にふるった、内面支配・同化への圧力とその問題性をいち早く感じ取り、そこから思想的に独立する志向を示していたことは、今日まで注目されることが少なかったように思われる。福沢は、この点においても、同世代の明治啓蒙の指導者に、また田口卯吉や徳富蘇峰ら後の世代の西洋派知識人にもぬきんでていた。この点において福沢に近い関心を有したのは、むしろ西洋の社会理論を深くくぐったナショナリスト、三宅雪嶺ら「国民論派」の知識人だったといえよう。福沢において、『文明論之概略』は、二重の意味で彼の西洋社会理論受容における転機を意味していた。それまで世界地理や世界歴史・西洋史の教科書、チェンバース社の『政治経済学』、ウェイランドの『政治経済学要綱』といった教科書やポピュラーな書物を、かつ、その中に孕まれる「アジア」観の問題性に格別の注意を促すことなく、翻訳翻案して、次々にベストセラーを世に送ってきた福沢は、深く期する所ある如く、そのような著作活動を打ち切った(本章第一節)。その後の福沢の西洋社会理論受容の努力は、第一にギゾー、バックル、J・S・ミルらのより本格的な書物の世界に向けられるにいたり、[84]第二に、西洋の社会理論が日本に受容された時に孕む問題性が、強く意識されるようになったようである。

しかし、西洋の社会理論の内面支配の圧力、西洋の「アジア」観・日本観への同化の圧力に批判をゆるめなかった福沢も、既に見たように、西洋の単系発展論に対する、日本の視座からのとらえなおしと再構成の試みをどれだけ進めることが出来たかは、結局のところ明らかではない。その背景には、一つには、ある時期の福沢に、日本が「西洋の文明」を、同じ路線上を追いかけ追いつくという楽観的な見通しが生まれたことがあったのではなかろうか(本章第五節)、またさらに、西洋産の文明論の圧力は、福沢にとっても、巨大な中国文化の周辺地域としての日本の文化的背景からしても、西洋との文化的落差からしても、あまりにも大きかったのではなかろうか。[85]西洋中心の単系的発展の世界史論を、日本という視座からいかに主体的に受けとめるかという課題は、一九二〇—三〇年代におけるマルクス主義の世界資本主義＝革命の理論、さらに一九六〇年代の近代化理論・政治発展理論との折衝にまで持ち越されることになったといえよう。『文明論之概略』とその前後の福沢の思索と著述は、そのような今日の課題の出発点としての意味をも有しているといえよう。

(1)　小沢栄一『近代日本史学史の研究　明治編』(吉川弘文館、一九六八年)、伊藤正雄『口訳評注　文明論之概略』(一九七二年)

に始まり、最近では安西敏三氏『福沢諭吉と西欧思想』(名古屋大学出版会、一九九五年)、丸山真男『文明論之概略を読む』上・中・下(岩波新書、一九八六年)等一連の研究。『文明論之概略』における基本概念の一つ「ナショナリチ」がミルの『代議政論』に由来するものであることがあきらかにされたのも、安西氏の「福沢諭吉とJ・S・ミル『女性の隷従』」(『福沢諭吉年鑑』5、一九七八年)においてである。

(2) 参照、中井信彦・戸沢行夫「『文明論之概略』の自筆草稿について」(『福沢諭吉年鑑』2、一九七五年)、中井信彦「『文明論之概略』をめぐって」(『福沢諭吉年鑑』19、一九九二年)、進藤咲子『『文明論之概略』草稿の考察』(福沢諭吉協会、二〇〇〇年)。筆者も草稿全体に目を通しているが、これらに負う所が大きい。

(3) 小沢(1)前掲書一五六頁。

(4) このようなとらえ方については、J. W. Burrow, *Evolution and Society*, Cambridge U. P. 1966, esp. Chs. 1-4. R. A. Nisbet, *Social Change and History*, Oxford U. P. 1969, esp. Chs. 4-6 に負う。

(5) 『輿地誌略』は「サウェージ」「セミバルバリヤン」「ハーフ、シフィライズド」「エンライテント」、『掌中万国一覧』および『世界国尽』「附録」は「渾沌」「蛮野」「未開」又は「半開」、「開化文明」又は「文明開化」の四段階が、諸地域に対応させられており、トルコ、ペルシャや中国を始めアジア諸国は「ハーフ、シフィライズド」―「半開」段階に配当されている。『掌中万国一覧』『世界国尽』「附録」の「人種の論」「蛮野文明の別」(全集二、四六二―六五頁)および「人間の地学」(全集二、六六三―六七頁)は、挿絵にいたるまで一八六六年の「亜版『ミッチェル』地理書」、*Mitchell's School Geography* 1866. の当該部分に忠実に拠ったものと思われる(『掌中万国一覧』凡例、全集二、四五六頁参照)。右の一八六六年版を見ることは出来なかったが慶応義塾で教科書として用いられた *Mitchell's School Geography, revised edition*、その後の *Mitchell's New School Geography* もこの部分は、福沢の両書とよく対応する。

(6) なお、本文引用に続く「近くは我日本上国の人民を以て蝦夷人に比するときは……」は、草稿では「近クハ我本国ノ人民ヲ以テ……」となっていた。なお「上国」「下国」という対概念は、これに先立って「唐人往来」においては、文明発展段階の表現として用いられている。

(7) 木村匡編『森先生伝』(一八九九年)六二―六四頁。なおI. P. Hall, *Mori Arinori*, 1973, pp. 171, 206 f., 210, 212. には木村匡の記述を立入って裏付ける検討がある。

（8）　木村（7）前掲書七七―七八頁。それまで自分が英・米訪問のさいに買いつけた、ポピュラーな書物の翻訳紹介に没頭して来た福沢が、「最早翻訳に念は無之、……百事を止め読書勉強」に専心するべく決心したのは、おりから帰国した森有礼の英米における一流の学者との交際と集めた書物とを示されて、西欧の本格的な学問と〈名著〉の世界を知って衝撃を受けたためではないか、というのが私の想像である。『文明論之概略』のもとになったものを始めこれ以後福沢が精読した書物が、ヨーロッパの著作の場合もアメリカ版によっているのも、あるいはそれを裏づけるのではないかとも思われる。同時に、『文明論之概略』を著して西洋の文明論からの「独立」をはかったのも、福沢の前に現われた森の西欧の学問や文明論への「心酔」ぶりに驚いたことが一つの大きなきっかけになったのではないか、というのがこれに続く想像である。

（9）　Hall, *op. cit.*, p. 227.

（10）　「書生が日本の言語は不便利にして文章も演説も出来ぬゆゑ、英語を使い英文を用るなぞと、取るにも足らぬ馬鹿を云ふ者あり。按ずるに此書生は日本に生れて未だ十分に日本語を用たることなき男ならん」という『学問のすゝめ』十七編（一八七六年一一月刊）のことばもこれに関連するものと思われる。ちなみに森は、明六社の演説がかなり回を重ねるにいたった後にもこれに対して「未タ之ヲ聴クノ後就テ討論批評スルノ段ニ至ラス」という厳しい評価をのべていた（「明六社第一年回役員改選ニ付演説」『明六社雑誌』第三〇号）。

（11）　ただ、反論執筆者の一人で明六社同人中政府の中枢に最も近い所にいた森有礼は、参議大久保利通に、「別冊学問ノス丶メ四編近来之上出来物ト存シ……有志者之者ハ須ク一読スヘキ一冊子ト存シ候」という添書を付して、この本をすすめている（一八七四年一月七日付、大久保宛書簡、大久保利謙編『森有礼全集』第二巻、宣文堂書店、一九七二年、七七頁）。

（12）　この文章で書き出される一節は、最終稿に更に貼紙をして書き加えられている。

（13）　「近日世に政を談ずる学者の説に曰く」として民撰議院設立尚早論を紹介した上批判しており、特定個人の名は現われないが、諸論点全体をこの論争の直後『朝野新聞』（一八七五年五月八日）に寄せられた投書「五月一日明六社会談話筆記」と対照すれば、この文章が、明六社の公開演説における加藤と福沢の論争にもとづくことが一目瞭然である。なおこの投書を始め『朝野新聞』に寄せられた、この論争の反響のひろがりを示す投書四編とこれに対する明六社側の社告一編が、大久保利謙『明六社考』（立体社、一九七六年、七三頁以下、のち『大久保利謙歴史著作集』第六巻、吉川弘文館、一九八八年に収録）に収められている。なお六月一九日付 *Japan Weekly Mail* も五月一日のこの会についての報道を掲げた（Hall, *op. cit.*, p. 265）。

(14) 「逐円奴」という表現は、この頃書いた『文明論之概略』に現われる。J・S・ミルが『経済学原理』でアメリカ合衆国の文化を批判して使ったことば dollar-hunter の援用。

(15) 『明六雑誌』第三〇号に掲載。

(16) 英文が *Japan Weekly Mail* 一八七二年五月一八日に、漢文の原文は、『新聞雑誌』第五八号に掲載。

(17) 西がこの論文のようなテーマについて『明六雑誌』掲載の前に、明六社などで演説したことがあったか否かは、これまでの所不明である。日本の「封建」の特質についての、福沢の、西周をふくむ理解への批判について第三節を参照。

(18) *History of Civilization in England* (New York, Appleton, 1873), Vol. 1, pp. 197 ff. 福沢の手沢本はロングマン社版第二版をもとにしたアプルトン社版(第一巻は一八七三年版、第二巻は一八七二年版)であり、以下引用はこれによる。なお、この訳文は『日新真事誌』第三周年(第二三号一八七四年五月二九日)に全文転載された。

(19) 中上川彦次郎「英吉利王ジョウジ三世在位中、内国ニ関スル政府ノ所置(英人ボックル氏文明史上巻三百四十九枚ヨリ三百五十二枚マデ撮訳)」(第二編、一八七四年六月)、那珂通世「教法論(英人ボックル氏ノ文明論ヨリ抄訳ス)」(第四編、同年七月)。なお林茂吉「新聞紙ヲ論ズ」(第五編、一八七五年一月)もバックルを紹介している。

(20) 「緒言」に繰返し現われる「発達」ということばは全て後から、おそらく草稿完成の最後の段階で書き加えられたものである。

(21) Buckle, *op. cit.*, p. 5.

(22) 参照、丸山真男「近代日本における思想史的方法の形成」(福田歓一編『政治思想における西欧と日本』㊦、東京大学出版会、一九六一年、のち『丸山眞男集』第九巻、岩波書店に再録)。福沢の場合、この論文にのべられるような「今の一世を過れば決して再び得べからざる」「偶然の僥倖」が、明瞭に世代論的な意味あいで主張されたのは、「維新の事情は今日(一八八〇—八一年の交)三十三、三十四歳の者にして始めてこれを知り……」と述べた『時事小言』(全集五)が代表的な例だろう。

(23) Buckle, *op. cit.*, p. 58.

(24) *Ibid.*, pp. 95–105.

(25) *Ibid.*, p. 58.

(26) 福沢の手沢本は、C. S. Henry 校注の英訳 *General History of Civilization in Europe*. (New York, Appleton, 1870)であ

る。以下の引照は手沢本による。

（27）cf. Douglas Johnson, *Cuizot: Aspects of French History 1787–1874*, Routledge and Kegan Paul, 1963, pp. 346 f.

（28）*Ibid.*, pp. 350 f.

（29）Buckle, *op. cit.*, pp. 110, 159 f.

（30）『文明論之概略』第三章冒頭の文明の定義は、『ヨーロッパ文明史』第一講、福沢原拠本一八頁の注に拠っており、そこに人間本性論が現われる。

（31）この部分の初めの草稿も「人ノ議論ノ強弱ハ必スシモ其人物ノ智恵ノミニ由ルニ非ス習慣ヲ以テ衆論ノ体裁ヲ成スニ非サレバ其用ヲ為サス」と書き出され、「民会ノ体裁ハ速ニ作ラザル可ラズ。……習慣ヲ養成シテ後日ノ覚悟ヲ為スノミ」とされていた。なお『文明論之概略』脱稿後程ない一八七五年五月一日の演説でも、文明の進歩における習慣の機能について、進歩の阻害という面に限ってだが、論じている。「明治八年五月一日三田集会所発表の祝詞」（全集二〇）一三四―一三五頁。

（32）Walter E. Houghton, *The Victorian Frame of Mind*, Yale U. P., 1957, p. 165 n. 16. ビクトリア期の知的雰囲気における「堅《リジディティ》さ」を扱ったこの部分はバックルのドグマティズムを理解する上で興味深い。ここで、バックルは、ベンサム、コント、スペンサーらと共に「システム・メーカー」として括られている。

（33）Buckle, *op. cit.*, p. 109.

（34）*Ibid.*, p. 110.

（35）*Ibid.*, pp. 33, 66, 92, 170.

（36）本章注（5）参照。

（37）cf. Spencer, *Study of Sociology*, 1884, pp. 190 ff.

なお、少し時期を下ると、次のような西欧の日本観を批判する文章があり、バックルの『イングランド文明史』における風土決定論に対する批判を念頭において記したものではないかと思われる。「西洋人の説に、人間の文明は不自由艱難の中に生長す、地球の熱帯並に温帯地方の如き……天与の恩恵優渥なる土地に住する者は、衣食住の容易なるがために、恩に狎れて労作を怠り、小康に安じて勉強心を失ふの余、知らず識らず懶惰優柔の人物と為り、以て其生涯を終るのを常とす、然るに寒国風雪の中に生存する人は之に反し、……終年衣食に辛労して寸時も油断することなし。……其結果は耐忍不撓の精神を養成し、加ふるに智力の穎敏なるを馴致遂に世界文明の源泉たるに至ると云へることあり。然れども我輩は甚だ此説を信ぜず、蓋し西洋人は、当代の文明開化なるもの、偶其源を自家居住の寒国瘠土に発したるを見て卒然其説を為し、寒国瘠土は文明開化の母なりと速了したるや疑ひなしと雖ども……世間豈に斯の如き道理あらんや。……欧米人の説に従へば自家欧米人種を以て世界第一等のものと為し、我輩日本人種を目して之に一等を譲るものなりと云ふと雖も、是固より一人種が妄想の私言にして……我日本人種の品位を軽重するに足らざるや甚だ明白なり」(「日本も亦富国たるを得べし」『時事新報』一八八三年三月七日)。

(38) 本章注(8)参照。

(39) 福沢が構造論的な発想を触発されたのは、バックルというよりは、ギゾーからだったろう。バックルには社会構造という観念が欠けており、そのことが彼の『イングランド文明史』の、社会理論としての根本的な弱点であることが早くから指摘されていた。cf. J. W. Burrow, *Evolution and Society*, 1966, pp. 193 f.

(40) T. H. Buckle, *History of Civilization in England* (New York, 1873), Vol. 1, p. 58 からの引用であろう。本章第二節(三一一頁)にその部分を原文の通り訳出した(同頁への注(25)をも参照)。

(41) この部分は最初の草稿にはなく、全て後から書き足されている。

(42) Guizot (Eng. tr.), *General History of Civilization in Europe*, 1870, pp. 90, 92, 232.

(43) 日本の「封建制度」と西欧の「ヒューダル・システム」の同一視に対する批判について、「日本国会縁起」(『時事新報』一八八九年二月一四日) 参照。時期は下るがもう一例。「抑も我国の封建制度は一種特別の仕組にして世界古今に其例を求む可らず。日本には之を形容するに適当なる文字なきより、漢学者の輩が支那の歴史の封建の字を発見して仮りに当てはめたることなれども、其本体は固より彼の周代の封建制度に同じからず、又西洋にはヒューダル・システムの仕組ありて、仮りに之を封建と訳すれども、日本の封建制度と同様のものに非ず」(「支那分割到底免る可らず」『時事新報』一八九八年一月一四日)。

日本の「封建制度」と西洋の「ヒューダル・システム」とを同一視する西洋人の説として、福沢が具体的にどのような著作を念頭においていたかは明らかに出来なかったが、福沢のことばを裏付けるような記述が、オールコックの『大君の都』に見られるので参考までに引いておく。福沢は、幕府外国方勤務の経験もあって、オールコックの対日政策や日本人に対する態度に強烈な印象を受け厳しい批判を抱くにいたったようで、後年の文章でも彼に論及している。『大君の都』は一八六三年に出ており、英国の読書人の間でかなり読まれたから、日本における英字新聞での論及など間接的な形を含めて、福沢の目にふれたこともあったかも知れない。

「われわれは、日本人とともに生活することによって、一〇世紀ほども後もどりして、再び封建時代を経験することになる。われわれは、われわれ自身の過去を日本歴史の中に読むのである。……時と場所とを遠くへだててしまった封建制度がこゝには現に存在している。この封建制度は、その主な特徴のあらゆる点で、われわれの封建制度と共通し、似かよう所大きく、その一致ぶりに驚かざるをえないが、また異なっている点もそれなりにあり……」(R. Alcock, *The Capital of the Tycoon*, London, 1863, Vol. 1, pp. xix f.)。「西洋では数世紀前に存在していたが、姿を消してすでに久しい社会状態が生きた姿で存在しているのにお目にかかり、その細部の全てから主な特徴までが再現されているのを描くこと……は、たしかにこの一九世紀の日本の生活に関する記録を面白くすることできる予想外の条件である。……読者は一切の先入見を捨てていただきたい、そうすればわれわれの父祖がプランタジネット朝時代に知っていたような封建制度の東洋《オリエント》版を、よく理解することができるであろう。われわれは、ヨーロッパの一二世紀の昔に帰るわけなのだ。なぜなら、その根本的な特質の多くまで含めて『日本の現実』に対応するものを、ヨーロッパの一二世紀にはじめて見出すのである」(*Ibid*., p. 109. 山口光朔訳〔岩波文庫、第一巻四〇頁および一八七頁〕を改めた)。

なお福沢は、西欧の学者だけでなく、日本の「西洋学者」についても、このような誤った同一視を行なうとして批判していたのではないかと思われる。『文明論之概略』第三章の、西洋の「マーストル」と「セルウェント」に当たることばがないので仮にこれを「君臣」と訳したとのべる箇所に、前者と「支那日本」の君臣関係とを同一視する「或る西洋学者の説」を批判する割注があるが、この「西洋学者」は、西洋の学者ではなく、日本の西洋学者を意味すると思われる。たとえば、『文明論之概略』執筆中の福沢が知っていたか否かはわからないが、それより先に記された西周の「百学連環」中に、ここに批判される或る「西洋学者の説」によく似た文章が見られる。即ち第二編中には「我が国の如きも古昔封建の位置定まりしより、master《主人》, 及び servant《家来》, といふもの起れり……西洋も古昔は我国の古への風俗なりしか……」(『西周全集』第一巻、一九四五年、一六二―一六三頁)、第二編下には、「Feudal System 即ち封建なり。此封建は和漢西洋皆同しことなり。其起りは lord《檀那》, vassal《家頼》, sovereign《君主》, subjects《臣民》, master《主人》, servant《従僕》, 等にて、各其名義異なるものにして皆同しく契約より定まりしところなり、……東洲(アジア)――古昔封建の制度なり。西洋古昔は封建たることあらす、都て中世より起りし」(同前二三一―二三二頁)とあり、なお、『百学連環』講義のための西の覚書には「是全ク東西トモ其法ヲ同フス」(同前四六〇頁)とある。

(44) 例えば、「我封建の政治は、……一切万事皆旧慣に従て治安を保ち、軍備、法律、理財等の大事より、之を私にしては子弟の教育、冠婚、葬祭の礼儀に至るまでも整然たる秩序を成し、然かも上下貴賤の分は厳重にして曾て越権を許さず、下流に甚だしき貧困なく、上流に法外なる奢侈なく、寸鉄の動くを見ず一発の砲声を聞かず、悠々歳月を消する其有様は、実に他国人の想像に及ぶ可らざる一種絶倫の楽園にして」(「日本国会縁起」)。「万国の歴史古く治乱少なからずと雖も、人口三千万の一国を治めて二百五十年の久しき国中寸鉄を動かさず、上下おの〳〵其処に安んじて同時に人文を進歩せしめたるものは、世界中唯我徳川の治世あるのみ」(「国会の前途」)。

(45) 『通俗国権論』では、「西洋の事物を採用して文明を求むるに、其事を無より有を生ずるものとせずして、有より有に変形するものと決定するの一事のみ」とされる。

(46) それは、福沢と同じく、ギゾー・バックルやスペンサーにより、西洋のそれとの比較において日本の文明の進歩を構想した田口卯吉における、「徳川氏の封建」の「貴族的」と真の「開化」の「平民的」との二分論対置(「日本開化之性質」「日本之意匠及情交」など)や、スペンサーをモデルとした徳富蘇峰における「武備社会」=「貴族社会」と「生産社会」=「平民社会」との二分論的対置(『将来之日本』)とは対蹠的である。ちなみに、英国においてはこのような前近代社会と近代社会との二分論的対置は、一九世紀初期の地方の非国教徒急進主義者の間に彼らに固有の時代経験からして生まれ、スペンサーはそれを理論的に定式化したのである。cf. G. D. Y. Peel, *Herbert Spencer*, Heinemann, 1971, pp. 192-197.

(47) Erasmus Peshine Smith(1814-82)は、コロンビア・カレジ、ハーバード・ロウスクールに学び、弁護士・ロチェスター大学教授を始め各種の公職についた。経済学者としては、H・C・ケアリーの思想を受け継ぎ、その著書 *A Manual of Political Economy*, 1843 は国内で版を重ねるばかりでなく、ドイツ語やフランス語にも訳された。彼は、国際法専門の法律顧問を求める日本政府の依頼に応じた合衆国国務省によって推薦され、森有礼駐米弁務使との間に契約を結び、一八七一(明治四)年一月から三月まで、ワシントンに於て森を助けて条約改訂の草案作製に当り、同年一〇月中旬日本に赴任、来日後は日常生活を日本人のそれに擬して和服を着、双刀を帯びて東京市中を濶歩したといわれる。スミスは、岩倉使節団出発後の留守政府の最初の外務省顧問としてつとめ、日韓修好条規締結、対米条約改正予備交渉について助言した。特に七二年六月にはマリア・ルス号事件が起り、彼は日本政府にとって最初の国際裁判事件について終始外務省を指導し、国際法上の慣行を調査して、中国人苦力解放が合法的であることを論証した。当初の契約期間は三年だったが、このため契約をなお二年延長し、七六(明治九)年帰国した。重久篤太郎「外務省顧問エラスマス・スミス」(『開化』二ノ四、一九三八年四月)、今井庄次『お雇い外国人⑫—外交』(鹿島出版会、一九七五年)、*Who was Who in America* 等を参照。このように、スミスの来日には、当時ワシントン駐在の森有礼が深く関わっており、スミスの来日に少し遅れて帰国した森を通じて、スミスは福沢を知ったのではないか、スミスとのやりとりも『文明論之概略』執筆の背景にあったのではないか、というのが私の想像である。

(48)　神武天皇の「征伏」に日本における政治社会の成立を求めるこれらの二篇の文章は、なお、「日本の歴史」と題し、神武から雄略までの天皇の事跡を箇条書きにした(ほとんど全部日本書紀に拠っている)草稿(全集二〇)のはじめとも似ている。そこには、「日本にて信ずべき歴史は神武天皇に始る。○神武天皇日本の西の方より起り全国を征伏して帝の位に即きたる時は……」とある。この草稿も全集編集者により、筆跡からして明治初年のものと推定されている。B、DE(「覚書」)、「日本歴史」は、いずれも一枚二〇行の青罫半紙に綴られていると伝えられ、同じ用紙ではないかと思われるが、未だこれらの原物に当っていない。

(49)　一八八九年二月「日本国会縁起」、一八九〇年一二月「国会の前途」。本章第三節および注(44)参照。なお、この前後、国会開設や法典編纂に関連して、英国政治モデルに内面を支配された国会論を批判して「日本固有の良政を作らんとするには、歳月を仮すの要あるのみ」(『時事新報』一八八九年三月一八日「政治の進歩は徐々にす可し急にす可らず」)とし、「西洋の法理を顧みるにも、一に国俗民情の如何に照し合はせ、決して離るゝこと能はざるものなれば之を第一の着目点となし、次に洋法を斟酌するの道は唯漸を以てするの外ある可らず」(『時事新報』同年七月一八日「条約改正、法典編纂」、全集一二)としているのも注目に値しよう。

(50)　「亜細亜諸国との和戦は我栄辱に関するなきの説」(『郵便報知新聞』一八七五年一〇月七日、全集二〇)、「朝鮮は退歩にあらずして停滞なるの説」(『家庭叢談』四八号、一八七七年二月四日、全集一九)など参照。

(51)　竹越与三郎「福沢先生」(『萍聚絮散記』一九〇二年、四〇—六八頁)。なお、同「国権論者としての福沢先生」(『倦鳥求林集』一九三五年、一二九—一三五頁)の記述をも参照。これらの主要部分は、伊藤正雄編『明治人の観た福沢諭吉』(慶応通信、一九七〇年)一二一—一三二頁に解説を付して収められている。

(52)　七言律詩「元日書懐」。年光除日又元日　心事今吾非故吾。近世日本では呉之振『宋詩抄』によって近づき易かっただろう。

(53) 福沢における「一身二生」の観念については、丸山(22)前掲「近代日本における思想史的方法の形成」および、より直接には、それを受けて、福沢の文化接触の経験と思想創造を探った石田雄「解説」(『近代日本思想大系2 福沢諭吉集』一九七五年、石田『日本近代思想における法と政治』岩波書店、一九七六年、に収録)に負う。ただ、特に後者については、「一身二生」という表現が、異質な文化の接触が福沢をはさむ問題であるにとどまらず、『福翁自伝』等から考えて、彼自身の内面における「封建門閥」的価値観や思考様式と「西洋文明」のそれとの相剋と自己異化を含んでいた面をもっと重視してよいと思われる。また両論文のような「一身二生」理解の上になお、この観念の背景にある、西欧の社会理論特にその中の「アジア」観や日本観への同化の圧力によって惹き起されるアイデンティティの危機の意識と、そのような西欧の理論と西欧の「アジア」観日本観への抗議およびそこからの独立の志向を探ることが、本章の一つの課題である。福沢における「一身二生」と「今吾古吾」とを、自己異化と自己同化との関連でとらえるこころみは、C・レヴィ＝ストロース「人類学の創始者ルソー」(塙嘉彦訳『現代人の思想 未開と文明』平凡社、一九六九年、所収)に示唆された。

(54) 一八八〇年の修信使と開化僧李東仁、八一年の紳士遊覧団の派遣、および彼らとの交わりをきっかけとした福沢の朝鮮開化派への影響の始まりについて、姜在彦『朝鮮近代史研究』(日本評論社、一九七〇年)五八―六八頁、『朝鮮の攘夷と開化』(平凡社、一九七七年)一九五―九八頁、参照。

(55) 本章は、福沢における世界「文明」発展のパラダイムとその中での異文化理解のかぎとして、彼の朝鮮理解をとり上げており、彼の朝鮮政策自体をテーマとはしていない。福沢の朝鮮政策については、本書の理解と異なる点もあるが、姜(54)前掲『朝鮮の攘夷と開化』一九三―二〇二頁、坂野潤治『明治・思想の実像』(創文社、一九七七年)第一章第一節、同「解説」(『福沢諭吉選集』第七巻、岩波書店、一九八一年所収)を参照。なお、福沢の朝鮮政策論の展開をたどって、一八八四年の「脱亜論」をもって打切る傾向が、ここに引く諸論文をふくめて最近の研究に支配的だが、それでは福沢の朝鮮観の実態をとらえ切れないのではないかと思われる。

(56) 福沢は、延享明和以来の蘭学者たちに、幕末・明治初年の洋学派知識人の先蹤として深い敬愛の念を抱いていた。この点本文に引いた論説に先立つ文章としてたとえば、「故大槻磐水先生五十回追遠の文」(『福沢文集』巻之一)参照。

(57) 北洋陸海軍について、これと同様に、「政府全体の組織より見れば僅かに一部分の事にして、之が為めに徳川の実力を増したるに非ず」という制約を免れなかった幕府の軍制改革とのアナロジーで、「彼の直隷の新兵式と云ひ、北洋水師と云ひ、又是れ徳川政府の歩兵のみ、軍艦のみ」とする批判が、日清戦争中にもあらわれる。『時事新報』一八九四年七月一二日論説「朝鮮の改革は支那人と共にするを得ず」(全集一四)参照。なお、同一二月二〇日「媾和の申出甚だ覚束なし」(全集一四)、同一八九五年三月二一日「支那人の骨、硬軟如何」(全集一五)はいずれも、「徳川末路」の幕閣と日清敗戦の衝撃のもとでの清朝政府とのアナロジーによる理解をこころみており、前者には幕府の軍制改革についての論及も見られる。

(58)　姜(54)前掲『朝鮮近代史研究』一一一頁。

(59)　この文章ほど詳しく展開されてはいないが、ほぼ同じ趣旨が、同じ一八九八年一月一五日の『時事新報』論説「支那分割後の腕前は如何」で、既にのべられている。

(60)　「対韓の方針」のすぐ前、一八九八年四月一六日に、列強の分割競争下の中国の将来の見通しをのべた『時事新報』論説「支那人失望す可らず」ではやはり、外圧の危機にさらされた幕末の日本と「支那の今日」とのアナロジーから出発して、中国が「日本の今日」に至ることが期待されているようである。「支那の近状を見れば、ますく外国に迫られ、所謂今日一城を割き明日一州を割くの有様にして、外より眺むるも堪へ難き次第なれば、況して其国人の身と為りては自から腸を割くの思ある可し。或は此極に至りては国事亦為す可らずなど失望落胆するものもあらんなれども、我輩は日本人として自から自国の経歴に徴し、其現状は気の毒に相違なけれども、前途の成行、決して失望す可らざるを勧告せんとするものなり。抑も我国の今日あるを致したるは決して偶然に非ず。開国の当初より非常の困難を経歴し、漸く現在の地位に達したるものにして、当時の有様を回想すれば今尚ほ悚然たらざるを得ず。……要するに維新前外交の困難は毫も支那の現状に異ならざる其困難を経過して今日あるを致したるのみ。思ふに支那の開国は年既に久しと雖も、其進歩甚だ遅々として、外交の程度は恰も日本の当時に等しく、今正に煩悶困頓の経過期に在るものなり。予後の成行、果して如何と云ふに、我輩の所見に於て、決して失望す可らずと云ふ其理由は、支那の外形、衰へたるが如しと雖も、其体格肥大にして然かも内部の営養充分なるの一事は大に望を属す可き所なり。同じ東洋の国にても朝鮮の如きは、既に衰弱の極に達して回復の望なけれども、支那に至りては版図の広大なると共に、内の富源は殆んど無尽蔵にして量り知る可らず。……要するに支那の実力に富めるは疑ふ可らざる所にして、朝鮮などの貧弱国と同日の談に非ず。今後の成行、決して失望す可きに非ざれば、今の困難は恰も経過の順序として自から慰む可きのみ。或は支那人の身と為れば、日本の今日を見て大に羨むことならんなれども、日本は恰も支那の今日を経過して現在の地位に達したるものなり。支那人も早く目下の困難を経過して日本の今日に至らんことを期せざる可らず」(全集一六)。

この論調には、一八八二(明治一五)年、壬午軍乱前後から、八四年甲申政変前後の頃にかけて、その時代の朝鮮を幕末の日本とのアナロジーで理解し、朝鮮が「日本に倣」って「文明」の道を進むことを求めた論調を想わせる。福沢のそれをふくむ『時事新報』論説における中国観の展開をあとづけた、青木功一「『時事新報』論説の対清論調(一)(二)」(『福沢諭吉年鑑』6、7、一九七九、一九八〇年、のち青木『福沢諭吉のアジア』慶応義塾大学出版会、二〇〇八年、に収録)などを参照〔補注四〕。

(61) 福沢が一時熱中し、また、慶応義塾始め全国の学校で広く用いられたS. Goodrich(Peter Perley はそのペンネーム), Mitchell 等アメリカの特に世界歴史・世界地理教科書に現われた諸人種・諸民族観について、参照 R. M. Elson, *Guardians of Tradition: American Schoolbooks of the Nineteenth Century*, University of Nebraska P, 1964, chs. 4, 5. なお、E. Stokes, *The English Utilitarians and India*, Oxford U. P., 1959 および G. D. Bearce, *British Attitudes towards India*, Oxford U. P., 1961, esp. ch. 10 は、J・S・ミルのそれを含めて、英国のインド観の展開を扱っており、バックルのインド観の位置づけや特徴を理解するにも役立つ。

(62) 英国の場合についていえば、ケンペルの『日本誌』やシーボルトの『日本』は、英訳本(それぞれ一八五三年、一八四一年刊行)によってよく読まれ、バックルやスペンサーのそれを含めて、ビクトリア期英国の日本観形成に大きな影響を及ぼした。日本の開国にともなって、オールコックの『大君の都』(一八六三年)やF・O・アダムズの『日本史』二巻(一八七四、七五年)のような外交官の手になる手記研究も著され、また、指導的な雑誌において日本が論じられることも多くなりそのレベルでは、日本の他のアジア諸国との差異が認められるようになった。しかし、本章の関心は、西洋の日本観一般ではなく、日本にいわば逆輸入されて影響が広まった日本観、とくに理論的な著作の中におけるそれである。対象をそのようなレベルに限ると、大きな傾向としては、他のアジア諸国と区別した日本への関心が現われるのは、スペンサーの一連の著作を待たねばならなかったといえよう。この点についての最近の研究として日本と他のアジア諸国との同一視の面を強調するウィルキンソン(Endymion Wilkinson, *Misunderstanding, Europe versus Japan*, Chuokoron-sha, 1981)を批判する Gordon Daniels, "Contemporary British Assessment of Bakumatsu Japan: Major Books and Review", Ian Nish ed., *Bakumatsu and Meiji: Studies in Japan's Economic and Social History*, *International Studies* 1981-82 を参照。なお西欧とくに英国の日本像の概観として J.P. Lehmann, *The Image of Japan: From Feudal Isolation to World Power, 1850-1905*, George Allen and Unwin, 1978. また雑誌に描かれた日本像についての詳細な研究として、横山俊夫「イギリスから見た日本の『開化』」(林屋辰三郎編『文明開化の研究』一九七九年所収）、同「ヴィクトリア期イギリスにおける日本像形成についての覚書〈Ⅰ〉」(『人文学報』四八号、一九八〇年）、T. Yokoyama, *Japan in the Victorian Mind : A Study of Stereotyped Images of a Nation 1850-80*, Mcmillan, 1987. がある。

(63)『国会期成同盟本部報』ハの第九報への投書、江村栄一「『嚶鳴社憲法草案』の確定および『国会期成同盟本部報』の紹介」(『史潮』一一〇、一一一号、一九七二年）所収。

(64)「人間ノ世ニ於テ発動行為スル上ニ四個ノ段落アルヲ論ス」(『高知新聞』一八八一年八月一八日社説)。稲田正次『明治憲法成立史』上巻（有斐閣、一九六〇年）四〇三頁より再引。

(65)『陸羯南全集』第一巻、一九六八年、一六五頁、一五九頁。

(66) 東京大学における講演「学問ハ淵源ヲ深クスルニ在ルノ論」(『学芸志林』第二冊、一八八七年八月。『西周全集』第一巻、宗高書房、一九六〇年）五七三頁。

(67) たとえば、『致知啓蒙』(一八七四年)の「自序」を参照。「嘗遊於欧羅巴頗悉其事情所観凡百事物目之以二字曰浩大……凡以触目入耳皆不愕然驚嘆焉、及退而考諸書史徴学術惘然自失惛然自惑蓋其説之精微其論之詳確不啻繭糸牛毛」という経験をした西は、この「精微」こそが「本」、「浩大」はその「末」であると思いいたる。こうして「独怪世之耳学開化而口唱文明之徒能摸西浩大而遺其精微」、その弊を改めるために思考の「精微」の方法として論理学をすすめるのである(『西周全集』第一巻、三八六―三八八頁)。

(68) 前注に引いた『致知啓蒙』「自序」の一節。

(69) 以下、雪嶺からの引用は、石浦居士「日本人民固有ノ性質」(『東洋学芸雑誌』一六・一七号、一八八三年一月二月)から。論旨からも用語からも、彼のこのような関心は、本文で後にふれる『真善美日本人』に発展していったと考えることが出来る。

(70) 渡辺又次郎「『スペンサー』氏の『社会学原理』に於ける本邦の記事に就きて」(『六合雑誌』一五四号、一八九三年一〇月)。

(71) Kenneth B. Pyle, *The New Generation in Meiji Japan*, Stanford U. P., 1969, pp. 36-42, J. D. Pierson, *Tokutomi Sohō, 1863~1957*, Princeton U. P., 1980, pp. 131-147, および植手通有「平民主義と国民主義」(岩波講座『日本歴史』近代3、一九七六年)等を参照。

(72) Peel, *op. cit.*, pp. 244–246. なお、それの背景をなすカルビニズムの遺産について、*ibid.*, pp. 102–11.

(73) この理論と現実の二重の乖離を象徴的に示すことがらを一つ引こう。『将来之日本』「第十回」では「平民主義」が「人民ノ実利実情ニ伴フタルノ故ヲ以テ。否ナ寧ニ実利実情ニ基キタルヲ以テ今ハ之ニ唱和スルモノハ一ニシテ足ラス」とし、その例証として、スペンサーら「有名ノ議員紳士」が「非侵掠同盟」を結んだことを挙げている。しかし、実際は、多くの有名人士の支持は口だけのもので、この Anti-Aggression League は有名無実に終り、スペンサーは一層ペシミスティックになっていったのである。cf. Peel, *op. cit.*, p. 223. なお、拙稿「西欧の文明論と日本の文明論」(徳永恂編『社会思想史「進歩」とは何か』弘文堂、一九八〇年)、および詳しくは第I章〔補注二〕にあげる二論文を参照。

(74) 「『国民之友』第十五号」『東雲新聞』一八九八年二月八日。

(75) 新聞『日本』一八九三年四月一八日に載せられた陸羯南の「国際論(十六)国命説」は、そのような思想をもっとも明瞭に示したものといえよう。『陸羯南全集』第一巻、一七〇―一七二頁。

(76) バックルの『イングランド文明史』を英国における社会学の形成に対する重要な寄与として評価し、これに浴びせられた批判の集中砲火に対してバックルを擁護し、その理論を発展させようとしたのは、J・M・ロバートソンだった。そのロバートソンの立場からしても、バックル理論において補うべき弱点としてあげられた一つが、この異なる段階における文化の接触の問題である。cf. J. M. Robertson, *Buckle and his Critics*, London, 1895, p. 550. スペンサーにいたって、こうした文化接触の衝撃の問題が、その理論の中に組み込まれるにいたる。『第一原理』においては、このような文化接触による発展度の低い社会制度の解体のいちじるしい例として日本の場合があげられ、西欧の軍事的侵略、貿易の衝撃とならんで、西欧思想の影響が日本における旧制度解体の要因として注目されている。cf. *First Principle*, 4th. ed., p. 520. ちなみに井上哲次郎は、『第一原理』のこの箇所を引いて、内地雑居反対論の根拠とした(井上『内地雑居論』一八八九年、〔『明治文化全集　外交篇』一九五六年、四七五頁〕)。

(77) A. H. Huth, *The Life and Writings of Henry Thomas Buckle*, Vol. 1, London, 1880, pp. 36 f.

(78) cf. Buckle, *op. cit.*, Vol. 1, 1870, pp. 210–211. H. J. Hanham's Editor's Introduction to Henry Thomas Buckle's *On Scotland and the Scotch Intellect*, The University of Chicago P., 1970, pp. ix, xxvi f. このようなプランとタイトルの思い切った変更にもかかわらず『イングランド文明史』全二〇章のうち、イングランドに当てられた章は一章(頁数で約九分の一)

に過ぎず、『イングランド文明史』としてのプランのほとんど序論のみで終っている。そのため、一九〇四年、バックルの仕事の普及と発展に尽力したJ・M・ロバートソンの新しい編集によって刊行された際には、タイトルも *Introduction to the History of Civilization in England* と改められた。

(79) バックル没後、彼と親しかったJ・S・ミルの意をうけて、ミルの養女ヘレン・テーラーが、バックルの読書ノート Commonplace Book や断片等を集め Helen Taylor(ed.), *Miscellaneous and Posthumous Works of Henry Thomas Buckle*, 3 vols. London, 1872 として刊行した。Commonplace Book は本書の第二、三巻に収められている。

(80) C. P. Thunberg, *Travels in Europe, Africa, and Asia, performed between 1770 and 1779*, 4 vols., London, V. M. Golownin, *Memoirs of a Captivity in Japan, during the Years 1811, 1812, and 1813*, 3 vols., 2 nd ed., London, 1824.

(81) Taylor, *op. cit.*, Vol. 1, pp. 319 f.

(82) Burrow, *op. cit.* 以下の記述は特に本書三、四、六、八章による。

(83) たとえば、一八六〇年代の日本社会は、ヨーロッパではとうに過ぎ去った、一二世紀の封建制と同じ所にいる、ということになる。そのようなアナロジー的発想の好例として、注(43)に引いたオールコックの文章を見よ。

(84) 『文明論之概略』執筆を思い立ってから三年後には、それ以前に熱中して盛に翻訳翻案を行なった書物について次のように語っている。「世の文化は益進み、西哲の新説は日に開き、舶来の新書は月に多く、多々益新奇にして高尚ならざるはなし。蓋し余輩の心事も之がため自から高尚に進たることならん。……此地位に居て顧て前年の田舎魂を驚破したる英氏の経済修身論〔ウェイランドの『政治経済学要綱』『道徳学要綱』〕等を取て之を見れば、此は是れ彼の国学校生徒の読本にして、『パーレー』の歴史類は童児の為に出板したるものゝみなれども、当初余輩のためには之を許《（ママ）》して新芽の発生を助けたる春雨と云はざるを得ざるなり」(『福沢文集』第二篇「三田演説第百回の記」)。

(85) 中国の場合、『海国図志』のような西洋世界紹介の企ても早くなされていたし、後にはJ・S・ミルやスペンサー等の西洋の書物の翻訳も行なわれるにいたったが、西欧を「最上の文明国」、自国を「半開」とするような階層的世界像が民衆レベルにまで広く受け入れられるような事態は見られない。西洋への立ち遅れの自覚や中体西用論・付会論等にかかわらず中華観念は生き続けていたのである。またそのような意味で、福沢が中国をもふくめて「彼の半開野蛮の人民も、自から此名称の誣ひざるに服し、自から半開野蛮の名に安んじて、敢て自国の有様を誇り西洋諸国の右に出ると思ふ者なし」という現状認識をのべたのは、日本の現実を中国に投影した、判断の誤りといわねばならないだろう。

〔補注一〕『文明論之概略』のテクストの構造に目配りした綿密な読解として、丸山眞男『「文明論之概略」を読む』(上・中・下、岩波新書、一九八六年、『丸山眞男集』第一三―一四巻、岩波書店、に収録)がある。この仕事に対する批判を念頭においた読解として、子安宣邦『福沢諭吉『文明論之概略』精読』(岩波現代文庫、二〇〇五年)があり、松沢弘陽校注『文明論之概略』(岩波文庫、一九五五年)の解説と注は、筆者のこの本の読解の試みである。

〔補注二〕福沢は、発信年不明七月三〇日付の手紙で、浜野定四郎に「西洋に而スレーブ之起源及其後之慣行」について問い合わせているが、このスミスとの問答に関係しているのではなかろうか(『福沢諭吉書簡集』第九巻、岩波書店、二〇〇三年、一七三頁)。

〔補注三〕『民情一新』については、拙論「『民情一新』覚え書」(『福沢諭吉年鑑』24、一九九七年)で立ち入って検討を行なった。

〔補注四〕ただ、「支那の改革について」(『時事新報』論説一八九八年九月二二日)では、論説「対韓の方針」をうけて、中国についても、単系発展段階論と同一化・アナロジーにもとづく中国理解と中国「文明」化政策の破綻をはっきり認め、対中改革の見直しを訴えている。

文献

本書が拠った史料・研究文献の中、直接に引用したものその他重要なものは、本文内の注と各章末の注にあげた。それ以外のものも含めた包括的なリストを省くかわりに、(1)西欧への使節・留学生についての最近の研究文献で入手しやすく、よい文献リストがついたものを紹介し、(2)本書に引かれる頻度が高い史料で、史料集などに収められている主なものについて、検索の便利のために、関係の史料集などをあげる。

(1)　本書の主題全体にわたる包括的な史料・研究文献解題はないが、幕末・明治初期の遣外使節・留学生については、宮永孝氏の一連の研究、『万延元年のアメリカ報告』(新潮選書、一九九〇年)、『文久二年のヨーロッパ報告』(新潮選書、一九八九年)、『幕末オランダ留学生の研究』(日本経済評論社、一九九〇年)、『幕末おろしや留学生』(ちくまライブラリー、一九九一年)と、石附実『近代日本の海外留学史』(初版、ミネルヴァ書房、一九七二年)の中公文庫版(一九九二年)とは、最も新らしく実証的で、史料・研究文献リストはくわしい。遣外使節・留学生の問題についての基本史料集と総説とをあわせたものとして、沼田次郎・松沢弘陽編、日本思想大系『西洋見聞集』(岩波書店、一九七四年)はなお役に立ち、幕末遣欧使節研究の草分けとなった、尾佐竹猛『夷狄の国へ(幕末遣外使節物語)』(万里閣書房、一九二九年)は、『幕末遣外使節物語　夷狄の国へ』として、一九八九年、講談社学術文庫に収められた。

(2)　基礎的史料集など

日米修好通商百年記念行事運営会編『万延元年　遣米使節史料集成』(全七冊)風間書房、一九六〇―六一年
第一巻―亜行日記(森田清行)、無題手控(同)他／第二巻―米行日誌(日高為善)、亜行航海日記(益頭尚俊)、亜行日記(名村元度)、奉使日録(村山伯元)、亜行詠(新見正興)／第三巻―二夜語(加藤素毛)、航海日録(野々村忠実)、花旗航海日誌(福島義言)／第四巻―奉使米利堅紀行(木村喜毅)、亜墨利加行航海日記(赤松大三郎)、亜行日記鴻目魁耳(長尾幸作)、亜行記録(長尾浩策)、亜墨利加帰帆日記他／第五巻―J・M・ブルックの日記他／第六巻―ハワイ王国及びアメリカ合衆国新聞記事／第七巻―遣米使節についての解説、資料解説、参考文献解題

日本史籍協会叢書『遣外使節日記纂輯』(全三冊)一九二八―三〇年(復刻　東京大学出版会、一九七一年)

第一冊―遣米使日記（村垣範正）、柳川当清航海日記、米行日記（佐藤秀長）／第二冊―奉使米利堅紀行（木村喜毅）、義邦先生航海日記別録（勝海舟）（以上、万延元年遣米使節団）、幕末遣欧使節航海日録（野沢郁太）、尾蠅欧行漫録（市川渡）／第三冊―欧行日記（淵辺徳蔵）、欧行記（益頭駿次郎）（以上文久遣欧使節団）、航海日記（岩松太郎）、航西小記（岡田摂蔵）（以上、元治遣仏使節団）

日本史籍協会叢書『夷匪入港録』一、一九三〇年（復刻　東京大学出版会、一九六七年）

文久遣欧使節団メンバーの書簡を収める。

日本史籍協会叢書『徳川昭武滞欧記録』（全三冊）、一九三二年（復刻　東京大学出版会、一九七三年）

日本史籍協会叢書『渋沢栄一滞仏日記』一九三八年（復刻　東京大学出版会、一九六七年）

維新史学会編『幕末維新外交史料集成』（全二〇巻の予定で六巻にて中絶）財政経済学会、一九四二―四四年

第四巻に万延遣米使節と文久遣欧使節関係、第六巻に元治遣仏使節、慶応二年遣米の小野友五郎一行、慶応三年遣仏徳川昭武一行に関する公文書を収める。

『明治文化全集7　外国文化編』日本評論社、一九六八年

村田文夫『西洋聞見録』（一八六九年）と中井弘『西洋紀行　航海新説』（一八七〇年）を収める。

土屋喬雄ほか編『杉浦譲全集』杉浦譲全集刊行会、全五巻の中第一、二巻、一九七八年

福地源一郎『懐往事談』民友社、一八九四年（明治文学全集11『福地桜痴集』、筑摩書房、一九六六年、『幕末維新史料叢書』八、人物往来社、一九六八年、に収録）

あとがき

1

本書は、私が一九七四年から九二年までにわたり、主として七四年から八二年の間に発表した、開国の時代を通じる文化接触・文化摩擦の経験が近代日本の形成にもった意味についての論稿をまとめたものである。一冊にまとめるにあたり、全体にわたって誤まりを正し加筆した。各章および付論二編の初出は次のとおりである。

I　沼田次郎・松沢弘陽編『西洋見聞集』日本思想大系六六、岩波書店、一九七四年

II　一「西洋探索と中国(一)」として『北大法学論集』二九巻三・四号、一九七九年

II　二と三、四　それぞれ「幕末西洋行と中国見聞」(一、二)として『北大法学論集』三八巻五・六号、一九八八年および四三巻二号、一九九二年

III　『福沢諭吉選集』第一巻、岩波書店、一九八〇年の「解説」

付論　前出沼田・松沢編『西洋見聞集』岩波書店、一九七四年

IV　「『西国立志編』と『自由之理』の世界―幕末儒学・ビクトリア朝急進主義・「文明開化」」として、日本政治学会編『日本における西欧政治思想　年報政治学一九七五年』岩波書店、一九七六年

付論「田中正造と泰西文明」として『田中正造全集』第五巻月報、岩波書店、一九七七年

V　『北大法学論集』三一巻三・四号、三三巻三号、一九八一、八二年。のち加筆して『福沢諭吉年鑑』一〇、一九八三年に収録

2

以上から明らかなように、全五章の構成と執筆・発表の順序とは一致していず、全体を一つのプランに従って書いたのではない。ただ、初めにI章の原型になった論文を書いた際、その後展開したテーマはある程度まで念頭にあり、またその後の論文を書く過程で浮び上ったテーマがそれに続く論文のもとになってゆき、関心はかなりの程度持続して発展した。また各論文を書くにあたっては、いうまでもないことながら、先行する研究成果から学んだ上で研究状況を見通し、重要でありながらまだ十分にきわめられていない問題に焦点をあわせるようにつとめた。本来各論文の中でこのような研究状況の把握と問題設定について説明すべきだったが、発表の場などの制約からそれをしていない。そこで以下、研究状況をどのようにとらえ、どのように問題を設定したか、執筆の順序に従って簡単に説明したい。

私は、文化接触・文化摩擦の問題に先立って日本の社会主義とキリスト教とを研究する中で、近代日本についての「一国史」的な研究の限界を痛感するようになった。そこから文化接触・文化摩擦の問題に向うについては、さらに同時代の研究状況に対する判断があった。何よりも、一九六〇年を通じて活潑になった比較近代化論・比較政治文化論、とくに米国産のそれに対する不満があり、さらに、それに比べればはるかに小さいが、多分に近代化論への反撥をふくんで登場して来た民衆思想史研究のある面への疑問がある。

比較近代化論の功罪については、学問的論議がほぼ出つくしており、ここであらためて立ち入る必要はないが、私が七〇年代初めにいだいた主な批判は次の三点である。(1)近代化における、数量的「客観的」把握が可能なテクノロジーや制度の要因の偏重。その反面価値や思想の要因の認識が手薄になる。(2)多くの場合、前提にされている西欧中心の単系発展段階論。(3)一般理論《ゼネラルセオリー》への志向。これらに偏ると異文化の個性やニュアンスは切り捨てられ、他者を他者として理解することから遠ざかるのではないか。

他方「近代化論」批判と結びついて発展した民衆思想史研究には、民衆を「西欧＝近代」の影響を受けることが少ない存在としてとらえ、彼らの担う伝統＝土着思想による内発的変革の可能性をさぐるという見方が、暗黙にせよ明示的にせよ前提されているように思われた。私は民衆思想史研究から多くを学んだけれども、このような見方だけからことがらを十分にとらえ切れるか疑いが残った。(1)一九世紀後半の、非西欧圏における近代化あるいはそれに抵抗する動向の中で、明治啓蒙から自由民権にかけての日本の民衆ほど、西欧の思想や事物に受容的だった例はないのではないか。この考えは、後に非西欧圏からの研究者や西欧の非西欧圏研究者と話す機会を重ねるにつれて深まってゆき、「自由民権の政治思想―覚え書き」(『社会科学研究』三五巻五号、一九八四年)でもふれた。(2)「西欧＝近代」像はしばしばいささか単純に過ぎるように思われた。また「西欧」＝「近代」は、外からの禍いのように、そして今や「克服」すべき対象として描かれているように見えた。しかし西欧の著作・思想・事物の評価は個々に具体的・実証的にする必要があるのではないか。たとえば「西欧」「近代」へのその内がわからの批判をどう考えるのか。「インターナショナリズム」は労働者階級同士の間にしか成り立たないのか、等。

研究状況についてのこうした考えから、私には、西欧経験や西欧思想の翻訳・受容の重要な個々のケースについての実証的な検討をつみ重ねてゆくことが、先にのべたような不満や疑問を解き、生きた現実に足をつけながら、比較研究への見通しをも与えてくれるように思われた。

このような関心から最初にまとめたのが、一九七一年から七三年までの英国滞在の機会を利用して、沼田次郎先生と共に編集した『西洋見聞集』である。特にⅠ章およびⅢ章付論の原型となった論文を書くに当って、念頭にあったのは、文化接触の研究ですでにすぐれた成果をあげている比較文化研究の先学の間に後から参入する私が、どれだけ独自の寄与をなしうるかだった。この点について私が考えた観点は二つである。

第一、政治学・社会科学研究者としての観点。(1)その頃読んだG・サンソムの『西欧世界と日本』の序文で、彼は、文化接触の研究者は、学問芸術の交流という花園に楽しむだけではなく、それと国家間の交渉というきびしい現実との関係に目を向けるように注意を促していた。私は、この点をさらにふみこみ展開したいと考えた。一八六〇年代を中心とする西欧との文化接触を、日本の国内の政治的抗争と日本と西欧諸国との政治的交渉——これ自体が前者の延長である——の中に位置づけてとらえる。(2)西欧に赴いた人が何を見聞し何を受容したかのみでなく、同じ対象についてもいかに見聞しいかに受容したか、視点や立場の分化に注意する。また西欧経験がどれだけ各人の価値体系の転換(それは時に人格の危機すらもたらした)やそれにもとづく体制変革の構想を促す方向に働らいたかを焦点とする。(3)閉じた社会の中で異なる社会と価値体系に開眼し、自己の価値体系と体制の変革そして開国を構想するということは、どのような条件のもとにあるどのような人々において可能になったのか。

第二、一八六〇年代前後を通じる、日本の西欧との文化接触には、さまざまな面で中国が介在していたのではないか。日本と西欧との文化接触は二項関係としてではなく日本＝中国、西欧＝中国の関係を含む三項関係としてとらえるべきではないか。

一九七四年の論文は紙数の制約のため第一の視点、特にその(2)(3)の問題に焦点をあわせた。多くの西洋見聞録・書簡を読む中で、玉虫左太夫の「航米日録」に出あったおり、ほとんど時をおかずに、玉虫—福沢諭吉—岡田摂蔵と彼らの上司との対立を軸とする全体の構図が浮んだ。そして、それをうながしたのは、ウェーバーの伝統的文化と社会秩序の突破《ブレイクスルー》の担い手としてのマージナルな知識人という問題設定、および機構《アンシュタルト》対自発的結合《フェラィン》という問題設定だったように思われる。異文化との接触への反応は、異文化の母国を訪れた同じ使節団の内部においてすら一様ではなく、むしろ「さまざまな西洋見聞」の分化と対立が進む。自発的に参加しその立場で横に結びついたマージナルな知識人において、異文化への開眼ともっぱら「お役大事」な使節有司への内部告発とは、しばしば結びついている。異文化をより深く理解出来たのも、異文化との接触の機会に恵まれた後者ではなく、むしろ異文化の中でも行動の自由を制約された前者だった。このような西欧経験における分化と対立は、明治国家の形成とともにさらに深まる。Ｉ章の結びにふれた自由民権の亡命者や自分の労働による渡米者の系譜については、内村鑑三(日本の名著38『内村鑑三』中央公論社、一九七一年)や片山潜・高野房太郎ら(「明治社会主義の思想」一九六八年、のち『日本社会主義の思想』筑摩書房、一九七三年に収める)についてすでにとりあげており、その後、片山の友人留岡幸助(「留岡幸助の事業と思想—『留岡幸助日記』をめぐって」『世界』一九七七年九月)や馬場辰猪(「『天賦人権論』の世界」『馬場辰猪全集』第三巻月報、岩波書店、一九八八年)について論じた。この論文については、亀井俊介氏が『西洋見聞集』の書評(『英文学研究』五二巻一・二号)の中で、ゆき届いた批評をされた。また犬塚孝明氏は『明治維新対外関係史研究』(一九八七年)の中で、現実政治の背景への目くばりが欠けるという趣旨の批判をされたが、私としては、前述のような関心から、視角と紙数の限定のもとで出来るかぎりふれたつもりである。

Ｉ章を総論とすれば、Ⅳ章のもとになった一九七六年の論文は、それに続く各論の初めといえる。ここでは、文化接触の問題を異文化の見聞から書物の理解と翻訳という問題まで拡げ、伝統思想と西欧思想との交渉という視角からとらえようとした。その対象としてとり上げたのが、ビクトリア期出版史の annus mirabilis(驚くべき年)といわれる一八五九年に著された、S・スマイルズの『自助論《セルフ・ヘルプ》』とミルの『自由論』という二つの書物と、一八七一(明治四)年と翌年に両者の翻訳を続けて刊行した中村敬宇とである。二人の原著者と一人の翻訳者の間の交渉は、文化接触の過程における思想史的な側面といえるが、この論文では、このような交渉を中心にすえた上、英国において二つの原著のそれぞれが生まれた政治的社会的背景と読者層から、日本における訳書の読者層と政治的社会的背景までにわたる、文化接触の弧全体の社会史的な分析をもこころみた。

別な面からいえば、この全体的見取図の中にミルとスマイルズとの関係、ミルやスマイルズが日本と日本における彼らの読者をどう見た(また、見なかった)か、敬宇の英国経験・思想転換と翻訳との関係といったさまざまな問題を包括的に、また関連づけて位置づけようとした。限られた紙数で多くの問題をとりあげることが、それぞれを不徹底にするおそれを考えた上でなお、このような見取図を描き、その中にさまざまな問題を出来るだけ包括的にとり入れ位置づけることが、文化接触と思想の伝播という問題のひろがりや多面性をとらえるのに役立つと思われたからである。

ミル、スマイルズと中村敬宇との交渉に焦点をあわせた理由の一つは、『自由論』のような「名著」の翻訳・受容についてはすでに山下重一氏らによるすぐれた研究があり、将来とも期待されるのに対し、『自助論』のようなその時代の民衆向けの、今日ではその母国でも忘れられがちな、ある意味でマイナーな出版の翻訳・受容についての研究が乏しかったからである。第一に、一九世紀の西欧文化において教科書を含む民衆啓蒙出版は、巨大な意味を持つにいたっていたし、第二に、非西欧圏においてこのような出版物は、「名著」と共通する新しい価値を伝えるメディアとして、しばしば「名著」をしのぐ影響をもっていた。その意味で一九七六年の論文では、『自助論《セルフ・ヘルプ》』と『西国立志編』との両方について、忘れられ誤解された本来の姿——単なる出世のすすめではない、生活の場での自立と自由主義・民主主義のメッセージ——を明らかにしようとした。Ⅳ章の付論として一九七七年の短文を入れたのもこのような関心からである。田中正造と『西国立志編』との獄中での出会いについては、丸山真男先生の研究会でⅣ章の原型を報告したおり、J・フィッシャー氏に教えられ、この短文はそれがきっかけになってまとめた。

Ⅲ章およびⅤ章の原型となった、福沢諭吉に即した二つの論文は、中村敬宇を中心とするⅣ章とセットになっている。福沢についてはすでにすぐれた研究が出ていたが、もっぱら幕末の西欧経験という視角から福沢をとらえることによって、福沢研究の世界に参入出来ないかと考えた試みである。幕末に西欧を見聞したマージナルな知識人として、中村敬宇と共通の経験をしながら、ある面では対照的な福沢が、西欧での「探索」と西欧の書物とに触発されて、「変革」を志すにいたり、変革の構想が、徳川家を含む大名同盟から「大君のモナルキ」へ、そして最後には、体制崩壊の混沌の中で、自発的結社としての慶応義塾によって文明の火種をたもとうと決断するにいたるまで、変化する過程をたどった。

福沢の西欧「探索」については、福沢の手記を読み、特に「西航手帳」の中のオランダ語の記述をオランダからの移住者の子孫であるシェフィールド大学の言語学者C・ストーク氏に解読していただきながら、併行して、『西洋見聞集』に収めるために福田作太郎筆記中の「英国探索」の校注の準備をした。この作業の中で「西航手帳」中のオランダ語の部分と「英国探索」中の「シンモンベリヘンテ」からの「聞書」が一致することに気づき、一方では福沢の公務としての西洋「探索」の活動について輪郭を広げるとともに、他方では、「探索」活動から『西洋事情』が生まれる過程を明らかにすることが出来た。この両面は、官命によって西洋「探索」に加わった福沢の場合、彼の有志の知識人としての西洋「探索」は、官命による活動の枠をこえていたことを示している。Ⅲ章の原型となった一九八〇年の解説論文では、このような福沢の西欧「探索」の方法性・組織性に焦点をあわせた。またこの「英国探索」と「西航手帳」との関連を分析して、Ⅲ章への導入となった『西洋見聞集』中の解題を付論として収めた。「シンモンベリヘンテ」については、手を尽して調べ、萩原延壽氏の示唆にしたがってロンドンの Somerset House におかれた Registar-General of Births, Deaths, and Marriages の記録にも当ったが、「シンモンベリヘンテ」の原綴が確認できないので空振りに終った。彼についてのA・クレイグ氏の調査と成果については第Ⅰ章〔補注一〕で述べた。

また、西欧「探索」の延長として、Ⅳ章のもとになった仕事から引続いて、福沢が読み著作に使ったと思われる教科書を含む民衆啓蒙書やリファレンス文献類を洗い出すことに力を注いだ。『西洋事情』を始めほとんどの書物について西欧産の「種本」を全てはつきとめることは出来なかったが、そこから、福沢が『文明論之概略』執筆を思い立った頃このようなマイナーな書物の翻訳・翻案からきっぱりと足を洗った事実が浮び上って来、Ⅴ章の原型となる論文への一つのきっかけになった。

福沢が西欧の見聞と読書を通じえた新しい価値体系と体制の構想の核心として、Ⅲ章では、「才力」の所有者としての人間、「才力」行使の自由、そして自発的結社という思想に注目したが、福沢の西欧経験と自発的結社の問題についてはなお、拙稿「社会契約から文明史へ―福沢諭吉の初期国民国家形成構想試論」(『北大法学論集』四〇巻五・六号、一九九〇年、加筆して『福沢諭吉年鑑　一八』一九九一年に収録)および「公議輿論と討論のあいだ―福沢諭吉の初期議会政観」(『北大法学論集』四一巻五・六号、一九九一年、加筆して『福沢諭吉年鑑　一九』一九九二年に収録)でもとりあつかった。

Ⅴ章の原型となった論文は、福沢諭吉自身がほとんど説明していない、なぜ何のために『文明論之概略』を書いたのか、についての問いがきっかけになった。福沢自身は説明らしい説明をしないが、彼の西欧の書物とのつきあい方を見ると、『文明論之概略』執筆を思い立った頃、大きな変化が見られる。Ⅳ・Ⅲ章のもとになった関心の発展としてこの点について浮んで来た仮説は次のようなものだった。福沢はしばしば、西欧文明論の使徒として、『文明論之概略』はその福音書として描かれ、その延長線上に「脱亜入欧」が来るようにとらえられる。しかし、事実はその反対の面を含むのではないか。福沢は『文明論之概略』で、日本が国民国家として独立するためには、文明を「始造」しなければならないと説く。その福沢は、西欧の文明論が、日本の国民としてのアイデンティティーの危機をもたらすと考えたのではないか。国民国家としての独立のためには、西欧の文明論を受容した上で、それに「心酔」することなく、それから「独立」し、国産の文明論を「始造」しなければならないと考えた――その企てが『文明論之概略』執筆の一つの動機だったのではないか。

一九世紀西欧自由主義の思想は、日本人にとって、自由民権を基礎とする国民国家形成の指針となった。しかし、西欧自由主義が、思想としての成熟度が高ければ高いだけ、多くの日本人はそれに「心酔」して、自から考える主体的な営なみは衰弱したのではないか。また西欧自由主義の背景には、多くの場合、西欧対非西欧という二分論や、西欧中心の単系発展段階論がつきまとっており、そこでは非西欧の発展の可能性について否定的な見方が支配的である。

日本人が、西欧自由主義の非西欧に対するこのような規定に「心酔」するなら、自国の停滞や後進性についての宿命論と将来についてのペシミズムがはびこるのではないか。

福沢は、同時代の西欧派知識人の中で、このようなディレンマをいち早くそして最も深く見抜いていたように思われる。第二次大戦後の南の世界の知識人が、北の世界で作られた発展理論を受け入れた際にアイデンティティの危機を経験する、それと似た状況に、そのほぼ一世紀前の東の世界で、西の世界の自由主義にさらされた日本の知識人はいたのではないか。福沢は、今日しばしば西欧思想における「オリエンタリズム」として批判される問題をいち早く見抜き、それに対して思想的な自立を確保するために、自前の文明理論を築こうとしたのではなかったか。それは、同じ西欧派知識人の間に、西欧思想への態度をめぐって対立をひき起し、福沢は、ただ一人、他の西欧思想に「心酔」した多くを相手にまわして、論争したのではなかったか。以上は『文明論之概略』執筆の動機の一つについての仮説だった。

福沢の西欧の思想と書物に対する態度に変化が現われているのに気づくのと併行して、文化接触についての私の視点も移動した。Ⅳ、Ⅲ章のもとになった論文では、西欧思想の受容、つまり書物の解釈と翻訳、におけるオリジナルからの変容――それは、誤解・誤訳から一種の創造までを含む――に焦点をしぼり、あわせて原著者たちの日本(と日本における彼らの書物の翻訳)についての見方にふれた。Ⅴ章のもとになった論文では、文化の受容から摩擦へと視点が移動したといえよう。

Ⅴ章の原型は、このような仮説をどこまで裏付けることが出来るか、『文明論之概略』およびそれに関連する文章のテクストの読解と、福沢の周辺の内外の知識人との交渉というコンテクストの検討とを結びつけるという手法によって、試みたものである。福沢における文明史の理論についてはなお、前掲の拙論「社会契約から文明史へ」でとりあげ、また、福沢から内村鑑三にいたる、日本の文明史理論の展開と終焉の歴史のスケッチとして「西欧の文明論と日本の文明論―福沢諭吉・徳富蘇峰・内村鑑三」(徳永恂編『社会思想史』弘文堂、一九八〇年)およびそれをいくらか発展させた英語版 Varieties of Bunmei-ron, in H. Conroy ed., *Japan in Transition—Thought and Action in the Meiji Era, 1862-1912*, Farleigh Dickinson University Press, 1982 がある。また「キリスト教と知識人」(『岩波講座日本歴史　近代三』一九七六年)では、同じような関心から、「文明の宗教」としての一九世紀米国のプロテスタンティズムの、明治日本におよぼした影響にふれた。

Ⅱ章の原型となった論文の執筆は、一九七九年から九二年までに三回にわたった。Ⅰ章に関連してのべたように、日本と西欧との文化接触について、中国を含めてとらえる必要は最初から意識していたが(この事情については、「西洋「探索」と中国経験――一八六〇―一八七一」北京日本学研究中心『日本学研究』3、一九九三年、でもふれた)、中国史の研究が不十分で、とりわけ中国での調査を先のばしにしていたためなかなかまとめられなかったのである。一九九一年から九二年にかけて、北京日本学研究中心に出講し、この間にも上海や香港で調査をしたり、文献や史料を探すことは結局ほとんど出来なかったが、中国の歴史や歴史研究にいくらかじかにふれることが出来、これを機会にふん切り(あるいはあきらめ)をつけてまとめた。その際、問題の所在を明らかにするために、日本・西欧・中国の三角関係、日本にとっての西欧＝中国複合経験という概念を立てて見た。私自身は、幕末の史料を読む中で、おのずからこのような問題設定をするように促されたのだったが、Ⅱ章の原型になる論文に手をつけてからまとめるまで、長く寝かせている間に、中国研究・東アジア研究に新しい展開が見られ、私の問題設定とそのような研究動向との関係についても考えることになった。

1、日本と西欧の文化接触に媒介者として中国を入れて考えるという視点は、一つには開国前後における華僑社会を含む中国との交渉を調べる中でみちびかれ、この点では濱下武志氏や荒野泰典氏らの新しい研究に共感する所が大きかった(この研究動向の整理と展望として、濱下氏の書評論文「日本研究とアジア・アイデンティティ」『思想』一九九三年八月、は有益だった）。

2、こうした西欧＝中国複合経験という視点から幕末西欧行を見てゆく時、福沢のような洋学派と玉虫左太夫や名倉予何人のような西洋語を解しないが、反面、儒学を奉じること篤く、しかも洋学派に劣らず西欧探索に積極的な人々との、西欧と中国に対する態度における分化に気づかされた。儒学派とも云うべき後者が、中国との文化的共通性・政治的連携を強く意識していたことは、本文にふれた通りである。

3、開国前後までの近世の日中関係において、中国から日本に送り出された文化として決定的な意味をもつのは、中国在住西欧宣教師とその周辺に異文化の接触と摩擦とを通して形成された、新しいタイプの中国知識人とによる、書物や新聞・雑誌だったといえよう（『海国図志』や『瀛環志略』も広い意味ではこれに含めることが出来るのではないか）。また一八六〇年から七〇年代初めにかけて、中国を訪れる日本人との交流や日中の国交に、中国側で最も積極的だったのは、上海を中心に形成されたいわゆる洋務派官僚群だった。

最近の東アジア史研究では、西力東漸以前の「アジア・アイデンティティ」に注目される。貿易や人口移動における東アジアの一体性を明らかにされたのは、このような研究の大きな成果だが、文化的一体性や一体性の意識はどれだけ存在しただろうか。この点については私は、津田左右吉の文化的概念としての東洋は存在しないという認識はやはり基本的に妥当するだろうと考えている。Ⅱ章で儒学派知識人に注目したのは、彼らの存在が西欧・中国複合経験の多面性を現わし、彼らの構想が歴史的選択の可能性の幅を示唆していると思うからであり、彼らのある者が抱いたような、日中が文化の共通性を拠り所に連携して西欧勢力に対抗するという構想を、そのまま実現さるべかりし選択として考えているわけではない。また西欧の衝撃とそれへの応答ではなく、内発的発展に焦点をあわせる、中国近代思想研究のパラダイム転換のもとでは、3の要因に注目するのは、季節はずれだろう。上海や香港に生まれた、西欧・中国複合文化ともいえる新しい文化は、中国全体の中ではマージナルな存在だったようである。しかし、幕末から明治初年にかけて、日本人が中国との文化の共通性を意識する上で、伝統的な中国文化に加えて、大きな役割を演じたのは、このような中国自身においてはマージナルな存在にとどまらざるをえなかった、新しい西・中複合文化だったという一種の歴史の逆説は私の関心をひきつけて離さないのである。また、文脈をはずれるが、西欧の「オリエンタリズム」や、日本における西欧への「心酔」―「オクシデンタリズム」―の問題をいち早く見抜いて対抗しようとしたのが、洋学派中の洋学派福沢諭吉だったというのがV章の主題であることを繰り返したい。

本書に収めたほかに、西欧との文化接触については、カナダとの関係について簡単にふれた、History and Prospects of Canada-Japan Relations: Through my Personal Experiences(『北大法学論集』三六巻一・二号、一九八五年)があるが、これは予定外の産物である。ここに収めた論文五編と付論二編で、西欧との文化接触について当初考えていたことがらはひと通りとりあげたので、まだ残されている問題は多いが、一冊にまとめて公けにし、批評をうけたい。

3

本書を導く、文化接触の問題への関心を私のうちに初めて呼び起したのは、大学院学生の頃読んだ、丸山真男先生の古い講義のプリントで、幕末における視圏の拡大と開国への転換を促した要因の一つとしての、遣米・遣欧使節を扱った一節だった。また『日本政治思想史研究』や「超国家主義の論理と心理」を始めとする先生の研究は、私のうちに文化比較への関心をはぐくんだ。一九五二年度演習以来の学恩に感謝し御自愛を祈って、本書を先生にささげる。

この本がまとまるまでには、本文の注や「あとがき」にお名前をあげた同学先学のほか、多くの方々の助けをえた。各章のもとになった論文や関係するペーパーは、ファーイースト・セミナー(セント・アントニーズ・カレジ)、丸山先生の比較思想史の研究会、北大法学部政治研究会、北大法学会、北大思想史研究会、石田雄氏が企画された一九七五年度政治学年報のための研究会、慶応義塾福沢研究センターの内山秀夫所長が組織された研究会で報告して、有益なコメントをいただいた。本書の主題からして、在外研究が不可欠だったことは云うまでもなく、その場を与えられた、シェフィールド大学日本研究所、特にM・コリック、G・ダニエルズ（現在同大学歴史学部）両氏、オクスフォード大学セント・アントニーズ・カレジ、特に故G・R・ストーリ教授、北京日本学研究中心に感謝する。

しかし、このようなよい機会も、学問生活の基本的な生存環境がととのっていなければ、活かすことは出来なかっただろう。北海道大学法学部の同僚教職員、特に矢田俊隆先生・小川晃一氏を始め政治研究会のメンバー、さらに講義や演習に加わってよい刺戟を与えてくれた学生諸兄姉は、私にそのような学問生活の場をそなえてくれた。本書は、私の北大法学部在職中にもっと早くまとめることが公約だったが、遅れを重ねて漸く果すことが出来た。感謝とともにおわびする。また「マルティ・ヴァーシティ」にまで「発展」しないところが残っている北大で、文学部日本史研究室を始め他学部の同僚からも、日常普段に教えられることが多くあった。これらの方々は余りに多く、一々あげることが出来ない。ただ、現在の私より若くしてなくなったよき同僚奥山次良（文学部）・富田容甫・荒木俊夫（法学部）三氏のお名前を特に記して、感謝と哀悼の意を表したい。

今年四月からは、国際基督教大学というよい職場にふたたび恵まれ、既刊の論文に手を入れて一冊にまとめる仕事のかなりの部分は、新しい学問の場で行なった。その中で、新たにえた同僚の研究によって、長い間わからなかった問題を解決されるという経験をしたのは、大きな喜びである。

本書の出発点になった沼田次郎先生と共同の『西洋見聞集』の編集は、私の在外研究を中にはさんで四年にわたった。その間岩波書店の田中禎孝・都築令子両氏には強力な支援をいただいた。最後の段階では、北大大学院日本史専攻の山田伸一君が人名索引の作製に力をふるって下さった。また印刷と校正の方々は、万事OA化の世におよそ反時代的な、私の読み難い原稿を見事に処理された。Last but not least、岩波書店の伊藤修氏が細大にわたって忍耐強く編集の労をとられることがなければ、この本はとうていまとまらなかっただろう。同氏の長い間の好意に言うことばを知らない。

一九九三年　広島原爆投下の日に

松　沢　弘　陽

■岩波オンデマンドブックス■

近代日本の形成と西洋経験

1993年10月25日　第1刷発行
2008年5月12日　第4刷発行
2025年3月7日　オンデマンド版発行

著　者　松沢弘陽《まつざわひろあき》

発行者　坂本政謙

発行所　株式会社　岩波書店
〒101-8002 東京都千代田区一ツ橋2-5-5
電話案内 03-5210-4000
https://www.iwanami.co.jp/

印刷／製本・法令印刷

ISBN 978-4-00-731540-4　Printed in Japan

人名索引

注：中国・朝鮮の人名は，音読の順に配列し，ローマ字表記を付けた．

ア 行

サ　行

タ　行

ナ　行

ハ　行

マ　行

ヤ　行

ラ　行

ワ　行